Couverture inférieure manquante

LA
FRANCHE-COMTÉ

SOUS LOUIS XIV

ESSAI

D'HISTOIRE POLITIQUE ET ADMINISTRATIVE

THÈSE

PRÉSENTÉE A LA FACULTÉ DES LETTRES DE PARIS

PAR A. BOUSSEY

AGRÉGÉ DE L'UNIVERSITÉ

PROFESSEUR D'HISTOIRE AU LYCÉE DE BESANÇON

BESANÇON

IMPRIMERIE ET LITHOGRAPHIE DE PAUL JACQUIN

Grande-Rue, 14, à la Vieille-Intendance

1891

LA FRANCHE-COMTÉ

SOUS LOUIS XIV

ESSAI D'HISTOIRE POLITIQUE ET ADMINISTRATIVE

LA FRANCHE-COMTÉ
SOUS LOUIS XIV

ESSAI
D'HISTOIRE POLITIQUE ET ADMINISTRATIVE

THÈSE

PRÉSENTÉE A LA FACULTÉ DES LETTRES DE PARIS

PAR A. BOUSSEY

AGRÉGÉ DE L'UNIVERSITÉ

PROFESSEUR D'HISTOIRE AU LYCÉE DE BESANÇON

BESANÇON

IMPRIMERIE ET LITHOGRAPHIE DE PAUL JACQUIN

Grande-Rue, 14, à la Vieille-Intendance

1891

A M. L. PINGAUD

PROFESSEUR A LA FACULTÉ DES LETTRES DE BESANÇON

HOMMAGE AFFECTUEUX

A. B.

NOTICE

SUR LES SOURCES

DE L'HISTOIRE DE LA FRANCHE-COMTÉ

SOUS LOUIS XIV

PREMIÈRE PARTIE. — MANUSCRITS

La Franche-Comté, conquise en 1674, fut administrée exclusivement par le secrétaire d'Etat de la guerre jusqu'à la paix de Nimègue. A partir des derniers mois de 1678, elle continua à faire partie des provinces ressortissant à ce département. Aussi de nombreuses pièces intéressant la province, signées de Louvois ou de ses successeurs, ou adressées aux ministres par les intendants, les gouverneurs, les magistrats, se trouvent-elles dans les archives du ministère du boulevard Saint-Germain. Les documents conservés dans ces archives sont classés par ordre chronologique et reliés en volumes portant au dos des mentions très générales : *Minutes des lettres du ministre; Correspondance des intendants; Administration militaire; Armée de Flandre; Armée d'Allemagne*, etc. Quelques volumes portent par exception des indications plus précises. Ainsi, le n° 378 est intitulé « Conquête de la Franche-Comté, » et le n° 2168, « Conspiration en Franche-Comté. » Ni l'un ni l'autre, du reste, ne contient la totalité des pièces ayant trait à ces événements ; un grand nombre sont éparses dans les volumes suivants. Les lettres des ministres et de leurs correspondants traitant souvent de sujets fort divers, leur classement ne pouvait être rigoureux ; ainsi, les pièces intéressant la Franche-Comté se trouvent également dans les séries : Minutes des lettres des ministres; Correspondance des intendants; Administration militaire, et même Armée d'Allemagne, l'intendant de la province

Archives du ministère de la guerre.

ayant été aussi l'intendant de cette armée pendant la guerre de la ligue d'Augsbourg.

Les questions militaires tiennent naturellement une très grande place dans la correspondance du secrétaire d'État de la guerre. Mais il n'est pas une seule partie de l'administration qui n'y soit fréquemment abordée. Aussi y avons-nous puisé de nombreux renseignements : je citerai seulement, et à titre d'exemple, la lettre de l'intendant de Bernage à Chamillart du 22 mars 1705, où il a l'occasion de faire au ministre un tableau complet des charges de toute nature qui pèsent sur la province.

<small>Archives du ministère des affaires étrangères.</small> Une série de volumes appartenant aux archives du ministère des affaires étrangères porte la mention Franche-Comté. Nous avons utilisé les volumes 1580 et 1581. Le premier renferme plusieurs pièces relatives à l'affaire de l'aventurier Gonzel, et en particulier les interrogatoires de son valet Holtzay. Le second nous a fourni deux mémoires adressés aux alliés pendant la guerre de la succession d'Espagne et demandant le rattachement de la province à l'empire. Le premier, de 1709, est imprimé ; il se trouve, du reste, dans les *Mémoires pour servir à l'histoire du XVIIIe siècle* de Lamberti, et a été reproduit par M. Bourgeois dans son ouvrage sur la *Politique prussienne en Franche-Comté*. Le second est de 1712 ; il est manuscrit et n'a pas été publié, à ma connaissance. J'en ai cité quelques passages saillants.

<small>Archives nationales.</small> Les Archives nationales possèdent, sous la mention G^7 276-285, la correspondance des intendants de Franche-Comté de 1679 à 1770. Un certain nombre des documents de cette série ont été publiés dans les grandes collections dont je parlerai tout à l'heure. J'en ai cependant utilisé quelques-unes d'inédites ; notamment les lettres de Chauvelin à Colbert, des 30 janvier, 9 février, 20 février 1679, où l'intendant met le ministre au courant du mécanisme de l'administration financière de la province ; un mémoire de 1709, relatif au régime imposé aux forges de la province ; une lettre de le Querchois au contrôleur général, du 20 octobre 1713, sur les charges militaires qui ruinent le pays ; un mémoire anonyme demandant la création d'une chambre des requêtes, avec la lettre de le Querchois, de juillet 1714, s'opposant à cette création nouvelle ; un mémoire sur l'établissement d'élections dans le comté de Bourgogne, qui rencontre de l'intendant la même opposition (12 avril 1715).

A la suite de ces documents, je cite immédiatement, comme venant de la même source, le *Mémoire de la Franche-Comté* établi, ou du moins commencé par l'intendant de la Fonds, en 1698. Ce mémoire se trouve un peu partout. Toutes les grandes bibliothèques de Paris en possèdent un ou plusieurs exemplaires. Il est attribué indifféremment à de la Fonds, de Vaubourg ou d'Harouis, et daté de 1698, 1699 ou 1700. Il fait partie de la collection des mémoires demandés aux intendants par le duc de Beauvilliers pour l'éducation du duc de Bourgogne. C'est la seule étude d'ensemble que nous possédions sur l'état matériel de la province sous le règne de Louis XIV. Il est précieux à ce titre, et nous lui avons fait de nombreux emprunts. Il a malheureusement la sécheresse d'un travail de statistique. Il y règne en outre un certain ton d'optimisme officiel contre lequel il y a lieu de se tenir en garde.

Mémoire de la province de Franche-Comté, 1698.

Dans le même ordre de travaux, je citerai une stastistique du bailliage de Dole, dressée en 1683 et publiée dans l'Annuaire du Jura de 1869 ; un recensement de 1688 intitulé : *Estat et dénombrement général des maisons, feux, hommes, femmes, enfants, valets, servantes et de bestail qu'il y a dans le comté de Bourgogne, fait en l'année 1688*. C'est un volume grand in-folio conservé aux Archives du Doubs ; il en existe un double à la Bibliothèque nationale (fonds français, 2793) ; enfin, un manuscrit de la bibliothèque de Vesoul (n° 184) intitulé : *Estat de la Franche-Comté de Bourgogne*. C'est un tableau par bailliage des villes et des fiefs de la province, avec le nom de leurs possesseurs ; il doit être de 1700.

Divers travaux de statistique, 1683, 1688, 1700.

Les manuscrits relatifs à la Franche-Comté sont fort nombreux à la Bibliothèque nationale [1]. J'ai dû me préoccuper surtout de ceux qui font partie de la collection Moreau. On sait qu'en 1762, le ministre Bertin confia à l'historiographe Moreau le soin d'établir un *cabinet d'histoire*. On fit appel à tous les érudits, on fouilla toutes les archives, et de 1764 à 1789 on réunit de trente à quarante mille chartes ou diplômes qui formèrent les deux cent quatre-vingt-quatre premiers volumes de la collection. La Franche-Comté fournit sa bonne part de cette riche moisson de documents. Le principal pourvoyeur de Moreau dans cette province fut François-Nicolas-Eugène

Bibliothèque nationale.

---

[1] Voir Ulysse ROBERT, *Catalogue des manuscrits relatifs à la Franche-Comté qui sont conservés dans les bibliothèques de Paris*.

Droz, conseiller au parlement et secrétaire perpétuel de l'Académie de Besançon. L'infatigable magistrat ne s'en tint pas à sa collaboration au recueil des chartes ; aidé par d'intelligents collaborateurs laïques et ecclésiastiques, il envoya en outre à Moreau quarante-trois gros volumes copiés sous sa direction (n°ˢ 862-905 de la collection).

En 1772, le cabinet s'enrichit encore d'un recueil de pièces formé par un autre magistrat de Besançon, Courchetet d'Enans. Celui-ci s'était chargé dès 1732 de dépouiller et de mettre en ordre les archives du parlement de Besançon. Il en profita pour en former une volumineuse collection que son fils, l'abbé d'Enans, céda plus tard au Cabinet des chartes. Elle se compose de 68 vol. in-4° (n°ˢ 909 à 976), auxquels il faut ajouter des liasses de papier avec lesquelles on a formé trois volumes (n°ˢ 900-902) que l'on a compris dans la collection Droz [1].

M. L. Delisle, auquel nous empruntons ces détails, reconnaît que les transcriptions de Droz « ne sont pas très exactes » et que « les pièces n'ont pas été choisies avec beaucoup de discrétion ; » il juge également le recueil de Courchetet d'Enans « plus volumineux qu'intéressant [2]. » Nous avons eu un autre motif pour ne pas mettre à profit les travaux des laborieux magistrats du XVIII° siècle. Les pièces qu'ils ont fait transcrire sont, par leur date, étrangères à notre travail, ou bien, lorsque nous aurions pu les utiliser, elles ne sont que des copies de documents originaux conservés aux Archives du Doubs. La même observation s'applique aux manuscrits relatifs à la Franche-Comté qui se trouvent dans les autres bibliothèques de Paris.

Archives départementales du Doubs. — Les Archives départementales du Doubs ont hérité de tous les papiers administratifs de l'ancien comté de Bourgogne et de ceux de la province française de Franche-Comté. Ce dépôt contient, entre autres, trois séries de pièces intéressantes : les papiers des États, qui s'arrêtent à la conquête ; les papiers de l'Intendance, qui commencent

---

[1] On trouvera aux n°ˢ 328, 329, 330 et 359 de la collection Moreau, une nombreuse et intéressante correspondance de Droz, de Courchetet d'Enans, et de leurs collaborateurs dom Grappin, dom Roux, Perreciot, le chanoine Talbert, avec les ministres et les fonctionnaires qui s'occupèrent de ces collections.

[2] L. DELISLE, *Le cabinet des manuscrits de la bibliothèque impériale.* Paris, imprimerie impériale, 1868. Voir notamment t. I, p. 563, 569 et 570.

ou du moins devraient commencer à la même époque ; enfin, les actes du Parlement et de la Chambre des comptes, qui sont communs aux deux époques.

Il ne pouvait entrer dans notre plan d'étudier à fond les premiers, c'eût été refaire l'histoire de la province depuis le XIIIe siècle. J'ai cependant lu avec intérêt et non sans profit les recez et les remontrances des Etats, surtout dans la période qui précède immédiatement leur chute [1]. J'étais en droit d'espérer beaucoup du dépouillement des papiers de l'Intendance, et je comptais y trouver des renseignements complets et minutieux sur les débuts de l'administration française. Malheureusement, un incendie survenu au cours du XVIIIe siècle, dans le bâtiment de l'Intendance qui contenait les archives, a détruit complètement les papiers qui s'y trouvaient. C'est une perte irréparable que les ressources des autres dépôts ne m'ont pas permis de combler entièrement.

Par contre, les archives du Parlement, reléguées jusqu'à ces dernières années dans les greniers de la cour d'appel, ont été conservées ; nous croyons en avoir tiré le meilleur parti possible. Outre les papiers purement judiciaires, elles comprennent plusieurs séries : *Actes importants*, *Correspondance*, *Remontrances*, plus deux volumes manuscrits de délibérations [2].

---

[1] Quelques dissertations relatives aux Etats et des copies incomplètes de leur recez se trouvent à la Bibliothèque nationale : fonds français, nouvelles acquisitions, 3235, 3236 ; et fonds Moreau, 884 et 885. Voir à la bibliothèque de Vesoul le manuscrit 181 : Recueil de recez, « mesnageries » ou répartements faits par les Etats du comté de Bourgogne. 1531-1618 ; et à la bibliothèque de Salins, les manuscrits 77, 78, 79, qui renferment de nombreux recez.

[2] L'inventaire des archives du Parlement n'est pas encore fait. Nous avons consulté, pour les actes importants, les vol. 5, 6, 7 et 8, et pour la correspondance, le carton 48, liasses 271 à 273, et carton 49, liasses 171 à 181, du classement provisoire.

Des copies ou des extraits nombreux des collections du Parlement se trouvent à la Bibliothèque nationale. Collection du Parlement, 480, 481 ; collection Moreau, 791, 900, 902, 903, 956, 957. Voir aussi bibliothèque Mazarine, man. 1432.

La bibliothèque de Salins possède une collection de manuscrits (n°s 83 à 95) venant de la même source. Ils viennent de la bibliothèque du président Boquet de Courbouzon, dont le nom doit être associé à ceux de Droz et de Courchetet d'Esnans ; il avait été chargé comme eux des recherches historiques. Voir, à la bibliothèque de Vesoul, le man. 189, f° D : « Ordre donné par le roi au conseiller Boquet, seigneur de Courbouzon, de travailler à l'histoire des bénéfices de la province, 3 avril 1720 ; suivi d'une lettre du nonce de Paris, dans le même sens, 22 février 1725. »

Bibliothèques et archives municipales.

Les bibliothèques municipales sont généralement pauvres en documents historiques relatifs au XVII° siècle. Nous en avons signalé déjà quelques-uns. En dehors de Besançon, nous ne trouvons plus qu'un manuscrit intéressant à Vesoul, n°° 179¹-179². Il est intitulé : « Suite de l'histoire des guerres intentées dans les duché et comté de Bourgogne par Tremblecourt, Lorrains, François et autres, avec ce qui s'est passé de plus remarquable depuis 1594 jusqu'à l'an 1699. » Cette compilation assez médiocre, mais faite avec des documents du temps, nous a mis sur la voie de plusieurs faits, et nous l'avons citée deux ou trois fois.

Nous avons également profité de deux manuscrits de la bibliothèque de Besançon ; l'*Histoire de la cité royale de Besançon, par le R. P. Prost, de la compagnie de Jésus, continuée par l'avocat Harberot*, où quelques faits intéressants sont perdus dans beaucoup de puérilités, et l'*Histoire du Parlement* de Lampinet, simple recueil de notices historiques fort courtes, où nous avons trouvé cependant des détails assez piquants sur la réorganisation du parlement en 1674.

La bibliothèque de Besançon possède en outre la collection des travaux des membres de l'Académie de cette ville, et des mémoires présentés au concours de cette compagnie jusqu'en 1793. Ce fut le duc Marie Joseph de Tallard, gouverneur de la province, qui créa à Besançon, dans l'année 1752, une Académie des sciences, belles-lettres et arts. A partir de cette époque jusqu'en 1793, où ils furent momentanément dispersés, les membres de cette société savante écrivirent ou provoquèrent d'importants travaux d'histoire locale. Leur attention se porta d'abord sur les points les plus obscurs de l'histoire et de la géographie de la Franche-Comté dans les premiers siècles du moyen âge. Ils abordèrent ensuite des époques plus récentes. Ainsi, en 1765, un concours sur l'histoire des Etats généraux provoqua plusieurs mémoires. Le P. Lelong les énumère dans sa bibliothèque historique (III, n° 38458). « Il y a, dit-il, quatre dissertations : la première est de feu M. le président de Courbouzon, secrétaire perpétuel de l'Académie; la seconde, de M. Perreciot, avocat et maire de Baume-les-Dames [1] ; la troisième, de dom Sonnet, bénédictin de Saint-Vincent, et ces deux dernières ont été couron-

---

[1] La dissertation de Perreciot a été publiée en 1876, dans les *Mémoires et documents inédits* publiés par l'Académie de Besançon, t. VII.

nées en 1765 ; la quatrième est de dom Couderet, curé de Saint-Vincent, elle a eu l'accessit. » Cette question fut reprise plus tard ; dom Grappin lui consacrait un mémoire en 1788, au moment où la tentative d'établissement d'assemblées nationales sur plusieurs points du royaume réveillait en Franche-Comté le souvenir et le regret des anciens États.

A ces études d'ensemble, il faut ajouter de nombreuses monographies consacrées aux principales villes ou abbayes de la province. Voici les plus importantes :

Mémoire sur la ville et abbaye de Luxeuil, par dom Grappin, 1768.

Mémoire sur l'abbaye de Faverney, par dom Grappin, 1768.

Mémoire sur la ville et abbaye de Baume-les-Dames, par Perreciot, 1769.

Deux Mémoires de dom Couderet et du sieur Miroudot du Bourg sur la ville de Vesoul, 1769 [1].

Un mémoire historique sur la ville de Gray par dom Couderet, 1783 [2].

Enfin, des dissertations moins importantes sur la ville et le bailliage de Quingey, les villes de Lons-le-Saunier, Dole, Ornans, Orgelet, les abbayes Saint-Paul, de Cherlieu, de Corneux, de Theuley, etc.

Tous ces travaux, fort estimables, et qui ont rendu à l'histoire locale de grands services, ne pouvaient pas nous être d'une grande utilité pour le travail que nous avons entrepris. Les auteurs se sont attachés surtout à retracer les origines des villes ou des établissements religieux dont ils entreprenaient d'écrire les annales. Les guerres du moyen âge et de la première période des temps modernes leur fournissaient une matière féconde ; bien peu ont dépassé l'époque de la conquête française ; ceux qui l'ont fait n'y ont guère cherché qu'une occasion de comparer la *paix française* aux troubles et aux agitations des époques précédentes, et de faire aux rois de France, au nom de la province, hommage de fidélité et de dévouement. C'était alors, semble-t-il, la conclusion obligée de tout travail académique.

---

[1] Voir, à la bibliothèque de Vesoul, les manuscrits nºˢ 229-230.
[2] Voir, à la bibliothèque de Gray, le manuscrit nº 11.

DEUXIÈME PARTIE. — IMPRIMÉS

<small>Clément, Correspondance de Colbert.</small>

Colbert n'a pu s'occuper que pendant trois années de la nouvelle conquête de la France. Aussi sa correspondance ne nous a-t-elle fourni que quelques lettres intéressantes. Celle du 19 février 1680 est relative aux mines de Château-Lambert. Dans celle du 4 septembre 1682, adressée à l'ingénieur Bruand, il aborde la question si souvent reprise de la canalisation du Doubs; enfin ses lettres du 6 octobre 1682 et du 19 mars 1683 attestent sa sollicitude pour la nouvelle province et ses efforts pour y rétablir les routes détruites par près d'un demi-siècle de guerre.

<small>Depping, Correspondance administrative.</small>

Parmi les nombreuses lettres de Pontchartrain contenues dans ce recueil, quelques-unes sont adressées par le garde des sceaux aux magistrats de Besançon et traitent surtout de l'organisation du Parlement; elles nous ont permis d'ajouter quelques détails intéressants à ceux que nous fournissaient les documents locaux sur les mœurs et l'esprit de la magistrature franc-comtoise.

<small>De Boislile, Correspondance des contrôleurs généraux.</small>

Nous croyons inutile d'insister longuement sur les services que nous a rendus la publication de la correspondance des contrôleurs généraux. On sait que ceux-ci, depuis Colbert, ont eu une part prépondérante dans l'administration du royaume. Ils étaient en relations directes, non seulement avec les intendants, mais avec les magistrats judiciaires ou municipaux, les prélats, et, d'un seul mot, avec tout ce que les provinces comptaient de considérable par les fonctions, la fortune ou le rang. L'immense avantage de la publication de M. de Boislile sur les précédentes, c'est qu'elle ne contient pas seulement les lettres des ministres, mais, en plus grand nombre peut-être, celles de leurs correspondants. Ceux-ci donnent souvent sur la situation de la province de longs et minutieux détails que nous n'aurions pu trouver ailleurs; je citerai seulement les lettres de l'intendant d'Harouis, des 27 octobre, 3 et 19 novembre et 8 décembre 1702, qui résument l'histoire du Parlement dans les années précédentes, et incidemment nous renseignent sur la fortune des magistrats et sur les ressources de la province; celle encore du marquis de Broissia, du

20 septembre 1699, où il propose au ministre de canaliser le Doubs jusqu'à Dole.

Dans la pensée de M. de Troyes, les quatre beaux volumes in-8° qui contiennent les recez des Etats devaient être suivis d'une publication analogue des archives du Parlement avant 1676. Une mort prématurée ne lui a pas permis de terminer le travail qu'il avait entrepris.

<small>Adolphe de Troyes, Recez des Etats [1].</small>

Telle qu'elle est, la publication de M. de Troyes, faite presque exclusivement avec les papiers de la collection Droz, a le grave défaut d'être incomplète, surtout pour les dernières années, celles qui nous intéressaient le plus. L'absence de sommaires, de notes, de tables analytiques, en rend en outre la lecture souvent pénible. Nous avons cependant utilisé, soit la notice de cent quarante et une pages qui ouvre le premier volume, soit le texte lui-même des récits, dans le tableau rapide que nous avons tracé de l'histoire des Etats jusqu'à la conquête.

Les cinq beaux volumes in-folio, contenant les édits du Parlement de 1676 à 1771, sont un véritable monument élevé à la gloire de la compagnie par un de ses membres les plus distingués et les plus laborieux. Les trois premiers volumes contiennent les actes du Parlement, le quatrième, les actes de la Cour des comptes, et le cinquième, une table analytique dressée avec le soin le plus minutieux. Le rôle de la cour de justice était encore, malgré les empiétements des intendants, trop considérable pour que son histoire ne fût pas, à bien des égards, l'histoire même de la province ; aussi devons-nous beaucoup à la laborieuse et intelligente compilation du savant conseiller.

<small>Droz, Recueil des édits et ordonnances de Franche-Comté, 1771.</small>

Je ne crois pas devoir séparer du recueil des édits un petit volume intitulé : *Mémoires pour servir à l'histoire du droit public de Franche-Comté*, et publié en 1789 par le même auteur. C'est à la fois un travail d'érudition et un plaidoyer, presque un pamphlet. Le Parlement était à la veille de disparaître. Il avait rapidement perdu, par son hostilité aux réformes, la popularité que lui avait value, quelques mois auparavant, son hostilité à la cour. Les magistrats tenaient pour l'ancienne constitution et les vieux usages. C'était naturellement

<small>Mémoires sur le droit public de Franche-Comté, 1789.</small>

---

[1] Le titre complet est : *La Franche-Comté de Bourgogne sous les princes espagnols de la maison d'Autriche*. Première partie : les recez des Etats, publiés d'après les manuscrits de la Bibliothèque royale. Paris, Cretaine, libraire, 1847.

dans l'histoire et la tradition qu'ils cherchaient les éléments de leur défense. Leur apologiste retrace en moins de deux cents pages le rôle joué et les services rendus par le Parlement de 1674 à 1789. C'est un exposé savant et fort bien fait, tel qu'on pouvait l'attendre de l'auteur. En même temps, une certaine vivacité de ton, qui aspire même à l'éloquence, — telle du moins qu'on la comprenait à cette époque, — en rend la lecture facile et même intéressante. Nous avons mis à profit les deux premières parties du mémoire qui se terminent, la première à la mort de Louvois, la seconde à celle de Louis XIV. C'est une sorte de commentaire perpétuel du recueil des édits.

Historiens antérieurs à la conquête.

La Franche-Comté n'a pas eu d'historien avant le xvie siècle. En 1575 seulement, Gollut, avocat au Parlement de Dole, entreprit son grand ouvrage, les *Mémoires historiques de la république séquanaise* [1], auquel il consacra douze années de travail. Son récit ne dépasse pas le milieu du xvie siècle. Aussi avais-je peu à lui demander et suis-je dispensé d'en discuter les mérites ou les défauts. Une partie de son ouvrage m'a cependant été utile et le sera à tout historien de la Franche-Comté. C'est le livre second, intitulé : *Description de la Franche-Comté*. Chez Gollut, l'observateur et le géographe n'étaient pas gênés, comme l'historien, par une érudition fausse ou incomplète, par l'esprit de système ou par la prévention. Le tableau qu'il a tracé de son pays est resté vrai de tous points, il est utile et curieux à comparer avec les descriptions des historiens postérieurs, ou mieux encore avec le pays lui-même, après trois siècles qui ne l'ont modifié qu'à la surface.

J'ai plusieurs fois l'occasion, dans le cours de mon travail, d'insister sur l'intime liaison qui rattache les événements de la seconde moitié du xviie siècle à ceux de la première et surtout aux désastres de la guerre de Dix ans. La connaissance des épreuves par lesquelles passa la Franche-Comté de 1636 à 1646 est indispensable à quiconque

---

[1] *Les Mémoires historiques de la république séquanaise et des princes de la Franche-Comté de Bourgogne....* par Louis GOLLUT, advocat au Parlement et professeur de littérature latine à l'Université de Dole. Dole, A. Dominique, 1592.

Nouvelle édition avec notes et éclaircissements, par Charles DUVERNOY et BOUSSON DE MAIRET. Arbois, A. Javel, 1846.

Cf. *Louis Gollut ou l'histoire en Franche-Comté au xvie siècle*, par M. le président CLERC. Travaux de l'Académie de Besançon, 1872.

veut se rendre compte de la situation morale et matérielle du pays lorsque, quelque trente ans plus tard, vint l'heure de la conquête française. Aussi l'histoire de la guerre de Dix ans de Girardot de Nozeroy [1] et le récit du siège de Dole du président Boivin [2] resteront toujours la préface nécessaire d'une histoire de la Franche-Comté sous Louis XIV.

La même observation s'applique plus exactement encore aux Mémoires de Jules Chifflet [3], conseiller-clerc au Parlement de Dole, contemporain des premiers événements que j'ai eu à raconter, puisqu'il n'est mort qu'en juillet 1676. Ces Mémoires ne dépassent pas, il est vrai, l'année 1674 ; mais ils nous font admirablement connaître les événements qui précédèrent immédiatement la conquête et les hommes qui eurent à subir l'épreuve, redoutable pour leur fortune et pour leur honneur, d'un changement de domination.

La dernière moitié du XVII° siècle et les premières années du XVIII° n'ont vu paraître aucun travail historique relatif à la Franche-Comté, qui vaille la peine d'être cité. Vers 1720 seulement, François Dunod de Charnage, avocat au Parlement et professeur à l'Université de Besançon, commença les travaux et les recherches qui lui fournirent la matière de cinq gros volumes in-4° [4]. L'œuvre de Dunod, fort utile du reste, forme une série de mémoires détachés plutôt qu'un récit complet et suivi ; son érudition n'est pas à l'abri de l'erreur et de l'esprit de système. Ingénieux et original dans quelques-unes

Historiens du XVIII° siècle.

---

[1] *Histoire de dix ans de la Franche-Comté de Bourgogne (1632-1642)*. Besançon, 1843.

[2] Jean BOYVIN, *Le siège de la ville de Dole, capitale de la Franche-Comté de Bourgogne, et son heureuse délivrance*. Dole, 1637.

[3] *Mémoires* de Jules CHIFFLET, abbé de Balerne, t. V et VI des *Mémoires et documents inédits* publiés par l'Académie de Besançon.

[4] *Hist. des Séquanais et de la province séquanaise, des Bourguignons et du premier royaume de Bourgogne, de l'Église de Besançon jusque dans le VI° siècle, et des abbayes nobles du comté de Bourgogne*. Dijon, 1735.

Mémoires pour servir à l'histoire du comté de Bourgogne, contenant l'idée générale de la noblesse et le nobiliaire dudit comté. Besançon, 1740.

Histoire de l'Église, ville et diocèse de Besançon, qui comprend la suite des prélats de cette métropole depuis la fin du II° siècle, leur vie et le gouvernement civil de Besançon. Besançon, 1750, 2 vol. in-4°.

Histoire du second royaume de Bourgogne, du comté de Bourgogne sous les rois carlovingiens, des III° et IV° royaumes de Bourgogne et des comtés de Bourgogne, Montbéliard et Neufchâtel, avec une description du comté de Bourgogne et plusieurs généalogies. Dijon, 1757.

de ses vues sur les périodes romaine et barbare, il se réduit souvent, pour les siècles suivants, au rôle d'annaliste, enregistrant simplement les faits dans l'ordre chronologique ou se bornant à établir la généalogie des princes souverains de la province. Des questions très importantes, celle de l'émancipation des communes par exemple, lui échappent complètement, sans qu'on ait le droit d'en être surpris, étant donnée l'époque où il écrivait. Son travail, du reste, ne dépasse pas la date de la conquête française.

A côté de l'œuvre de Dunod, il faut citer les travaux de Guillaume sur la ville de Salins [1]; de Chevalier sur celle de Poligny [2], et de Droz sur celle de Pontarlier [3]. Les deux premiers donnent beaucoup plus que leur titre ne promet; ils contiennent en réalité l'histoire de la province entière et sont heureusement complétés par de nombreuses pièces justificatives. Le troisième est le brillant début d'une carrière qui devait être consacrée tout entière à l'histoire et à l'érudition.

Historiens du XIX° siècle.

Deux écrivains contemporains ont essayé d'embrasser dans son ensemble l'histoire de la Franche-Comté depuis les temps les plus reculés jusqu'à nos jours. Le premier [4], descendant d'une famille parlementaire du pays, et nourri des traditions de l'ancienne magistrature, n'a pas toujours su se défendre des préjugés que lui inspiraient son origine et son éducation. Il s'est fait volontiers l'apologiste d'institutions que le progrès a condamnées. Du moins, connaissait-il à fond les temps et les choses qu'il paraît quelquefois regretter. Il semble les comprendre d'autant mieux qu'il les aime davantage. Son érudition de juriste et d'historien est puisée aux meilleures sources; ses vues sont souvent originales et donnent à penser par les contradictions mêmes qu'elles soulèvent; enfin, par la hauteur de la pensée et la distinction de la forme, quelques pages de son livre sont parmi les meilleures que nous ayons lues sur l'histoire de l'ancienne Comté.

---

[1] *Histoire généalogique des sires de Salins au comté de Bourgogne*, par M. J.-B. GUILLAUME. Besançon, 1757.
Histoire de la ville de Salins, par le même. Besançon, 1758.

[2] *Mémoires historiques sur la ville et seigneurie de Poligny*, par messire François-Félix CHEVALIER. 1 vol. in-4°. Lons-le-Saunier, 1767-1769.

[3] *Mémoire pour servir à l'histoire de la ville de Pontarlier*, par M. DROZ. Besançon, 1760, 1 vol. in-8°.

[4] *La Franche-Comté ancienne et moderne, ou exposition des principaux changements survenus dans l'état du comté de Bourgogne depuis l'antiquité jusqu'à nos jours.* Besançon, J. Jacquin, 1857-1859, 2 vol. in-8°.

L'ouvrage de Rougebief [1], publié quelques années auparavant, est animé d'un esprit diamétralement opposé. L'auteur est de son temps, il en est trop peut-être pour comprendre et juger sainement le passé. Il ne semble pas, du reste, qu'il ait fait grand effort pour étudier par lui-même et dans les sources les institutions et les gens qu'il anathématise. Les écrivains antérieurs lui fournissent la trame sur laquelle s'étalent son récit et quelquefois sa déclamation également faciles. Pour la période française, il se borne à de vagues dissertations qui ne pouvaient nous être utiles; car elles ne s'appuient sur aucun document et ne dépassent jamais le ton d'une vulgarisation assez puérile.

Des travaux plus récents doivent, au contraire, leur valeur au soin minutieux avec lequel leurs auteurs ont étudié toutes les sources d'information que leur fournissaient les archives de la province ou de Paris. Le président Clerc a lu et dépouillé tous les recez des Etats ainsi que les nombreuses pièces relatives aux travaux des représentants de la province. Deux volumes in-8° sont le fruit de cette patiente étude [2]. L'art y fait trop souvent défaut. Les faits essentiels ne se dégagent pas assez du récit, et celui-ci est trop souvent réduit à une sèche analyse des documents. Il semble que l'auteur, préoccupé uniquement de suivre année par année et même mois par mois les délibérations des députés, se soit interdit toute vue d'ensemble et n'ait pas essayé de ramener son sujet à une loi générale qui, en donnant de l'unité à son livre, en doublerait l'intérêt. Malgré ce défaut de méthode, l'œuvre du président Clerc est des plus méritoires et laisse bien loin derrière elle les dissertations que les académiciens de Besançon avaient consacrées au même sujet à la fin du xviii° siècle.

M. de Piépape s'est donné la tâche d'exposer l'histoire de la Franche-Comté dans ses rapports avec la France et d'étudier les alternatives dramatiques d'occupation provisoire, de guerre sanglante et de paix relative qui ont abouti à la conquête définitive [3]. Le tra-

---

[1] *Histoire de la Franche-Comté ancienne et moderne, précédée d'une description de cette province*, par Eugène ROUGEBIEF. Paris, G. Stiévenard, 1851, in-4°.

[2] CLERC, *Hist. des Etats généraux et des libertés publiques en Franche-Comté*. Besançon, 1882.

[3] DE PIÉPAPE, *Histoire de la réunion de la Franche-Comté à la France : événements diplomatiques et militaires, 1279-1678*. Paris, Besançon.

Cf. Emile LONGIN, *Lettre d'un Franc-Comtois sur un ouvrage couronné par l'Académie française*. Besançon.

vail était aussi difficile que l'intérêt était grand. Il fallait successivement et souvent à la fois suivre des opérations militaires sans unité et sans éclat, débrouiller d'obscurs trames diplomatiques, pénétrer les secrets des cabinets de l'Europe, et surtout ne pas s'égarer dans le dédale inextricable des actes d'un gouvernement de magistrats et de députés dont les volontés étaient trop changeantes pour être facilement saisissables; il fallait peut-être aussi oublier beaucoup de choses qui ne valaient pas la peine d'être retenues. M. de Piépape s'est le plus souvent tiré avec honneur de ces difficultés. Des erreurs de détail étaient inévitables dans un pareil travail, et ne doivent pas faire oublier ce qu'il fallait de courage pour l'entreprendre et de labeur pour le mener à bonne fin.

Le volume consacré par M. Philippe Perraud aux événements qui ont précédé immédiatement ou accompagné la conquête de 1668 n'embrasse que l'espace de quelques mois [1]. Mais si la matière est moins vaste que celle des ouvrages précédents, elle n'est pas moindre en intérêt, et surtout l'auteur, par la netteté de ses vues, l'art de la composition et du style, a su en tirer un meilleur parti. Son livre pourrait s'intituler : *Comment un gouvernement périt*. C'est l'histoire de l'agonie du Parlement et des Etats de Franche-Comté. Avec une sûreté de bon sens qui ne laisse aucune prise à la contradiction, M. Perraud établit les responsabilités de chacun dans les désastres de 1668 : à l'habileté, à la décision, à l'énergie des conquérants, il oppose l'inintelligence, l'inertie, la faiblesse de ceux qui avaient la garde de la nationalité franc-comtoise. Il emprunte les derniers mots de sa conclusion à Bossuet : « Dans ce jeu sanglant où les peuples disputent de l'empire et de la puissance, qui a prévu de plus loin, qui s'est le plus appliqué, qui a duré le plus longtemps dans les grands travaux, et enfin qui a su le mieux ou pousser ou se ménager suivant la rencontre, à la fin a eu l'avantage, et a fait servir la fortune même à ses desseins. » (*Disc. sur l'hist. univ.*, IIIe partie, chap. II.) Un demi-siècle avant Bossuet, l'historien Girardot de Nozeroy avait dit la même chose : « Les Estats universellement sont régis par la sagesse divine, que l'*Ecclésiaste* dit se jouer en terre de la vanité des hommes et des démons. Cette sagesse a ses deux maîtresses roues, la

---

[1] *Les Etats, le Parlement de Franche-Comté et la conquête de 1668*, par Philippe PERRAUD. (Mémoires de la Société d'émulation du Jura.)

vérité et la justice, et ces pièces agissantes, les vertus mili celle de prudence, qui recognoissent les choses, les personnes et les temps, inventent, disposent et exécutent [1]. » Ce sont ces pièces agissantes qui ont fait défaut aux Franc-Comtois de 1668.

Mon récit reprend l'histoire de la Franche-Comté à l'époque où l'a laissée celui de M. Perraud ; je serais satisfait si, dans la série des historiens de la province, mon travail prenait place à côté du sien et ne paraissait pas trop indigne de le continuer.

Telles sont les sources, manuscrites ou imprimées, de l'histoire de la Franche-Comté dans les temps modernes, et notamment dans la deuxième partie du XVIIe siècle. Cette énumération suggère tout d'abord une réflexion. C'est qu'elle n'indique aucun document (autre que les documents officiels) contemporain des faits que j'avais à étudier. Entre Chifflet, qui s'arrête en 1674, et Dunod, qui commence ses travaux vers 1710, aucun Franc-Comtois n'a écrit l'histoire de son pays, aucun n'a songé à consigner dans un journal les événements auxquels il avait assisté. Je pourrais céder à la tentation d'invoquer cette lacune pour excuser l'insuffisance de quelques parties de mon travail. J'aime mieux y trouver l'un des caractères mêmes des premières années de la domination française en Franche-Comté.

Je crois que la perte de la nationalité franc-comtoise était dans la logique des faits, et que longuement préparée et comme ébauchée déjà plusieurs fois, elle n'a apporté dans les institutions du pays et dans l'esprit des Franc-Comtois aucun de ces bouleversements profonds qui brisent les traditions et déconcertent à tout jamais les esprits et les caractères. Les événements de 1668 et de 1678 n'en avaient pas moins entraîné toutes les brutalités et toutes les hontes d'une conquête. La nation en fut profondément humiliée. Ce sentiment ne se traduisit que très rarement par des accès de colère ou tentatives de revanche ; c'est au contraire par une sorte d'affaissement moral et d'impuissance intellectuelle qu'il semble s'être manifesté. Les vaincus, du reste, même les plus facilement résignés, racontent rarement leur histoire. A quoi bon laisser après soi le récit des misères qu'on voudrait oublier? Et puis, la Franche-Comté, perdue désormais dans la France, pouvait-elle avoir encore une histoire? Les temps héroïques étaient finis; les magistrats, les diplomates, les

---

[1] *Histoire de dix ans*, p. 20.

hommes de guerre qui remplissaient l'Europe de leur renommée, avaient péri, et avec eux avait disparu tout ce qui faisait l'intérêt dramatique des récits de Gollut, de Girardot et de Chifflet. L'exposé du nouveau mécanisme administratif, l'analyse des ordonnances royales ou des mandements de l'intendant, le menu détail de la vie quotidienne de la nation, l'énumération de ses ressources, l'examen de ses misères et de ses plaintes, quelquefois la bonne fortune d'un grand nom, comme celui de Colbert ou de Vauban, jetant quelque éclat sur la monotonie du récit, telle devait être, à partir de 1674, la seule ressource de l'historien de la province. C'est assez, nous l'espérons, pour exciter l'intérêt des Franc-Comtois d'aujourd'hui, mais il aurait fallu davantage pour consoler le patriotisme et éveiller la verve de nos ancêtres du XVIIe siècle.

LA
FRANCHE-COMTÉ
SOUS LOUIS XIV

INTRODUCTION

La conquête de la Franche-Comté fut une des plus faciles que la France ait jamais faites. Si Louis XIV crut devoir abandonner, en 1668, la province une première fois soumise en quelques semaines, cette feinte modération ne fut de sa part qu'un acte d'habile politique qui masquait ses véritables desseins. Il ne rendit que ce qu'il savait pouvoir reprendre à son heure et sans coup férir.

La rapidité des campagnes de 1668 et de 1674 étonna tout le monde. L'enthousiasme et la flatterie se donnèrent carrière à Paris et à Saint-Germain [1]; l'Europe fut effrayée. Et

---

[1] M. Perraud, dans son ouvrage : *Les Etats, le Parlement de Franche-Comté et la conquête de 1668*, a réuni les plus curieuses des innombrables pièces françaises ou latines inspirées par les succès de Louis XIV. (App. XVIII, p. 378.) La plus courte est le distique latin suivant :

Una dies Lotharos, Burgundos hebdomas una,
Una domat Batavos luna ; quid annus erit?

Un Franc-Comtois anonyme répondit :

Plurima rex cepit spargendo largiter aurum,
Armis pauca, dolo plurima, jure nihil.

pourtant, à voir de près les choses, le succès n'avait rien de miraculeux. La disproportion entre les forces des deux adversaires était trop grande pour que, la lutte une fois engagée, l'issue fût douteuse. La monarchie française était alors à l'apogée de sa puissance, la royauté disposait de toutes les forces matérielles et morales d'un grand pays. Des hommes de génie assuraient l'exécution des volontés du monarque, et celui-ci savait encore ne vouloir et ne tenter que le possible. La Franche-Comté, au contraire, était abandonnée de sa protectrice naturelle, l'Espagne, à la fois indifférente et impuissante; réduite à ses propres ressources, elle était évidemment perdue. Pauvre naturellement, ruinée encore par les guerres précédentes, sans armée, sans finances, elle manquait surtout de ce qui faisait la force de son adversaire : des institutions et des hommes. L'heureuse résistance qu'elle avait opposée aux précédentes attaques de sa puissante voisine achevait de la perdre en lui inspirant jusqu'au dernier moment une trompeuse sécurité. En 1668, les Franc-Comtois s'enivraient encore des glorieux souvenirs de 1636, ils ne voyaient pas que tout était changé chez eux et plus encore en France.

Facilement conquise par les armes, la Franche-Comté devint tout aussi facilement française. Je ne veux pas dire qu'elle perdit sans regret cette sorte de demi-indépendance que lui assuraient la faiblesse et l'éloignement de ses souverains espagnols. Mais ces regrets ne furent ni très vifs ni très durables. Le pieux souvenir des anciens maîtres et des vieilles libertés se conserva sans doute, mais en s'altérant singulièrement. Dans les âmes naïves des paysans franc-comtois, il prit bien vite un caractère légendaire. Il devint bientôt un thème à traditions populaires qui firent du *bon vieux temps* de la domination espagnole une sorte d'âge d'or n'ayant rien de commun avec la réalité. C'était une protestation platonique contre le présent; à vrai dire, il n'y en eut guère d'autre.

Cette prompte assimilation du comté de Bourgogne à la France s'explique par toute son histoire. Celle-ci, à la prendre au xiv° siècle pour la suivre jusqu'au milieu du xvii°, présente un caractère singulier. C'est le spectacle d'une population française par sa situation géographique, ses mœurs, ses institutions, son langage, que le droit public féodal d'abord, puis la politique des mariages, éloignent de la France pour la rattacher, par un lien factice, à des centres politiques éloignés avec lesquels, en réalité, le pays n'eut jamais que des rapports strictement officiels.

Cette situation fit le malheur de la Franche-Comté. Pendant plus de trois siècles, elle oscilla, pour ainsi dire, entre la France, à laquelle la rattachaient le sang, le langage et les mœurs, l'Allemagne, qui la revendiquait au nom d'un droit de suzeraineté et de traités surannés, et l'Espagne, qui invoquait, pour la conserver, le droit dynastique longtemps incontesté. Si la Franche-Comté, ainsi disputée par trois maîtres, y gagna une sorte de nationalité indépendante, elle paya cruellement ce privilège par trois siècles de guerres, d'invasions et de massacres presque sans relâche. La conquête de 1674 devait seule y mettre fin.

La Franche-Comté n'est pas, autant qu'on pourrait le croire, une individualité géographique nettement déterminée ; elle n'a pas, du moins du côté de la France, de frontières naturelles. Aussi les noms de Séquanie, haute Bourgogne et comté de Bourgogne, qu'elle a successivement portés, ne s'appliquent pas exactement à la même étendue de territoire. Au nord, le large et bas plateau des Faucilles n'est à aucun point de vue une frontière. Aussi les contestations de territoires avec la Lorraine furent-elles incessantes ; sous Louis XIV encore, elles étaient l'occasion de procès et de traités [1]. On donne souvent comme limite entre le duché et le

---

[1] On peut consulter sur l'histoire de cette frontière, à la Bibliothèque nationale, la collection Moreau, n°° 915 et 917, et la collection de Lorraine, n°° 418 à 420, 685, 710 à 713.

comté de Bourgogne le cours de la Saône, et les bateliers auraient conservé, dit-on, l'habitude de distinguer la rive droite et la rive gauche de cette rivière par les noms significatifs de *terre du roi* et de *terre d'empire*. C'est là un à peu près géographique qui est bien près d'être une erreur complète. En réalité, la Saône, qui serait dans tous les cas une médiocre défense, ne séparait les deux Bourgognes que sur quelques lieues de longueur. Au nord-ouest, le comté empiétait sur la rive droite, s'étendait jusqu'au pied du plateau de Langres et confinait au Bassigny. Cette région formait une sorte de marche intermédiaire entre la haute-Bourgogne et la Champagne; les grands fiefs du pays, Fouvent, Autrey et Champlitte dépendaient encore au xi° siècle de l'évêque de Langres, et celui-ci conserva jusqu'à la révolution la juridiction ecclésiastique du territoire dont la suzeraineté lui avait échappé. Les relations étaient fréquentes par-dessus cette frontière relativement récente. On se plaignait, en 1636, que les gentilshommes établis sur les bords de la Saône eussent leur *hantise ordinaire* avec la noblesse du Bassigny; c'était une porte ouverte aux intrigues de la France, elle en profita souvent.

Plus au sud, la ville d'Auxonne, située sur la rive gauche, formait avec le territoire de quelques villages une véritable enclave en terre comtoise, qui portait la frontière à deux ou trois lieues seulement de Dole, la ville principale de la province. Plus au sud encore, la frontière, s'éloignant de plus en plus de la Saône, laissait au duché de Bourgogne les bassins inférieurs du Doubs et de la Seille, à la Bresse, le cours inférieur de l'Ain. De ce côté également, l'absence de frontières naturelles, la similitude de mœurs et de langage, avaient créé d'intimes relations entre les populations. Les alliances étaient fréquentes entre les familles franc-comtoises et bressannes, et lorsque la Bresse fut conquise par Henri IV, les Etats eurent à se préoccuper de la situation faite aux Comtois propriétaires de terres situées dans la province nouvellement française [1].

Du côté de l'est, le plus oriental et le plus élevé des chaînons du Jura sépare plus nettement la Franche-Comté de la Suisse; encore faut-il ajouter que cette frontière ne s'imposait pas tellement qu'elle n'ait été souvent modifiée, et qu'elle n'ait laissé passer plus souvent encore des armées, des marchandises et des idées. Il est important de remarquer aussi que de ce côté la Franche-Comté confinait à des populations françaises de mœurs et de langage, qui, comme elle, avaient fait partie de l'ancien royaume de Bourgogne. C'était pour elle comme des avant-postes de la nationalité française qui la protégeaient contre l'influence allemande.

Sur un seul point, à sa limite nord-est, le comté confinait à l'empire germanique. Encore, le pays de Montbéliard, qui le séparait de l'Alsace, était-il un ancien fief franc-comtois qu'un mariage avait transféré à la maison de Wurtemberg [2]. A la Réforme, la population de la petite principauté avait dû suivre l'exemple de son maître et adopter la nouvelle religion, mais elle avait conservé l'usage de la langue française. Du reste, l'occupation de l'Alsace par la France avait achevé de séparer la Franche-Comté des terres véritablement allemandes.

Ainsi, le comté de Bourgogne se trouvait ouvert à peu près de toutes parts à l'influence et aux armées françaises. Le danger n'avait pas échappé aux esprits avisés du pays. Girardot de Nozeroy le signale en termes exprès : « Les Fran» çais, qui autrefois ne nous avoisinaient qu'en la duché de » Bourgogne et pays de Bassigny, avaient depuis acquis la » Bresse par le traité de Lyon, puis nouvellement conquis la » Lorraine, puis l'Alsace et la Ferette, le Montbéliard et le

---

[1] De Troyes, La Franche-Comté de Bourgogne : les vœux des États, II, p. ???.
[2] Eberhard IV, comte de Wurtemberg, épousa, en 1397, Henriette, héritière de la famille franc-comtoise de Mont???; celle-ci possédait la terre de Montbéliard depuis le XIIIᵉ siècle.

» Brisgau ; enfin le Valengin et Neufchâtel obéissaient à un
» prince français [1]. » Chifflet, un peu plus tard, comptait au
nombre des causes qui avaient affaibli l'esprit militaire dans
le pays, l'occupation de la Lorraine par les Français, qui
fermait à la jeune noblesse la route par laquelle elle allait
rejoindre aux Pays-Bas les armées espagnoles [2].

Ainsi cerné de toutes parts par les armes de la France, le
comté de Bourgogne s'ouvrait lui-même insensiblement à
l'influence de sa puissante voisine. A son insu, et souvent
malgré lui, il obéissait à l'invincible attraction qu'exerçait
sur lui la grande nation dont il n'avait jamais cessé de parler la langue. Un heureux hasard facilita ce rapprochement.
Pendant deux siècles, la Franche-Comté fut gouvernée par
par des princes français, et à la fin de cette longue période,
on put croire pendant quelques années que l'union des deux
pays était définitive.

En 1295, par le traité de Vincennes, le comte palatin
Othon IV abandonnait à Philippe le Bel la Franche-Comté,
comme dot de sa fille aînée Jeanne, qui devait épouser Philippe de Poitiers, deuxième fils du roi de France. En 1493,
par le traité de Senlis, Charles VIII restituait la province
qu'il détenait à titre de dot de Marguerite, fille de Maximilien
d'Autriche et de Marie de Bourgogne, et le pays redevenait
pour deux siècles officiellement étranger à la France.

Dans le long intervalle de ces deux traités, la Franche-
Comté changea souvent de maîtres au gré des mariages et
des décès de ses souverains, mais elle ne cessa jamais d'être
française au même titre que les grands fiefs du royaume, le
duché de Bourgogne ou l'Artois par exemple, auxquels le
hasard des alliances féodales le rattacha plus d'une fois. Cette
période de son histoire ne fut pas des plus heureuses ; elle
eut ses épreuves particulières ; elle souffrit de celles qui

---

[1] *Histoire de dix ans*, p. 79.
[2] *Mémoires*, I, p. 16.

accablaient alors la France. Ce furent, au début, les cinq années de guerre que Philippe le Bel dut consacrer à soumettre l'aristocratie comtoise soulevée contre lui (1295-1301), dans les dernières années, de 1477 à 1483, la guerre aussi longue et plus cruelle encore, par laquelle Louis XI ne réussit pas à vaincre l'obstination désormais proverbiale des Comtois, et dans l'intervalle de ces deux invasions, les désastres, les misères et les hontes de la guerre de Cent ans. Il n'est pas un nom néfaste de cette période qui n'appartienne à l'histoire de cette province, pas une épreuve qui lui fût épargnée. Elle subit les contre-coups des désastres de Crécy, de Poitiers et d'Azincourt et de l'assassinat de Montereau, vit deux fois ses souverains s'allier avec les Anglais et souffrit à plusieurs reprises les ravages des grandes compagnies et des écorcheurs. Cette communauté de misères n'était peut-être pas faite pour resserrer étroitement les liens qui unissaient les deux pays. Mais les intrigues et les guerres, si nombreuses qu'elles fussent, n'absorbaient pas entièrement, aux XIVe et XVe siècles, l'activité des princes et la vitalité des peuples. Les nations se dégageaient de la féodalité et se donnaient des institutions plus conformes à leur esprit et à leurs besoins. Une véritable révolution administrative se fit alors en Franche-Comté, sous les auspices et à l'imitation de la France. Ce fut Philippe le Bel qui créa la Cour des comptes de Dole et divisa le pays en deux bailliages, celui d'Amont et celui d'Aval. Le parlement s'organisait en même temps; il se fixait à Dole et devenait successivement périodique et permanent; enfin, sous les comtes-ducs de la maison de Valois, les Etats de la province s'exerçaient à jouer dans l'administration et la politique un rôle prépondérant. Ainsi s'organisait simultanément en France et en Franche-Comté tout le mécanisme d'une société nouvelle. Ce remarquable parallélisme dans l'histoire intérieure des deux pays n'a pas échappé à un judicieux historien du XVIIIe siècle : « Les anciens Com-
» tois, dit Perreciot, se sont si exactement modelés sur les

» Français pour la forme du gouvernement civil, et les ont
» copiés avec tant d'attention, qu'il semble que nous ayons
» toujours appartenu au même souverain. Il n'y a pas plus
» tôt eu des parlements et des bailliages en France, qu'on en
» a vu en Franche-Comté, remplis par des officiers qui por-
» taient les mêmes noms et qui avaient les mêmes fonctions.
» Comme les Français, nous avons eu des Assemblées natio-
» nales qui, ainsi que chez eux, ont pris le nom d'Etats :
» sans doute parce que de même que parmi eux, on les forma
» des trois ordres ou Etats de la nation, lorsque l'adminis-
» tration de la justice en fut détachée[1]. »

L'influence de la France ne s'arrêta pas là. De nombreux Franc-Comtois, à l'étroit dans les limites de la province, allèrent chercher à Paris un théâtre plus vaste et plus digne de leur ambition et de leurs talents. Les princes favorisèrent de tout leur pouvoir cette émigration pacifique, qui leur donnait d'utiles et dévoués serviteurs. La première comtesse Jeanne, la bru de Philippe le Bel, donna l'exemple. Grâce à son influence, Hugues de Besançon devint archevêque de Paris; Guy Baudet, de Poligny, fut évêque de Langres et chancelier de France sous Philippe de Valois; Simon de Gonsans mourut évêque d'Amiens. La même princesse, par son testament, fondait à Paris le collège de Bourgogne, « où » les escholiers de la Comté seraient en réception préférés à » tous autres. » Pendant la guerre de Cent ans, la Franche-Comté donnait à la France les deux Jean de Vienne : l'oncle, qui défendit Calais après Crécy; le neveu, qui réorganisa la marine française sous Charles V et mourut en héros à Nicopolis. La cruelle guerre de Bourgogne interrompit un instant cette tradition; mais la paix d'Arras venait à peine d'être signée, que de nombreux Franc-Comtois entraient au service du jeune fiancé de leur souveraine Margue-

---

[1] PERRECIOT, *Dissertation sur les Etats* (1765). (Documents inédits publiés par l'Académie, VII, p. 112.)

rite [1]. Enfin, au mois de janvier 1484, les Etats généraux de France étaient réunis à Tours ; les députés franc-comtois y siégeaient dans les rangs de la nation de Bourgogne, à laquelle ils appartenaient par l'histoire et par le nom [2]. Le plus grand seigneur du pays, Jean de Châlon-Arlay IV, prince d'Orange, se tenait auprès du jeune roi avec le comte de Dunois, le sire d'Albret et le comte de Foix ; enfin, c'était un Franc-Comtois, Guillaume de Rochefort, qui prenait la parole au nom du gouvernement. Il y avait là une sorte de consécration solennelle de l'union des deux pays, la province prenait rang dans la nation et lui apportait le concours de ce qu'elle avait de plus illustre par la naissance et par le talent. Neuf années plus tard, le traité de Senlis remettait en question une solution que tout semblait indiquer comme définitive.

De 1493 à 1674, la Franche-Comté, devenue possession de la maison d'Autriche, fut naturellement engagée dans la rivalité de cette dernière avec la maison de France, qui remplit l'histoire de ces deux siècles. Elle ne fut cependant que trois fois, sous Henri IV en 1595, sous Louis XIII en 1636, sous Louis XIV en 1668, en lutte ouverte avec sa voisine. Dans l'intervalle, des trêves particulières la mirent à l'abri des horreurs de la guerre. Mais c'était là une paix boiteuse et précaire s'il en fut. On peut dire que pendant deux siècles la Franche-Comté vécut sous l'obsession continuelle de la conquête française. Le sentiment de l'honneur, un attachement chevaleresque à ses princes légitimes, et aussi le souci

---

[1] Gollut énumère (col. 1398, 1399) les personnages franc-comtois que Charles VIII attira au service de la France. Outre le prince d'Orange et les deux frères Guillaume et Guy de Rochefort, qui furent tous deux chanceliers, il cite Simon de Quingey, l'adversaire acharné de Louis XI, qui, pris par les Français, avait passé plusieurs années dans une cage de fer, et qui devint bailli de Troyes ; Jean d'Andelot, grand écuyer de France ; les deux frères Jacques et Gaspard de Coligny ; le premier mourut à Ravenne, le second est le père du célèbre amiral ; plusieurs gentilshommes des maisons de Vaudrey et de Grammont, etc.

[2] Ces députés étaient Louis Gauthiot, Guy David, Jean Liévans et le sire de Saint-Bonnot.

de l'indépendance et des libertés que lui assurait l'éloignement de ceux-ci, lui faisaient considérer cette conquête à la fois comme une honte et un malheur. Mais ce n'était pas assez pour rompre les mille liens invisibles qui s'étaient noués dans la période précédente entre les deux pays. Bien des regards se portaient comme malgré eux au delà de la Saône. « La jeune noblesse qui du passé faisait ses exercices
» dans les terres du roy et dans les terres espagnoles, où elle
» apprenait la patience et le travail (lois fondamentales du
» bien-estre de la noblesse), avait commencé d'aller aux aca-
» démies de Paris, où la bienséance et les points d'honneur
» s'enseignaient délicatement, et soubs ces belles apparences
» se glissaient les vices de France aux esprits prompts de
» nostre jeune noblesse, si que les Espagnols jà dez plusieurs
» années ne nous recevaient plus en leurs terres par crainte
» d'infection, et nous de nostre côté estions contraints de tenir
» la bride plus courte que du passé aux esprits mouvants et
» délicats [1]. »

Aux époques mêmes où une guerre acharnée semblait élever une frontière infranchissable entre les deux pays, les rapports n'étaient pas interrompus. Qu'il nous suffise de rappeler que le jésuite Mathieu, le favori et l'historiographe de Henri IV, était Franc-Comtois, et que Mairet, le poète pensionné de Richelieu, était de Besançon. Pendant que la France attirait ainsi les talents de la province, celle-ci subissait encore son influence sous une autre forme. Fréquemment ravagée par la guerre ou par la peste, elle fut obligée à maintes reprises de faire appel à ses voisins pour combler les vides de sa population, ou plutôt, il se fit naturellement un mouvement d'immigration auquel les gens de langue française prirent une part prépondérante. Les Lorrains au nord, les Champenois et les Bourguignons du duché à l'ouest, les Bressans au sud, repeuplèrent les villes et les vil-

---

[1] GIRARDOT DE NOZEROY, *Histoire de dix ans*, p. 72.

lages décimés. Ce ne fut pas toujours une infiltration lente et insensible, mais quelquefois une brusque invasion. D'après le jurisconsulte Dumoulin, sous les règnes de François Iᵉʳ et de Henri II, plus de dix mille Français, Picards ou Normands, réduits à la misère, se réfugièrent dans le comté de Bourgogne, où ils cultivèrent les terres en acceptant la situation inférieure de mainmortables [1].

Pendant que des éléments français renouvelaient ainsi le fond de la population indigène au détriment de sa cohésion et de son esprit national, les classes élevées subissaient aussi, par de fréquentes alliances, l'influence de l'étranger. La noblesse, le plus souvent besogneuse, se mariait volontiers en France, « d'autant, remarquait Chifflet, que les Françaises » apportaient à leurs maris un peu d'argent sec pour essuyer » leurs dettes. » Le judicieux conseiller n'hésitait pas à compter parmi les causes qui amenèrent les désastres de 1668 et de 1674 ces mariages français, « où l'on épousait les » inclinations étrangères aussi bien que les femmes [2]. »

Le pays ainsi assiégé et pénétré de toutes parts ne trouvait pas en lui-même d'éléments suffisants de résistance.

---

[1] « Servitus manus mortuae... non semper a barbaris vel bellica et hostili captivitate coepit, sed quandoque ab humanitate, ut sub Francisco I et Henrico II, magna multitudo Gallorum (Francos vocare pudet) praesertim a Picardia et Neustria ingentibus illis infinitarum collectarum exactionibus oppressa et expilata in comitatum Burgundiae sensim dimigrans, ultra decem millia hospitio suscepti sunt in sylvis ad culturam seducendis sub conditione manus mortuae. » (Consil. 17, nᵒ 32.) (Cité par Déy, Étude sur la condition des personnes, des biens et des coutumes en comté de Bourgogne pendant le moyen âge.)

Ces nouveaux habitants étaient souvent des hôtes désagréables : « Ces Français » et pour la plupart des gens banals, homicides, fabricant fausses monnoyes, ayant des enfants bâtards et mendiants, qui ont, par assentement ou autrement, pris place en ce pays où ils ont construit édifices et villages où ils habitent ; les sujets en sont journellement offensés, injuriés et travaillés, tant par dégâts de bois qu'ils font, que par la grande cherté qu'ils occasionnent. » (Lettre des officiers d'Amont au Parlement, du 9 novembre 1556.)

[2] « Pendant que les femmes s'ennuyaient dans leurs ménages et regardaient avec envie les splendeurs de Versailles, les hommes semblaient aux grandes concessions de s'avancer, aux nombreuses dignités du royaume voisin. D'avance, et jusque à son insu, la noblesse comtoise était séduite et gagnée à l'ennemi. » (Perraud, La conquête de 1668, p. 29.)

Quel secours pouvait-il espérer de l'étranger? De l'Espagne, il n'avait rien à attendre [1]. Charles-Quint, préoccupé des dangers du comté, « son verger d'honneur, » semble avoir voulu le protéger contre la France en le rattachant à l'empire d'Allemagne. En 1548, il complétait et sanctionnait la création du cercle de Bourgogne, qui datait de son grand-père Maximilien ; mais, voulant sans doute que l'œuvre fût complètement sienne, il s'attachait, dans le préambule du diplôme, à discuter et à détruire tous les arguments historiques qui pouvaient justifier et fortifier l'union des deux pays. Par une autre inconséquence, il s'arrêtait à moitié chemin et réservait que les provinces du nouveau cercle, la Flandre et le comté de Bourgogne, ne reconnaîtraient pas la

---

[1] Je ne parle pas seulement d'une assistance matérielle que la cour de Madrid était évidemment incapable de donner à ses sujets franc-comtois. En réalité, malgré les apparences et malgré aussi le préjugé contraire, il n'y a jamais eu entre les deux pays le moindre lien intime. La Franche-Comté n'a jamais été espagnole que par la communauté du souverain. L'Espagne n'a jamais donné ni un mot à sa langue et à ses patois, ni une loi à ses codes, ni une famille notable à sa noblesse ou à sa bourgeoisie. Institutions, mœurs, coutumes, tout est resté français, avec des nuances que l'esprit provincial suffit à expliquer. « Le naturel espagnol ne modifia nullement celui de nos pères. A part les généralités qui appartiennent à toutes les nations, il n'y a pas plus d'espagnol dans notre moral qu'il n'y en a dans la langue que nous parlons. La province ne communiquait ordinairement avec l'Espagne que par l'intermédiaire des Pays-Bas ; à peine les troupes espagnoles y séjournaient-elles en la traversant ; il n'y eut que très tard des emplois exercés par des Espagnols. Nous ne connaissons guère d'alliance de famille contractée avec cette nation. Malgré l'union politique la plus intime et la mieux entretenue, la Franche-Comté n'était pas fâchée d'être à une certaine distance de l'Espagne et de la Flandre. De nation à nation, d'homme à homme, on ne s'aimait guère : cela perce partout à côté des témoignages de bon vouloir. » (*La Franche-Comté ancienne et moderne*, II, p. 164-165.)

« Au fond, la Comté, pas plus que les Pays-Bas, n'avait jamais été espagnole. L'Espagne ne put se l'assimiler et fit peu d'efforts pour cela. Grâce à son éloignement, la province garda toujours une large autonomie. » (PERAUD, *La conquête de 1668*, p. 30.)

« Lorsque le pays appartenait aux Espagnols, ceux-ci ne s'établirent nulle part dans leur domaine du Jura ; mais les Jurassiens, au contraire, se répandirent aussitôt dans tous les pays dépendant de l'immense empire de Charles-Quint ; on en compta 20,000 à Madrid ; ils n'étaient pas moins nombreux dans le Milanais ; à Rome, 12,000 émigrés du Jura occupaient le quartier dit des « Bourguignons, » du nom sous lequel on les connaissait jadis. » (Elisée RECLUS, *Géographie universelle*, t. II. La France, p. 366.)

juridiction de l'empire et seraient regardées comme libres. La liberté dans ces conditions, c'étaient l'isolement et la faiblesse consacrés par l'acte même qui prétendait y remédier. Enfin Charles-Quint viciait encore son œuvre en refusant obstinément de la faire agréer par les représentants des provinces du nouveau cercle. En réalité, tout était faux et caduc dans cette tentative d'unir à l'empire des provinces qui depuis si longtemps, et pour tant de raisons, lui étaient étrangères. Un acte diplomatique, fût-il signé du grand nom de Charles-Quint, ne put aller à l'encontre à la fois de la géographie, de l'histoire, du génie et de l'instinct des populations. La Franche-Comté n'était pas et ne voulait pas être Allemande. « Nous sommes d'Espagne, et non » d'empire, » s'écriaient les membres du parlement, lorsqu'on leur demandait, au nom de la cour de Vienne, des subsides contre les Turcs. Il est vrai qu'au dernier moment, en face des prétentions menaçantes de Louis XIV, les Franc-Comtois essayèrent d'invoquer leur titre de terre d'empire, dans la double illusion d'arrêter le roi de France et d'intéresser l'Allemagne à leur cause. Le baron de Lisola plaida ce procès dans ses nombreux et ardents pamphlets [1], tandis que les conseillers du parlement, Philippe et Précipiano, allaient le soutenir à Ratisbonne devant la diète [2]. Mais Louis XIV, qui n'écoutait pas toujours les bonnes raisons, n'était pas homme à se rendre à de mauvaises. Quant à la diète, elle n'était ni disposée à intervenir, ni capable de le faire utilement.

---

[1] Lisola « montra l'antiquité du cercle de Bourgogne parmi les cercles de l'empire, où Charles-Quint l'avait fait inscrire, cita l'article du traité de Munster, qui reconnaissait comme tel la Comté, et comme tel la comprenait dans la paix. Il prouva qu'en plusieurs circonstances, et tout récemment dans la guerre contre les Turcs (1664), elle avait fourni sa part de subsides à l'empire; une quittance en bonne forme de la chancellerie de Vienne en faisait foi. La Comté, participant aux charges de la communauté, devait aussi participer à ses avantages, etc. » (Perraud, La conquête de 1668, p. 121.)

[2] Sur les négociations de Ratisbonne, voir M. Édouard Besson : « Le président Philippe, négociateur franc-comtois au XVIIᵉ siècle. » (Mémoires de la Société d'émulation du Doubs, 1881, p. 277.)

Une dernière chance d'échapper à la France restait peut-être à la Franche-Comté. Voisine de la Suisse, elle avait, du moins avec la partie française de ce pays, une certaine communauté de mœurs et d'intérêts. Aussi, malgré les difficultés naturelles que présentaient les hauteurs orientales du Jura, des relations fréquentes avaient toujours existé entre les habitants des deux versants de la montagne. Au début du XVIe siècle, la cité libre de Besançon avait, un peu malgré l'empereur et l'Espagne, signé un traité d'alliance avec quelques-uns des cantons suisses. C'était un premier pas vers une solution possible de la question franc-comtoise [1]. Pourquoi le comté de Bourgogne n'aurait-il pas formé un quatorzième canton, étendant ainsi jusqu'à la Saône la zone des pays neutres que la nature et la politique avaient formés au sein des montagnes des Alpes ? Il semble que dans les premières années du XVIIe siècle cette idée fut caressée par quelques esprits : d'après Sully, Henri IV y aurait songé. La chose, cependant, présentait bien des difficultés ; l'annexion ne pouvait évidemment se faire par la violence ; or, peut-on admettre que l'Espagne eût renoncé de son plein gré à l'une de ses plus importantes possessions extérieures ? A défaut de l'Espagne, la France aurait-elle permis une union qui lui eût fait perdre à jamais l'espoir de s'annexer

---

[1] « Moins d'un mois avant le trépas de Maximilien, le 24 décembre 1518, la cité de Besançon avait conclu une alliance et combourgeoisie pendant quinze années avec les villes de Berne, Zurich et Soleure, malgré l'opposition du monarque, « s'émerveillant grandement d'un tel acte : » en tant (ajoute-t-il, dans sa lettre aux gouverneurs) que nous, comme empereur, nostre fils, le roy catholique, et dame Marguerite, nostre fille, comme comtes de Bourgogne, sommes vostre gardian et vos souverains protecteurs. » Le 4 janvier suivant, les députés des trois villes arrivèrent à Besançon, où fut prêté un serment réciproque d'observer et de maintenir le traité dans tous ses points, et dans l'année 1520, le nouvel empereur en sanctionna toutes les dispositions. » (Note à Gollut, col. 1541.)

L'alliance existait encore en 1588 (31 décembre 1588). Le comte de Champlitte et M. de la Villeneuve, préposés par le roy d'Espagne pour induyre les habitants de Besançon à non renouveler le civilège avec Fribourg et Soleure, comme contraire au traité d'association et de gardiennenté, ledit civilège devant expirer en mai prochain, reçoivent une réponse négative des habitants. (Protestation au nom du roi. Papiers Granvelle. Corresp. de Champagney, I, p. 24.)

une portion de son domaine naturel? Enfin, les Franc-Comtois eux-mêmes, trop fiers de leur indépendance pour désirer être Français, étaient encore moins disposés à la perdre en faveur d'un petit peuple sans unité de race et de langue, et dont la moitié au moins lui était étrangère. A ces causes vint s'en ajouter une autre plus importante encore, et qui semble avoir jugé le procès : la question religieuse. Les Comtois étaient restés catholiques avec d'autant plus de ferveur qu'ils avaient eu à lutter contre la propagande agressive des protestants de Montbéliard et de Neuchâtel. La Réforme, au contraire, avait triomphé dans la moitié de la Suisse, et en particulier dans le canton de Berne, voisin des frontières comtoises. Ce fut le plus grand obstacle à toute union future. Aussi un historien franc-comtois a-t-il pu dire sans trop d'exagération : « Si la Franche-Comté eût été » protestante, elle se serait presque infailliblement alliée à la » Suisse. Nous sommes Français parce que nos pères sont » restés catholiques [1]. »

Les cantons ne devaient cependant pas rester étrangers à l'histoire de la Franche-Comté [2]. Dès 1511, sous les auspices de l'empereur Maximilien, tuteur de Charles-Quint, une alliance défensive, sous le nom de *ligue héréditaire*, et un traité de commerce avaient été signés entre les deux pays. Les Suisses s'engageaient à ne pas souffrir « que, » contre droit et raison, leursdits voisins de la Franche-» Comté fussent envahis, assaillis, grevés ne déboutés. »

Vers la même époque, les princes autrichiens et français, qui cherchaient à se porter ailleurs des coups décisifs, s'entendirent pour assurer la neutralité à leurs sujets des deux Bourgognes. Les négociations, assez pénibles et commencées dès 1507, aboutirent, en 1522, au traité de Saint-Jean-de-Losne. Les Suisses avaient joué le rôle de médiateurs et de

---

[1] *La Franche-Comté ancienne et moderne*, t. II, p. 258.
[2] Voir Duvernoy, *Esquisse des relations qui ont existé entre le comté de Bourgogne et l'Helvétie du XIe au XVIIIe siècle*.

garants. « Ceste neutralité, dit Gollut, fut introduicte à la
» réquisition des Suisses, peuples et républiques circonvoi-
» sines, qui désirent que lesdictes Bourgongnes soient entre-
» tenues en amitié, mesmement le comté avec lequel touiours
» ils ont practiqué l'alliance, intelligence et confédération,
» sans estre jamais entrés en discorde, sauf une fois, et du
» temps de Charles le Bataillard et Travaillant. »

« Et certes, ajoute le vieil auteur, ceste invention est très
» bone pour la faveur et bien des subjets et du peuple, qui
» seroit autrement perdu par les guerres qu'assiduement lon
» y dresseroit, et pour ce que lesdits princes sont touiours en
» espoir que les droits qu'ils prétendent seront une fois uui-
» dés au choix de la justice plustot que par le fer et par la
» rigueur des armes [1]. »

Cette neutralité contribua peut-être en effet à retarder la solution du procès que plaidaient les deux maisons de France et d'Autriche, et dont la Franche-Comté était l'enjeu; mais elle ne réussit que bien imparfaitement à épargner à celle-ci ce que Gollut appelle « la rigueur des armes. » Elle n'empêcha ni l'invasion de 1595 ni celle de 1636. Son plus sûr effet fut peut-être d'endormir la vigilance des Comtois, et de leur inspirer jusqu'au dernier moment une confiance naïve dans une convention surannée et devenue depuis longtemps lettre morte. La campagne diplomatique de Watteville, en Suisse, en 1667, leur dessilla les yeux, en leur montrant qu'ils n'avaient rien à attendre de leurs *alliés héréditaires*. La fameuse neutralité, garantie par les cantons, apparut alors à tous ce que le chroniqueur Grivel l'avait proclamée un demi-siècle auparavant : « un piège et
» un sable mouvant [2]. »

Une dernière question reste à résoudre. Pourquoi la Franche-Comté fut-elle si tardivement française, puisque

---

[1] GOLLUT, *Mémoires*, col. 1564.
[2] Voir, sur les négociations de Watteville avec les Suisses, PERRAUD, *La conquête de 1668*, notamment le chapitre III : *Les États et la ligue avec les Suisses*.

depuis si longtemps la force des choses la destinait à l'être? Il ne faudrait pas voir dans ce fait un simple caprice des événements et des hommes. Dans le long travail de la formation territoriale de la France, un merveilleux instinct d'à-propos et de mesure guida les efforts de nos rois et de nos ministres. Chaque chose se fit en son temps. Chaque conquête vint à son heure. Pour bien des motifs, la Franche-Comté ne devait pas être le premier objet des convoitises françaises. Avant tout, la présence des Espagnols sur la frontière de la Saône n'était pas un danger; et, de fait, la France ne fut jamais de ce côté sérieusement menacée. Aussi les guerres franc-comtoises des XVIe et XVIIe siècles ne furent que des épisodes secondaires des grandes luttes qui déchiraient l'Europe. Les coups décisifs se portaient ailleurs : au nord et au nord-est, la France avait à faire des conquêtes, sinon plus précieuses, du moins plus urgentes. Un simple rapprochement de dates met ce fait en lumière : Henri IV envahit la Franche-Comté en 1595; l'année suivante, il perdit Calais; deux ans après, Amiens. « Pour un » œuf qu'il gardait en Comté, il perdait une poule en Picar- » die. » Il le comprit et ne s'obstina pas.

Les événements de 1636 sont plus significatifs encore ; cette même année vit l'échec de Condé devant Dole et la prise de Corbie par les Espagnols. « Si le siège de Dole ne vous » réussit pas, écrivait Richelieu à Louis XIII, la raison qui » oblige un chacun à courir au plus pressé en fut la seule » cause. Votre Majesté en divertit ses forces avec d'autant plus » de prudence qu'il était plus important de reprendre Corbie » que de prendre Dole. » Le même sentiment inspirait la modération de Louis XIV lorsque, à Aix-la-Chapelle, il rendait la Franche-Comté pour garder ses conquêtes des Pays-Bas. Mais le jour approchait où il se sentirait assez fort et assez bien servi pour défier ses ennemis sur toutes ses frontières à la fois, et ce jour-là, le sort du comté de Bourgogne fut irrévocablement décidé.

CHAPITRE PREMIER

LES ÉTATS, LEUR DÉCADENCE, LEUR SUPPRESSION

Les États disparaissent en 1674. — Nécessité de revenir sur leur histoire. — Origine des États. — Les États sous la maison de Valois (1384-1477). — Les États pendant la guerre de la succession de Bourgogne (1477-1493). — Les États pendant la domination de la maison d'Autriche (1493-1674). — Organisation des États. — La séance solennelle. — Les serments. — La chambre du clergé. — La chambre de la noblesse, ses modifications, les anoblis. — La chambre du tiers état. — Élimination des officiers du prince. — Compétence et autorité des États. — L'affaire des ordonnances de Pierre de Broissia (1573). — Hostilité de Granvelle contre les États. — Droit de voter l'impôt. — Le surjet et les récompenses. — Prépondérance financière du tiers état. — Commissions des États. — Première idée de la commission des Neuf. — La compétence des Neuf, d'abord financière, s'étend dans la suite à toute l'administration. — La commission des Neuf e la guerre de Dix ans (1633-1644). — Convocation des maires des villes (avril 1636). — La commission des Dix-huit. — Les États de 1654 à 1668. — Faiblesse de l'Espagne, ses exigences. — Faiblesse et impopularité des États. — Leur dernière réunion (9 juin 1666). — Les *commis de l'État* pendant l'occupation française. — Le serment prêté au roi de France. — Les députés des États à Saint-Germain. — Les États de 1668 à 1674; la subvention de 3,000 fr. par jour. — L'édit du 1er avril 1670. — Résistance des villes. — Convocation des maires (mai 1672). — Les villes s'engagent à résister solidairement. — Édit du 16 août 1672. — Résistance des maires et des Dix-huit. — Les maires prétendent se substituer aux Dix-huit. — Nouvelle protestation des villes soutenue par un libelle anonyme. — Énergie du nouveau gouverneur d'Alvéida. — Édit du 1er juillet 1673. — Comment les États disparurent. — Contradictions des historiens. — Première démarche en vue du rétablissement des États (janvier 1679). — Deuxième tentative (juin 1679). — Les commis de l'État et les maires des villes. — Résistance de l'intendant Chauvelin. — Protestation de la noblesse (5 août 1679). — Conclusion.

Les États de Franche-Comté disparurent en 1674, par le fait même de l'occupation du pays par les Français. Le nouveau gouvernement ne prit pas la peine de les supprimer officiellement. Il feignit de les ignorer ou de croire à leur propre abdication. Cette révolution passa inaperçue au milieu du tumulte de la conquête. En 1679

Les États disparaissent en 1674.

seulement, lorsque, par le traité de Nimègue, la province, conquise depuis cinq ans, fut réunie de droit au royaume de France, une timide protestation s'éleva en faveur de l'ancienne constitution. Elle fut mal accueillie et ne semble pas avoir eu d'écho dans le pays. Il faut attendre les dernières années du xviii⁰ siècle pour voir le souvenir et le regret des vieilles libertés perdues reparaître et se mêler d'une façon assez inattendue aux désirs et aux espérances d'une génération qui d'ordinaire cherchait ailleurs que dans l'histoire la solution des problèmes politiques.

Nécessité de revenir sur leur histoire

Dans ces conditions, il semble que l'histoire des Etats généraux ne trouve pas sa place dans le cadre de notre étude, et que nous n'avons qu'à mentionner leur disparition. Et cependant, l'histoire de la Franche-Comté sous Louis XIV ne se comprendrait pas toujours, si l'on ignorait à quel régime elle était soumise avant la conquête, si l'on ne se rendait pas compte, en particulier, de l'organisation des Etats, rouage important du gouvernement tombé.

M. Picot, dans sa belle histoire des Etats généraux de France, regrette que ceux-ci ne soient jamais devenus, sous l'ancien régime, une institution définitive et régulière. Les Etats de Franche-Comté furent plus heureux. Leur rôle ne se réduisit pas à porter à de longs intervalles, au pied du trône, des remontrances sans sanctions et des plaintes souvent sans écho. Depuis la fin du xiv⁰ siècle, ils furent mêlés sans interruption à la vie politique de la nation. Ils devinrent bientôt le centre d'une organisation spéciale qui ne disparut pas tout entière avec eux, et qui fit à la Franche-Comté une situation intermédiaire entre les pays d'Etats et les pays d'élections.

A un autre point de vue, il n'est pas sans intérêt de se demander ce que perdit au juste la Franche-Comté lorsqu'elle fut privée de ses assemblées politiques. Auraient-elles été une garantie sérieuse contre la toute-puissance de Louis XIV? Etaient-elles assez solidement constituées pour trouver place et jouer un rôle utile dans l'administration nouvelle? La conquête qui les supprima leur épargna-t-elle, au contraire, une décadence irrémédiable et une agonie sans remède? L'histoire rapide de leurs dernières années pourra nous l'apprendre.

La Franche-Comté a toujours été fière de ses libertés, et ses historiens faisaient acte de patriotisme en reculant aussi loin que possible l'origine des Etats généraux, considérés comme la preuve et le gage de ses franchises.

Origine des Etats

Leurs prétentions ambitieuses s'expliquent du reste. Confondant les temps et les choses, ils ont donné le nom d'Etats aux assemblées féodales qui, en Franche-Comté comme ailleurs, assistaient le souverain dans l'administration de son domaine. En fait, le gouvernement d'un seul n'a jamais été une réalité, et sous le régime féodal en particulier, la coutume imposait au vassal comme un devoir une part dans l'administration avant qu'il ait songé à la réclamer comme un droit. Les Etats se détachèrent de ces assemblées féodales lorsque la complication de plus en plus grande des affaires nécessita la division du travail administratif; mais ils ne méritent véritablement leur nom que lorsqu'ils remplirent les deux conditions suivantes : en premier lieu, lorsque les députés des villes représentant le tiers état y siégèrent; en second lieu, lorsque le principe du vote de l'impôt fut admis en droit, sinon toujours respecté en fait.

Même réduit à ces termes, le problème de l'origine des Etats n'est pas facile à résoudre. Dom Plancher [1] et Gollut donnent l'année 1389 comme date de l'admission des députés des villes aux Etats. D'autre part, le plus ancien document où il soit question d'un don octroyé au prince est de 1386 [2]. Il ne faudrait pas accorder à ces dates plus d'importance

---

[1] D. PLANCHER, *Histoire de Bourgogne*, III, p. 121.
[2] CLERC, *Histoire des Etats généraux*, I, p. 57, note 1. Cf. CLERC, *Essai sur l'histoire de la Franche-Comté*, II, p. 220; et PERRECIOT, *Dissert. sur les Etats*. Documents inédits, VII.

qu'elles n'en méritent; on peut du moins rapporter aux dernières années du xiv° siècle l'origine des libertés franc-comtoises et faire honneur de leur fondation aux ducs-comtes de Bourgogne de la branche des Capétiens Valois.

Les Etats sous maison Valois, 1384-1477.

Les quatre princes de cette maison régnèrent sur le pays près d'un siècle, de 1384 à 1477. Etrangement différents les uns des autres par leurs qualités comme par leurs défauts, ils avaient de commun une ambition insatiable et l'amour du luxe et de la dépense ; par là, ils se mirent à la merci de leurs sujets et durent, en échange des subsides qu'ils demandaient fréquemment, accorder aux représentants de la province des garanties et des privilèges.

Déjà sous Philippe le Hardi (1384-1404), les Etats ont conquis le droit de répartir eux-mêmes les impôts et de nommer les collecteurs.

Le règne de Jean sans Peur (1404-1419) est une alternative continuelle de ménagements timides vis-à-vis des Etats, et d'actes attentatoires aux droits des sujets, emprunts forcés et confiscations.

Sous Philippe le Bon (1419-1467), la même politique incohérente continue, mais les appels aux Etats se multiplient. En 1431, ils protestent contre les exactions des officiers du prince et obtiennent leur révocation.

Charles le Téméraire (1467-1477) n'était pas de caractère à accepter le contrôle des Etats. Ses embarras financiers et ses folies belliqueuses ne l'obligèrent pas moins à y recourir souvent et à s'exposer, dans les dernières années, à une résistance invincible et trop justifiée.

Ainsi, avant la fin du xv° siècle, la souveraineté des Etats en matière d'impôt était à peu près assurée. Ils n'étaient pas, du reste, étrangers aux autres branches du gouvernement. En 1423, ils attachent leur nom à la fondation de l'Université de Dole par un don de neuf mille francs. En 1458, trois commissaires des Etats, un ecclésiastique, un seigneur et un bourgeois, font partie d'une commission chargée de rédiger les coutumes du pays ; deux ans après, leur travail, approuvé déjà au parlement, au grand conseil et au conseil privé du prince, était soumis en dernier lieu aux Etats et publié après avoir reçu leur approbation solennelle.

De la mort de Charles le Téméraire (1477) au traité de Senlis (1493), la Franche-Comté fut disputée avec de singuliers retours de fortune par la France et par la maison d'Autriche. Le rôle joué par les Etats dans cette période confuse de l'histoire de la province indique l'importance qu'ils avaient acquise. C'est d'eux que Louis XI obtient le traité, le 18 février 1477, qui met le comté de Bourgogne entre ses mains. C'est à eux que Marie de Bourgogne déshéritée fait appel. Ce sont eux encore qui organisent la défense du pays contre les lieutenants du roi, de Craon et Louis d'Amboise, et qui cherchent, après la défaite, à arracher quelques débris des libertés franc-comtoises à Louis XI. Un meilleur avenir semblait promis à la province sous Charles VIII, et la présence des députés franc-comtois aux Etats de Tours paraissait un gage d'union définitive entre les deux pays. On sait que la diplomatie en décida autrement et que la Franche-Comté, par le traité de Senlis, retourna, en 1493, sous la domination des héritiers de Marie de Bourgogne.

Les Etats pendant les guerres de la succession de Bourgogne, 1477-1493.

Les princes de la maison d'Autriche devaient régner en Franche-Comté de 1493 à 1674. Pendant ces deux siècles, les Etats s'organisent définitivement ; leur influence grandit d'abord, puis va en s'affaiblissant jusqu'à la seconde conquête de Louis XIV. La guerre de Dix ans (1633-1644) marque le point de division entre la période de progrès et celle de décadence.

Les Etats pendant la domination de la maison d'Autriche, 1493-1674.

L'organisation des Etats ne présentait rien de la régularité et de la symétrie auxquelles nous ont habitués les régimes modernes. Nos pères s'inspiraient des circonstances plutôt qu'ils n'invoquaient des principes ; quelques inconséquences ne les effrayaient pas. Ainsi ils songèrent rarement à réclamer la périodicité des Etats généraux. Ceux-ci furent toujours

Organisation des Etats.

très irrégulièrement convoqués ; réunis quelquefois plusieurs fois par an, ils disparaissent souvent pendant de longues périodes, de 1585 à 1598, par exemple. L'annonce de leur réunion n'inspire pas toujours les mêmes sentiments ; ardemment désirés lorsque la nation attend d'eux un adoucissement à ses maux ou le redressement de ses griefs, on en redoute le retour lorsqu'on prévoit les charges nouvelles qu'ils vont imposer au pays.

En 1598, les chambres du clergé et de la noblesse demandent que les Etats soient réunis de trois en trois ans. Le tiers état s'y oppose et voudrait que la convocation n'eût lieu qu'en cas de nécessité [1].

En 1657, « les Estats supplient en très profonde humilité » Sa Majesté de vouloir luy donner le loisir de respirer, de » ne faire assembler si fréquemment les Estats [2]. »

Les Etats reconnaissent au souverain seul le droit de les convoquer : à plusieurs reprises, et notamment en 1658 et en 1662, ils résistent aux tentatives des gouverneurs des Pays-Bas qui veulent s'arroger le droit de les réunir [3]. Il y avait sans doute dans cette résistance autre chose qu'une affaire de vanité et de respect pour la coutume ; on craignait avant tout de donner au gouverneur l'occasion de demander plus souvent de l'argent à la province.

On se tromperait encore si, jugeant le passé par le présent, on pensait que la réunion des Etats généraux était précédée d'une période d'agitation électorale, pendant laquelle les ambitions se donnaient carrière. Non seulement la plus grande partie de la nation n'était pas représentée aux Etats, et ne connaissait ceux-ci que le jour où on levait l'impôt en leur nom ; mais, comme nous le verrons tout à l'heure, l'élection ou du moins l'élection directe n'avait aucune part dans la nomination des délégués de la nation.

---

[1] DE TROYES, *Recez des Etats*, I, p. 262. Recez du 2 mars 1598.
[2] ID., III, p. 149, recez du 11 janvier 1657.
[3] CLERC, *Hist. des Etats*, II, p. 151-160.

Chaque session des Etats était inaugurée par une séance solennelle, où le prince était représenté par le gouverneur du pays et le président du parlement ; l'un des deux prenait la parole, exposait le sujet de la convocation, et concluait presque toujours en demandant une certaine somme sous le nom de don gratuit.

L'archevêque de Besançon [1], qui présidait de droit les Etats, répondait par un discours d'apparat où, sans prendre d'engagement formel, il assurait le représentant du prince du zèle et de la bonne volonté des députés de la nation.

Venait ensuite la cérémonie du serment réciproque. Les Etats s'engageaient en ces termes :

« Nous jurons le nom de Dieu que nous serons bons et
» loyaux au comte de Bourgogne, nostre souverain seigneur,
» que nous luy obéirons et aiderons envers et contre tous ;
» que nous lui procurerons honneur, biens et proffit, que
» nous esviterons de nostre pouvoir toutes entreprises et
» dommages qui se pourraient faire contre luy et contre ses
» pays et seigneuries, et généralement ferons tout ce que
» bons et loyaulx vasseaulx, feaulx et subjets sont tenus de
» faire à leurs souverains seigneurs. Ainsy nous aydent Dieu
» et tous les saints. »

Les représentants du prince répondaient par le serment suivant : « Au nom du comte de Bourgogne, nous promet-
» tons et jurons les saints Evangiles de Dieu, aux prélats,
» nobles, députés des villes et prévostés, représentant les
» trois Estats de ce pays et Franche-Comté de Bourgongne,
» que nostre souverain seigneur entretiendra et observera
» tout ce que feux ses prédécesseurs de très haute mémoire,
» les comtes palatins de Bourgogne, ont juré et promis en

---

[1] L'archevêque de Besançon assistait aux Etats comme chef du clergé de son diocèse et non comme représentant de sa ville archiépiscopale. Celle-ci, étant ville d'Empire, et bien que son histoire fût souvent intimement mêlée à l'histoire de la province, ne fit officiellement partie de cette dernière que pendant quelques ans, de 1665 à 1674 ; elle n'eut jamais de représentant aux Etats.

» général et en particulier, et que nostre souverain seigneur
» leur sera bon et juste prince, qu'il les tiendra et mainstien-
» dra bien et léallement en tous et quelconques leurs privi-
» lèges, franchises et libertés, anciennes possessions et cous-
» tumes, et généralement fera tout ce qu'un bon prince comte
» palatin est tenu de faire pour ses vasseaulx et subjets. »

Les commis du prince remettaient ensuite leurs instructions aux membres des Etats, qui se séparaient en trois chambres pour délibérer. La chambre du clergé avait le premier rang. Elle était présidée par l'archevêque de Besançon, chef du clergé de la province, à son défaut, par le doyen du chapitre métropolitain; dans le cas seulement où ces deux personnages étaient absents, la chambre élisait un président. La composition de la chambre du clergé ne varia pas sensiblement dans le cours de l'histoire. Elle comprenait, outre l'archevêque, des abbés, des prieurs, des députés des chapitres de la province et les chefs de quelques maisons de charité [1].

La chambre du clergé.

La chambre de la noblesse venait au second rang. Sa composition varia plus que celle du clergé; elle suivit les modifications insensibles du corps qu'elle représentait. Tout

La chambre de la noblesse.

---

[1] « L'archevêque y occupait le premier rang; après lui venaient, au dernier siècle, dans l'ordre suivant, les députés du chapitre métropolitain, les abbés des abbayes de l'ordre de Saint-Augustin, ceux de l'ordre de Saint-Benoît, ceux de l'ordre de Saint-Bernard et ceux de Prémontré, les prieurs, les députés des chapitres ordinaires et les recteurs des hôpitaux; l'abbé de Saint-Paul précédait tous les autres de la province et siégeait immédiatement après les députés des cathédrales. Il obtint, en 1654, le pas sur celui de Luxeuil. Les rangs entre ceux de même ordre ou classe étaient réglés par l'ancienneté de la fondation. De tous les chapitres, celui de l'église métropolitaine avait seul le droit d'envoyer deux députés. Ce privilège particulier lui avait probablement été accordé parce qu'il était composé de deux corps réunis. » (PERRECIOT, *Dissertation sur les Etats de Franche-Comté. Documents inédits* publiés par l'Académie de Besançon, VII, p. 97.)

Les maisons de charité représentées aux Etats étaient les hôpitaux du Saint-Esprit de Besançon, de Saint-Renobert de Pesmes, du Saint-Sépulcre de Salins et de Sechin près de Baume.

On s'aperçoit, en lisant les recez, que les maisons religieuses ne profitaient pas toujours, pour une cause ou pour une autre, de leur droit de se faire représenter aux Etats.

possesseur de fief avait droit d'entrée dans la chambre, mais il fallait en outre qu'il fût noble. Malgré ces conditions, le nombre des membres de l'assemblée s'accrut considérablement; les anoblis, surtout à partir de Charles-Quint et de Philippe II, vinrent s'asseoir à côté des représentants des anciennes familles. Cette invasion modifia peu à peu l'esprit de la seconde chambre. Les nouveaux venus apportèrent sans doute une science supérieure à celle de leurs collègues plus illustres; mais ils n'avaient pas, vis-à-vis du souverain, à qui ils devaient tout, les mêmes sentiments d'indépendance; ils manquèrent souvent de cette hauteur de vues et de cette largeur d'idées que donnent les hautes situations et les grandes fortunes héréditaires. La noblesse protesta vainement, en 1598 et en 1617 notamment, contre cette invasion [1]. Son influence s'affaiblit de plus en plus; les familles de marque disparaissaient du reste rapidement. Chifflet le constate et le déplore.

« L'extinction arrivée de notre temps de plusieurs familles
» illustres, de sorte qu'il n'en reste plus personne, a été pa-
» reillement une circonstance de notre malheur. Il y en

---

[1] Etats de nov. 1598. Œconomie qu'il n'est besoin de représenter à leurs AA. SS. « à éviter que l'ordre qui doit être tenu auxdits Estats, sur ceux qui doivent estre convoqués aux assemblées d'iceux, ne soit porté par inadvertance ou autrement, les sieurs des Estats ordonnent auxdits secrétaires de nous dépescher et envoyer aucunes lettres d'Estat, sinon à ceux qui ont accoutumés d'estre appelés auxdites assemblées. Signamment au regard de la noblesse, à ceux qui sont gentilshommes et nobles et non d'autres, qui n'auraient lesdites qualités, bien qu'ils fussent possesseurs par achat ou autrement des seigneuries et meix nobles; et que ledit secrétaire produira les rôles qu'il a, tant vieux que nouveaux, sur ce fait : afin d'être revu et d'y estre délibéré, comme il sera trouvé convenir, lequel, selon ce, a présenté sur le bureau lesdits rôles. »

Remontrances de la noblesse en 1617 :

« Que nul n'ait accès en la chambre de la noblesse, pendant la séance des Estats, s'il n'est gentilhomme d'extraction.

» Et quant aux autres, qui possèdent fiefs, que l'entrée ne leur soit permise qu'ils n'aient au préalable fait voir leurs lettres d'anoblissement à deux gentilshommes, pour ce députés de ladite chambre, sur le rapport desquels se prendra résolution: ou que du moins, les pères d'iceux n'ayent eu voix délibérative en ladite chambre. »

» avait toujours quelqu'une qui s'approchait des princes et
» qui soutenait la nation auprès d'eux.... Telles étaient les
» maisons de Vergy, de Rye, d'Oiselay, de Ray et de
» Cusance, qui ont achevé d'être de notre temps : elles
» tenaient les moindres en leur devoir et en bride, et étaient
» les mères nourricières de plusieurs autres qui prenaient
» un bon pli autour d'elles, en matière d'honneur, de valeur
» et de fidélité [1]. »

La chambre du tiers état.

La chambre du tiers état éprouva encore de plus sensibles modifications. Elle comprenait au début des membres d'origines très distinctes. En premier lieu, les représentants du prince prenaient part aux délibérations, en vertu de leur charge ou d'une délégation particulière. C'étaient des conseillers au parlement, les lieutenants généraux des trois bailliages d'Amont, d'Aval et de Dole, avec les avocats et les procureurs fiscaux de ces bailliages, le lieutenant général et le procureur fiscal de la gruerie, les trésoriers de Dole et de Salins. Ces fonctionnaires, organes et instruments du prince, représentaient l'administration et prenaient en main les intérêts du souverain. La présidence de la chambre appartenait de droit à l'un d'eux, le lieutenant général du bailliage d'Amont.

En second lieu venaient les représentants de la province, qui ne siégeaient pas tous au même titre, ni avec la même autorité. C'étaient d'abord les maires des quatorze villes à mairie : Salins, Dole, Gray, Vesoul, Arbois, Poligny, Pontarlier, Baume, Ornans, Orgelet, Lons-le-Saunier, Quingey, Faucogney et Bletterans [2].

A côté de ces villes privilégiées, quelques bourgs ayant titre de prévôtés étaient représentés. C'étaient Saint-Claude, Morteau, Jussey, Château-Chalon, Moirans, Montmorot, Port-

---

[1] *Mémoires* de CHIFFLET, I, p. 14.
[2] Le rang de ces villes aux Etats était généralement désigné par la date de leurs concessions de mairies. Cela n'empêche pas de nombreuses discussions et procès de préséance que Perreciot rapporte dans sa *Dissertation*, p. 128-129.

sur-Saône, Châtillon-le-Duc, Montjustin, Cromary, Montbozon, Rochefort, Orchamps, Fraisans, Colonne, la Loye, Chariez, Montmirey-le-Châtel et Gendrey.

Enfin, à ces représentants des villes et des bourgs s'ajoutèrent, au moins pendant quelque temps, les députés de quelques localités parmi lesquelles les plus souvent citées dans les recez sont Luxeuil, Nozeroy, Saint-Hippolyte, Clerval-sur-le-Doubs, Saint-Amour, Bouclans et le Russey en Franche-Montagne.

Cette composition se modifia dans le cours du xviᵉ siècle, au profit des représentants des villes.

Ceux-ci s'efforcèrent d'abord d'éliminer de la chambre les commissaires du prince. Une première attaque contre ces derniers eut lieu aux Etats de 1538 et partit à la fois de la chambre de la noblesse et de celle du tiers état. Les représentants du souverain étaient, cette année, Claude de la Baume, le baron de Mont Saint-Sorlin, maréchal de Bourgogne, Hugues Marmier, président de Bourgogne, et Jean de Saint-Mauris, conseiller et maître aux requêtes de Sa Majesté. La noblesse refusa de les laisser assister à la discussion du don gratuit, leur reconnaissant seulement le droit d'opiner sur les autres affaires à titre de possesseurs de fiefs. Le sieur de Bouclans les informa officiellement de cette décision, les commis protestèrent en invoquant les précédents, puis cédèrent en réservant les droits de leurs successeurs [1].

La chambre du tiers prenait à la même époque une détermination semblable. Les maïeurs des villes prétendirent que les officiers de Sa Majesté étant plus nombreux que les représentants du pays, ceux-ci ne pouvaient délibérer librement en leur présence. Les officiers invoquèrent à leur tour les précédents, ajoutant qu'ils assistaient aux Etats en

---

[1] Recez du mois d'avril 1538, publié par la Société d'émulation du Jura, sous ce titre : *Trois recez inédits* (travaux de l'année 1873).

vertu de leurs charges, qu'ils s'acquittaient de leur office « au bien du pays, de sorte l'estat des villes s'en était » bien trouvé. » Les chambres du clergé et de la noblesse intervinrent. Elles se firent apporter les lettres patentes adressées aux officiers du parlement pour connaître en quelle qualité ils étaient mandés par le prince aux Etats. Comme ils étaient traités de « nos amés et féaulx, » il fut décidé qu'ils auraient entrée à la chambre de la noblesse. Il en fut de même du procureur et des avocats du prince au parlement. Seulement, comme ils étaient convoqués aux Etats par une lettre collective, on décida qu'ils n'auraient qu'une voix à eux tous.

Les lieutenants et les procureurs des bailliages continuèrent à siéger dans la chambre du tiers; mais comme ils n'avaient qu'une lettre du prince dans chaque bailliage, on décida qu'ils n'auraient également que trois voix dans les délibérations et les notes.

Les membres du tiers ne se contentèrent pas de cette première victoire; en 1598, en 1606, en 1614, ils demandèrent l'exclusion totale des fiscaux et finirent par l'obtenir.

Les représentants du pays restaient ainsi les maîtres de la situation. Mais les députés du tiers n'avaient pas tous le même rang ni la même autorité. Une sorte d'aristocratie bourgeoise, formée des maires des quatorze villes, réussit à imposer peu à peu sa suprématie aux prévôts des bourgs et à écarter complètement les représentants des villages. Les prévôts étaient modestement assis sur des bancs derrière les députés des villes. On les exclut des commissions, ce qui réduisait singulièrement leur rôle. Quelques historiens attribuent également à la jalousie des villes la disparition des villageois « écartés comme trop nombreux, tumultueux et il- » lettrés [1]. » Il est bien possible aussi que les habitants des

---

[1] Perreciot écrivait en 1765 (*Dissertation*, p. 126) : « La pluspart de ceux des bourgs et villages n'étaient d'aucune ressource dans les délibérations. » Après

campagnes n'aient pas défendu avec beaucoup d'ardeur un droit dont ils ne devaient pas toujours comprendre l'importance. Quelle que fût la cause de leur abstention, elle était regrettable, car elle habitua la plus grande partie de la population à se désintéresser complètement de l'administration du pays. La chambre du tiers, à qui la force des choses donnera bientôt la prépondérance sur les deux autres, ne représentait ainsi en réalité, elle aussi, qu'une classe de privilégiés; aussi fut-elle trop souvent l'interprète des intérêts égoïstes et étroits de la bourgeoisie des villes.

Telle était la composition des trois chambres au commencement du XVIIe siècle. Leur compétence et leur autorité avaient également varié dans le cours des temps. Les députés avaient à compter avec les circonstances, qui se prêtaient inégalement au développement des institutions libres, avec les caractères des princes et des ministres, dont quelques-uns étaient trop jaloux de l'autorité royale pour supporter patiemment les prétentions envahissantes des Etats. Ceux-ci, du reste, n'eurent peut-être jamais de plus grands ennemis qu'eux-mêmes. Leur inintelligente ambition et leur égoïsme devaient surtout compromettre leur cause et donner des armes à leurs adversaires.

Compétence et autorité des Etats.

Avec ces restrictions, il est possible d'accepter le tableau qu'a tracé un historien des Etats, de leurs pouvoirs et de leurs attributions :

« Les remontrances des Etats s'appliquaient à tout, à
» l'agriculture, au commerce, à l'industrie, comme à la reli-
» gion, aux sciences et aux arts, à la défense et à la conser-

---

avoir constaté que les recez du XVIIe siècle ne contiennent que les noms des quatorze villes à mairie et des prévôtés, il ajoute : « Je suis cependant informé que ceux des villes de second ordre, comme Luxeuil, Nozeroy, Saint-Amour et Clerval-sur-le-Doubs, continuèrent à faire partie des assemblées. Des personnes dignes de foi m'ont assuré que la ville de Clerval avait encore plusieurs lettres de convocation du dernier siècle, et je suis saisi d'un recez particulier de la chambre des villes, du 13 novembre 1628, à laquelle parurent les députés de Saint-Amour. » (P. 128.)

» vation du pays. Les députés abordaient et traitaient savam-
» ment toutes les questions agitées aujourd'hui au sein de
» nos conseils généraux. Quoique considérablement restreint
» depuis la formation du parlement, le pouvoir des Etats était
» encore plus grand en Franche-Comté que partout ailleurs
» dans les provinces de langue française. Il consistait :

» Dans le serment prêté par chaque prince à son avène-
» ment ;

» En ce que le prince ne pouvait ni transférer ni aliéner
» son droit de souveraineté ou son domaine, sans prendre
» l'avis de ses barons ;

» Dans le droit que possédait l'assemblée nationale, de
» nommer à la tutelle, à la régence et à la garde des princes
» mineurs ;

» Dans la participation des Etats au droit de faire la paix
» et la guerre, et de conclure des traités de neutralité et de
» commerce ;

» Dans la participation à la puissance législative ;

» Dans la franchise de tout impôt et dans la faculté dont
» jouissaient les sujets de repousser, par tous les moyens,
» l'imposition votée autrement que sous la forme de don gra-
» tuit [1]. »

N'oublions pas cependant que toutes les questions données ici comme résolues en faveur des Etats ne le furent jamais d'une façon définitive. Sur aucun point, la victoire ne fut jamais décisive. La lecture des recez ne donne pas l'impression d'une situation acquise à tout jamais, à l'abri des retours de la fortune ; ils témoignent, au contraire, d'une lutte acharnée et constante, où chaque position est successivement prise et reprise, où l'avenir reste toujours en suspens.

L'affaire des ordonnances de Pierre de Broissia. Un curieux épisode de l'histoire des Etats, dans la seconde moitié du XVIe siècle, nous révèle à la fois leur force et leur faiblesse.

---

[1] DE TROYES, I, p. LXXIII.

En 1573, le président du parlement, Pierre de Broissia, jurisconsulte instruit, magistrat intègre et laborieux, mais caractère hautain et sans mesure, lut à la cour une suite d'ordonnances dont il était l'auteur et qui, dans sa pensée, apportaient d'utiles réformes dans l'administration de la justice. Il avait fait ce travail à l'insu de ses collègues et des Etats [1]. Il y eut contre lui un déchainement général. Le magistrat ne recula pas ; aux Etats de 1574, il défendit hautement son ouvrage, prétendant « que, sur les avertissements
» que lesdits des trois Etats avaient faits à Sa Majesté pour
» la bonne direction et administration de justice en ce
» comté, y aurait été pourvu comme se pouvait voir par les
» dernières ordonnances y publiées, comme encore ferait
» Sa Majesté cy après, selon les occurrences qui se présen-
» teront et qu'elle trouverait pour le mieux au repos et sou-
» lagement dudit pays [2]. »

Ces paroles soulevèrent des orages dans l'assemblée. La noblesse surtout profita de la circonstance pour attaquer, dans la personne de Pierre de Broissia, un représentant du parlement qu'elle détestait, et l'un de ces nouveaux nobles que leur talent et aussi l'amitié du cardinal de Granvelle élevaient à côté, sinon au-dessus d'elle.

La situation du président devint difficile. Philippe II, sur l'appui duquel il croyait pouvoir compter, était moins résolu que lui. Les tergiversations et les lenteurs de la cour de Madrid le laissèrent exposé aux coups de ses adversaires, qui prirent l'initiative de l'attaque.

---

[1] A plusieurs reprises, les Etats avaient été appelés à prendre part à la rédaction des ordonnances. En 1458, sous le duc Philippe, ils avaient pris l'initiative de la demander ; le duc l'accorda, et l'année suivante, trois députés nommés par eux y travaillèrent avec trois conseillers à la cour nommés par le prince, et deux membres de son conseil. Le travail fut approuvé par le prince en 1460 et soumis en dernier lieu aux Etats, qui l'acceptèrent avec enthousiasme. Plusieurs fois encore sous les princes de la maison d'Autriche, des ordonnances nouvelles furent présentées à l'approbation des représentants du pays. Lorsqu'on opposait ces précédents à Granvelle, il répondait que cette présentation était une pure formalité.

[2] DE TROYES, I, p. 87-88.

Trois commissions furent chargées par les Etats de soutenir la lutte :

La première, composée de Claude de la Baume, archevêque de Besançon, de Henri de Vienne et de Nicolas Duchamp, docteur en droit et conseiller au parlement, devait se rendre à Madrid, pour porter au pied du trône les protestations des Etats.

Une seconde, composée de Marc de Rye, abbé de Saint-Claude, de Jean-Baptiste d'Andelot et de Prudent de Saint-Mauris, docteur en droit, fut envoyée à Bruxelles, auprès du gouverneur des Pays-Bas.

Une troisième enfin devait rester dans le pays, représenter les Etats jusqu'à la session suivante, et correspondre avec les deux autres. Plus nombreuse que celles-ci, elle était, comme elles, exclusivement composée des ennemis de Broissia. On voit que le débat s'élargissait et que les Etats faisaient une première tentative pour s'assurer une sorte de permanence, en se faisant représenter par une commission dans l'intervalle des sessions.

Les choses traînèrent en longueur. L'auteur de tous ces débats, Pierre de Broissia, était mort depuis plusieurs mois, lorsque la première commission partit pour l'Espagne, au milieu de l'année 1576. Elle arriva à Madrid le 12 juillet, et ne fut reçue à l'Escurial que le 6 août. Philippe II lui fit un gracieux accueil et lui promit « briève expédition. » Elle n'en attendit pas moins trois mois la réponse, et celle-ci ne lui donna qu'une demi-satisfaction. Le 24 novembre 1576, Philippe II déclarait les ordonnances suspendues, se réservant de demander l'avis du parlement, du gouverneur de la province et des bons personnages. Granvelle ne doute pas, du reste, que ce demi-succès n'ait été obtenu à prix d'argent.

La question des ordonnances passa, du reste, bientôt au second plan ; les prétentions des Etats donnèrent à la lutte une plus grande importance, en même temps que l'intervention de leur principal adversaire, le cardinal Granvelle, lui donnait plus d'éclat.

Granvelle, disgracié en 1564, avait vécu cinq ans à Besançon, occupant ses loisirs avec les savants, les artistes et les architectes. Il s'était retiré à Rome en 1570, avait refusé de reprendre, en 1578, ses fonctions dans les Pays-Bas; mais l'année suivante, à l'âge de soixante-deux ans, il avait accepté la direction des affaires d'Italie. Le 18 juillet 1579, il arrivait à Madrid et retrouvait, avec la faveur de Philippe II, toute son autorité. Il allait se montrer l'adversaire résolu des Etats, par caractère, par esprit de gouvernement, et peut-être aussi par haine contre la noblesse qui le jalousait, et dont l'influence était encore considérable. La même année 1579, les Etats avaient renouvelé leurs prétentions, en les exagérant encore. S'autorisant des longues négociations que la province avait engagées avec la France au sujet de la neutralité et par l'intermédiaire des cantons suisses, ils demandaient l'investiture officielle d'une commission permanente dont ils avaient déjà désigné les membres.

Ils insistaient sur la révocation complète et définitive des ordonnances du président de Broissia, et réclamaient la participation des Etats à l'exercice du pouvoir législatif. Ils avaient également désigné d'avance les membres de la commission qui devait rédiger un nouveau recueil d'ordonnances [1].

Une nouvelle députation fut nommée pour porter ces demandes à Madrid. Les villes refusèrent cette fois d'y prendre part, « pour éviter frais au pays et les petites facultés d'iceluy » pour le présent considérées [2]. »

Les députés, du reste, ne partirent pas; les Etats renoncèrent à leurs prétentions, prévoyant sans doute qu'elles se briseraient cette fois contre une résistance résolue.

---

[1] DE TROYES, Recez du 10 mars 1579, I, p. 120 et suiv.
[2] ID., I, p. 152.

La correspondance de Granvelle avec Jean de Broissia, frère du président, nous révèle, en effet, quels tenaces sentiments d'hostilité le grand ministre nourrissait contre les prétentions des Etats [1].

Il écrivait le 30 septembre 1583 : « Que les fiscaux con-
» tredisent hautement et virilement, et mesme que ny neuf
» ny plus grand ny plus petit nombre demeurent auto-
» risés pour se faire Estat, et parler et négocier au nom
» d'iceulx ; que fut au pénultième ou antépénultième Estat
» une diabolique et très maulvaise invention contre la vo-
» lonté du maistre et contre son auctorité et de très dange-
» reux exemple [2]. »

Dès le 15 mai, il avait fait l'éloge des ordonnances et parlé du « chastoy rigoreux des transgresseurs [3]. »

Enfin, le 19 décembre, il menaçait les députations qu'on pourrait envoyer à Madrid d'un accueil peu gracieux : « Je
» tiens, disait-il, qu'ils trouveront Sa Majesté mieux infor-
» mée que lors, et quelque braves que puissent être ceux qui
» viendront, ne nous feront peur et sera mieux que nul ne
» vienne [4]. »

Granvelle obtint, du reste, pleine satisfaction. Les ordonnances de Broissia furent publiées en 1586, après qu'on eut demandé au parlement son avis, et sans que les Etats eussent été consultés.

En 1598, ceux-ci faisaient encore une tentative pour obtenir une commission permanente élue de neuf membres ; le prince répondait : « Ce, les neuf personnages, serait nou-
» veauté qui pourrait être de préjudice, et est mieux s'en
» abstenir [5]. »

---

[1] *Lettres inédites de Granvelle à M. de Broissia* publiées par M. Junca dans les travaux de la Société d'émulation du Jura, 1861.
[2] *Lettres inédites*, p. 216.
[3] *Id.*, p. 151.
[4] *Id.*, p. 242.
[5] De Troyes, I, p. 272.

Le 4 mars 1583, Granvelle résumait ainsi son opinion sur les libertés de la Franche-Comté :

« Je vouldroye bien que ces seigneurs qui, à chaque pas, allèguent la liberté du pays et les privilèges, monstrassent ces privilèges et déclarassent en quoi l'on faict contre la liberté dudict pays, lequel je confesse est franc, et que pour ce s'appelle la Franche-Comté, et que l'on n'y doibt imposer contributions, sinon de leur pure volonté, et que pourtant s'appellent dons gratuitz, mais en tant d'aultres choses où ils allèguent ceste libertey, je ne me sçay imaginer sur quoi ils se fondent; sinon pour parler gros et pour procurer par ce moien d'altérer les affaires et les volontez et affections des bons subjects [1]. »

On voit que pour le cardinal Granvelle, le droit de voter l'impôt était la seule liberté que la Franche-Comté pût légitimement revendiquer. C'est la seule du moins dont, sauf dans les derniers jours de la domination espagnole, on ne lui ait pas contesté le principe. Encore fallut-il, de la part des Etats, une vigilance quotidienne pour en assurer l'exécution. C'était assez cependant pour leur assurer une influence considérable sur l'administration de la province. Les ministres espagnols et les gouverneurs des Pays-Bas cédèrent souvent aux exigences des députés pour obtenir le vote du don gratuit. De plus, en se chargeant de répartir et de lever l'impôt qu'ils avaient voté, les Etats furent amenés à créer ces commissions permanentes que Granvelle repoussait comme des nouveautés dangereuses. Le gouvernement fut obligé d'accepter cette innovation, à laquelle il trouvait son compte, puisqu'elle facilitait et assurait la levée des subsides qu'il demandait à la province.

Les textes établissant le droit du comté de Bourgogne « de n'estre taillé, imposé ny collecté, sinon par les députés des Estats, » sont nombreux et émanent de tous les princes

---

[1] *Lettres de Granvelle*, p. 92.

qui régnèrent successivement sur le pays ; mais les Etats ne se contentaient pas de vaines promesses et entouraient le don gratuit de précautions jalouses. Celui-ci fut rarement refusé, mais le plus souvent on n'accordait au prince qu'une partie de la somme qu'il demandait, en s'excusant sur la pauvreté du pays ruiné par les guerres.

Le prince devait demander lui-même le subside qu'il voulait tirer du pays. L'impôt n'était, en effet, voté qu'autant que les lettres contenant la déclaration du prince et signées de sa propre main avaient été remises aux Etats par ses délégués. Les Etats demandaient immédiatement après le vote des lettres de non-préjudice, qui réservaient l'avenir. En 1579, ils se plaignent que les lettres de non-préjudice ne leur aient pas été présentées [1]. En 1654, ils refusent obstinément de répartir le don gratuit de 300,000 fr. avant d'avoir reçu les lettres de non-préjudice pour les dons gratuits de 1629 et de 1633 [2].

Le nom de don gratuit était encore une garantie à laquelle la province attachait une grande importance. Des protestations s'élevaient chaque fois que la moindre modification y était apportée. En 1621, on s'élève contre le mot *subside extraordinaire*, et le gouvernement s'empresse de déclarer qu'il « n'a entendu, par les mots de subside extraordinaire » couchés ès instructions cy-mentionnées, rien changer de la » nature du don gratuit duquel l'on a accoutumé d'user [3]. »

En 1629, le président de Thomassin, parlant au nom du prince, ayant accolé au mot de don gratuit l'épithète d'*accoustumé*, souleva les protestations de l'assemblée [4].

---

[1] De Troyes, I, p. 129.
[2] Clerc, II, p. 139.
[3] De Troyes, II, p. 279.
[4] « A l'ouverture des Estats, le sieur président leur aiant faict entendre le subjet de leur convocation, après plusieurs beaux discours et remonstrances prémises les requist au nom de Sa Majesté d'octroyer le don gratuit accoustumé : dont les Estats sont occasionnés avec tout le respect et humilité, de représenter à Sa Majesté, que l'octroy qu'aulcune fois en certaine leur assemblée, ils auraient faict au souverain,

Le prince avait-il la libre disposition du don gratuit une fois voté, ou bien les Etats conservaient-ils le droit d'en régler l'emploi ? Cette question ne reçut jamais de solution définitive ; la preuve en est dans les réclamations et remontrances nombreuses des députés qui se plaignent que l'argent ait été distrait de la province et employé à payer des dépenses qui ne la touchaient pas. Ils vont jusqu'à refuser au roi la solde des régiments d'élus qui étaient levés dans la province et y séjournaient. Le président Clerc considère comme acquis, dès le règne de Charles-Quint, ce grand principe que le don gratuit, voté par le pays, doit être uniquement employé à son service [1]. Il s'appuie sur le recez de 1538 [2]. Antoine de Vergy, archevêque de Besançon et président des Etats, demande bien à ces derniers au nom du prince de « luy vou-
» loir accorder en don gratuit pour subvenir à la deffension,
» bien et utilité de ce pays, la somme de cent mille francs,
» qu'il n'entend en façon quelconque tirer dehors, ains lais-
» ser le tout à la préservation dud. pays.... » Mais les paroles du conseiller de Saint-Mauris, qui prit la parole après l'archevêque, enlèvent à la déclaration de celui-ci une partie de sa valeur. «.... Combien qu'il soit en sa main d'appliquer à son
» particulier et privé prouffit le don gratuit et en disposer
» comme du sien propre, toutesfois elle *permet* que les deniers
» soient convertis pour nostre incolumité. » Il y avait là sans doute un précédent favorable aux prétentions des Etats, qu'ils rappelèrent souvent aux successeurs de Charles Quint ; mais la question de principe restait tout entière et ne fut jamais réglée. En fait, la plus grande partie du don gratuit

---

de quelques sommes et deniers réglés selon la portée de leurs facultés, a toujours procédé de leur pure libéralité et d'une telle liberté, qu'ils ont creu s'en pouvoir excuser (ce qu'ils ont faict plusieurs fois, ainsy qu'il en conste par les recez, sans encourir indignation du prince) ou l'accorder sans introduire aulcune conséquence ou coustume préjudiciable à leurs franchises et immunités. » De Troyes, II p. 464.

[1] Clerc, I, p. 295.
[2] Travaux de la Société d'émulation du Jura, 1873. *Trois recez inédits* publiés par D. A. Tribousey. Voir notamment p. 188 et 191.

restait dans le pays et était employée surtout aux fortifications des villes, les Etats obtenaient à cet égard satisfaction. Dans les dernières années seulement le gouvernement espagnol aux abois dérogea aux précédents et refusa de consacrer les subsides à la défense du pays au moment même où celui-ci était le plus sérieusement menacé.

Le surjet et les récompenses.

Si les Etats ne furent jamais complètement les maîtres du don gratuit, ils disposaient du moins en toute liberté du *surjet*. On appelait de ce nom un surcroît d'impositions applicables aux besoins particuliers de la province. Les représentants en déterminaient le chiffre et l'emploi sans en demander permission ni autorisation.

Le *surjet* donnait lieu à beaucoup d'abus. La plus grande partie des sommes votées revenait aux principaux personnages ou aux députés eux-mêmes, sous le nom de *récompenses*[1]. Le total en montait quelquefois à la moitié du don gratuit.

Granvelle déplorait ces gaspillages; oubliant qu'en 1561 il avait touché pour sa part 4,000 fr., il écrivait en 1582 : « Ce serait le meilleur copper le chemin à ces récompenses » qui pourrait, que souvent sont fort mal réparties, et, pour » peu de gain que y ont les récompensez, l'on faict à ceste » cause une foule inestimable au pays [2]. »

---

[1] Voici la liste des récompenses accordées en 1624 : « A M. le comte de Champlitte, gouverneur, lieutenant et capitaine général de ce pays, la somme de 10,000 fr.; à M. le président de Mercey, la somme de 2,000 fr.; à M. de Perrigny, conseiller de Sa Majesté en son conseil privé et maistre ordinaire de son hostel, la somme de 4,000 fr.; à M. le comte de Cantecroix, pour les frais qu'il a soubtenu estant en Flandre pour les affaires dudit pays, 1,500 fr.....; à M. le révérend abbé de Balerne, président en la chambre de l'Eglise, la somme de 1,000 fr.; à M. le baron d'Oiselay, président de la chambre de la noblesse, pareille somme de 1,000 fr.; au sieur Genscret, lieutenant général au bailliage d'Amont et président de la chambre du tiers état, la somme 600 fr.; à Pierre Colard, docteur ès droit, secrétaire des Etats, la somme de 600 fr.; au sieur chanoine Lebrun, prieur de Saint-Laurent de la Roche, secrétaire de la chambre de l'Eglise, la somme de 400 fr.; au sieur Etienne Pierre, secrétaire particulier de la chambre du tiers état, la somme de 300 fr.; au sieur Julien Richard, premier secrétaire de M. le comte de Champlitte, la somme de 300 fr.; au sieur Claude Choud Sirod, secrétaire dudit sieur, la somme de 150 fr., etc. » (DE TROYES, II, p. 373.)

[2] *Lettres à M. de Broissia*, p. 43.

Le grand ministre qui, nous le savons déjà, n'aimait pas les Etats, allait plus loin : il pensait que le *surjet* était le principal mobile qui poussait les députés à se réunir, et il en demandait l'abolition. « L'assemblée des Estats, que tant » l'on désire, disait-il, ne se solliciterait tant, si Sa Majesté » défendait le surject et les récompenses qui se donnent par » brigues et faveur plus que par mérites ; et se voit cler le » désir que l'on ha de manier argent [1]. »

Le cardinal exagérait sans doute ; mais les abus étaient réels, puisque le gouvernement et les Etats eux-mêmes en réclamaient le redressement. Le tiers état surtout avait intérêt à empêcher le gaspillage et à s'opposer à l'exagération des *récompenses*, dont ses membres ne recevaient jamais que la moindre part. C'était lui, en effet, qui supportait presque toute la charge des impôts. En 1666, les commis chargés de porter à Bruxelles les recez des Etats avaient mission de représenter au gouvernement que le tiers état « supportait seul quasi toutes les charges, et payait les » quatre parts de cinq des dons gratuits que l'on accordait » au souverain [2]. »

L'intérêt que les représentants du tiers avaient à surveiller une administration financière dont ils faisaient à peu près tous les frais devait les amener à revendiquer la prépondérance sur les deux autres ordres. Dès 1606, les chambres du clergé et de la noblesse avaient accepté que rien de ce qui concernait « les récompenses et autres donatifs » ne fût décidé « voire deux chambres en seraient » informées, au préjudice de la tierce. » Le gouvernement répondit qu'il trouvait fort raisonnable « qu'il n'y » ait lieu à aucun donatif sans l'adresse et le consentement » des villes. » Il ajoutait : « Mais pour éviter toutes telles » difficultés, il sera bon qu'à l'avenir l'on s'abstienne d'user

Prépondérance financière du tiers état.

---

[1] *Lettres à M. de Broissia*, p. 96.
[2] De Troyes, III, p. 299.

» de ces libéralités, par lesquelles le pauvre peuple est
» surchargé [1]. »

En 1666, le privilège du tiers fut confirmé par les deux
autres chambres et par le gouvernement. A l'article 8 du
recez, celui-ci répondait par l'apostille suivante : « Au
» regard des récompenses et aultres donatifs particuliers,
» ils ne pourront avoir effect sans l'adveu et consentement
» du tiers estat, selon qu'il a esté réglé par l'apostil mis par
» les archiducs Albert et Isabelle sur le 61e article du recez
» de l'an 1606 : lequel apostil Sa Majesté déclare pouvoir
» s'extendre, en ce qui concerne les dons gratuits offerts et
» à offrir pour les nécessités publicques [2]. »

Ainsi se trouvaient confirmés les droits du tiers en matière d'impôt. L'apostille de 1666 n'établissait pas, du reste, une nouveauté, elle reconnaissait plutôt un fait accompli. S'il en avait été autrement, les représentants du tiers n'auraient pas joui longtemps de leur privilège. Les Etats de 1666 furent, en effet, les derniers réunis sous la domination espagnole ; on était à la veille de la première conquête de la Franche-Comté par Louis XIV, et dans l'intervalle des deux invasions, les commis ou les députés des Etats furent seuls appelés à prendre part au gouvernement. Il y avait déjà longtemps, du reste, que les commissions permanentes jouaient dans la province un rôle considérable.

Nous avons vu avec quelle insistance les Etats avaient demandé la constitution d'une commission permanente, et quelle résistance avaient opposée à leurs réclamations le gouvernement espagnol, et en particulier le cardinal Granvelle. Les premiers l'emportèrent dans cette lutte, et leur victoire était inévitable. Le rôle financier des Etats ne se bornait pas au vote de l'impôt, leurs attributions s'étendaient au delà. Etait-il possible cependant que la répar-

---

[1] De Troyes, I, p. 458.
[2] Id., III, p. 191.

tition et la levée des sommes votées, avec les mille détails que comportent ces opérations, restassent confiées à une assemblée nombreuse, irrégulièrement convoquée, et ne siégeant à chaque session que pendant quelques jours? L'intérêt du gouvernement espagnol exigeait, au contraire, que l'administration financière fût confiée à quelques hommes choisis, assez peu nombreux pour qu'il fût facile de les convoquer chaque fois que le besoin s'en ferait sentir. Il y avait à cela un danger prévu par Granvelle, c'est qu'une commission permanente serait tentée de sortir de son rôle et d'empiéter sur l'autorité du gouvernement et du parlement : c'est, en deux mots, l'histoire de la commission des Neuf ou de l'également.

Les États s'exprimaient ainsi en 1538 :

Première idée de la commission des Neuf.

« Considérant que l'ordre et la police ne pourraient être
» mis plus à propos que par le sieur gouverneur, la cour du
» parlement et les bons personnages, à la participation des
» Estats, auxquels principalement le faict touche; lesquels
» toutesfois, ne se trouvant assemblés lorsque la nécessité
» le requerrait, il en pourrait succéder plusieurs inconvé-
» nients, auraient décidé d'élire neuf personnages, à savoir,
» trois de chascun Estat, tant pour participer à ladite police
» et autres affaires concernant ledit pays, que pour les dé-
» sordres qu'ils ont reconnu estre succédé par faute d'avoir
» observé en ce l'ancien pied de nos devanciers, que pour
» correspondre avec six autres commis pour aller devers
» Sa Majesté et Son Altesse [1]. »

La même année, les trois députés chargés de porter le recez en Flandre avaient mission d'insister sur l'institution d'une commission permanente; leurs instructions disaient sur ce point :

« Sur la commission de neuf députés dont est icy faict
» mention sera remarqué qu'il n'est question d'aulcune nou-

---

[1] De Troyes, I, p. 272.

» velle introduction, ains ensuite de ce qu'aurait esté
» observé de tout temps, que les Estats, durant leur séance,
» choisissaient quelques personnages, lesquels, après la
» levée desdits Estats, vaquent à leurs charges, comme font
» les commis aux récompenses et à l'audition des comptes :
» voire dure la commission de quelques-uns jusques aux
» Estats suyvants, comme celle des députés à l'également
» des don gratuit et surjet, et des trois commis au cabinet,
» et, par le recez de l'an 1562, furent commis neuf per-
» sonnages pour, après la levée des Estats, faire recherche
» de tous les reliquats de surjet dois l'empereur Maximilien
» jusqu'audit an 62, lesquels vacquarent à leur commission,
» sans que l'on les y empeschat aulcunement, s'assemblant en
» divers lieux et à diverses fois à cest effect, et par le recez
» de l'an 74 furent aussy choisis neuf personnages pour
» tenir correspondance avec les commis des Estats devers
» Sa Majesté en Espagne et aux Pays-Bas, devers le lors gou-
» verneur général, et pour faire aultres choses à eux com-
» mises par lesdits Estats. A quoy ils vacquèrent nonobstant
» quelque contradiction qui intervint, comme apert par les
» actes des diverses assemblées par eulx faictes, y assistant
» mesme en aulcune d'icelles, le comte de Champlitte, lors
» gouverneur du pays : auxquels neuf députés se sont rap-
» portez du passé les affaires du pays, mesme les plus im-
» portants. Si avant que se treuvent lettres de Messieurs les
» lighes adressées auxdits neuf députez pendant l'intermis-
» sion d'une tenue des Estats à l'aultre. Ce que doibt être à
» présent treuvé d'aultant plus à propos, que n'y a aulcungs
» députés à l'également à cause de la nouvelle forme à lever
» les deniers du don gratuit, et qu'il est nécessaire de tenir
» correspondance avec les sieurs commis pour l'Espagne et
» pour les Pays-Bas, afin de ne rendre leurs voyages et com-
» missions illusoires et sans fruict [1]. »

---

[1] Clerc, I, p. 416.

Le gouvernement espagnol répondait toujours à ces demandes par un refus formel, mais sa protestation restait vaine ; il était obligé d'accepter les faits accomplis, et réservait seulement l'avenir. Sans tenir compte de ces réserves, les Etats nommaient de nouveau une commission des Neuf à la session suivante, et cette commission devint ainsi un des rouages de l'administration, sans que jamais aucun texte émanant du souverain en ait consacré l'existence et l'autorité.

Les Neuf étaient choisis par les Etats de telle façon que chaque ordre et chaque bailliage en eût trois ; chacun d'eux avait un suppléant. Les Neuf résidaient à Dole, mais ne s'assemblaient que selon le besoin des affaires, sur réquisition de leur président ou du parlement.

Comme l'indique leur nom de commis à l'également, leur fonction principale était de répartir avec égalité le don gratuit voté par les Etats. Ils dressaient les rôles de répartition, nommaient les receveurs chargés de percevoir les deniers, et étaient responsables de leur gestion ; aussi étaient-ils astreints à un cautionnement.

La compétence des Neuf, d'abord financière, s'étend dans la suite à toute l'administration.

A ces attributions financières d'autres s'ajoutèrent peu à peu : la connaissance des dépêches royales, la correspondance avec les agents accrédités à Bruxelles ou à Madrid, ou bien avec les personnages influents des puissances voisines ; l'administration militaire : levée et entretien des milices, réparation des places fortes, traités avec les fournisseurs publics ou avec les fermiers des sauneries de Salins ; tel fut le vaste champ politique et administratif abandonné à l'activité des Neuf. Ils le partageaient, il est vrai, avec le parlement, qui intervenait souvent et servait, dans une certaine mesure, de chambre haute. Lorsque les malheurs des temps empêchèrent la réunion des Etats, l'autorité de la commission des Neuf s'accrut encore. Ils héritèrent du prestige des représentants du pays, et grâce à leur petit nombre et à leur expérience, ils firent preuve d'une intelligence et d'un esprit de décision qui aurait manqué sans doute à une assemblée plus nombreuse.

La commission des Neuf et la guerre de Dix ans, 1633-1644.

La guerre de Dix ans (1633 à 1644) mit à l'épreuve la commission des Neuf. Les Etats généraux ne furent pas convoqués une seule fois de 1633 à 1654. La commission siégea au contraire dix-neuf fois de 1633 à 1638, disparut complètement de 1638 à 1644, et siégea de nouveau huit fois de 1644 à 1654. Il nous est impossible de la suivre dans le détail de son administration, au milieu des désordres et des désastres de tout genre qui accablèrent alors la Franche-Comté. Notons du moins l'esprit général qui l'anima et la nature des services qu'elle rendit.

L'historien contemporain, Girardot de Nozeroy, rend pleine justice aux Neuf, en disant que leur chef, Philippe-Emmanuel de Montfort, abbé des Trois-Rois, fut, avec le président du parlement et le procureur général, « le principal » ressort pour la conservation de la province. » Mais il ajoute : « Les Neuf soutenaient les franchises et libertés de » la province, bien qu'avec un peu trop de presse en une » saison qu'il fallait tout mettre sans réserve pour sa deffense » contre l'ennemy françois [1]. »

La restriction était nécessaire, elle caractérise d'un mot la politique des Neuf, et la distingue nettement de celle du parlement. Tandis que ce dernier est tout entier et sans arrière-pensée au péril extérieur, les Neuf sont trop souvent préoccupés de sauver les immunités de la province, la responsabilité qu'ils encourent leur pèse, et la crainte de dépasser leurs pouvoirs les paralyse. Cependant il ne faudrait pas exagérer : si les Neuf hésitèrent quelquefois à imposer à la Franche-Comté des sacrifices nécessaires à sa conservation, ils surent aussi, le moment venu, oublier leurs scrupules et prendre des résolutions. A la session de mai 1635, s'ils refusèrent au parlement un subside sous forme d'augmenta-

---

[1] GIRARDOT DE NOZEROY, *Histoire de dix ans*, p. 178.

tion du prix du sel, ils consentirent à un impôt de 300,000 fr.; les termes de leur résolution sont assez remarquables. « Comme ce serait imprudence, en cette saison, de
» s'opposer à la résolution de Messieurs les commis du gou-
» vernement, ce serait aussi négligence et bassesse d'en dis-
» simuler et souffrir l'exécution. Mais pour ne pas laisser la
» province en ces deux extrémités au penchant de sa ruine,
» il faut que, sans plus alléguer l'insuffisance de nos pou-
» voirs, nous fassions de nous-mêmes, sous l'autorité des
» Estats, un repartement et levée de notable somme de
» deniers sur icelle; car, encore que sur ce nous ne soyons
» formellement authorisés, tousjours nous sommes obligés
» de faire, en ceste présente nécessité, pour son secours, ce
» que les Estats, s'ils étaient assemblés, ordonneraient estre
» faict; il faut, en tout cas, considérer que la faute qu'on
» nous peut imputer, d'avoir, en ceste urgente nécessité,
» quelque peu excédé les limites de nostre commission, pou-
» vant estre réparée par quelque déclaration subséquente
» des Estats, ne saurait entraîner conséquence préjudiciable
» à leurs droits comme ferait une imposition ordonnée par
» les ministres du roy, laquelle introduirait une subjection,
» dont le grief serait pour jamais irréparable [1]. »

Cette page des recez n'a pas besoin de commentaire; elle exprime, avec une netteté qui n'est pas habituelle à leurs rédacteurs, les sentiments contradictoires qui animaient les Neuf, et met en relief la décision intelligente avec laquelle ils sacrifiaient, en fin de compte, d'honorables mais intempestifs scrupules à la cause supérieure de l'indépendance du pays.

Les embarras des commis de l'Etat les amenèrent à une nouveauté qui n'était pas sans danger. Ils appelèrent à délibérer avec eux, au mois d'avril 1636, les maires des douze villes de la province. La guerre venait d'être déclarée entre

<small>Convocation des maires des villes, avril 1636.</small>

---

[1] CLERC, II, p. 51.

la France et l'Espagne, et la situation était plus grave que jamais. N'était-ce pas une imprudence? Sans doute il semblait naturel de s'autoriser des représentants de la bourgeoisie urbaine pour voter les taxes que cette bourgeoisie payait pour la plus grande partie. Mais les magistrats municipaux sauraient-ils, comme les Neuf, s'élever au-dessus des scrupules étroits et des calculs égoïstes? Comprendraient-ils la nécessité des sacrifices qu'on leur demandait? On put craindre un instant qu'il n'en serait pas ainsi. Le maire de Salins, appelé à prendre le premier la parole par le rang de la ville qu'il représentait, invoqua la misère de la province, rappela les charges qu'elle s'était imposées les années précédentes, et conclut en disant que c'était au roi d'Espagne à la défendre. Il fallut l'intervention de l'abbé des Trois-Rois pour effacer l'impression de ces paroles imprudentes. Il prouva que si les Franc-Comtois étaient décidés à sacrifier leur vie pour conserver leur indépendance, leur patriotisme leur faisait également un devoir de concourir de leurs deniers à la défense du pays. Grâce à lui, un emprunt de 300,000 fr. fut décidé. Le danger était ainsi conjuré; on n'en avait pas moins créé un précédent regrettable. Plus tard, dans des circonstances analogues, on fit également appel aux représentants des villes, et leur intervention devait ajouter encore aux inextricables difficultés où se perdait un gouvernement aux abois.

En 1636 du moins, l'abbé des Trois-Rois sut imposer à la commission des Neuf et aux députés des villes les sacrifices nécessaires, et lorsqu'en avril 1654, devant les Etats réunis après une interruption de vingt-trois ans, il rendit compte des travaux de la commission des Neuf pendant cette longue période, il put affirmer avec une juste fierté et aux applaudissements de tous que chacun avait fait son devoir. Les Etats, préoccupés avant tout de sauvegarder les libertés publiques et d'enlever à l'Espagne tout prétexte à les violer à l'avenir, annulèrent d'un seul coup toutes les mesures prises

par les Neuf, déclarant en particulier « les emprunts faits
» par les commis à l'esgalement et toutes les impositions
» réparties par eux sur ladite province, tant ès années
» 1635, 1636 et suivantes, nulles et comme induement faites
» par défaut de pouvoir et auctorité, voires mesmes pour
» attentats à celle des Estats. »

Cette mesure n'était radicale qu'en apparence ; c'était une précaution pour l'avenir, ce n'était pas une banqueroute. Les Etats, reconnaissant la bonne foi des créanciers et les « néces-
» sités inexcusables, » déclarèrent en même temps que ce qui était dû serait payé et « advouhèrent les répartements pour
» ceste fois et sans le tirer à conséquence. »

Enfin, dans la prévision que des circonstances analogues à celles qui venaient de se produire pourraient, dans la suite, empêcher encore une fois la réunion des Etats, on décida d'adjoindre aux neuf commis à l'également une autre commission également de neuf membres qui, d'accord avec eux, « en des cas de pareille nécessité, » auraient le pouvoir « de résoudre et conclure des impositions sur la province, » après en avoir consulté et pris l'advis de monsieur le gou- » verneur et de messieurs du parlement. » Nous retrouverons plus tard la commission des Dix-huit.

<small>La commission des Dix-huit.</small>

Ces précautions pouvaient paraître superflues, au lendemain d'une guerre dont l'issue avait été favorable, puisque la France avait lâché sa proie et que la Franche-Comté, ruinée et saccagée, avait du moins sauvé son indépendance. Mais chacun sentait que cette solution n'était pas définitive, et que tôt ou tard l'effort de 1636 et des années suivantes serait à renouveler. En effet, quatorze ans après que les Etats eurent été de nouveau convoqués, la France envahissait la province ; elle ne rencontra nulle part de résistance sérieuse, l'histoire de ces quatorze années explique en grande partie ce facile succès et cet abandon de lui-même d'un pays qui venait de donner de si admirables preuves d'énergie et de vitalité.

<small>Les Etats de 1654 à 1668.</small>

Faiblesse de l'Espagne, ses exigences.

Pour qui ne saurait pas dans quel état de décadence profonde était tombé le gouvernement espagnol au xviie siècle, sa conduite à l'égard de la Franche-Comté serait inexplicable. Jamais la fidélité d'un peuple ne fut aussi mal récompensée. Les contemporains, et l'historien Chifflet en particulier, ne voient dans les mauvais traitements infligés à la province que l'effet de la haine et de l'ambition des gouverneurs flamands [1]. Il est déjà plus juste de dire avec Dunod que l'Espagne maltraitait une province qu'elle savait ne pas pouvoir garder [2]. Mais c'est peut-être encore attribuer au gouvernement de Madrid un esprit de décision dont il était incapable.

En réalité, le gouvernement de Madrid vivait ou plutôt se laissait mourir au jour le jour. Son attitude vis-à-vis des Etats est un mélange de concessions et de violences qui attestent une incurable faiblesse. Dès 1654, l'Espagne demande 120,000 fr. de don gratuit, et 600,000 fr. pour acquitter les dettes du roi dans la province; les Etats accordent 300,000 fr. En 1657, ils donnent encore 150,000 fr., en demandant vainement qu'ils soient employés à l'entretien des places fortes du pays, qui tombaient en ruine. En 1658, ils refusent deux fois de se réunir parce qu'ils étaient convoqués par don Juan, fils naturel du roi Philippe II, et non par le roi lui-même. L'Espagne dissimule sa colère et laisse passer quatre ans sans demander de nouveaux subsides. En 1662, la lutte recommence, le ministre Caracena répond aux réclamations des Etats en revendiquant hautement le droit

---

[1] *Mémoires de Chifflet*, vol., I, p. 20 et suivantes.

[2] « La puissance de la maison d'Autriche était si fort diminuée pendant le règne de Louis XIII et la minorité de Louis XIV, qu'elle estimait impossible de conserver le comté de Bourgogne, particulièrement après la perte de l'Alsace, cédée à la France par le traité de Munster, et qui lui avait conservé jusqu'alors la communication avec l'Empire. Ce fut la raison qui détermina le roi d'Espagne à tirer dès lors tout ce qu'il pourrait de Franche-Comté, sans y porter aucun secours comme auparavant. Les personnes du pays les plus sensées et qui n'étaient pas trop prévenues durent voir que l'Espagne l'abandonnait à son sort. » (Dunod, vol. III, p. 711.)

de les convoquer de sa pleine autorité et sans lettres royales ; il ajoute que le don gratuit qu'il réclame est destiné à entretenir les garnisons des Pays-Bas ; il refuse enfin à la province le droit de s'imposer sans l'autorisation du gouverneur général. C'était d'un seul coup la violation de trois des privilèges auxquels la Franche-Comté attachait le plus grand prix. Les Etats n'en votent pas moins un don gratuit de 300,000 fr. [1]. Tout semblait fait, du reste, pour lasser la patience des Franc-Comtois et pour éteindre dans leurs cœurs les sentiments d'attachement et de fidélité à l'Espagne. En 1655, le bruit se répand que la cour de Madrid est résignée à abandonner la province à la France ; la paix des Pyrénées, la *grande paix*, vint calmer l'émotion et fut célébrée partout avec enthousiasme. En 1664, nouvelles exigences, le ministre Caracena demande un subside au nom de l'empire menacé par les Turcs ; il menace, en cas de refus, de faire poursuivre les députés comme rebelles ; les députés bravent ces rigueurs, du moins jusqu'à l'arrivée dans la province du successeur de Caracena, Castel Rodrigo, auquel ils accordent 90,000 fr. au lieu des 50,000 précédemment demandés [2]. La présence du gouverneur était motivée par les difficultés que soulevait l'exécution du traité de Frankenwald, qui annexait la ville de Besançon à la province. Ce fut là encore l'occasion d'une lutte où les Etats et le parlement, champions de la ville de Dole, eurent le dessous et durent céder sur l'ordre formel du roi [3].

---

[1] Recez du 6 nov. 1662. Archives du Doubs, série C, 213.

[2] « Les députés des trois Etats de la Franche-Comté de Bourgogne duement
» assemblés en la ville de Dole pour y recevoir le marquis de Castel Rodrigo et
» pourvoir à son entretien, et invités par sadite Excellence de vouloir contribuer
» quelque somme pour l'assistance de l'Empire contre le Turc, eu égard à l'avan-
» tage que la province tirerait par une assistance réciproque que l'Empire était
» obligé contribuer envers la province, ont conclu que pour cette assistance
» serait fourni jusques à 90,000 fr. avec les frais de port à charge. » (Archives du
Doubs, série B. Correspondance du Parlement. Lettre du 3 décembre 1664.)

[3] Dole craignait que l'annexion de Besançon à la province ne lui fit perdre le rang de première ville de la province. Il faut lire dans Chifflet les détails curieux de cette rivalité. (*Mémoires*, I, chap. III et VI.)

Faiblesse et impopularité des États.

Quelle influence cependant pouvaient avoir dans le pays ces malheureuses assemblées qui s'usaient et perdaient leur temps dans ces luttes avec l'autorité royale ?

« On en apprenait la réunion avec effroi, dit leur dernier
» historien, le bruit seul de leur convocation annonçait au
» peuple l'approche de nouveaux et d'intolérables subsides.
» D'année en année, la dette publique, à laquelle on ne pou-
» vait plus satisfaire, ne faisait ainsi que s'aggraver. Les
» États le comprenaient, et l'assemblée de 1657, dans un
» article spécial, demanda qu'ils fussent convoqués moins
» fréquemment, afin, disent-ils, de donner au pays le loisir
» de respirer [1]. »

Si les États se sentaient incapables d'administrer le pays dans les conditions que leur faisait l'Espagne, à plus forte raison allaient-ils se trouver au-dessous de leur tâche lorsqu'il s'agirait de le défendre. Cependant le moment de la crise suprême approchait. Philippe IV était mort en septembre 1665. Les États se réunirent pour la dernière fois le 9 juin 1666 et renouvelèrent l'expression des craintes que leur inspirait l'abandon de la province menacée par la France. On sait si ces craintes étaient justifiées. Dès le 8 mai 1667, Louis XIV avait publié le *traité des droits de la reine très chrétienne*, où il cherchait à justifier par de subtiles raisons ses projets de conquête. Le 24 mai, l'armée française entrait dans les Pays-Bas et terminait une rapide campagne par la prise de Lille, le 17 août. L'année se termina dans l'incertitude la plus complète de ce qui allait se passer ; enfin, en février 1668, l'Europe apprit avec une sorte d'épouvante que la Franche-Comté était envahie, et quelques semaines après, qu'elle était soumise.

Dernière réunion des États, 9 juin 1666.

Qu'avaient fait les autorités de la province pendant ces longs mois d'incertitudes et d'alarmes ? Abandonnés à eux-mêmes, le parlement et les commis des États avaient essayé

---

[1] CLERC, *Histoire des États généraux*, II, p. 150.

d'abord de sauver le pays par des négociations diplomatiques, puis au dernier moment, et lorsque déjà il n'était plus temps, ils avaient pris pour organiser la défense quelques mesures que déjoua la rapidité des armées françaises.

Sur le terrain diplomatique, le parlement et les Etats ne savent même pas se mettre d'accord ; ceux-ci envoient en Suisse l'abbé de Watteville demander aux cantons le renouvellement de l'antique alliance héréditaire et solliciter même leur intervention active en faveur de la Franche-Comté ; le parlement poursuit l'œuvre plus chimérique encore d'un accommodement direct avec la France, et député quelques-uns de ses membres à Dijon, où Condé les amuse par de vaines paroles.

Un historien qui a suivi de fort près ces négociations maladroites juge ainsi la conduite des Etats :

« Les Etats manquèrent de persévérance, de fermeté dans
» les vues et de décision ; ils ne virent que la grandeur de
» la somme à débourser [1], et méconnurent la grandeur du
» résultat à obtenir. Ils firent juste ce qu'il fallait pour faire
» échouer leur député ; et quand ils apprirent son succès, ils
» ne firent rien pour en tirer parti : ils laissent passer les
» jours, les mois, sur le projet de traité rapporté par Watte-
» ville [2], et dont il a obtenu ratification à Bruxelles. Ils res-
» tent indécis, tantôt se demandant s'il faut payer la somme

---

[1] Les Suisses réclamaient immédiatement une somme de 600,000 fr.

[2] Voici les principaux articles du traité obtenu par Watteville :

Les articles IV et VI donnaient aux Comtois la faculté de faire des levées en Suisse, pour leur garnison ou en qualité d'auxiliaires en cas de guerre ; ces levées leur seraient accordées dix jours après la demande.

Les articles IX et X fixaient la solde de ces troupes à 60 fr. par tête et par mois pour les troupes de garnison, à 90 pour les autres, avec un mois payé à l'avance.

L'article XV interdisait aux Suisses au service de princes étrangers de porter les armes contre la Comté.

L'article XVI promettait les bons offices des cantons pour la neutralité à obtenir de la France.

L'article XVII stipulait le libre passage par la Suisse des troupes que le roi enverrait d'Allemagne ou d'Italie au secours de la province.

L'article XX remplaçait la gracieuse reconnaissance, c'est-à-dire les 500 écus

» exigée par la Suisse, tantôt prêtant l'oreille aux bruits
» d'arrangement avec la France ; jusqu'au jour où il fut trop
» tard pour conclure avec l'une et impossible de s'arranger
» avec l'autre. Les Etats échouent aussi, parce qu'ils doutent
» d'eux-mêmes, parce que le parlement les intimide ou les
» entrave ; parce qu'ils sont novices en ces sortes d'affaires,
» et que jamais ils n'ont exercé d'une manière sérieuse et
» suivie le pouvoir politique. Ils peuvent servir à prouver
» une fois de plus l'inaptitude des assemblées délibérantes,
» et la nécessité, en ces questions, d'une volonté unique et
» dirigeante [1]. »

Médiocres diplomates, les commis des Etats et les membres du parlement furent encore plus médiocres administrateurs. Rien n'est lamentable comme l'histoire des quelques semaines qui précèdent l'invasion. Les alternatives de confiance fanfaronne et de terreur panique, une crédulité enfantine qui fait accepter sans examen les bruits les plus extravagants, les ordres contradictoires, l'oubli des mesures les plus indispensables, des retards inexpliqués [2] et, au dernier mo-

---

d'or payés annuellement, par une somme de 100 écus d'or à chacun des cantons.

L'article XXI y ajoutait un subside de 2,000 fr. par mois pour le cas, d'ailleurs très peu probable, où la Suisse serait attaquée chez elle.

L'article XXII donnait aux cantons la faculté de se pourvoir de chevaux, de froment et autres denrées en Franche-Comté, sauf en cas de disette.

L'article XXV portait que le traité aurait son plein effet, même avant la ratification du roi d'Espagne.

[1] Philippe PERRAUD, *Les Etats, le Parlement de Franche-Comté et la conquête de 1668*.

[2] Ainsi les Français occupaient trois postes importants de la province, Pesmes, Rochefort et Bletterans, le 3 février, le jour même où le parlement donnait l'ordre de fortifier leur garnison et de faire sauter le pont de Rochefort. L'histoire des billets pour la milice est encore plus extraordinaire. « On proposa (le 3 février)
» pour quel jour on lèverait cette milice, dit Chifflet, et on résolut que sans perdre
» temps, et que dans les billets portant les ordres, il y aurait ce terme d' « inces-
» samment. Mais je ne sais comme depuis, par une certaine fatalité, on n'y mit
» que pour le dixième ; ce qui fut cause de la perte de la province, au moins d'une
» bonne partie des villes et des lieux qui en devaient avoir. » Dunod se demande s'il y eut là équivoque ou trahison. Le marquis de Laubépin explique par la lenteur naturelle d'une levée improvisée l'arrivée tardive des miliciens.

ment, des soupçons de trahison brisant les cœurs les plus fermes, rien ne manqua de ce qui annonce et facilite en même temps une défaite irrémédiable.

L'histoire des Etats n'est pas terminée cependant avec la première occupation française. Le 13 février, la ville de Dole avait été occupée; le 22, ceux des Dix-huit qui se trouvaient dans la ville furent invités à se réunir par le comte de Gadagne, gouverneur de la ville de Dole, et lieutenant pour le roi dans la province: ils n'hésitèrent pas à se rendre à cette invitation. Faut-il les en blâmer? C'était, il est vrai, reconnaître un peu vite le nouveau pouvoir. Mais l'intérêt même de la province ne demandait-il pas que ses représentants entrassent en relation avec les vainqueurs? A défaut de l'avenir, que personne ne pouvait prévoir, les intérêts présents de la population semblaient justifier une obéissance qui, nous voulons bien l'accorder, ne coûta peut-être pas assez au patriotisme et à la dignité des commis des Etats. Ceux-ci, cependant, se préoccupaient de sauver les privilèges de la province; les commis du cabinet furent invités à communiquer aux Dix-huit « les tiltres qui concernent les fran- » chises et prérogatives de la province, pour dresser des remon- » trances à Sa Majesté. » Pendant que le secrétaire travaillait à la rédaction de ces dernières, on apprenait l'arrivée du marquis de Louvois, auquel on alla « faire la révérence. » Le ministre « leur a fait entendre que s'ils avaient quelques » remonstrances à faire à Sa Majesté, ils dussent les luy » remettre ce jourd'huy, parce que dès demain il voulait par- » tir. Ce qui a obligé la compagnie de retourner au lieu de » leur assemblée pour y faire transcrire lesdites remons- » trances : celles-cy achepvées, on les a portées au seigneur » marquis, dans l'espoir qu'il y formerait quelque apostil. » Néantmoins, après en avoir leu une partie des articles, il a » dict qu'il ne pouvait y mettre ordre, et que c'estait une » affaire qui despendait de Sa Majesté, auprès de laquelle il » tiendrait la main pour y pourveoir, et que pour advancer

Les Etats pendant l'occupation française.

» l'affaire il serait bien d'envoyer commis à Paris, où il leur
» donnerait toute assistance [1]. »

L'assemblée se rendit à cet avis; le chanoine de Marenches et MM. de Cubry et Gillebert furent désignés pour se rendre à la cour, où nous les trouverons tout à l'heure.

Le serment prêté au roi de France.

Cependant, les commis se préoccupaient du serment à prêter au nouveau souverain et aux fonctionnaires qui le représentaient. Désireux toujours de calquer le présent sur le passé, ils tirèrent des archives un extrait de la dernière prestation de serment faite au roi d'Espagne. Mais l'intendant de Gadagne ne l'entendait pas ainsi. Il déclara que le roi se refusait à toute prestation de serment, et prétendit dresser lui-même la formule de celui que prêteraient les députés.

Il fallut se résigner; considérant « que tel serment estait
» demandé par un seigneur qui le veut de la sorte, il n'y
» avait rien aultre chose à faire qu'à l'obéir, mesme quant à
» la façon qu'il ordonnait icelluy estre faict, de mettre le
» genou en terre [2]. »

Ce fut, en effet, sous cette forme nouvelle et humiliante que le serment fut prêté le 17 février. Les commis s'engageaient, au nom des Etats, « sur les saints Evangiles de Dieu,
» d'estre bons et fidels vassaulx et subjects de Sa Majesté,
» leur prince et légitime souverain, et de recepvoir et exécu-
» ter ponctuellement tous les ordres et commandemens qui
» leur seront envoiés de la part de Sa Majesté, et moiennant
» ledit serment comme cy-dessus, nous avons promis les
» tenir et protéger comme ses bons et fidels subjects [3]. »

Le même jour, l'intendant se faisait livrer une somme de 50,000 fr. qui se trouvait dans la caisse du don gratuit, et invitait les commis à l'également à continuer la levée du surplus des impôts.

---

[1] De Troyes. IV, p. 294.
[2] Id., p. 297.
[3] Id., p. 303.

Dans le mois suivant, les députés des Etats se rencontrèrent à Saint-Germain, avec ceux du parlement, de l'archevêque et de la ville de Besançon. Ils n'y trouvèrent pas l'accueil que Louvois leur avait fait espérer. Le ministre sembla s'irriter d'une démarche qu'il avait cependant conseillée. C'est qu'à ce moment déjà, la France songeait à restituer à l'Espagne la province qu'elle venait de lui enlever. Les hommages que les Franc-Comtois apportaient au roi devenaient gênants; les sujets si nouveaux et si près de ne plus l'être demandaient avec instance qu'on réglât les conditions de la nouvelle souveraineté, et le ministre s'étonnait de cette hâte, à laquelle, disait-il, l'Espagne n'avait pas habitué les sujets du comté de Bourgogne.

On eut le secret de cette comédie lorsqu'on apprit que le traité d'Aix-la-Chapelle restituait la Franche-Comté à l'Espagne; la stupeur et l'indignation s'accrurent encore lorsqu'on vit la France ruiner les défenses, vider les arsenaux du pays et manifester ainsi clairement l'intention de lui faire subir une seconde fois, dès que l'occasion s'en présenterait, les horreurs d'une conquête et les humiliations d'un changement de régime.

En attendant, le retour de la Franche-Comté à l'Espagne prolonge pendant quelque temps l'agonie des Etats. Durant six ans encore, les Dix-huit délibèrent sur les affaires du pays et s'agitent vainement au milieu du plus inextricable désordre.

En apparence, la situation avait quelque analogie avec celle qui avait suivi la guerre de Dix ans. La province avait encore une fois échappé à la France. Mais que le fond des choses était changé! La défaite, cette fois, avait été complète, la Franche-Comté n'avait rien fait pour se sauver; un caprice de la diplomatie l'avait seul enlevée à son vainqueur. Après de telles humiliations, que pouvait-on attendre d'une population à la fois furieuse et découragée, et surtout que ne devait-on pas craindre de l'Espagne? Celle-ci était bien décidée à punir les Franc-Comtois d'une défaite dont la responsabilité retombait cependant en grande partie sur elle. L'envoi successif de trois gouverneurs étrangers à la province [1], l'occupation des villes principales par des garnisons lorraines ou allemandes, et avant tout la suppression du parlement étaient les premières mesures d'une révolution qui devait bouleverser toute la vieille administration de la province et détruire ses privilèges séculaires. Les Dix-huit protestèrent contre ces innovations ; mais quelle pouvait être leur autorité ? Dépourvus de qualités personnelles, ils avaient contre eux le souvenir de leur faiblesse pendant l'occupation française. Ajoutons que, désignés par les députés de la nation à la dernière session des États du mois de juin 1666, ils n'avaient pas vu, depuis cette époque, renouveler leur mandat, et qu'en réalité ils étaient devenus indifférents au pays qu'ils ne représentaient plus.

La subvention de 3,000 francs par jour.

Une question allait cependant primer toutes les autres ; c'était la question pécuniaire. Il fallait payer les garnisons qui gardaient les villes, relever les murailles abattues, pourvoir en un mot à la sécurité du pays, qui se sentait toujours sous la menace d'une nouvelle invasion. C'eût été folie de rien espérer de l'Espagne. Comment, d'autre part, obtenir de l'argent d'une province à la fois mécontente et épuisée ? Le prince d'Aremberg, profitant habilement de l'effarement des esprits au lendemain du départ des Français, et aussi de la faiblesse des Dix-huit, obtint de ces derniers une subvention de 3,000 fr. par jour, plus la somme de 600,000 fr., divisée en six années, et destinée à relever les fortifications.

Cette subvention de 3,000 fr. par jour était-elle définitive ou restait-elle subordonnée, dans l'avenir, au vote des États

---

[1] La province fut gouvernée de 1668 à 1674 par trois personnages : le prince d'Aremberg, de 1668 à juillet 1671, c'était un Flamand, mais il avait épousé une Franc-Comtoise, possédait de grands biens dans la province et se fit naturaliser ; le marquis de Quinones, de 1671 à 1673, et le comte d'Alveida. Ces deux derniers étaient complètement étrangers à la province.

ou de leurs commis? Telle était la question qui allait se discuter au milieu des incidents les plus divers, pendant les dernières années de la domination espagnole. C'était la dernière et la plus importante des franchises de la province qui était en jeu ; on ne saurait, sans injustice, reprocher à ses représentants d'avoir voulu la défendre ; pourquoi faut-il que cette légitime préoccupation leur ait fermé les yeux sur les dangers plus imminents qui menaçaient le pays dans son indépendance même?

Les Dix-huit, revenus de leur première stupeur, éclairés d'ailleurs par les réclamations nombreuses soulevées par la levée des impositions, réduisirent bientôt d'un tiers la subvention de 3,000 fr. par jour qu'ils avaient accordée. Le prince d'Aremberg, ne pouvant plus payer les garnisons, lança l'arrêt du 1ᵉʳ avril 1670, par lequel il imposait de lui-même la province à la somme précédemment consentie [1]. C'était un véritable coup d'Etat, qui réussit pour un temps. Les réclamations des commis à Bruxelles et à Madrid ne furent pas mieux accueillies que les précédentes ; et bientôt le gouverneur se crut assez fort pour interdire aux Dix-huit de s'assembler sans son autorisation. L'opposition vint d'ailleurs et ne fut pas moins vive. Les habitants refusèrent de se soumettre aux charges qu'on leur imposait. La résistance éclata surtout dans les villes : à Dole, où le maire vit ses meubles vendus publiquement [2] ; à Lons-le-Saunier, à Salins, dont deux députés furent emprisonnés arbitrairement au moment où ils venaient de conférer avec le gouverneur ; la première de ces villes fut sur le point de subir un siège. Ces désordres achevèrent de ruiner le crédit du prince d'Aremberg, qui céda la place au marquis de Quinones. La province et en particulier les Dix-huit purent se donner pendant quelques jours l'illusion d'une victoire. Les difficultés cepen-

Édit du 1ᵉʳ avril 1670.

Résistance des villes.

---

[1] Chifflet reproduit le texte de cet édit dans ses *Mémoires*, I, p. 450.
[2] Voir dans Chifflet (I, p. 598) la lettre écrite au gouverneur par le maire de Dole.

dant ne tenaient pas aux hommes, mais à la situation. Le nouveau gouverneur, bien accueilli d'abord, et favorablement disposé pour la province, se heurta bientôt contre la ferme volonté des Dix-huit de réduire à 2,000 le subside quotidien de 3,000 fr. On crut résoudre la difficulté en s'adressant aux villes. Celles-ci, consultées séparément et par lettres, furent unanimes à protester contre les charges qu'on imposait au pays et à demander que l'on convoquât leurs maïeurs pour délibérer avec les Dix-huit.

Convocation des maires des villes, mai 1672.

Cette convocation eut lieu au mois de mai 1672; les maires des quatorze villes de la province furent appelés à Besançon. C'était une faute grave, dont on s'aperçut bientôt et qu'on voulut vainement réparer en retardant la délibération. Il n'y avait rien à attendre de celle-ci dans les conditions où elle se produisait. Moins que personne, les représentants des villes étaient capables de s'élever au-dessus de l'égoïsme municipal, et de prêter au gouvernement un appui désintéressé [1].

Les discussions furent longues et orageuses. Elles aboutirent à une double protestation des maires contre les commis des Etats et contre le gouvernement espagnol. Dans la pre-

---

[1] « Il leur sembla n'y avoir autre expédient que celui d'appeler les maïeurs des
» quatorze villes de la province, comme ils firent, et alors advint ce qui est
» couché dans les trois écrits suivans, qui firent bien voir combien sont grands les
» inconvénients d'assembler les peuples à contre-temps, puisque de chétives places
» et de misérables bourgs portant nom de villes y ont un suffrage aussi considéré
» que celui des plus importantes de la province; et que généralement telles gens
» étant ensemble deviennent plus hardis, parce qu'ils se réputent plus forts. Leurs
» conférences sont autant d'entreprises contre leurs supérieurs, et souvent contre le
» bien de l'Etat, parce qu'ils ne considèrent que le présent. Il est vrai que c'est le
» tiers état qui est le plus chargé, et dont les plaintes sont plus fréquentes; mais
» toutes plaies ne sont pas mortelles. Et encore que dans un grand hôpital tous sont
» présumés malades, tous néanmoins n'y meurent pas, chacun se plaint et chacun a
» raison, comme en tout lieu où il n'y a rien à manger ni de quoi vivre. Quand
» ils s'abouchent, ils apprennent leurs maux réciproques et les comptent à qui n'y
» peut remédier que par la violence ou le dérespect, offensant le souverain, et à
» leur retour ils racontent ce qui s'est passé en leur conférence, au préjudice de la
» convenance et du bien de leurs inférieurs, lesquels se rebutent encore plus que
» devant; parce qu'ils croyent être appuyés de ceux qui retournent où de fortes
» délibérations ont été prises. » (CHIFFLET, *Mémoires*, II, p. 89.)

mière, on reprochait aux Dix-huit d'avoir imposé le pays sans y être autorisés par les Etats ; on annulait toutes les contributions jetées sur la province ; on rendait responsables les Dix-huit sur leurs biens de tout ce qui avait été payé indûment ou le serait à l'avenir. Les députés des villes consentaient cependant à accorder une somme de 100,000 fr., destinée à payer les troupes étrangères pendant les mois de mai et de juin 1672. Leur langage à l'Espagne, plus respectueux en apparence, n'était pas moins hardi. Ils se plaignaient que les promesses faites par la royauté n'eussent pas été tenues, réclamaient le rétablissement du parlement, la suppression des impôts ordonnés par les Dix-huit, le renvoi des troupes lorraines, la convocation des Etats généraux et la nomination, plusieurs fois promise, d'un gouverneur indigène.

L'Espagne était habituée depuis longtemps à recevoir des plaintes semblables, et aussi à les négliger. Mais les députés des villes ne s'en tinrent pas, cette fois, à des protestations platoniques. Prévoyant le cas où les Dix-huit continueraient à faire lever les impositions illégales, et où le gouverneur appuierait ces levées de son autorité, ils s'engagèrent à résister solidairement et à opposer à l'arbitraire l'unanimité de leurs réclamations. C'était un troisième pouvoir qui entrait en opposition avec le gouverneur et avec les Dix-huit. C'était un nouvel élément de désordre et d'anarchie.

Les villes s'engagent à résister solidairement.

Cependant, les Dix-huit, encouragés ou plutôt intimidés par les violentes protestations des maires, refusaient au gouverneur la subvention de 3,000 fr. par jour, et comme celui-ci, de son côté, ne voulait pas se contenter de 2,000 fr., ils décidaient que rien ne serait payé à partir du 15 août.

Les mêmes causes devaient amener les mêmes résultats. Quinones, dans l'incapacité où il était de payer les troupes, imita son prédécesseur d'Aremberg ; il publia l'édit du 16 août 1672, par lequel il imposait d'autorité la subvention de 3,000 fr. Il justifiait cet acte en invoquant la nécessité, les ordres reçus de Flandre, et se déclarait prêt à le faire exé-

Édit du 16 août 1672 ; résistance des maires et des Dix-huit.

cuter par la force. Ce fut dans toute la province un soulèvement général. Les maires des villes se réunirent spontanément malgré le gouverneur, ils déclarèrent que les villes « souffriraient la dernière violence, plutôt que de se soumettre » à la servitude sans exemple d'être imposées au vouloir » d'un gouverneur [1]. » Quinones espéra trouver plus de complaisance dans les Dix-huit et les convoqua pour le 26 septembre 1672. Son attente fut trompée, l'assemblée s'obstina à n'offrir que la somme de 2,000 fr. par jour [2]. Le départ des régiments lorrains, rappelés dans leur pays par l'attitude menaçante de la France, permit à Quinones de se contenter, pour quelque temps, de cette subvention réduite. Mais la difficulté n'était que reculée.

Les maires prétendent se substituer aux Dix-huit.

Elle reparut bientôt, compliquée encore par les nouvelles prétentions des maires. Ceux-ci, exaspérés par la misère du pays, encouragés du reste par les hésitations du gouverneur et par la faiblesse des Dix-huit, en vinrent à vouloir se substituer à ces derniers et à s'emparer du droit de concéder et de lever les contributions [3]. Les députés des Etats, tout en protestant contre ces prétentions, cédèrent peu à peu. Dans une première session du mois de février 1673, ils consentirent « à n'accorder rien désormais sans avoir les sentiments » des villes, auxquels ils auraient un égard très particu- » lier [4]. » Quelques jours plus tard, ils répondaient à une véritable sommation par une soumission complète [5]. Les

---

[1] Clerc, II, p. 167.
[2] Id., p. 180.
[3] Il faut lire dans Chifflet (II, p. 254) le long et violent libelle que les maires publièrent contre les commis des Etats. Ceux-ci sont accusés d'avoir l'intention « de se perpétuer l'autorité qu'ils tâchent de s'arroger, d'imposer la province de leur » seule autorité contre ses franchises et les pouvoirs de leurs commissions. » Les privilèges du tiers état en matière d'imposition sont rappelés : « Il faut pour des » impositions sur la province en des occasions pressantes et nécessités inexcusables, » le consentement desdites villes, lorsque les Etats généraux ne peuvent être » assemblés, etc. »
[4] Recez du 1ᵉʳ février 1673. Archives du Doubs, série C, 215.
[5] Voici le texte de la sommation des villes et la réponse des Dix-huit :
« Les sieurs députés des villes, répondant au billet de MM. les commis de l'Etat,

Dix-huit avaient ainsi capitulé le 4 mars. Dès le 1ᵉʳ avril, la paix était déjà rompue, et malgré les protestations des maires, les Dix-huit, sur les instances du gouverneur, votaient un subside quotidien de 1,500 fr. pour les trois mois d'avril, mai et juin.

La fureur des maires fut alors sans bornes. Elle se traduisit par une protestation énergique, où ils lançaient contre les commis de l'Etat les mêmes accusations de tyrannie et d'abus de pouvoir [1]. Un libelle anonyme, qui fut imprimé à Dole à la même époque par le maïeur, allait plus loin encore [2]. Aux plaintes et aux récriminations il joignait des menaces. Il invitait « les peuples à ne pas payer, étant fait contre jus-
» tice, contre leur pouvoir, contre les franchises, et enfin
» contre les volontés de la reine, et pour ce que l'on proteste
» non seulement de n'y pas déférer, mais de s'y opposer for-
» mellement, et s'ils veulent se servir de la force pour exiger
» les quottes, soit par violence des soldats en contraignant
» les communautés, soit par des logements excessifs, de
» repousser la force par toute voie juste et légitime, se défen-
» dant pour se garantir de l'oppression, et se conformer aux
» volontés du souverain déclarées si authentiquement en
» l'article de l'ordonnance 1565.... »

Nouvelle protestation des villes soutenue par un libelle anonyme.

» le vingt huictième febvrier 1673, les requièrent vouloir déclarer expressément,
» qu'ils ne feront cy-après aucun prest, dons ny repartement sur la province, à
» quelque temps et à quelque cause ou prétexte que ce soit, sans l'exprès consente-
» ment des villes assemblées, et qu'ils se conformeront à ce que sera par elles
» résolu par pluralité des suffrages des commis des villes.
» Messieurs les dix-huit députés des trois Etats de Franche-Comté de Bourgogne
» disent qu'ils consentent de ne rien accorder à Sa Majesté sur la province en don,
» prêts, repartement, imposition, surhaussement et emprunt, à quelque cause et pré-
» texte que ce soit, sans l'exprès consentement des villes assemblées, pendant tel
» terme que messieurs les députés des villes désireront, n'estait qu'auparavant
» Sa Majesté fut servie (*sic*) de rétablir un parlement composé de suppôts ecclésias-
» tiques, gentilshommes et du tiers état, tous de la province originels, comme ils
» étaient cy-devant, ou d'ordonner la convocation des Estats généraux par lettres
» royales signées de sa main ou de la reine régente. » (Archives du Doubs, série C, 215.)

[1] *Mémoires* de CHIFFLET, II, p. 361.
[2] *Id.*, p. 363.

Le libelle précisait encore les menaces. « L'on proteste de
» plus, ensuite de ces souveraines ordonnances, de faire
» traiter pour désobéissans aux volontés du souverain, et
» infracteurs de ses édits et privilèges de la province, non
» seulement les Dix-huit de l'Etat, mais encore ceux qui
» veulent les autoriser contre leur ministère, sous prétexte
» de nécessité de justice, ceux qui les reçoivent, qui les
» exigent par la force, qui violentent au paiement, et s'en
» prendre à leurs biens et à leurs personnes, tant pour
» désintéresser ceux qui ont payé, que pour tirer de l'oppres-
» sion ceux de qui on les exigera par force. »

Energie du nouveau gouverneur d'Alvéida.

Ces menaces furent aussi vaines qu'elles étaient inopportunes, vu les dangers que courait le pays. Le gouverneur était encore une fois changé. Le comte d'Alvéida avait remplacé, le 20 avril 1673, le marquis de Quiñones. Le nouveau venu, soit par caractère, soit en vertu des ordres qu'il avait reçus de Madrid et de Bruxelles, n'avait pas l'intention de laisser mettre en doute son autorité.

Edit du 1er juillet 1673.

Il traduisit les maires devant la chambre de justice, et soumit les villes de Dole, de Gray et de Vesoul à de véritables exécutions militaires. En même temps, par un édit du 1er juillet 1673, il renouvelait une dernière fois l'imposition de 3,000 fr. par jour, et pour en finir avec l'opposition des commis de l'Etat, leur interdisait de se réunir. Ceux-ci tentèrent encore quelque résistance; ils envoyèrent l'un d'eux, le chanoine de Marenches, plaider leur cause à Bruxelles. Tout fut inutile. Quelques concessions de détail, obtenues à grand'-peine ne servirent qu'à masquer une irréparable défaite. « Les
» choses, dit mélancoliquement Chifflet, étaient réduites non
» pas à avoir du bien, mais à avoir moins de mal, et les com-
» mis à l'également étant au rabais au point de l'autorité qu'ils
» avaient perdue, firent encore ce petit coup pour persuader
» qu'ils n'étaient pas totalement supprimés et éteints [1]. »

---

[1] CHIFFLET, *Mémoires*, II, p. 446.

Quelques mois plus tard, Louis XIV occupait de nouveau la Franche-Comté, et la province perdait, avec ses Etats généraux, l'autonomie partielle dont elle avait joui sous la domination espagnole.

Louis XIV supprima-t-il officiellement les Etats? La correspondance administrative ne contient aucune pièce notifiant cette suppression aux intéressés. Nulle part il n'est fait la moindre allusion à rien de semblable. En réalité, les Etats étaient devenus si peu de chose, qu'on ne semble pas s'en être inquiété. On a tenté postérieurement d'expliquer comment ils avaient disparu. En 1679, lorsque la noblesse fit une tentative pour obtenir le rétablissement d'une représentation nationale, elle affirmait à Louvois que si, depuis cinq ans, les députés des Etats avaient cessé leurs fonctions et n'avaient pas convoqué les Etats généraux, « c'était contre » le gré desdits députés, puisque M. le duc de Duras et l'in- » tendant les en avaient empêchés de force. »

Comment les Etats disparurent. Contradictions des historiens.

D'après Dunod, qui écrivait au xviiie siècle, les choses se seraient passées tout autrement. « Le roi de France, dit-il, » après avoir conquis une seconde fois le comté de Bour- » gogne en 1674, en confia le gouvernement à M. le duc de » Duras, et l'intendance à M. Camus de Beaulieu, qui pres- » sèrent inutilement les commis des Etats de continuer leurs » fonctions. Ces commis s'imaginèrent que la province » serait restituée, comme elle l'avait été après la conquête » de 1668, et qu'ils feraient leur cour à l'Espagne s'ils ces- » saient de faire leurs fonctions. Ils refusèrent donc de » s'assembler et d'agir à l'ordinaire [1]. » Quelques années plus tard, un président du parlement, dans un mémoire sur les Etats présenté à l'Académie de Besançon, allait plus loin encore et rendait la province tout entière responsable de la perte de ses privilèges. « Nous ne pouvons, dit-il, trop » gémir sur la perte que nous avons faite de nos Etats; et

---

[1] DUNOD DE CHARNAGE, *Mémoires du comté de Bourgogne*, II, p. 419.

» ce qui doit augmenter davantage notre affliction, c'est la
» certitude où nous sommes que nous les avons perdus
» parce que nous avons voulu les perdre [1]. »

Ces deux opinions contradictoires contiennent chacune une part de vérité. Il est certain que le gouvernement français ne songea jamais à rétablir les Etats ; mais, d'autre part, la province ne fit jamais d'instances bien vives pour obtenir leur rétablissement. Sauf quelques démarches faites en 1679 et dont nous allons rendre compte, elle ne sortit pas d'une indifférence que l'on peut trouver regrettable, mais qu'expliquent bien des causes.

Notons d'abord que parmi les fonctionnaires français, tous ne se montrèrent pas décidément hostiles au rétablissement d'une représentation provinciale. Au mois de janvier 1676, le duc de Duras, gouverneur de la province, recevant une députation de magistrats, exprimait l'avis « qu'il » serait bien à propos que l'on sût si le roi voulait laisser la » province en païs d'Etat ou autrement [2], » et semblait croire qu'aucune décision définitive n'était prise à cet égard.

Première démarche en vue du rétablissement des Etats, janvier 1679.
En 1679, il semble que la conduite du duc de Duras fut la même et qu'il ne fit aucune opposition aux démarches tentées par la province. Dès le mois de janvier, les villes furent invitées à envoyer des députés à Besançon pour prêter serment au roi, dont le traité de Nimègue venait de faire le souverain légitime de la province. La cérémonie eut lieu le vendredi 20 janvier, dans la grande salle du palais, en présence du duc de Duras. L'occasion parut favorable à quelques personnes pour faire une démarche en faveur du rétablissement des anciens privilèges. Le texte unique qui nous apprend ce fait [3] semble dire que le duc autorisait cette

---

[1] De Courbouzon, *Ouvrages manuscrits des académiciens*, I. p. 245.
[2] Archives du Doubs, série C. Recueil des délibérations, I, p. 59.
[3] C'est la délibération du conseil de Vuillafans, du 25 janvier 1679. Le docteur Mignot et Jean-Guillaume Jacquin, envoyés à Besançon pour prêter serment, rendent compte de leur mission. « Le lendemain vingtième, ils passèrent dans la » grande sale du palais avec tous les aultres commis où ilz prestèrent ledict ser-

démarche ; il ne paraît pas qu'elle ait eu lieu, et l'indifférence des villes fut sans doute la cause de cet insuccès.

Au mois de juin, la présence de Louvois à Besançon encouragea les intéressés à renouveler cette tentative. Les commis de l'Etat, qui avaient cessé leurs fonctions depuis la conquête, d'une part, et d'autre part la noblesse, commencèrent une série de démarches, sans qu'il soit possible de savoir à qui en appartenait l'initiative.

Deuxième tentative, juin 1679.

Une lettre du commis de l'Etat Gilbert, en date du 19 juin 1679, adressée au magistrat de Dole, nous donne cependant quelques renseignements sur la façon dont l'affaire fut engagée :

Les commis de l'Etat et les maires des villes.

« Messieurs, je crois que vous estes desja informés des ins-
» tances que messieurs de l'Estat qui sont en cette ville
» (Besançon) ont fait plusieurs fois à monsieur le duc de
» Duras, à monsieur le marquis de Montauban et à monsieur
» l'intendant, pour que cette province demeure pays d'Estat,
» et que cette affaire ayant toujours esté remise au temps
» que le roy serait aud. pays dans la pensée qu'il y viendrait,
» lesd. sieurs commis se sont adressés aud. effet à monsei-
» gneur le marquis de Louvois, lequel leur ayant répondu
» que lesd. commis ne faisaient plus les fonctions de leurs
» charges avant la conquête de cette province, ils prendraient
» la liberté de lui répliquer qu'ils justifieraient facilement
» du contraire si sa commodité lui permettait de les entendre ;
» sur quoy il leur dit que cela estant, ils pouvaient s'adres-

---

» ment tant en leurs noms que de ce conseil et de tous les aultres habitans de ce
» lieu, comme en faict foy l'acte cy rendu par ledict sieur Mignot qui a esté remis
» es mains dudict Jacquin pour servir estant que de raison.... Quoy faict, ledit
» sieur Mignot fut invité de la pluspart des petites villes de ce pays de rester
» audict lieu pour conjoinctement avec toutes les villes de délibérer et faire choix
» par la permission de mondict seigneur de certain nombre de députez à sadicte
» Majesté au nom de cedict pays pour tâcher d'obtenir une conservation de leurs
» anciens privilèges, et comme il voit le samedy vingt et uniesme que tous ceulx
» qui estaient dans l'assemblée cottisaient chacun leur ville, il représenta n'en avoir
» aulcune commission de ce conseil. » (Archives de Vuillafans, série BB, 5. Registre des délibérations, fol. 21).

» ser à M. de Colbert et que M. le chanoine Borrey, M. de
» Falletans et moi ayant fait savoir à Mgr de Montauban et à
» Mgr l'intendant et leur ayant aussi représenté que les lettres
» de la reine d'Espagne et celles de Mgr le gouverneur des
» Pays-Bas auxd. sieurs députés des Etats de mesme que les
» réquisitions qui leur ont été faites par M. le gouverneur de
» cette province immédiatement avant la conquête et leurs
» journaliers prouvent clairement qu'ils ont toujours fait
» leurs fonctions de leursd. charges, Mgr de Montauban a eu
» la bonté de tesmoigner qu'il appuierait nos prétentions,
» Mgr l'intendant nous dit que tout allait à sçavoir si c'était
» l'utilité de la province qu'elle demeure pays d'Estat, et
» après un assez long discours de part et d'autre sur ce sub-
» jet, il conclut que nous pourrions faire ce que nous trou-
» verions à propos sur les responses de monseig. le marquis
» de Louvois. Nous avons conféré du tout avec Mgr l'arche-
» vêque qui est d'avis qu'il ne faut pas perdre de temps pour
» une chose d'une si grande importance, mais que ne trou-
» vant que le moyen d'une dépense très considérable, il fal-
» lait aussy en donner part aux villes par lettres à quelques
» particuliers qui le communiqueraient auxd. messieurs des
» magistrats pour en avoir leurs sentiments [1], etc. »

Il semblait résulter de cette lettre que les fonctionnaires français, ministre, gouverneur et intendant, tout en accueillant très froidement et avec réserve la proposition de rétablissement des Etats, ne s'opposaient pas à ce qu'on fît des démarches dans ce sens. Le magistrat de Dole se crut autorisé à délibérer à ce sujet. Il émit le vœu que la province payât d'une somme de 10,000 pistoles la restitution de ses anciennes franchises [2], et écrivit aux magistrats des autres villes de la province, pour les engager à s'associer à sa démarche [3].

---

[1] Archives municipales de Dole. Correspondance, année 1679.
[2] Id. Délibérations municipales, 1679.
[3] Archives municipales de Salins, Baume, Pontarlier, etc.

On était malheureusement moins près de s'entendre que les commis de l'Etat ne se l'étaient imaginé. S'étaient-ils trompés sur les intentions de l'intendant Chauvelin, ou celui-ci avait-il changé d'avis? Dans tous les cas, il s'opposa formellement à ce qu'on allât plus loin, et fit parvenir aux Dolois un refus brutal et menaçant.

« Messieurs, leur écrivit-il, j'ay été extrèmement surpris
» d'apprendre qu'à l'instigation du sieur de Marenches, au-
» trefois commis à l'également, vous ayez fait une délibéra-
» tion pour une imposition de 20,000 pistoles sur la pro-
» vince. J'ay de la peine à comprendre comment vous avez
» osé entrer dans une affaire de cette conséquence sans
» m'en informer auparavant, et puisque vous ne l'avez point
» fait, je suis obligé de vous dire que si pareille chose
» arrive, j'en rendray compte à Sa Majesté, de manière que
» ceux qui auront présidé à de semblables délibérations
» serviront d'exemple. Je vous prie de me faire response et
» de joindre à vostre lettre une copie de celles qui ont esté
» écrites sur ce sujet, tant par ledit sieur de Marenches
» qu'autres. »

Le ton était sans réplique, le magistrat se soumit; il envoya les lettres demandées et commit « M. le maïeur et
» M. Matherot, pour passer incessamment auprès de mond. s.
» l'intendant et luy faire connaître cô. la chose s'était passée
» et de s'assurer des impressions qu'il avait prises du pro-
» cédé de la ville [1]. »

Un chroniqueur anonyme confirme et complète le récit de cette petite intrigue :

« Le 8 août, M. Demaranches, chanoine à Dole, fut mis à
» la citadelle pour avoir fait assembler le magistrat de Dole
» et y être allé en qualité de commis à l'également et y avoir
» proposé d'imposer la somme de 20,000 pistoles pour donner
» à quelque personne de grand crédy, par le moyen de la-

---

[1] Archives de Dole. Délibération du 9 juillet 1679.

» quelle l'on pourrait obtenir que cette province fût pays
» d'Etat, comme elle était sous la domination d'Espagne.
» Sur quoy le magistrat de Dole, ayant résolu qu'il consen-
» tirait à cette imposition, mais après la tenue des Etats,
» il avait écrit à Salins et aux autres villes pour leur donner
» part de la proposition du sieur chanoine Demaranches
» et de leur donner leur avis ; celle de Salins ayant envoyé
» cette lettre au magistrat de Pontarlier, qui l'envoya à l'in-
» tendant, lequel manda le sieur Demaranches, réprimanda
» les magistrats de Dole et de Salins, loua celui de Pontar-
» lier, remercia celui de Besançon qui n'avait voulu l'écou-
» ter, d'autant que leurs députés n'estaient point dans l'Estat
» et qu'ils auraient acheté bien chèrement la permission d'y
» entrer [1]. »

Il n'est pas sans importance de remarquer que la mauvaise volonté de l'intendant n'était pas le seul obstacle au rétablissement des Etats. Les vieilles jalousies des villes, qui si souvent avaient troublé les discussions des députés, se réveillaient subitement et fournissaient à l'administration française des auxiliaires et des complices de son refus. Que pouvait-on espérer d'une requête à laquelle ne souscrivaient pas tous les intéressés? Elle était jugée et condamnée d'avance.

Protestation de noblesse, août 1679. Nous savons déjà que la noblesse s'était associée à la démarche des commis de l'Etat. Le 5 août 1679, elle avait rédigé une protestation destinée à passer sous les yeux du roi [2]. Elle affirmait, dans cet acte, que la représentation nationale avait existé en fait et en droit jusqu'en 1674, protestait contre cette idée qu'une suspension forcée de cinq années avait pu prescrire les droits de la nation, et citait, en rappelant ceux-ci, les textes principaux qui les consacraient ; elle

---

[1] *Histoire des guerres du duché et du comté de Bourgogne*, manuscrit de la bibliothèque de Vesoul, 179, II, année 1679.

[2] Cette protestation a été publiée pour la première fois en 1875, par M. Perraud. Le président Clerc l'a reproduite dans son *Histoire des États généraux*, II, p. 359.

invoquait les termes du traité de Nimègue, récemment signé, qui garantissaient les privilèges de la province, affirmant qu'elle ne cesserait d'en réclamer la jouissance avec autant de courage qu'elle en manifesterait pour le service du roi. Un pareil langage était bien hardi, trop hardi même, pour être compris et accepté de Louis XIV. Celui-ci n'en eut jamais connaissance. Il eût été sans doute difficile à l'intendant de traiter les nobles signataires du manifeste avec le brutal sans-façon qu'il s'était permis avec les commis de l'Etat et les magistrats des villes. On s'y prit autrement ; l'archevêque de Besançon, Antoine-Pierre de Grammont, prélat fort bien en cour, s'offrit d'en parler à Louvois et de le prier de s'assurer d'avance des intentions de Sa Majesté. Est-il besoin d'ajouter qu'une négociation ainsi conduite ne pouvait aboutir ? On peut admettre que l'archevêque s'acquitta, auprès du ministre, de la démarche à laquelle il s'était engagé. Il est déjà douteux que celui-ci, à son tour, ait cru devoir entretenir le roi d'une affaire qui répugnait si fort aux instincts de l'un et de l'autre, et si l'entretien eut lieu, on peut affirmer que le résultat fut un refus catégorique. Dans tous les cas, la députation qui devait porter le manifeste à Versailles ne partit pas ; la protestation des gentilshommes comtois demeura aux archives, où elle clôt honorablement la longue série des papiers relatifs à l'histoire des Etats généraux. C'est le dernier monument d'un passé désormais condamné.

Il est certain que la suppression des privilèges provinciaux causa de sincères et d'honorables regrets dans une partie — dans l'élite, si l'on veut — de la population. Mais la majorité du peuple en fut-elle sensiblement touchée ? N'oublions pas à quel petit nombre de Franc-Comtois l'organisation surannée des Etats accordait le privilège de prendre part à l'administration des affaires du pays. Dans les plus belles années de leur histoire, leur convocation ne souleva jamais d'enthousiasme, et l'on n'oserait dire qu'à aucun moment ils

Conclusion.

aient été populaires. Quand vinrent les jours malheureux, ils furent trop souvent associés aux mesures fiscales qui ruinaient le pays pour qu'une injuste, mais irrésistible prévention ne s'attachât pas à leur nom. Du reste, les attaques de l'Espagne et des ministres flamands, les querelles avec les gouverneurs, les rivalités et les dissensions intestines, les effarements et les fautes des derniers jours, tout cela n'avait-il pas enlevé à ce qui restait de la représentation nationale l'ombre même du prestige et de l'autorité?

Supposons cependant, pour un instant, que dérogeant à ses instincts et à ses principes, Louis XIV ait accordé aux Franc-Comtois la satisfaction qu'ils demandaient, en rétablissant les Etats. Dans quelle condition ceux-ci auraient-ils vécu? On ne peut s'empêcher de sourire en voyant les nobles franc-comtois prétendre, dans leur manifeste de 1679, « qu'à la
» nation seule il appartient de s'imposer, ainsi que toutes
» régies, répartemens, collectes de deniers, jugemens
» d'iceux, police, recrus des ordonnances royaux, tous
» articles d'administration, abolitions d'abus, pour y être
» fait droict par leurs princes, conformément aux doléances
» des Etats. » Un pareil langage ne pouvait être accepté de Louis XIV. Colbert et Louvois auraient été d'accord pour repousser bien loin de semblables prétentions. Les remontrants (pour employer le style de l'époque) se trompaient de moment, et, trop préoccupés du passé, ils oubliaient que leurs réclamations ne devaient pas aller à Madrid ou à Bruxelles, mais à Versailles. L'illusion, sans doute, aurait été courte; du rôle de censeurs indépendants qu'ils auraient affecté d'abord, les députés seraient bien vite descendus à celui d'auxiliaires dociles de l'administration. L'histoire du parlement nous fournira un exemple instructif d'une semblable métamorphose.

CHAPITRE II

LE PARLEMENT

Le Parlement est rétabli par Louis XIV. — Différence entre l'ancien et le nouveau Parlement. — Le Parlement et Philippe le Beau. — Les lettres patentes de 1506. — Organisation du Parlement. — Recrutement des magistrats. — L'autorité du Parlement s'accroît. — Causes de sa puissance. — Le Parlement sous Marguerite d'Autriche. — Sous Charles-Quint. — Les bons personnages. — Le Parlement sous Philippe II. — Le Parlement pendant la guerre de Dix ans. — Décadence du Parlement. — Ingratitude de l'Espagne. — Vénalité des charges. — Le Parlement et la France en 1667. — La capitulation du 13 février 1668. — Le Parlement sous la domination française. — Soulèvement du peuple contre le Parlement. — Le Parlement suspendu (15 août 1668). — Etablissement d'une chambre de justice (14 nov. 1668). — La faveur populaire revient au Parlement. — Députation à Madrid pour demander son rétablissement (oct. 1669). — Mémoire de Chifflet en faveur du Parlement (1674). — Lettres patentes rétablissant le Parlement (17 juin 1674). — Difficultés soulevées par les magistrats. — Choix des nouveaux magistrats. — Rôle de Claude Boisot. — Les refus. — La question de la présidence. — La séance d'installation (6 juillet 1674). — L'intendant et le gouverneur au Parlement. — Transfert du Parlement à Besançon (22 août 1676). — Changements apportés dans la composition du Parlement. — Première création de charges (1679). — Deuxième création de charges (1684). — Premier appel à la bourse des magistrats (17 oct. 1689). — Difficultés financières. — Affaire de la vénalité (1692). — Troisième création de charges (août 1692). — Embarras des magistrats. — Députés du Parlement à Paris (déc. 1691-janvier 1693). — Conséquences de la vénalité. — Quatrième création de charges (avril 1693). — La capitation du Parlement, plaintes des magistrats (févr. 1695). — Ces plaintes sont repoussées (6 mars 1695). — Répartition de la capitation (14 avril 1701). — Création de rentes et augmentation de gages (févr. 1708). — Renouvellement du droit annuel (1701-1710). — Confirmation de la noblesse (1705). — Nouveaux projets du gouvernement (1702). — L'intendant atteste la pauvreté des magistrats. — Il s'oppose au transfert de la Chambre des comptes à Besançon. — Projet de création d'une nouvelle chambre. — Pour l'éviter, le Parlement consent à une augmentation de gages (18 avril 1703). — Création d'une chambre des eaux et forêts (févr. 1704). — Projet de création d'une chambre des requêtes. — Difficultés opposées par le Parlement. — Suppression de la chambre des eaux et forêts et création d'une chambre des requêtes (juillet 1704). — Lenteurs des magistrats à organiser la nouvelle chambre. — Epreuves et examens imposés aux nouveaux magistrats. — Le Parlement en refuse plusieurs : d'Orival, Augustin Nicaise, Guynard, Queguin. — Intervention du gouvernement. — Le Parlement menacé d'une nouvelle création (1714). — L'intendant s'oppose à toute innovation. — Résumé. — Rôle du Parlement, son importance, ses limites. — Introduction de la législation française (1679-1684). — *Le privilège des Comtois*. — Suppression du droit de remontrances. — Le Parlement conserve et étend sa suprématie judiciaire sur la province. — Son droit de contrôle sur les tribunaux et les magistrats. — Le Parlement administrateur, police, administration des abbayes. — Les magistrats s'accommodent à leur rôle modeste — Les premiers présidents : Jobelot, Gabriel Boisot et sa famille. — Le président Philippe. — Le maître des requêtes Augustin Nicolas; son livre sur la torture (1681). — Le conseiller-clerc Marlet. — L'avocat général Caillet (1708). — Le conseiller de Mesmay (1712). — Les questions de préséance. — Les querelles intestines. — Jugement sévère de Pontchartrain (1er févr. 1707).

Le parlement est rétabli par Louis XIV. Le gouvernement français, qui refusait de rendre à la Franche-Comté ses Etats généraux en 1679, avait rétabli, au contraire, le parlement de la province avant même que celle-ci eût été complètement occupée par ses armes. C'est que si les premiers, dans la pensée de Louis XIV, pouvaient être, non pas un obstacle, mais un embarras ou tout au moins un rouage inutile, il comptait faire de ce dernier un des instruments de son administration. Par une heureuse fortune, il put donner cet acte d'habile politique comme une réparation faite par la France du préjudice que l'Espagne avait causé au comté de Bourgogne en lui enlevant sa cour de justice. Par cette sorte de don de joyeux avènement, il semblait renouer une tradition brisée, conserver et restaurer le passé, et continuer, sous de meilleurs auspices, l'administration des princes de la maison d'Autriche.

Différence entre l'ancien et le nouveau parlement. Au fond, il en était tout autrement. Le parlement réinstallé par Louis XIV était bien différent de celui qui, pendant un siècle et demi, avait eu une si grande part dans le gouvernement de la province. Ce dernier, du reste, avait fait son temps ; il avait eu son moment de prospérité et d'éclat ; puis la décadence était venue, trop profonde pour que le roi de France, à supposer qu'il l'ait voulu, ait pu lui rendre l'autorité qu'il avait perdue et lui faire jouer un rôle qui n'avait plus sa raison d'être.

L'organisation définitive du parlement du comté de Bourgogne datait des premières années du xvie siècle [1]. C'est aussi à partir de cette époque que les lettres patentes qui le confirmaient à chaque renouvellement de règne ont été conservées.

En 1500, l'archiduc Philippe le Beau, avant d'aller en Espagne recueillir l'héritage de sa femme, Jeanne la Folle, pourvut au gouvernement des Pays-Bas et du comté de Bourgogne, et confirma par lettres patentes le parlement de Dole. Ce dernier se composait alors de la personne du souverain, de l'archevêque de Besançon, du chancelier du prince, de deux chevaliers, de deux maîtres des requêtes, de onze conseillers, dont deux ecclésiastiques, d'un greffier, de deux avocats généraux, d'un procureur général, d'un substitut et de quatre huissiers [2]. Deux ans plus tard, le même prince, de retour dans le pays, assistait à une séance solennelle du parlement et donnait encore une fois le spectacle d'un prince rendant la justice en personne ou du moins la faisant rendre en sa présence. C'était une application du régime féodal qui ne devait plus se renouveler en Franche-Comté [3].

Le parlement et Philippe le Beau.

---

[1] Il nous a paru inutile, au moins pour le but que nous nous proposons, de remonter plus loin dans l'histoire du parlement. Les historiens du pays sont naturellement en désaccord sur son origine. Lampinet (*Hist. manuscr. du Parl.*) le retrouve déjà au xiiie siècle. Perreciot (*Etat des terres et des personnes*, I, p. 493) l'attribue à Philippe le Bel, qui l'aurait établi en 1306. Dunod (*Mémoires du comté de Bourgogne*, II, p. 363, et III p. 591) et Chevalier (*Hist. de Poligny*, II, p. 21) le considèrent avec raison comme se détachant peu à peu du conseil privé du prince. On le voit d'abord suivant le prince dans tous ses voyages, puis siégeant tour à tour dans les principales villes du pays. Il se réunit d'abord irrégulièrement, puis devient périodique et enfin sédentaire. Outre ces évolutions qui lui sont communes avec toutes les institutions analogues, le parlement du comté a aussi à se dégager des liens qui le rattachaient au duché. En même temps son organisation intérieure s'élabore. Il élimine de son sein les éléments étrangers qu'il doit à son origine. Le nombre de ses membres se fixe. La bourgeoisie qui s'était spécialement vouée à l'étude du droit y domine, en laissant une place toutefois — mais une place modeste — à la noblesse et au clergé. Ce travail d'organisation était terminé au début du xvie siècle. Le parlement existait alors dans le sens précis et spécial où nous entendons le mot, et pour nous, son histoire commence à cette époque.

[2] Dunod, t. III, p. 599 et suiv.

[3] « Le mercredi 26 juillet, Monsieur, accompagné de plusieurs nobles, sa robe d'arme et l'épée portée devant lui, parut suivi du cortège du parlement, tous à cheval, vêtus d'écarlate et manteaux fourrés, et vint aux halles dud. parlement.

Les lettres patentes de 1506.

En 1506, après la mort de Philippe le Beau, son père, l'empereur Maximilien, en son nom et au nom de son petit-fils, Charles d'Autriche, confirma encore une fois l'existence du parlement. Les termes des nouvelles lettres patentes nous font connaître la compétence de la cour de justice, son organisation intérieure et, ce qui est plus important, le mode de nomination de ses membres.

Organisation du parlement.

Le parlement est chargé de « maintenir, exercer et entre- » tenir bonne justice en ce pays de Bourgogne. » Dans le domaine judiciaire, son indépendance est complète, et sa compétence s'étend jusqu'au droit de grâce, « sauf et » réserves des grâces et rémissions des cas où écherrait » punition de sang, confiscation de biens et bannissement, » lesquels réservons à nous pour en faire notre bon plaisir. »

Le parlement tiendra trois sessions par an, l'une du lendemain de la Saint-Martin d'hiver jusqu'à la veille de saint Thomas, apôtre, avant Noël ; la seconde, du lendemain des Rois jusqu'au lendemain des Pâques fleuries ; la troisième, du lendemain de Quasimodo jusqu'à la veille de la Pentecôte.

Il tiendra deux audiences publiques par semaine, le lundi et le jeudi ; les autres jours, il vaquera à l'expédition des affaires, « de sorte que les plus anciens poursuivans et » moins puissans d'attendre soient les premiers expédiés, » sans acception de personne. »

Les arrêts n'étaient rendus que trois fois par an, le dernier jour de chaque session : c'était encore un souvenir de l'ancienne justice féodale.

Enfin le mode de nomination était ainsi réglé :

Premièrement, entra en la Chambre des comptes, et puis en une salle où grand peuple était assemblé ; et s'assit en haut sur une chaise de quatre degrés, le président à ses pieds. et à ses côtés ses avocats debout ; du côté dextre de la salle, ceux de l'Eglise et les prélats du pays, et à la sénestre ceux de la temporalité séculière. Là, lit le président une très belle proposition en français, alléguant en latin les autorités prouvans ce qu'il disait. Après, on plaide devant Monseigneur la cause criminelle d'un notaire qui faussé avait son protocole. » (Relation manuscrite d'Antoine de Lalain, citée par Dunod, III, p. 601 et suiv.)

« Nous voulons que notredite cour ait l'élection et nomi-
» nation de trois personnages qui nous seront présentés,
» pour à celui des trois qu'il nous plaira donner l'état et
» office vacant, lequel par nous institué voulons que sans
» contredit il soit par eux reçu ; leur interdisant et défendant
» d'en recevoir d'autre par nous pourvu sans leurd. nomina-
» tion ; lesquelles provisions par nous ainsi faites, révoquons
» et rappelons dès maintenant, les déclarant nulles et ne
» devoir sortir aucun effet [1]. »

Recrutement des magistrats.

Ce droit de présentation fut pour beaucoup dans la puissance future du parlement. A défaut de l'hérédité, il suffit à maintenir dans la cour cet esprit de tradition et cette continuité dans les vues et dans les efforts, sans lesquels il n'y a pas de grande politique. Il eut encore un autre résultat, il fit naître dans la province une aristocratie nouvelle, qui fut la rivale souvent heureuse de la noblesse militaire. Celle-ci, décimée par la guerre et peu capable de se plier aux changements qui modifiaient chaque jour la société, céda peu à peu, et non sans regret, devant les bourgeois anoblis qu'elle détestait. Cet antagonisme ne devait pas être étranger plus tard aux malheurs du pays.

Le souverain s'était réservé la nomination du président, qui fut du reste toujours pris parmi les conseillers ; mais il ne respecta pas toujours le droit de présentation, que Charles-Quint avait établi. Il le viola ouvertement en nommant des conseillers par *jussion*, ou le tourna en obtenant du parlement qu'il inscrivît au nombre des candidats la personne à qui il destinait la place vacante. Les nominations par jussion devaient être, dans les derniers jours du parlement, une des causes de conflit les plus fréquentes entre celui-ci et les gouverneurs des Pays-Bas.

Telle fut l'organisation du parlement au début du XVI° siècle, et telle elle resta, à quelques détails près, jusqu'au

L'autorité du parlement s'accroît.

---

[1] Dunod, III, p. 603 et suiv.

milieu du XVIIe [1]. Mais dans l'intervalle son autorité s'était singulièrement accrue, son rôle avait grandi, et sa compétence embrassait non plus simplement la justice, mais la politique, l'administration, la diplomatie, et jusqu'au commandement des armées. Comment s'opéra cette révolution qui concentra entre les mains de magistrats des attributions si diverses, au moment même où dans tous les pays voisins, et en France notamment, les pouvoirs et les responsabilités tendaient de plus en plus à se séparer? Elle se fit lentement et fut avant tout l'œuvre des circonstances.

« Chaque jour, dit un historien moderne, la cour n'était
» plus ce qu'elle était la veille, et cependant on ne peut sai-
» sir le moment où elle empiète. Tout paraît naturel,
» logique, consécutif. Elle ne prenait à personne ni à aucun
» corps ses attributions successives, elle remplissait des
» lacunes, répondait à de nouveaux besoins et croissait avec
» les affaires. Le centre de sa puissance était dans sa qua-
» lité de première et unique cour souveraine. Ses arrêts et
» sa jurisprudence portaient partout son autorité et sa doc-
» trine. Le pays neuf et vide était comme dans l'attente de
» mille choses utiles et nouvelles. Toute espèce d'adminis-
» tration et de police émanait du parlement et y refluait.

---

[1] De nouvelles lettres patentes furent données successivement par Marguerite d'Autriche, par Charles-Quint (février et mars 1530), et en dernier lieu par Philippe II (24 juillet 1558). Charles-Quint, en 1541, créa deux nouveaux conseillers laïques. Plus tard, Philippe II et ses successeurs substituèrent aux deux maîtres des requêtes ordinaires un ou deux maîtres des requêtes honoraires qui restaient à peu près étrangers à l'administration de la justice.

Le parlement était alors divisé en deux chambres : la première, appelée grand'chambre, composée du président, des deux chevaliers d'honneur et de sept conseillers; la seconde, des autres conseillers, présidée par le doyen de la compagnie, et qui prenait le nom de vice-président. Les conseillers siégeaient alternativement et pendant six mois dans chacune des chambres. Les affaires criminelles ou de grande importance étaient réservées à la grand'chambre.

Le procureur général, représentant direct du souverain, exerçait sur tous les membres du parlement un droit de contrôle et d'information qui fut l'occasion de nombreux conflits.

» Lorsqu'il n'ordonnait pas, il avertissait et conseillait. Le
» souverain recevait ou demandait son avis sur tout. Rien ne
» périssait dans ce corps toujours entier, ni traditions, ni
» usages, ni formes, et quand, par un secret mouvement, il
» avait l'air de se porter au delà de lui-même, c'était avec
» une gravité qui faisait paraître antiques des nouveautés
» préparées longtemps à l'avance [1]. »

Sans doute on ne saurait mieux dire, mais encore, dans cette histoire des progrès insensibles mais constants de l'autorité parlementaire, peut-on noter quelques résistances, indiquer quelques temps d'arrêt et surtout marquer les causes générales qui facilitèrent ce singulier amoncellement de fonctions contradictoires, lesquelles finirent par accabler de leur poids le corps judiciaire.

Il faut noter, en première ligne, l'absence du souverain de la province [2]. A son défaut, le gouverneur qui le représentait aurait pu tenir en bride l'ambition envahissante des magistrats; mais il n'était pas assez sûr de son autorité pour engager la lutte avec chance de succès. Jalousé par l'Espagne, qui redoutait la trop grande puissance d'un homme investi du commandement des troupes, il n'était pas toujours soutenu par l'aristocratie du pays, qui craignait les empiétements du pouvoir central et dont l'autorité, du reste, allait chaque jour

Causes de la puissance du parlement.

---

[1] *La Franche-Comté ancienne et moderne*, II, p. 115.
[2] « Les princes de la maison d'Autriche et les gouverneurs des Pays-Bas, ne pouvant pas veiller par eux-mêmes sur les armes, la milice, les fortifications et la levée des subsides, un gouverneur qui en aurait été chargé seul aurait été trop puissant et aurait pu en abuser dans une province éloignée de leurs autres États. Ce fut la raison pour laquelle la comtesse Marguerite et Charles-Quint, par un trait de sage politique, firent part au parlement du gouvernement de Franche-Comté, par déclaration de 1509, 1533, 1534, 1542 et 1543, en sorte que le gouverneur ne pouvait rien faire d'important au comté de Bourgogne que par délibération avec le parlement, qui reçut d'ailleurs le droit de reconnaître et conserver les limites de la province, de commettre un commandant en place du gouverneur absent, malade ou décédé; de donner ses avis pour la réforme ou le prix des monnoyes, et d'y pourvoir lui-même par provision quand les circonstances le demandaient, après en avoir communiqué au gouverneur du pays, à la Chambre des comptes et au général de la monnoye au comté de Bourgogne. » (Dunod, III, p. 618.)

s'affaiblissant. Quant aux Etats, le seul corps constitué à côté du parlement, nous savons déjà que leur organisation défectueuse ne leur permettait pas de lutter à armes égales avec celui-ci [1].

<small>Le parlement sous Marguerite d'Autriche.</small>

Le parlement, du reste, ne trouvait pas auprès de tous les souverains la même faveur ou, si l'on veut, la même faiblesse. Marguerite d'Autriche avait commencé sa fortune. Elle avait ouvert les portes des Etats à tous ses membres. En 1510, elle avait obligé le maréchal de Vergy à partager avec lui le gouvernement de la province. En 1522, elle l'avait introduit dans la diplomatie, en faisant signer par son pré-

---

[1] Deux épisodes de la lutte du parlement contre les gouverneurs méritent d'être mentionnés.

La lutte s'engagea une première fois aux Etats de Dole de 1509. Deux hommes peu faits pour s'entendre s'y rencontrèrent : le président du parlement, Gattinara, magistrat intègre et énergique, mais en même temps caractère hautain et tout d'une pièce, et Guillaume de Vergy, maréchal de Bourgogne, lieutenant général de la province et exerçant les fonctions de gouverneur. Aussi intraitable que son adversaire, celui-ci, fier de sa naissance et comptant sur l'appui de la noblesse, détestait dans Gattinara le chef d'une compagnie dont l'autorité croissait aux dépens de la sienne. Il avait fait arrêter et retenait en prison Philippe de Chassey, trésorier de Dole, malgré les réclamations de la cour. Marguerite d'Autriche donna raison à celle-ci, obligea Vergy à mettre son prisonnier en liberté et décida que les membres du parlement entreraient de droit aux Etats généraux. Deux ans plus tard (1510), elle donnait l'ordre au maréchal et au parlement de « pourvoir ensemble à toutes les affaires concernant le bien public du comté. » En 1515, tout était changé. Gattinara, fatigué de la lutte, et du reste ruiné, quittait le pays et se retirait à la Chartreuse de Bruxelles. Deux députés de la noblesse, Claude de la Baume et Simon de Rye, venaient réclamer de Marguerite sa destitution. Gattinara, sur son refus de démission, perdit en effet sa charge en 1518 ; mais trois ans plus tard, il remplaçait Guillaume de Croï dans la confiance de Charles-Quint et restait jusqu'à sa mort, en 1519, le conseiller intime et le chancelier de l'empereur.

La lutte recommença en 1538, entre le successeur de Gattinara, Hugues Marmier d'un côté, et de l'autre, le gouverneur et les chefs de l'aristocratie. On attaqua à la fois l'intégrité et l'orthodoxie de Marmier. On l'accusa en particulier de pactiser avec son beau-frère, Simon Gauthiot d'Ancier, soupçonné d'intriguer avec les huguenots de Besançon. Marmier se défendit avec énergie. Son procès, porté devant Charles-Quint, aboutit à sa suspension en 1545. Moins heureux que Gattinara, son successeur n'échangea pas ses fonctions de président pour le poste plus brillant de chancelier impérial. Mais quoique moins éclatante, la satisfaction qu'il reçut suffisait à venger son honneur et à confondre ses adversaires. Il fut replacé à la tête de la cour quelques années après sa disgrâce. Le parlement, qui avait embrassé sa cause, triomphait avec lui.

sident Marmier, un traité de neutralité avec la France. Enfin, elle avait préparé la fortune de Gattinara, de Lallemand, du premier Perrenot de Granvelle, première génération de ces hommes d'Etat, ministres ou ambassadeurs, qui furent mêlés avec tant d'éclat à toutes les grandes affaires de l'Europe pendant les règnes de Charles-Quint et de Philippe II.

La main ferme du premier de ces deux princes ramena des limites plus étroites les attributions de la cour de justice. Il lui enleva sans bruit et sans éclat ses attributions politiques, en supprimant simplement, en 1537, dans le recueil des ordonnances qui régissaient le pays, l'article qui donnait la connaissance des grandes affaires au parlement, de concert avec le gouverneur.

Sous Charles-Quint.

En même temps, l'empereur donnait des rivaux au parlement, ou plutôt cherchait à le remplacer comme conseil politique auprès du gouverneur, par la création des *bons personnages*. En 1581, Granvelle expliquait ainsi cette innovation à la duchesse de Parme : « Pour ce que les gouverneurs » sont gens de courte robe, et que M. de Vergy, bon person- » nage et vertueux, n'estait pas le plus subtil et rusé du » monde, l'on luy donna cinq ou six personnages à propos pour » l'assister aux affaires d'Estat, et avec la communication » desquels les affaires de cette qualité se debvaient traiter [1]. »

Les bons personnages

---

[1] CLERC, *les Etats de Franche Comté*, I, p. 283.

L'institution des bons personnages survécut à Charles-Quint. Il en est fait souvent mention dans les lettres et les ordonnances de ses successeurs, mais ils ne semblent pas avoir jamais joué le rôle que l'empereur attendait d'eux. Granvelle, dans la lettre citée plus haut, nous apprend ce qu'ils étaient devenus en 1581 : « Le comte de Champlitte, moderne gouverneur, n'a pas moins de besoing en matière de ceste qualité, de bonne ayde que feu son oncle ; et, de ceulx députés par feu l'empereur de glorieuse mémoire, le seul abbé de Baume est vivant, mais si ancien et si caduque que l'on ne l'appelle plus, et n'y pourrait vaquer, et au lieu de ceulx qui par Sa Majesté étaient députés, ledict comte appelle telz qu'il lui plaist, et quand il veut, et il n'y a en ça rien de l'ancienne forme du conseil, se laissant gouverner par ses serviteurs et par gens de basse sorte, qu'en tout tout profit, et dont tout le pays n'a pas tout le contentement du monde. »

Du reste, les attributions des bons personnages ne furent jamais bien déterminées.

Le parlement sous Philippe II.

Le règne de Philippe II vit, au contraire, le triomphe définitif du parlement. Ce prince, ami des gens de robe plus que des gouverneurs militaires, « aimait, dit Chifflet, tous » ceux qui l'aidaient à gouverner mûrement ses grands » Etats dès le cabinet. » La politique patiente et sans bruit des magistrats était faite pour lui plaire, et l'ambition collective d'un corps portait moins d'ombrage à son caractère soupçonneux et jaloux. Cependant, la victoire du parlement ne fut pas sans luttes et sans efforts. Il se compromit d'abord dans sa querelle contre son propre chef, Pierre Froissard de Broissia, au sujet des ordonnances rédigées par ce dernier, et dans la lutte qu'il soutint contre les Etats, il lui fallut de longs et patients efforts, et surtout l'appui efficace du cardinal de Granvelle, pour assurer son succès. Mais, en somme, dès 1556, Philippe II répondait aux cahiers des représentants de la province en demandant avant tout l'avis du parlement. En 1576, il écrivait au gouverneur : « Le par- » lement est gardé et maintenu dans son autorité ancienne » et accoustumée; les officiers et maistres d'iceluy doivent » être honorés et révérés comme ma propre personne. » Enfin, en 1578, la mort de don Juan d'Autriche délivra la cour de son plus redoutable adversaire.

Mais ce n'est pas tout : dans ce long règne de quarante-trois ans, le parlement ne réussit pas seulement à conserver les positions acquises précédemment, il vit encore ses attri-

---

Pour Chifflet, elles se réduisaient à dégrossir les questions qui restaient soumises au parlement.

« Quelqu'un pourra dire que l'empereur Charles V établit les bons personnages commis aux affaires d'Etat en ce pays près la personne du gouverneur : mais nous répondons qu'encore qu'il soit ainsi au regard de l'établissement de ces bons personnages près du gouverneur, cela pourtant n'enleva point au parlement la participation des mêmes affaires. Et il est véritable que la pratique était alors d'assembler les mêmes bons personnages vers le gouverneur pour dégrossir les propositions ; mais qu'ensuite on en donnait part au parlement comme les exemples le prouvent évidemment, sur les affaires les plus importantes d'alors, soit de neutralité avec nos voisins, soit d'admission, et publication du concile de Trente et semblables. » (Acad. de Besançon. *Documents inédits*, VI, p. 568.)

butions s'accroître et son action s'étendre sur un domaine qui semblait devoir lui rester toujours étranger.

Dès 1573, des lettres patentes de Philippe II l'autorisaient à régler avec le gouverneur la levée des troupes, leur entretien, leurs cantonnements, leurs étapes, d'un seul mot, l'administration militaire dans son ensemble.

Ainsi, dans les dernières années du xvie siècle, le gouvernement de la province était tout entier, ou peu s'en faut, entre les mains des magistrats. Comment ceux-ci s'acquittèrent-ils d'une tâche que se partagent actuellement de nombreuses administrations spéciales? Au témoignage même du cardinal Granvelle, il arriva souvent que leur ambition dépassa leur intelligence et leur caractère. Sa correspondance est pleine de paroles sévères pour un corps dont il s'était cependant constitué le défenseur et dont il constate amèrement l'ambition brouillonne, l'incurable inertie et jusqu'à la vénalité [1]. Chifflet constatait plus tard que la compétence si étendue du parlement faisait tort à l'administration même de la justice [2], et l'on peut croire que souvent aussi les devoirs judiciaires nuisaient à l'expédition des affaires de l'Etat.

Mais toutes ces misères furent bientôt oubliées, grâce au rôle éclatant que joua le parlement dans la longue et sanglante lutte que la Franche-Comté soutint contre la France de 1634 à 1644. La guerre de Dix ans, d'où la province sortit

Le parlement pendant la guerre de Dix ans.

---

[1] Voir CLERC, *Histoire des Etats*, p. 392-394 et notes.

[2] « Les conseillers qui, d'eux-mêmes ne tiennent qu'un rang mitoyen dans l'Etat, font tort au même Etat, si, étant parvenus à leurs charges, ils méprisaient ceux auxquels auparavant ils étaient soumis et veulent s'égaler, voire passer au-dessus d'eux. Cela fomente une aversion secrète qui éclate enfin contre eux lorsqu'il ne convient pas; outre que l'occupation des gens lettrés étant principalement à manier la justice, le pauvre peuple redemandant son bien par cette voie, se trouvait fortement trompé, le temps se passant à opiner sur des affaires d'Etat, et la fin ne venant que si tard à leurs maux domestiques, que le train de la justice en est rudement altéré, et les particuliers intéressés par l'accablement de leurs juges, qui pourtant ne sont pas oisifs, mais qui font pis, d'autant qu'ils s'occupent à ce qu'il ne faut pas et n'entendent pas à rendre uniquement la justice à de pauvres sujets, qui la leur demandent comme représentant le roi. » (*Mémoires* de J. CHIFFLET, I, p. 59.)

meurtrie et épuisée, mais en définitive victorieuse, puisqu'elle échappait à sa puissante voisine, marque l'apogée de la vitalité et de la puissance du parlement de Dole. Un de ses conseillers, Jean Boyvin, avait été l'âme de l'héroïque défense de Dole en 1636. Deux autres, Girardot de Nozeroy [1] et Pétrey de Champvans, avaient pris la part la plus active à l'entretien, à l'armement, et quelquefois à la direction des troupes qui défendaient le pays. Philippe-Emmanuel de Montfort, abbé des Trois-Rois et président de la commission des Neuf, lui appartenait en qualité de maître des requêtes. Enfin, au congrès de Westphalie, en 1648, l'Espagne était représentée par le procureur général Brun, et peut-être n'a-t-il manqué à ce dernier, pour atteindre à la renommée des Granvelle, que d'être l'instrument d'un Charles-Quint ou d'un Philippe II, au lieu d'épuiser ses forces au service d'une monarchie à son déclin [2].

Lorsque le traité de neutralité de 1644 permit à la Franche-Comté de respirer, le parlement consacra tout son

---

[1] Girardot de Beauchemin ou de Nozeroy est l'historien de la guerre de Dix ans. Témoin et acteur dans les événements qu'il raconte, il est généralement bien informé; encore faut-il ne pas accepter les yeux fermés tous ses jugements. Il est évidemment favorable au parlement et cède à la tentation d'exagérer son rôle. On peut s'étonner qu'il n'ait pas trouvé l'occasion de citer une seule fois le nom de Lacuson. L'héroïque aventurier n'avait rien, il est vrai, de la gravité et de la dignité d'un conseiller.

[2] Sur Antoine Brun, lire Dunod, *Mémoires du comté de Bourgogne*, III, 665 et suiv. D'après l'auteur, il résulterait des papiers laissés par Brun que le prince de Condé aurait souhaité de lui confier l'éducation du duc d'Enghien, le futur vainqueur de Rocroi. Dès 1648, Brun aurait parlé « d'unir solidement la France et l'Espagne, pour le bonheur commun des deux monarchies et la paix de l'Europe. Il proposait, dans cette vue, le mariage de l'infante Marie-Thérèse avec le roi très chrétien Le cardinal Mazarin, qui avait alors d'autres desseins, et qui ne pouvait rejeter cette proposition sans offenser le roi catholique, faire naître des soupçons et peut-être exciter l'indignation des autres puissances, fit répondre par M. Servien que le plénipotentiaire d'Espagne ne proposait le mariage de l'infante que pour en imposer et sans envie de le conclure. Il est vrai, cependant, que le roi d'Espagne aimait tendrement le roi de France, son neveu, quoiqu'ils fussent en guerre, et qu'il souhaitait de s'unir encore plus étroitement avec lui, par le mariage de l'infante, sa fille, puisque ce mariage se fit à la paix des Pyrénées, après que le cardinal Mazarin se fut déterminé sincèrement à faire cesser la guerre avec l'Espagne, qui ne put être terminée à Munster. »

zèle à la reconstitution de la province qu'il avait contribué à défendre; il y réussit dans la mesure où le permettaient les circonstances et l'ingratitude de l'Espagne. Celle-ci allait abandonner à eux-mêmes les sujets qui venaient de lui donner un si éclatant témoignage de fidélité et d'attachement.

La cour de Madrid n'avait eu d'abord que des paroles de reconnaissance pour les magistrats de Dole. Le roi Philippe IV leur écrivait, le 31 mars 1639 :

Décadence du parlement, Ingratitude de l'Espagne.

« Vous estes les premiers vassaux que j'ay et ceux que
» j'aime le plus, cognoissant vostre fidélité et valeur. Aussy
» devez croire que je ne vous manqueray en aulcune ma-
» nière, quand bien même il faudrait exposer pour vous ce
» que j'ay de plus cher en ma couronne [1]. »

Les faits devaient démentir les paroles. Nous savons déjà quelle lutte les Franc-Comtois eurent à soutenir contre les gouverneurs flamands, pour sauvegarder les libertés et l'autonomie de la province. Le parlement ne fut pas épargné et fut grièvement atteint, non seulement dans son autorité politique, mais dans ses privilèges les plus essentiels. On lui contesta jusqu'au droit de porter ses doléances au pied du trône.

L'établissement ou du moins l'usage de la vénalité des charges, en contradiction formelle avec les lettres patentes, qui avaient établi et confirmé plusieurs fois le parlement, fut peut-être, de ces innovations, celle qui toucha le plus les magistrats [2]. Ils résistèrent énergiquement, sans obtenir

Vénalité des charges.

---

[1] Archives du Doubs, B. Correspondance du parlement, année 1639.

[2] Chifflet accuse formellement le marquis de Caracena d'avoir trafiqué pour son compte des charges judiciaires. Il aurait commencé au Milanais, « et dès lors, étant allé gouverner les Pays-Bas, il continua si bien que les offices étant devenus vénaux publiquement, cet abus passa jusques en ce pays et comté de Bourgogne. Le parlement, qui vit la porte fermée à la vertu et les parjurats autorisés, puisque les ordonnances de la province obligent à un serment tout contraire, résista à l'exécution des provisions qui allaient venant, vu même que le roi dont on mettait l'intérêt en jeu en avait le moins l'avantage. » (*Mémoires* de CHIFFLET, I, p. 21-22.)

Les États (session du 6 nov. 1662) avaient protesté contre la vénalité des charges. Caracena répondit simplement au roi : « Sa Majesté ayant, dans la provid'autre résultat que de reculer de quelques années l'installation de ses membres indûment nommés [1].

Mais il faut reconnaître que l'ingratitude de l'Espagne et l'hostilité de ses ministres ne suffisent pas à expliquer la ruine du parlement de Dole. Des causes plus générales la préparaient de longue main, et c'est dans le sein même de la cour que se développaient les germes de décadence et de mort.

Chifflet, après avoir fait l'éloge des trois chefs de la province pendant la guerre de Dix ans, l'archevêque Claude d'Achey, le gouverneur Claude de Bauffremont, baron de Scey, et le président Boyvin, ajoute mélancoliquement :

« Voilà ceux qui ayant soutenu en un même temps l'honneur
» et la gloire de notre nation, il advint que par un déclin
» malheureux, les mêmes charges et dignités tombèrent en
» diverses mains, qui ne purent fournir aux occasions les

---

sion des charges, préféré toujours le mérite à toutes autres considérations auxquelles la nécessité des temps aurait pu l'obliger, aura soin de les conférer à ceux qu'elle trouvera les plus capables. » (Archives du Doubs, C, 213, p. 269 et suiv.)

[1] François Foissotte, nommé maître des requêtes par don Juan d'Autriche en 1665, ne fut admis qu'en 1667, à cause de son peu de naissance. « Nous avions parmi nous un maître aux requêtes nommé François Foissotte, homme de bas lieu, qui n'oubliait rien pour devenir président, afin de mettre le parlement sous ses pieds, d'autant qu'il avait eu peine d'être reçu. Il écrivait tout ce qui se passait au dedans, et les conseils du Pays Bas nous en eurent d'autant plus à l'œil, parce que ces rescriptions fâchant notre corps, ce personnage rendait compte de nos mécontentements contre semblables dépêches. » (Chifflet, *Mémoires*, I, p. 22.)

La nomination d'un autre maître des requêtes, Augustin Nicolas, renouvela la lutte. « Le refus que nous fîmes pendant plusieurs années de recevoir Augustin Nicolas, autre maître des requêtes, parce que son aïeul avait passé à Besançon par le dernier supplice, servit pareillement au marquis (de Caracena) de sujet à se plaindre de notre désobéissance; et encore que le conseil privé, en fond, ne nous condamnait pas pour être la clause plausible et de fort dure digestion, néanmoins nous fûmes dépeints comme gens qui ne voulaient souffrir aucune bride. » (Id., p. 23.)

Le marquis de Castel Rodrigo, irrité du refus du parlement de recevoir le procureur général Reud, menaçait, dit Chifflet, de prendre la poste « pour nous venir ôter nos robes rouges à reculons. Je ne sais s'il faisait bien d'user de telles menaces; mais je sais bien que nous n'avions pas tout le droit de notre côté. » (Id., p. 35.)

Chifflet se rendait compte du danger de cette lutte; il avouait que le corps du parlement n'était pas immortel, « puisque les princes héritiers de ceux qui l'avaient établi avaient aussi l'autorité de l'éteindre... et que les membres de notre corps sont tous hors de leurs places, comme des statues hors de leurs niches. » (Id., p. 34.)

» remèdes aux maux que nous nous attirâmes depuis par
» nos divisions, et qui avaient besoin de toute l'adresse de ces
» dignes sujets, sous lesquels ils avaient été inconnus, parce
» que leur prudence allait au-devant, et qu'au lieu de fomen-
» ter les partis, ils ne leur donnaient pas loisir de naître [1]. »

En 1667, en effet, lorsque la province fut de nouveau menacée par la France, la génération de 1636 avait disparu. Celle qui l'avait remplacée avait conservé l'orgueil et la présomption du succès, mais non les grandes qualités qui l'avaient préparé. Il serait puéril, du reste, d'attribuer à l'insuffisance des hommes ce qui était avant tout le résultat à peu près inévitable de l'incohérence des institutions. Nous savons déjà dans quel inextricable désordre s'agitaient et s'usaient les hommes et les corps constitués de la province, lorsque Louis XIV en revendiqua la possession, appuyant ses prétentions sur une armée que Louvois avait organisée et que le grand Condé commandait. Le parlement, en particulier, succombe sous le poids des attributions qu'il avait accumulées entre ses mains. Il promène partout ce qu'un historien appelle judicieusement son « incompétence affairée [2] ; » jaloux de son influence et de son autorité, il réussit à annuler la Junte que le marquis de Castel Rodrigo avait instituée en 1667, pour donner au pouvoir l'unité et la décision qui lui manquaient [3]. Il fait rompre le traité que l'abbé de Watteville avait signé avec la Suisse, et qui aurait pu être

Le parlement et la France en 1667.

---

[1] *Mémoires* de Chifflet, I, p. 10.
[2] Perraud, *Les États et le Parlement en* 1668, p. 151.
[3] La Junte fut instituée par un décret de Bruxelles du 1ᵉʳ juin 1667 : « Elle était composée de six membres : le marquis d'Yennes, le président du parlement, J.-J. Bonvalot ; Pétrey de Champvans, un des héroïques défenseurs de 1636 ; le baron de Savoyeux, gouverneur de Gray ; enfin l'abbé de Goailles et un membre de la Chambre des comptes. C'était un véritable comité exécutif : pleins pouvoirs lui étaient donnés pour engager les biens et domaines de l'État, pour exiger des sauniers tout l'argent disponible, pour suspendre en cas de besoin les lois et ordonnances, afin, disait le décret, d'éviter les longueurs et l'inconvénient de recourir aux Pays-Bas en temps de guerre. » (Perraud, p. 148.)

La Junte ne fonctionna jamais, grâce aux menées du parlement et des États, qui vinrent facilement à bout de l'inertie du gouverneur, le marquis d'Yennes.

la suprême ressource de la province, et s'engage lui-même dans des pourparlers maladroits avec le prince de Condé, qui le leurre jusqu'au dernier moment avec des promesses de neutralité. Aussi inhabile à préparer la guerre qu'à la prévenir, il contrecarre toutes les décisions du gouverneur, invoque les privilèges du pays lorsque l'indépendance de ce dernier est en jeu, et grâce à lui, le 12 février 1668, l'invasion trouve « le pays sans défense, les forteresses non » pourvues, les impôts non rentrés, les milices encore dans » leurs foyers, et par surcroît, les gouvernants de la Comté » dupés au dehors, divisés et sans ressources au dedans [1]. »

La capitulation, 13 février 1668.

La journée du 13 février porta le dernier coup à l'autorité du parlement. Ce jour-là, dans la même salle où Jean Boyvin avait présidé à la défense de 1636, treize conseillers sur seize [2] signaient la capitulation de la ville, après avoir invoqué l'inutilité de la résistance, l'absence de tout secours, le délaissement où l'Espagne les laissait, la présence de Louis XIV, qui « sans doute ne s'était pas engagé en cette entreprise » pour n'en pas réussir, » enfin l'exemple de Besançon et de Salins, qui s'étaient rendus en tâchant de prendre leurs avantages. Le lendemain, la capitulation était présentée à l'acceptation du roi [3], et vers onze heures, les troupes entraient dans la ville.

---

[1] PERRAUD, p. 267.

[2] Les trois opposants furent Jean de Broissia, maître des requêtes; l'historien Jules Chifflet et Claude Boyvin, fils de Jean Boyvin. On s'étonne de retrouver Boyvin au nombre des quatre conseillers qui allèrent, au nom du parlement, saluer le roi de France au moment de son départ pour Gray.

[3] Il y eut en réalité deux capitulations, celle de la ville et celle du parlement. Ce dernier stipulait au nom de la province entière, dont il était, en l'absence des Etats, le seul corps constitué; il réclamait le maintien des franchises et l'interdiction de « toute hérésie ou liberté de conscience, même parmi les officiers et soldats des garnisons du roi. » L'article 4 réservait à chaque conseiller la faculté de disposer à son gré de sa charge. Boyvin avait insisté sur ce point, se réservant, s'il pouvait se démettre de sa charge, d'aller passer le reste de ses jours à Rome.

Le parlement stipulait naturellement le maintien de sa juridiction, de ses coutumes et de ses privilèges; il demandait en même temps la prochaine convocation des Etats de la province. Louvois, au nom du roi, réserva ce dernier article.

Le parlement n'était pas au bout de son agonie ; il allait avoir à subir successivement, et dans l'espace de quelques mois, la malveillance hautaine des fonctionnaires français, la fureur de la population franc-comtoise et la rancune du gouvernement espagnol, qui rejeta sur lui toutes les fautes commises et le supprima d'un trait de plume.

Les magistrats n'avaient rien fait qui pût leur concilier l'estime des Français, et ceux-ci en prirent à leur aise avec eux. Dans le désordre de l'occupation de la ville, les soldats avaient saccagé la grande chambre du parlement, pillé la chapelle et souillé les meubles. Les conseillers furent contraints de renoncer aux audiences publiques et d'instruire les procès par commis dans la maison de quelques-uns d'entre eux. Chifflet se plaint que le nouveau gouverneur, M. de Gadagne, méprisât le parlement « soit qu'il en eût l'instruc- » tion, soit que cela vînt de son naturel, qui était mépri- » sant [1]. » Mais il ressort de son récit et de ses aveux que ce mépris n'était que trop justifié. L'honnête conseiller assista, le cœur brisé, aux actes de vandalisme inspirés à ses collègues par la bassesse et par la peur. On martela les armoiries de l'Espagne qui ornaient les portes de la cour, on jeta par terre le buste de Charles-Quint, on envoya à Gadagne les portraits des souverains de la maison d'Autriche qui décoraient la salle d'audience, dans la pensée qu'il les brûlerait. Le gouverneur eut le bon goût de n'en rien faire et de les conserver [2].

Le chef du parlement, le vice-président Jault, pour qui

---

[1] Chifflet, *Mémoires*, I, p. 196.

[2] « On abattit le relief de Charles-Quint de dessus la porte, et la tête fut séparée du buste, roulant à terre, au grand étonnement de ceux qui s'y rencontrèrent. Quant aux portraits de plate peinture, on mit en proposition ce qu'on en ferait. Là se vit ce que chacun avait au fond de l'âme : aucuns furent d'avis qu'on les mît dans le cabinet ou archive du parlement, les visages tournés contre la muraille, d'autres en un certain grenier sur la grande chambre, et un plus téméraire que tous dit clairement que son avis était qu'on les portât à M. de Gadagne, et qu'il les brûlerait s'il voulait. Sur cette dernière échappée, je ne pus m'empêcher de dire, quoique hors de mon rang, que ce cavalier était trop sage et qu'il s'en garderait bien.... » (Ib., p. 218.)

l'âge était du moins une excuse, donnait le premier l'exemple de la faiblesse et de la servilité. Ses collègues l'entendaient répéter avec affectation : « Nous sommes bien, nous sommes » bien. » Mais combien pensaient comme lui et songeaient à tirer parti de la situation nouvelle? « Les desseins formés » par des particuliers baillèrent le branle à leur conduite afin » de parvenir : les uns supplantaient les autres, pour avoir » leurs charges; aucuns, féconds en expédients, allèrent eux-» mêmes à Paris pour négocier immédiatement [1]. » Le parlement, en son propre nom, avait député à Saint-Germain l'avocat fiscal de Mesmay; celui-ci, jeune et de belle prestance, fut bien accueilli à la cour, « où l'on tenait ceux de » ce pays pour des Ostrogoths. » Il apportait à Louvois une lettre particulière, « où le corps le requérait et priait de » prendre ceste province en son répartement pour les dépê-» ches, et afin qu'elle expérimentât souvent les effets de sa » protection. » Le résultat de la démarche se fit attendre; et de Mesmay, de retour à Dole, ne put dire autre chose « qu'en un mot il ne rapportait rien ni aucune réponse, » parce que les propositions du parlement supposaient qu'on » ne parlait pas de retour ni de nous rendre, et néanmoins » il était apparent qu'on nous restituait à notre maître [2]. »

L'apparence devint bientôt une réalité, et le 2 mai 1668, le traité d'Aix-la-Chapelle rendait la Franche-Comté à l'Espagne.

Soulèvement du peuple contre le parlement.

Le 10 juin seulement, les autorités et les troupes françaises quittèrent le pays. Par une inconcevable négligence et au grand étonnement des Français, l'Espagne n'avait désigné personne pour prendre le commandement de la province qui lui faisait retour, et rien fait pour assurer l'ordre dans un pays où l'on pouvait tout craindre de la surexcitation des esprits. Il y eut quelques semaines d'anarchie, au sens

---

[1] *Mémoires* de CHIFFLET, I, p. 220.
[2] *Id*, p. 269.

propre du mot. La populace des villes en profita pour se venger de ceux qu'elle accusait d'avoir vendu la province. A Dole, les premières victimes furent naturellement les membres du parlement, ceux du moins qu'on accusait d'avoir été les plus prompts à proposer ou à accepter la capitulation. Le vice-président Jault, les conseillers Jacquot, Gollut, Jobelot, se cachèrent ou s'enfuirent. Aucun d'eux cependant, le parlement devait s'en prévaloir plus tard, ne quitta le sol de la province. Le corps tout entier partageait la disgrâce de quelques-uns de ses membres. Il continua à siéger dans une maison particulière et à s'entourer de précautions, comme s'il eût siégé en pays ennemi et redouté à chaque instant une attaque de vive force [1].

L'arrivée du gouverneur nommé par l'Espagne calma pour quelque temps les émotions populaires. Mais le prince d'Aremberg était un ennemi personnel du parlement [2], et ses sentiments s'accordaient avec les instructions du marquis de Castel Rodrigo pour le pousser à en achever la ruine. Les magistrats n'eurent pas à cet égard de longues illusions.

Le 15 août 1668, le prince d'Aremberg, étant à Dole, remit entre les mains du greffier de la cour l'acte qui suspendait celle-ci de ses fonctions. Le lendemain, un nouvel édit annonçait à la province que Sa Majesté « était résolue de faire une » exacte perquisition de ceux qui se trouveraient avoir

<small>Le parlement suspendu, 15 août 1668.</small>

---

[1] « Nous fumes obligés d'abandonner le parlement, ou le lieu destiné de tout temps à nos assemblées. La crainte de recevoir affront par la populace irritée nous contraignit de nous joindre, pour traiter d'affaires communes, en la maison du vice-président, qui dès les pilleries avait passé en celle d'un sien beau-fils à la Grande-Rue, mais forte parce qu'une tour avancée en couvrait et assurait l'entrée. En ce lieu il y avait une chambre dont la table était chargée d'armes à feu toutes amorcées, pour résister à la violence, si la populace eût voulu intenter de nouvau contre le vice-président, comme quand il demeurait ailleurs. » (CHIFFLET, *Mémoires*, I, p. 319.)

[2] D'après Chifflet, d'Aremberg aurait perdu devant le parlement un procès important au sujet des biens du premier mari de sa femme. Il avait épousé Marie Henriette de Vergy, de Cusance, veuve de Ferdinand-Just de Rye, marquis de Varambon. Ce mariage lui avait donné des domaines considérables dans la province, à laquelle il était personnellement étranger.

» trempé dans quelque trahison, ou manqué au devoir qu'ils
» devaient à leur roi ou à leur patrie. » Le parlement n'était
pas nommé, mais pour qui connaissait les intentions de
l'Espagne et les sentiments de ses ministres, c'était lui avant
tout que visaient ces menaces.

Établissement d'une chambre de justice, 14 nov. 1668. Enfin, le 14 novembre de la même année, un troisième
édit établissait à Besançon, et « provisionnellement, » une
chambre de justice qui devait tenir lieu et place du parlement pendant qu'il demeurait suspendu [1]. Celui-ci cependant restait sous le coup des accusations portées contre lui,
et trois commissaires [2] étaient envoyés de Belgique pour
mener à bonne fin l'enquête ordonnée par le gouvernement.
Elle n'aboutit à rien, et sans doute il ne pouvait en être autrement. Les accusations les plus contradictoires, les calomnies notoirement dictées par la haine [3] et facilement réfutées forcèrent les commissaires à convenir qu'il n'y avait pas
matière à poursuite, et que le mieux pour chacun et pour
tous était de faire silence sur les événements de 1668. Le
dernier mot sur ces tristes jours restait à Chifflet. « La
» lâcheté qui procède de consternation fit le corps de ce
» délit; » or, la consternation n'est pas un crime, surtout
lorsque personne n'y échappe.

Le résultat négatif de l'enquête était pour le parlement un
commencement de réhabilitation. Mais ses ennemis étaient

---

[1] La nouvelle chambre de justice n'eut jamais en Franche-Comté ni autorité ni popularité. Elle n'avait en politique que voix consultative. On riait, dit Chifflet, « parce que l'on composa ce nouveau tribunal d'aucuns sujets qui avaient très bien » servi sous les Français pendant les quatre mois de nos malheurs. » — « L'honneur » que la robe et le bonnet concilient aux juges et aux cours souveraines de justice » leur manqua aussi. » — « Ceux qui composaient la chambre de justice l'administraient sans majesté et comme des personnes vulgaires, sans robes et sans bonnets. » (CHIFFLET, I, passim.)

[2] Les trois commissaires étaient Ignace Simon, président du conseil provincial d'Artois; Albert de Coxie, conseiller et maître aux requêtes au grand conseil de Malines, et Jean-Libert Vaes, fiscal du conseil provincial de Flandres, à Gand.

[3] « Jamais ces trois hommes (les commissaires) ne furent plus ébahis que de » voir ce grand débord de plaintes, mais revenantes à la passion et à la vengeance » d'un chacun en particulier. » (CHIFFLET, I p. 388.)

trop ardents pour qu'il pût espérer davantage. Au premier mot de son rétablissement, la ville de Besançon, qui voulait garder la chambre de justice, protestait énergiquement, et les commissaires flamands surveillaient activement les conseillers dispersés dans la province et leur interdisaient tout acte collectif pouvant faire croire qu'ils faisaient encore partie d'un corps public.

Seulement, tandis que le gouvernement épuisait ses rigueurs sur les magistrats, ceux-ci retrouvaient faveur auprès de l'opinion. On oubliait leurs faiblesses récentes et l'on se souvenait de leurs anciens services. Une plus juste appréciation des événements de 1668 permettait de répartir plus équitablement les responsabilités, et le parlement se trouvait d'autant dégagé. Mais surtout la crainte des nouveautés rêvées et préparées par l'Espagne rattachait instinctivement la province à ses anciennes institutions. Les députés des Etats étaient les interprètes naturels de ces regrets et de ces craintes. Dès le mois d'octobre 1669, deux d'entre eux avaient été envoyés à Madrid pour présenter leurs doléances à la reine régente, Marie-Anne d'Autriche [1]. Ils avaient reçu mission d'insister sur le rétablissement du parlement. Ils remontrèrent « qu'un parlement était nécessaire à la
» paix et à la sécurité du peuple, pour réprimer la licence
» avec vigueur et administrer la justice avec force et majesté :
» ce qui ne se rencontrerait pas en esgal degré dans un
» conseil provincial, pour l'extresme despendance qu'il
» aurait du gouverneur général de la province, lequel estant
» né cavalier et au mestier de la guerre serait plus enclin à
» faire valoir les armes que les loix. » Ils rappelèrent « le zèle
» et la vigilance de ce corps qui n'eust jamais peu faire ce
» qu'on a veu, pour le bien de la religion et pour le service
» des prédécesseurs de Vostre Majesté, s'il eust eu moins de
» pouvoir et d'authorité qu'il n'en a eu. »

---

[1] DE TROYES, *Recez des Etats*, IV, p. 504 et suiv.

Si les derniers malheurs avaient donné lieu de croire que l'autorité du parlement était excessive, il fallait en condamner « non l'establissement mais l'usage, et modérer l'au-
» thorité de ce corps sans le supprimer. » Les députés ajoutaient : « La chambre de justice establye dans l'intérim
» supplée mal le deffault d'un parlement, ne pouvant suffire
» aux procès, ny aux aultres choses qui concernent l'admi-
» nistration de la justice. »

Les représentants des Etats n'obtinrent que des réponses vagues et dilatoires, la reine ne s'engagea à réinstaller le parlement que lorsqu'une ville de la province serait assez fortement rétablie pour qu'il pût y résider « avec asseurance et
» bienséance. » Le marquis de Castel Rodrigo répondit de son côté qu'il fallait châtier le parlement, « mais pourtant
» establir une justice qui ne se meslast point du militaire,
» que *erat solum quæstio de nomine*, et que ce mot de
» parlement estait odieux, comme on le recognoissait en
» France et en Angleterre. »

Mémoire de Chifflet en faveur du parlement, 1674.

Les Etats revinrent à la charge. Dans les premières semaines de 1674, Chifflet fut chargé de rédiger un mémoire apologétique du corps auquel il appartenait. Nul mieux que lui n'était fait pour cette besogne. Il était de ceux qui s'étaient opposés à la capitulation de 1668 ; les trois gouverneurs qui s'étaient succédé depuis cette époque lui avaient toujours épargné les affronts qu'ils ne ménageaient pas à ses collègues ; enfin, son esprit délié et son réel talent d'écrivain lui donnaient, plus qu'à tout autre, quelque chance de convaincre la cour d'Espagne et d'écarter les préventions qu'elle nourrissait contre les magistrats franc-comtois.

Son plaidoyer [1] est en effet fort habile et fort bien écrit. Il ne néglige aucun des arguments que pouvait fournir l'histoire du parlement ; le souvenir de la grande année 1636 est

---

[1] Il a été publié par DE TROYES, *Recez des Etats*, IV, p. 318, et par les éditeurs des *Mémoires* de CHIFFLET, II, p. 562.

naturellement invoqué, celui de 1668 était plus dangereux et malheureusement plus récent. Chifflet n'abuse pas outre mesure du droit qu'a tout avocat d'altérer la vérité en faveur de son client. Il reconnaît que le parlement commit des fautes, « parce qu'il n'était pas composé de prophètes, » et repousse avec indignation la pensée que les magistrats aient songé à trahir le gouvernement espagnol. Nous ignorons quel succès aurait eu auprès de la cour d'Espagne cette nouvelle démarche ; Chifflet avait à peine déposé la plume que les Français envahissaient de nouveau la Franche-Comté, pour la garder cette fois, et que le parlement était rétabli par le nouveau souverain du pays.

Le 17 juin 1674, alors qu'une bonne partie de la province était encore en armes contre lui, Louis XIV fit œuvre de souverain en rétablissant le parlement franc-comtois [1]. Les lettres patentes étaient datées du camp de la Loye, près de Dole. Le roi faisait habilement ressortir le caractère de justice et de réparation de la mesure qu'il prenait. Il rappelait que les officiers du parlement « avaient bien fait leur » devoir et que, nonobstant l'affection qu'ils avaient témoi- » gnée au bien de la justice, ils avaient été mal à propos in- » terdits ; » il ajoutait que « ceste interdiction venait du zèle » que le parlement avait témoigné pour le service du roi à la » prise de Dole en 1668 et de son attachement à la couronne » de France [2]. »

<small>Lettres patentes rétablissant le parlement, 17 juin 1674.</small>

Le parlement ne songea pas d'abord à protester contre des expressions qui justifiaient si naïvement les mesures que l'Espagne avait prises contre lui. Elles passèrent inaperçues à la première séance (6 juillet 1674), où les lettres patentes

<small>Difficultés soulevées par les magistrats.</small>

---

[1] L'article XIV de la capitulation de Dole du 7 juin 1674 était ainsi conçu : « Le parlement sera rétabli incessamment en ladite ville dans ses mêmes droits, honneurs, autorités et privilèges, avec tous ses anciens suppôts, et y demeurera à perpétuité. » Le roi fit écrire en marge : « Le roi diffère encore quelque temps de se résoudre sur cet article. » Louis XIV hésitait plutôt sur la résidence du parlement que sur son rétablissement même.

[2] LAMPINET, *Histoire du Parlement*.

furent lues par le greffier en présence du duc de Duras, nouveau gouverneur de la province, et de l'intendant, le Camus de Beaulieu ; mais, après réflexion, les magistrats eurent honte de les enregistrer et s'adressèrent au roi et au ministre pour obtenir que les lettres fussent modifiées. Louvois se fâcha d'abord et répondit que si les magistrats n'étaient pas satisfaits, ils n'avaient qu'à remettre leurs charges au roi, qui trouverait facilement des gens disposés à les accepter.

« Sur quoi, ajoute Lampinet, le parlement lui remontra
» que ce n'était point par mécontentement ou défaut de cœur
» au service du roi qu'ils demandaient cette réforme, mais
» pour mieux mériter la qualité de ses conseillers, dont ils
» seraient indignes s'ils avaient eu des attachements à son
» service, au temps qu'ils le devaient entièrement au roi
» catholique [1]. »

Louvois finit par se rendre à d'aussi bonnes raisons; on supprima, dans les lettres patentes, les termes qui « faisaient
» de la peine » aux magistrats [2].

La cour judiciaire ainsi reconstituée devait se composer
« de la personne royale du souverain, de son chancelier,
» d'un président, de deux chevaliers, de quelques maîtres
» des requêtes selon l'ancienne institution, de deux conseil-

---

[1] LAMPINET, *Histoire du Parlement*.

[2] « Il est nécessaire que vous me renvoyiez l'édit qui a été expédié pour le rétablissement de ce parlement, pour informer le roi des termes que la compagnie souhaiterait que l'on y changeât, afin qu'après en avoir pris l'ordre de Sa Majesté, je fasse réformer ce qui lui fait de la peine. » (Lettre de Louvois à le Camus de Beaulieu, 27 juillet 1674. Archiv. de la Guerre, 380, p. 377, verso.)

L'intendant écrivit à son tour au parlement, le 8 août 16   :

« M. le marquis de Louvois me mande de luy renvoyer la déclaration pour le rétablissement du parlement, pour y faire réformer ce que désire la compagnie, et à l'égard de la clause qu'elle sait bien, et à l'égard du mot de destitué [*], me marquant que l'on y fera mention que Sa Majesté compose le parlement de sa personne, de son chancelier et des autres officiers qui le doivent former, mais qu'il n'est pas possible dans ladite déclaration de traiter les officiers de messires, tous ceux des officiers des parlements du royaume ne se traitant que de maîtres [**]. »

[*] On mettra : suspendu.

[**] On changera les mots : « Pour avoir paru trop affectionnés à nostre service. »

» lers-clercs, de onze conseillers laïcs, de deux conseillers
» nos avocats généraux, d'un notre procureur général, d'un
» greffier en chef, d'un procureur substitué, d'un autre
» greffier, de quatre huissiers, d'un chapelain et autres bas
» officiers de notredite cour. »

La cour devait continuer à siéger à Dole jusqu'à la fin de l'année « entre ci et lequel temps le roi avisera en quel lieu » de la province il estimera plus à propos d'établir pour tou- » jours le siège de ladite cour [1]. »

Il restait à remplir les vides que la mort avait faits pendant les six dernières années dans les rangs des magistrats, et à remplacer ceux qui refusèrent de servir le nouveau gouvernement.

Choix des nouveaux magistrats. Rôle de Claude Boisot.

Les lettres patentes énumèrent les magistrats nouvellement investis, mais Lampinet et la correspondance du parlement nous tiennent au courant des motifs qui guidèrent les choix du ministre et des quelques tiraillements qui se produisirent à ce sujet.

Le marquis de Listenois fut nommé chevalier d'honneur; le rôle qu'il avait joué dans les années précédentes explique suffisamment la faveur dont il était l'objet [2].

Arrêtons-nous un instant sur les nouveaux choix du ministre, nous pourrons ainsi d'avance juger ce qu'il faut attendre d'indépendance du corps reconstitué dans de semblables conditions.

« Le seul conseiller pour ces remplacements, dit Lampi- » net, fut Claude Boisot [3], en qui le marquis de Louvois avait

---

[1] Droz, *Recueil des édits*, I, p. 12. Lettres patentes portant rétablissement du parlement et confirmation des juridictions royales, du 17 juin 1674.

[2] Listenois s'était révolté contre le gouvernement espagnol, et, après une tentative malheureuse pour soulever la province, s'était retiré en France.

[3] Quel était ce Boisot si fort avant dans l'estime et dans la confiance de Louvois? C'était un de ces hommes à qui les révolutions profitent toujours, parce que leur esprit d'intrigue y trouve matière à s'employer, et que leur souplesse et leur manque de scrupules les rendent propres à tous les rôles. Sans avoir les qualités brillantes et sans atteindre la renommée équivoque de l'abbé de Watteville, il est bien de la même race que ce célèbre aventurier. Banquier à Besançon, il était cogouverneur

» entière confiance. Je lui ai ouï dire que la chose se fit dans
» ce moment (au camp de la Loye, où Boisot avait suivi le
» ministre), et qu'on le pressa si fort, qu'à peine il avait
» nommé le premier qu'on lui demandait déjà le second et
» le troisième. »

Boisot désigna en premier lieu un avocat de Besançon, Antoine-Désiré Linglois, qui était son ami particulier. Linglois avait, du reste, un autre titre à cette faveur : il avait accepté, en 1668, les fonctions d'assesseur au sous-intendant nommé par la France à Besançon.

Jean Favière fut nommé le second, « parce que le sieur
» Boisot crut par là faire plaisir au marquis de Liste-
» nois, dont Favière était l'avocat et l'intendant de sa mai-
» son. »

Antoine Mairot, seigneur de Mutigney, fut nommé le troi-

---

de la ville en 1668, et chargé spécialement de l'entretien et de l'approvisionnement de la citadelle. Sa conduite pendant la guerre contre la France donna lieu à des soupçons qui éclatèrent au retour des Espagnols. Il tomba en disgrâce et se vit attaqué de toutes parts. Il n'était pas homme à s'effrayer de ces rumeurs. Banquier de la famille de Bauffremont, il prit naturellement le parti du marquis de Listenois, et, faute de mieux, l'appuya de son argent et de ses intrigues. Le magistrat de Besançon s'émut de ses discours et lui donna l'ordre de se taire, « à moins d'être châtié, puisqu'il était leur juridique. » La seconde entrée des Français dans le pays fournit à Boisot l'occasion de déployer ses facultés sur un plus grand théâtre. Il se jeta avec enthousiasme dans le parti des vainqueurs et s'attacha à Louvois, qui le chérissait, dit Lampinet, « pour la vivacité de son esprit et son intelligence dans les fortifications. » Une longue lettre de lui à Louvois, du 1er juillet 1674, le montre avec toute son activité, son intelligence et aussi son manque de scrupules.

Il entretient Louvois de la possibilité d'établir une saline à Lons-le-Saunier, de la difficulté que l'on éprouve à exploiter celle de Salins, des travaux que l'on entreprend à la citadelle de Besançon, d'un remaniement complet des fortifications de la ville, « qui serait bien autre chose pour le service de Sa Majesté qu'un petit trou qui se prendra toujours de la même manière que Sa Majesté la prit. »

Il voudrait qu'on levât immédiatement des soldats dans la province et qu'on retardât au contraire la levée de l'imposition, pour soulager le peuple et l'attacher à la domination nouvelle. Il rend compte d'un voyage à Salins, où il s'est occupé des fortifications, prévient qu'on peut faire pour 60,000 livres un travail dont l'entrepreneur en demande 100,000 ; il se vante d'avoir donné un bon conseil pour le siège de Pontarlier, et de préparer par ses intrigues la reddition du fort Sainte-Anne, qui tenait encore.

Nous retrouverons plusieurs fois Boisot et la nombreuse famille dont il assura la fortune.

sième, « par la raison qu'il était très honnête homme et pa-
» rent de Boisot. »

Guillaume Loriot d'Etrabonne vint en quatrième lieu,
» parce que le marquis de Louvois dit au soir Boisot qu'il
» voulait qu'on plaçât dans le parlement l'un des conseillers
» de la cour de justice établie par le marquis de Castel
» Rodrigo à Besançon, sur quoi il jugea Loriot le plus propre
» de tous ceux qui étaient de cette chambre. »

Guillaume Loriot avait été désigné d'abord pour remplir au nouveau parlement le rôle d'avocat général ; il refusa, sous prétexte qu'ayant été conseiller à la chambre de justice, c'était le faire descendre de le nommer avocat général : le roi accueillit sa remontrance et le fit conseiller à la place de Jean Borey.

Celui-ci, ainsi que Nicolas Bourrelier, seigneur de Malpas, avait été également désigné au choix du roi par Boisot. Tous deux refusèrent. D'après Lampinet, ce ne fut ni par point d'honneur ni par attachement à l'Espagne : ils s'imaginèrent que la conquête de 1674 serait passagère comme celle de 1668, et ne voulurent pas s'engager au service d'un pouvoir qu'ils croyaient sans lendemain. Jean Borey perdit ses fonctions de grand juge à Saint-Claude ; Bourrelier, celles de lieutenant général du ressort de Salins. Boisot dut employer tout son crédit pour empêcher qu'à leur disgrâce on n'ajoutât l'exil. Il écrivait au parlement le 15 juillet 1674 : « Le roi avait résolu de chasser de la province
» tous ceux qui ont refusé l'honneur qu'il leur a voulu
» faire [1]. »

Borey et Bourrelier essayèrent plus tard de rentrer en grâce, lorsque la domination française fut affermie ; mais, ajoute Lampinet : « A mal fait, point de remède. »

Un membre de l'ancien parlement, Charles-Joseph Maréchal, prieur de Morteau, refusa également de continuer ses

---

[1] Archives du Doubs, série B. Corresp. politique.

fonctions de maître des requêtes. Il regretta plus tard, lui aussi, sa détermination [1].

Plus heureux et plus digne, Humbert-Guillaume de Précipiano, conseiller-clerc, renonça à ses fonctions, resta au service de l'Espagne, et mourut archevêque de Malines, le 9 juin 1711. Il fut remplacé par François Marlet, official de l'archevêque.

Un autre changement fut rendu nécessaire par le refus de Claude-Ambroise Philippe de reprendre au parlement sa charge de conseiller, sous prétexte qu'il avait été nommé président de la chambre de justice établie à Besançon. Claude Boisot avait prévu ce refus, et mit en avant le nom de son frère, Jean-Antoine Boisot, gendre de Philippe, qui fut en effet nommé à la place de son beau-père.

Enfin Jean-Baptiste Pouhat, qui avait été successivement jésuite et secrétaire du gouverneur Quinones, remplaça dans la charge de conseiller Boyvin, nommé président.

La question de la présidence.

L'élévation de celui-ci au premier siège du parlement avait été pour tous les magistrats un grand sujet de satisfac-

---

[1] L'histoire de cette victime des révolutions vaut la peine d'être racontée en quelques mots. C'était le fils de Luc Maréchal, cogouverneur de Besançon, et l'un des plus riches négociants de cette ville. Grâce à sa fortune et surtout à l'influence de son frère, « d'un esprit vif et entreprenant, » il fut pourvu très jeune d'un canonicat dans l'église métropolitaine, et, ce qui valait mieux encore, du prieuré de Morteau, dont le revenu dépassait mille écus. Les mêmes influences lui firent obtenir de la cour de Madrid une patente de maître des requêtes au parlement de Dole. D'après Chifflet, il n'aurait pas mérité cette faveur plus que les précédentes. Ses nouveaux collègues en jugèrent du moins ainsi, et s'opposèrent longtemps à sa réception. Il ne fut reçu qu'en 1666. Envoyé en Espagne après 1668, pour traiter des intérêts du chapitre, il revint sans avoir obtenu ni cherché, d'après Chifflet, d'autre satisfaction que d'avoir vu l'Escurial. On l'invita en 1674 à reprendre son poste au parlement de Dole : « ce petit génie, dit Lampinet, prévenu ou mal conseillé, répondit qu'il ne savait pas quel roi avait rétabli le parlement, ni s'il ferait son devoir en déférant à la lettre qu'on lui avait écrite. » Maréchal dut quitter la province et se retira en Italie, où il alla présenter ses doléances à l'ambassadeur d'Espagne à Venise, sans réussir à exciter son intérêt; il rentra en Franche-Comté après la paix de Nimègue et recouvra ses biens, qui avaient été confisqués. « Mais pour sa charge de maître des requêtes, le marquis de Louvois » lui dit de mettre la main sur sa conscience et de juger lui-même s'il en était » digne. » Maréchal mourut à Paris, fort endetté, en 1690.

tion. Louis XIV s'était réservé, non seulement pour le présent, mais pour l'avenir, le droit de nommer le chef de la cour ; l'on craignait qu'il ne confiât ce poste important à un homme étranger à la province ou, comme on disait alors, à la nation. Le choix de Claude Boyvin, doyen des conseillers en exercice (il était entré en charge en 1654), fit cesser les appréhensions de la compagnie. Malheureusement, le nouveau président ne jouit pas longtemps de sa nouvelle dignité. Il mourut peu de jours après sa nomination, « de la joie,
» écrit naïvement Boisot en l'annonçant à Louvois, de se
» voir tiré de l'oppression où il vivait depuis six ans. »

Le même Boisot insistait auprès du ministre pour que Boyvin fût remplacé immédiatement, « puisque rien ne cal-
» mera tant la province que l'exercice de la justice.... Per-
» sonne ne trouvera mauvais que ce soit un Français ; toute
» la compagnie même le souhaite pour avoir un témoin de
» sa conduite [1]. »

Boisot n'était pas sincère en s'exprimant ainsi, car il écrivait quelques jours après au parlement : « Je crois que vous
» aurez de la joie d'apprendre que le roy, par une bonté
» singulière pour notre province, s'est déterminé à lui
» donner un président de notre nation, et cela pour n'en-
» freindre en aucune manière ses privilèges : la personne
» n'est pas encore choisie, mais elle le sera bientôt [2]. »

Le conseiller Jacquot fut en effet nommé [3], mais il mourut

---

[1] Archives de la Guerre, 376. Lettre de Boisot à Louvois, du 1er janvier 1674.
[2] Archives du Doubs, série B, Corresp. polit., juillet 1674.
[3] Voici la notice que Lampinet consacre à Jacquot :

« Claude Jacquot de Dole, fils d'un conseiller au parlement du même nom, se trouvant doyen au temps du décès de Claude Boyvin, fut pourvu de la présidence par patentes du mois de septembre de l'an 1675, et en prit possession à la rentrée du parlement, à la Saint-Martin du mois de novembre suivant. Il avait été lieutenant général au bailliage de Quingey et ensuite à celui de Vesoul, d'où il fut tiré pour être conseiller le 23 février 1655 ; il posséda peu la présidence ; il mourut le 17 octobre 1675. Pendant l'interdiction du parlement faite par le marquis de Castel Rodrigo, et qui dura depuis le mois de juin 1668 jusqu'à celui de l'an 1675, les membres innocents de cette infortunée compagnie vivaient dans l'amertume, et sans savoir, la plupart, à quoi s'occuper. Le bon conseiller Jacquot trouva

presque immédiatement, en octobre 1675. Son successeur, Jean-Ferdinand Jobelot, conserva au contraire la présidence jusqu'en décembre 1702 : cette longue possession sembla assurer, pour l'avenir, le privilège du parlement d'être présidé par un des siens.

Ajoutons, pour achever ce premier renouvellement du parlement, que Jacquot et Jobelot avaient été remplacés sur leurs sièges de conseillers par Charles Bonnot, de Besançon, et par François Reud, fils du procureur général Claude Reud, qui se démit de sa charge pour permettre à son fils d'entrer dans la compagnie. Le parlement se trouvait ainsi reconstitué avec le même nombre de membres qu'avant la conquête. Après cette première fournée de magistrats, on devait revenir, en cas de vacance, à l'ancien mode de nomination ; Louis XIV ne se réservait, comme le roi d'Espagne, que le choix du premier président [1].

La séance d'installation, 6 juillet 1674.

Quels sentiments éprouvèrent les magistrats lorsqu'ils se trouvèrent réunis pour la première fois dans la grande salle du parlement ? Sans doute, à la vue des tapisseries ornées de fleurs de lis qui décoraient les murs, et du portrait de Louis XIV qui remplaçait celui du roi d'Espagne au-dessus du fauteuil du président, plus d'un sentit son cœur se serrer du regret du passé et entrevit vaguement que, malgré les apparences, la restauration dont il prenait sa part était bien incomplète, et le rôle qu'on l'appelait à jouer, bien modeste auprès de celui de ses prédécesseurs. Mais ces tristes sentiments furent effacés bien vite chez les uns par la joie de

---

une occupation divertissante et qui l'amusa très agréablement pendant toute cette dure saison, ce fut celle des médailles ; il s'y adonna exclusivement, sa passion était extraordinaire pour toutes sortes d'antiques, en la connaissance desquelles il se rendit très habile. »

[1] Le Tellier écrivait à l'intendant de Beaulieu, le 4 novembre 1674 :

« Le roi veut bien laisser au parlement de Dole la liberté de lui nommer à
» l'avenir trois personnes à mesure qu'il vaquera quelque charge, pour être choisis
» par Sa Majesté celle des trois qu'elle estimera plus propre pour la remplir, à
» l'exception toutefois des charges de président et des gens du roy. » (Archives du Doubs, série B. Act imp , X)

recouvrer une situation qu'ils pouvaient croire perdue à jamais, chez les autres, par l'orgueil d'entrer, contre toute espérance, dans un corps dont le nom était encore si grand : ce fut donc sans arrière-pensée et sans peine que, dès la séance d'installation du 6 juillet 1674, tous s'accordèrent à combler les représentants du nouveau pouvoir, l'intendant et le gouverneur, de marques de respect et de protestations de fidélité [1].

Ces deux fonctionnaires royaux avaient du reste leur place marquée au parlement. L'intendant y siégeait avec le rang de conseiller d'honneur [2]. Lorsque le gouverneur eut l'occasion de s'y rendre, il occupa la même place que le duc de Lesdiguières occupait dans celui de Grenoble, c'est-à-dire qu'il siégea au-dessus du premier président. Les magistrats ne semblent pas avoir accepté sans répugnance cette préséance du gouverneur, qui marquait trop à leurs yeux leur subordination. Ils durent se soumettre devant les ordres formels du roi, que Louvois se chargea de leur rappeler à l'occasion [3].

L'intendant et le gouverneur au parlement.

---

[1] Louvois lui-même semble trouver que le parlement est allé trop loin dans les honneurs rendus à l'intendant. Il écrivait à celui-ci : « J'ai reçu la relation que vous m'avez envoyée de ce qui s'est passé à la première séance du parlement et des cérémonies qui y ont été observées... La commission que le roi vous a donnée pour installer le parlement de Dole vous ayant attiré tous les honneurs que vous me mandez qui vous ont été rendus en cette occasion, l'on ne peut qu'approuver que vous les ayez reçus, étant néanmoins persuadé que dans une affaire d'une autre nature vous ne les auriez pas soufferts. » (Louvois à de Beaulieu, le 17 juillet 1674. Archives de la Guerre, 380.)

[2] M. le président a fait entendre à la compagnie que M. l'intendant Chauvelin (il avait remplacé de Beaulieu en mars 1675) lui avait mis en main une patente du roi par laquelle Sa Majesté lui accorde une charge de conseiller d'honneur au parlement, et qu'ensuite il prétendait avoir séance immédiatement devant MM. les maîtres aux requêtes, conseillers-clercs et vice-président; la cour a résolu qu'on lui donnera, selon son désir, la séance dans ledit banc, d'autant même que lesdits sieurs maîtres aux requêtes, conseillers-clercs et vice-président y ont acquiescé et donné les mains. (Délibération du 18 janvier 1677. Archives du Doubs, recueil des délib., I, p. 93.)

[3] Voir la lettre de Louvois au parlement, du 18 novembre 1675 (Arch. du Doubs, série B. Corresp. polit.); les délibérations des 28 et 29 novembre 1676. (Recueil des délibérations, I, p. 91.)

Louvois écrivait encore à Jobelot, le 2 septembre 1668 :

« Le roi ayant été informé de la difficulté que le parlement de Besançon a fait

Transfert du parlement à Besançon, 22 août 1676.

Cependant l'intendant et le gouverneur s'étaient installés tous les deux au centre de la province, à Besançon, dont Vauban faisait alors une des places les plus fortes de l'Europe. Il était inévitable que le parlement vînt tôt ou tard les y rejoindre. Louis XIV, dès le début de la conquête, avait prévu et indiqué ce changement de résidence. Il avait refusé d'accepter l'article 14 de la capitulation de Dole, qui fixait dans cette ville le siège de la cour, et s'était réservé le droit de l'installer ailleurs. Il avait fait les mêmes réserves dans les lettres patentes de rétablissement, et personne ne fut surpris par l'édit du 22 août 1676, qui transférait le parlement de Dole dans la ville de Besançon [1].

Ainsi se trouvait terminée, par la volonté souveraine de Louis XIV, la longue rivalité qui divisait depuis plus de deux siècles les deux principales villes de la région. A différentes reprises, les souverains du pays avaient essayé d'installer le parlement à Besançon, point central et principal rempart de la province [2]. Mais Besançon était ville impériale, c'est-à-dire à peu près complètement libre, et ses fiers citoyens craignaient que la cour supérieure de justice, une fois installée dans ses murs, n'empiétât sur la juridiction municipale et ne diminuât son autonomie administrative. Dole, de son côté, tenait à conserver son parlement,

---

d'aller voir M⁹ʳ le duc de Duras en corps, à son arrivée dans la province au dernier voyage qu'il a fait, Sa Majesté m'a recommandé de vous faire savoir qu'elle ne l'a pas approuvé, et que son intention est que ledit parlement en use à l'égard de M⁹ʳ le duc de Duras, tout comme fait celui du Dauphiné à l'égard de ses gouverneurs de province; c'est à quoi vous tiendrez, s'il vous plaît, la main que ledit parlement se conforme. » (Arch. de la Guerre, 836.)

[1] Lettres patentes ordonnant la translation du parlement séant à Dole en la ville de Besançon, avec attribution des appellations des jugements rendus par les gouverneurs de la cité, du 26 août 1676, publiées le 7 septembre suivant. (Dnoz, *Recueil des édits*, I, p. 26.)

[2] « On n'avait point oublié que sous les ducs de Bourgogne, notamment de 1406 à 1412, on avait reconnu les inconvénients de recourir au tribunal souverain à l'une des extrémités de la province. Le duc Jean voulait déjà transférer le parlement de Dole à Besançon par emprunt de territoire, quoiqu'elle fût ville impériale. (Dnoz, *Mémoires sur le droit public de Franche-Comté*, § 34.)

grâce auquel, sans en avoir officiellement le titre, elle était réellement la capitale de la province. Le traité de 1664, par lequel Besançon devenait ville espagnole, semblait devoir faciliter le transfert ; il aurait eu lieu sans doute tôt ou tard ; mais les exigences ou les répugnances des deux villes ne laissèrent pas au faible gouvernement de l'Espagne le temps de l'accomplir. Il fallut la conquête française et la ferme volonté de Louis XIV pour imposer silence à toutes les réclamations et accomplir ce petit coup d'Etat.

Besançon paya d'une forte somme et de la perte de sa vieille organisation municipale l'honneur de posséder la cour de justice et la satisfaction d'humilier sa rivale [1].

Ce fut le lendemain de la Saint-Martin de l'année 1676 qu'eut lieu la première rentrée solennelle du parlement dans sa nouvelle résidence. Il s'installa dans les plus belles salles de l'hôtel de ville. L'église Saint-Pierre devint sa paroisse, l'archevêque fut invité à y dire la messe de rentrée, et l'on décida d'y célébrer la messe de Saint-Yves, ainsi que les autres dévotions du parlement. La cloche de Saint-Pierre, qui annonçait autrefois l'assemblée des gouverneurs, fut réservée désormais au parlement, qui déposséda également les magistrats municipaux des places qu'ils occupaient à l'église et les relégua au second rang.

Les avocats de Besançon, qui avaient déjà plaidé devant la chambre de justice ou devant les gouverneurs de la ville, furent admis à prendre place au barreau, au rang que leur donnait la date de leur diplôme de docteur, mais ils durent

---

[1] « La ville marqua au roi sa reconnaissance par un don considérable. Les anciens gouverneurs furent supprimés, on établit un bailliage et un magistrat à l'instar de Dole ; et dès ce moment, Besançon prit des accroissements considérables et proportionnés au nouveau centre d'administration ; les impôts levés dans la province pour les fortifications, joints au séjour des troupes, firent circuler le numéraire, et ont successivement amené cette capitale au point où elle est aujourd'hui. Mais on ne doit pas dissimuler que l'administration et l'autorité des officiers municipaux étant soumises à l'appel au parlement, cela dut leur déplaire. » (Droz, *Mémoires*, §§ 34 et 35.)

s'astreindre à donner aux magistrats le titre pompeux de Messeigneurs, auquel les mœurs démocratiques de la vieille cité impériale ne les avait pas habitués.

Changements apportés dans la composition du parlement.

Le transfert du parlement à Besançon augmenta la compétence judiciaire de la cour, en soumettant à son appel les juridictions municipales et féodales de la ville, qui lui avaient jusqu'ici échappé. Il allait subir bientôt d'autres modifications, qui augmentèrent, en apparence du moins, son autorité et son prestige.

L'introduction de la législation et de la procédure françaises amena, en effet, le gouvernement à augmenter à plusieurs reprises le nombre des magistrats franc-comtois ; mais bientôt le souci de donner au parlement de Besançon la même composition qu'aux autres parlements du royaume servit de prétexte ; la création de nouvelles charges ne fut plus qu'un moyen de se procurer de l'argent, et l'histoire du parlement va devenir un chapitre de l'histoire financière de la province.

Première création de charges, 1679.

Une première augmentation du corps eut lieu en 1679. Des lettres patentes du mois de février créèrent neuf nouveaux magistrats, ce qui portait le nombre total à vingt-cinq. Elles justifiaient cette augmentation par la lenteur des procès et l'insuffisance des juges [1].

Le parlement compta désormais trois chambres : deux composées de neuf juges, où les principaux procès étaient vidés et terminés, une de sept pour la décision des affaires de moindre importance.

Le parlement vit sans regret cette augmentation du

---

[1] Dunod, *Recueil des arrêts*, I, p. 50.
Le roi nomma présidents Claude-Ambroise Philippe, qui avait refusé, en 1674, la charge de conseiller, et Claude Boisot, à qui le greffe fut conservé. Il nomma aussi conseiller, sans présentation du parlement, le fils de celui-ci, Jean-Jacques Boisot, malgré son âge et les liens de parenté qui l'unissaient à plusieurs membres de la cour. Pour les six autres conseillers, le parlement proposa neuf candidats, parmi lesquels le roi en choisit trois, puis neuf autres, parmi lesquels il prit les trois derniers.
Les six conseillers ainsi nommés furent Guillaume de Pragney, Ferdinand Lampinet, Jean Bonnefoy, Philippe-Eugène Chifflet, Henri Coquelin et Antoine Clerc.

nombre de ses membres; lorsqu'en mai 1679, Louvois se rendit à Besançon, le parlement délibéra sur les honneurs qu'il aurait à lui rendre, et compta justement au nombre des bienfaits du ministre « l'augmentation qu'il a plu à » Sa Majesté faire d'une troisième chambre [1]. »

En 1684, l'introduction de la législation nécessita un nouveau changement. On créa un quatrième président, trois conseillers nouveaux et deux avocats généraux faisant en même temps fonctions de conseillers.

Deuxième création de charges, 1684.

Les chambres restaient au nombre de trois et devaient compter chacune dix juges, le président compris. Les arrêts, à peine de nullité, devaient être rendus au moins par huit juges, y compris les présidents [2].

L'édit de 1684 était encore justifié par la louable pensée de mettre plus d'ordre et de promptitude dans l'administration de la justice. Ce fut le dernier de ce genre.

Trois ans après, en effet, un appel était fait à la bourse du parlement. C'était le début d'une longue campagne financière menée par le gouvernement contre les magistrats, et dont il nous reste à raconter les principaux épisodes.

Ce fut le président Claude Boisot qui entama l'affaire. Le 18 octobre 1689, le familier de Louvois écrit à ses collègues pour leur exposer les dépenses qu'impose au roi la guerre qui vient de commencer; il leur rappelle qu'il est juste que les sujets fassent des efforts pour lui donner les moyens de la soutenir. Les corps souverains doivent donner l'exemple, la cour de Besançon avant tout, « qui ayant reçu gratuitement » ses charges de la main de Sa Majesté, devait bien, en ce » rencontre, lui donner des marques de la reconnaissance » qu'elle a d'un pareil bienfait. » Boisot sait bien « que les

Premier appel à la bourse des magistrats, 18 oct. 1689.

---

[1] Délibération du 31 mai 1679. (Archives du Doubs, série B. Recueil des délibérations.)

[2] Daoz, *Recueil des arrêts*, I, p. 222. Le nouveau président était Claude-Ignace Lefebvre; les trois conseillers, François le Maire, Richard Dorival et Étienne Perrinot.

« moyens sont petits dans la province, et que ce que l'on
» présenterait au roi ne serait pas si grand qu'on pourrait le
» souhaiter; » mais Sa Majesté fera plus d'état de sa bonne
volonté que de ce qu'on lui offrira, « tellement que cent ou
» six-vingt mille livres présentées de la sorte sans être
» demandées, feraient beaucoup plus d'honneur qu'une
» somme bien plus considérable d'une autre manière [1]. » En
résumé, le gouvernement demandait au parlement, par l'organe de Boisot, un don de 100,000 livres, et lui offrait comme
dédommagement une augmentation de gages.

Difficultés financières.

Le parlement s'exécuta, il décida d'emprunter la somme
de 100,000 livres, et de donner comme garanties au prêteur
l'augmentation de gages que le roi promettait. L'avocat au
conseil Frémin se chargea de faire agréer le projet par les
ministres et de négocier l'emprunt. Il réussit auprès des premiers, mais ne put trouver de prêteur. On négocia jusqu'au
milieu de l'année 1690 [2]; au mois de mai, le parlement proposa de répartir la somme entre les quarante-trois officiers
qui le composaient.

Chacun d'eux devait traiter pour son compte et restait
libre de toute solidarité avec ses confrères. De plus, chaque
contractant, ou, à son défaut, ses héritiers, était en droit d'exiger de son successeur le paiement de la somme qu'il avait
lui-même versée. Le roi accepta ces conditions, le parlement
« boursilla » à droite et à gauche, et amassa péniblement la
somme qu'on lui demandait [3].

---

[1] Archives du Doubs, série B. Corresp. polit. Lettre de Boisot, du 18 octobre 1689.

[2] Sur ces négociations financières, voir, aux Archives du Doubs, la corresp. politique du parlement, années 1689 et 1690. et les délibérations des 9 décembre 1689, 4 avril et 8 mai 1690.

[3] La somme de 100,000 livres devait être ainsi répartie entre les membres du parlement :
Le premier président devait payer 4,535ˡ 11ˢ.
Les trois autres présidents, chacun 3,629ˡ 9ˢ 6ᵈ.
Les cinq maîtres des requêtes, chacun 1,500ˡ.
Les deux chevaliers d'honneur, les deux conseillers-clercs, les vingt-trois conseil-

Les magistrats se trouvaient ainsi propriétaires d'une partie de leurs charges; c'était une nouveauté au parlement de Franche-Comté et un premier pas fait vers la vénalité. Celle-ci n'était plus qu'une affaire de quelques mois.

Dès le 4 mars 1692, Claude Boisot écrivait au contrôleur général Pontchartrain : « Vous savez sans doute qu'il y a
» deux partis en ce parlement sur la vénalité des charges;
» les uns, en petit nombre, la désirent, et les autres la crai-
» gnent et la regardent comme une chose qui les privera de
» tout le revenu de leurs charges, lequel il faudra qu'ils em-
» ploient à payer l'intérêt de la somme qu'il faut nécessaire-
» ment qu'ils empruntent pour satisfaire à la taxe de leur
» office [1]. » Au lieu de la vénalité, qui ruinerait les magistrats, Boisot proposait d'admettre ceux-ci à prendre chacun une augmentation de gages pour une somme donnée, moyennant laquelle le roi érigerait en offices héréditaires toutes les charges du parlement; on obtiendrait ainsi l'uniformité avec les autres cours du royaume, au grand profit de l'administration de la justice et à la satisfaction des officiers.

Même avec les adoucissements indiqués par Boisot, le parlement n'accepta pas sans répugnance les propositions qui lui furent faites au mois de juin 1692; il adressa au roi des remontrances dont le texte est perdu, mais dont le sens est facile à deviner; la question d'argent y primait toutes les autres. En les envoyant à Versailles, il écrivait à Barbezieux et au contrôleur général Pontchartrain. Le 13 juin, il disait en particulier à celui-ci : « Nous avons cru devoir représen-
» ter à Sa Majesté la véritable situation où se trouvent les
» familles des particuliers qui composent la compagnie, pour
» qu'il plaise à Sa Majesté d'ag..ser les offres que nous lui

Affaire de la vénalité, 1692.

---

lers laïques, les deux avocats et procureurs généraux, 2,519¹ 2ˢ 9ᵈ.

Le greffier en chef, 1,285¹.

Le substitut du procureur général et les deux autres greffiers, 1,075¹.

Les officiers devaient se partager au prorata de leur cotisation une augmentation de gages de 5,553¹ 11ˢ 1ᵈ.

[1] Boislile, *Corresp. des contrôleurs généraux*, I, 1056.

» faisons par les remontrances que nous prenons la liberté
» de vous adresser [1]. »

Établissement de la vénalité, août, sept. 1692.

L'édit établissant la vénalité est du mois d'août 1692, il ne fut publié que le 22 septembre [2]; il avait été enregistré pendant les vacances; c'était une précaution que le ministère prenait chaque fois qu'il craignait de la part des magistrats quelque velléité de résistance. Le préambule est curieux à lire et ne laisserait pas soupçonner, si on ne le savait d'ailleurs, qu'il ne s'agit au fond que d'une question d'argent.

Louis XIV, rappelant les ordonnances de ses prédécesseurs qui firent des charges de la magistrature la propriété de ceux qui les exerçaient, parle de leur désir de « fermer la
» porte aux brigues et aux cabales par lesquelles on intro-
» duisait dans les dignités de la magistrature des personnes
» de peu de capacité, souvent factieuses et plus appliquées
» de parvenir aux charges par leurs intrigues qu'à s'en
» rendre dignes par leurs services et par leur mérite; »
il ajoute : « Le roi Henri IV, notre aïeul de glorieuse mé-
» moire, a si bien connu l'importance et la solidité des rai-
» sons de cet établissement, qu'il jugea à propos d'accorder
» encore aux officiers la dispense des quarante jours par
» le moyen du droit annuel, pour achever d'éteindre et pour
» arrêter entièrement les brigues qui avaient été trouvées si
» contraires au bien de la justice, et pour animer en même
» temps les juges à une plus grande exactitude dans leur
» devoir, et les attacher au bien de l'État par l'intérêt de la
» conservation de leurs offices. Suivant son exemple et ses
» vues, et croyant qu'après avoir soumis le comté de Bour-
» gogne à notre obéissance, la gloire de notre conquête serait
» imparfaite, si, maître des villes par la force de nos armes,
» nous n'acquérions, par la douceur de notre domination, les

---

[1] Archives du Doubs, série B. Corresp. politique.
[2] Droz, *Recueil des édits*, I. p. 363. Edit portant création de charges héréditaires et augmentation des officiers du parlement et des bailliages.

» cœurs de ceux qui les habitent, nous avons estimé ne pou-
» voir rien faire de plus avantageux ni de plus agréable à
» nos sujets de notre comté de Bourgogne, que d'accorder
» aux officiers de cette province la faculté d'entrer au droit
» annuel comme les autres officiers de notre royaume, afin
» qu'ils puissent former des établissements solides et perpé-
» tuer à leurs familles les honneurs et charges dont nous
» avons récompensé leur fidélité et leur attachement à notre
» service. »

En même temps qu'il augmentait les gages et qu'il assu-rait l'hérédité des charges, l'édit du mois d'août 1692 augmentait le nombre de celles-ci. Le parlement devait se composer désormais d'un premier président, de cinq présidents à mortier, de trois conseillers chevaliers d'honneur, de vingt-neuf conseillers laïques, de deux conseillers-clercs, de deux avocats généraux, d'un procureur général, d'un greffier en chef, de trois autres greffiers, sans compter un grand nombre d'officiers subalternes [1].

Chacun de ces officiers pouvait disposer de son office en survivant quarante jours après la résignation admise; il jouissait en outre de la dispense de ces quarante jours pendant neuf années en payant le droit annuel. Exemption était faite cependant pour le premier président et le procureur général, dont le roi se réservait la nomination ainsi que dans les autres parlements. Restait à régler la question financière; il fallait payer la faveur faite par le roi. Le parlement se trouva d'autant plus embarrassé que les propositions qu'il avait faites avaient été jugées insuffisantes, et que la somme qu'on lui demandait dépassait de beaucoup celle dont il avait été question au début des négociations. On demandait aux présidents 14,000 livres, et aux conseillers 9,000, pour des

---

[1] En réalité, il n'y eut que trois magistrats nouveaux nommés par suite de l'édit du mois d'août 1692. Un conseiller d'honneur, Claude-Ferdinand de Brun, et deux présidents, François-Bernard Espiard de Saulx et Etienne Jannon. Les six conseillers promus appartenaient déjà au parlement à titre de maîtres des requêtes.

augmentations de gages de 400 et de 208 livres. Le 30 octobre 1692, les magistrats se plaignirent au chancelier Boucherat : « On nous a signifié une taxe de nos charges qui nous met dans une grande appréhension d'être obligés de les abandonner, par l'impuissance où nous sommes de la pouvoir payer. » Ils regrettaient que leurs très humbles remontrances n'eussent pas été écoutées, et demandaient la permission d'envoyer des députés à Versailles pour traiter de vive voix et plus facilement de toute cette affaire. Ils réclamaient du chancelier l'honneur de sa protection et le priaient « de vouloir considérer la fâcheuse nécessité que ce serait à des gens de robe, qui ont été appelés aux charges en vue de leurs mérites plutôt que de leurs moyens, de quitter des emplois qu'ils ont exercés avec beaucoup d'application et d'intégrité, parce qu'ils ont eu le malheur de n'être pas assez riches pour payer la somme à quoi ils sont taxés [1]. »

Députés du parlement à Paris, déc. 1692, janvier 1693.

Dans les premiers jours de novembre, le parlement fut autorisé à envoyer à Paris deux de ses membres, pour discuter ses intérêts devant le conseil. Les conseillers Mairot de Mutigney et Duban passèrent dans cette ville la fin de l'année 1692 et le mois de janvier 1693.

Les négociations furent difficiles. Les députés étaient obligés d'en référer au parlement à chaque proposition nouvelle qui leur était faite, et le plus souvent la réponse n'était pas arrivée qu'il fallait recommencer les négociations sur de nouvelles offres.

---

[1] Archives du Doubs, série B. Corresp. polit. Lettre du parlement à Boucherat, du 30 octobre 1692.

Le parlement écrivait en même temps à Pontchartrain : « Le paiement des sommes que nous avons offertes est beaucoup plus difficile à présent qu'alors, parce que les communautés ecclésiastiques, qui avaient fait espérer à plusieurs de nous le secours de leurs bourses, les ont fermées depuis qu'on leur a signifié l'ordre de donner la déclaration de leurs biens et revenus ; le grand nombre des officiers nouveaux qu'on a établis dans la province oblige plusieurs de ceux qui nous voulaient prêter de l'argent à le conserver pour eux-mêmes, parce qu'ils sont en prétention de quelques-unes de ces offices. »

A la fin de décembre, le parlement, désespérant de rien obtenir, donna l'ordre à ses députés de revenir. Une nouvelle proposition du ministre les retint quelques jours encore. Il s'agissait d'établir une quatrième chambre, composée de deux présidents et de huit ou dix conseillers, à laquelle on attribuerait la juridiction forestière. Les députés avaient demandé si, en échange de cette nouvelle création, on obtiendrait du roi les adoucissements que l'on désirait à la taxation des offices ; les ministres avaient refusé de s'engager. Le parlement ne pouvait accepter de bonne grâce une proposition qui aggravait encore la situation de ses officiers, puisque la création d'une nouvelle chambre entraînait nécessairement la diminution de leurs profits. Il insista sur le retour de ses envoyés. La seule satisfaction qu'il obtint fut un arrêt du conseil, du 27 janvier, qui prorogeait de trois mois le terme fixé pour le paiement de la somme exigée en échange de la vénalité des charges [1].

On voit quelle part prépondérante avait la question d'argent dans les préoccupations du parlement. Nous ne croyons pas calomnier le gouvernement en disant que, de son côté, il voyait avant tout une mesure fiscale dans l'établissement de la vénalité des charges du parlement de Besançon. On ne semble pas s'être aperçu de part et d'autre qu'en proposant et en acceptant un aussi grand changement dans le mode de recrutement du corps, on faisait une sorte de révolution. Celle-ci était-elle cependant aussi profonde qu'il semblerait au premier abord ? A-t-elle modifié réellement l'esprit du parlement? Ses résultats ont-ils été favorables ou funestes à l'autorité du corps ? Les historiens franc-comtois ne sont pas d'accord à cet égard. Droz écrivait en 1789 : « La vénalité » bouleversait l'ordre établi pour le choix des officiers ; la » finance forçait de bons magistrats à payer pour servir ; la » création de titres nouveaux introduisit dans les tribunaux

Conséquences de la vénalité.

---

[1] Archives du Doubs, Correspondance politique, décembre 1692, janvier 1693.

» des fonctions inconnues, transforma toutes les juridic-
» tions ¹. » D'après l'auteur de la *Franche-Comté ancienne
et moderne*, au contraire : « l'acquisition des charges faisait
» disparaître les abus des élections, elle plaçait dans le par-
» lement même l'examen sévère de tous ceux qui désiraient
» y entrer et n'osaient jamais payer d'avance leur finance
» sans être assurés de l'agrément de la compagnie. Chacun
» s'habitua assez promptement à cette nouvelle forme, tout
» en affectant de regretter l'ancienne, quand on voulait faire
» de l'opposition. L'esprit et les mœurs des familles, leur
» forte constitution, étaient en harmonie avec l'hérédité de
» la magistrature, et les offices patrimoniaux inspiraient à
» ceux qui les possédaient une modération de sentiments et
» une fermeté de conduite tout à fait dignes de leurs graves
» fonctions, ainsi que d'une carrière invariable, assurée et
» limitée, où l'on n'entrait que pour y rester toujours, soi
» et les siens ². »

Il semble bien que la vénalité des charges n'eut ni en bien ni en mal d'aussi graves conséquences. C'est à cette mesure qu'on attribue, partout où elle a existé, et en France en particulier, la formation d'une aristocratie de robe, difficilement accessible à tout homme nouveau, et patrimoine d'un petit nombre de familles. Or, cette aristocratie existait en Franche-Comté depuis longtemps. Elle datait presque de la création de la cour de justice, et le recrutement du parlement par lui-même avait suffi pour en assurer les charges à un certain nombre de familles. On peut s'en convaincre en parcourant la liste des membres du parlement, où les mêmes noms se lisent à chaque instant. On le voit mieux encore en feuilletant les registres ³ où sont consignés les votes motivés des officiers, lorsqu'il s'agit d'élire les trois candidats parmi lesquels le roi devait choisir le nouveau magistrat. Ils nous

---

¹ *Mémoire sur le droit public de Franche-Comté*, § 50.
² *La Franche-Comté ancienne et moderne*, II, p. 291.
³ Archives du Doubs, série B. Délibérations secrètes, *passim*.

montrent que le parlement se recrutait à peu près exclusivement dans trois professions nécessairement restreintes, et qui se tiennent de près, les avocats au parlement, les juges des tribunaux inférieurs et les professeurs de l'Université de Dole. Presque tous les candidats sont fils ou petits-fils de magistrats, et les votants insistent sur cette parenté, comme si elle était un titre à la préférence de leurs collègues. Les précautions prises pour empêcher de trop proches parents de siéger en même temps, et mieux encore les nombreuses dispenses qui leur permettaient de le faire, prouvent, du reste, que le parlement était depuis longtemps la possession d'une classe peu nombreuse.

La vénalité cependant introduisait un nouvel élément dans les conditions d'admissibilité aux charges, l'argent ; il était rare dans la province, et comme, d'autre part, de nombreuses charges étaient créées coup sur coup, il arriva que le personnel parlementaire franc-comtois fut bien vite épuisé et dut se recruter dans une province voisine, où la richesse publique permettait à de plus nombreuses familles d'aspirer aux charges judiciaires. Déjà les deux présidents créés en 1692 étaient Dijonnais. Dans les fournées suivantes, le même fait se produisit souvent. Quant à la chambre des comptes de Dole, elle fut bientôt peuplée de Bourguignons, qui vinrent y chercher, moyennant finance, des charges qui les anoblissaient et qu'ils n'auraient peut-être pas pu obtenir au delà de la Saône.

Au mois d'avril 1693, l'émotion causée par l'édit du mois d'août 1692 n'était pas encore calmée, et surtout les magistrats n'avaient pas achevé de payer les sommes auxquelles cet édit les taxait, qu'un nouveau coup les frappait. Le roi, désirant que la justice fût administrée en Bourgogne comme dans les autres provinces du royaume, et informé que le nombre des conseillers n'était pas suffisant pour subvenir à la grande quantité d'affaires traitées en parlement, en créait quinze d'un seul coup, ainsi qu'un certain nombre

<small>Quatrième création de charges, avril 1693.</small>

d'officiers subalternes. Le parlement ne semble pas avoir protesté, il était découragé, sans doute, par l'inutilité de ses réclamations antérieures [1].

A partir de ce moment du reste, l'histoire du parlement se réduit de plus en plus au récit de sa lutte pour échapper aux exigences fiscales du gouvernement. Elle ne serait que fastidieuse, si elle ne permettait quelquefois de pénétrer dans l'intimité de la vie des magistrats, et de juger leur situation morale et matérielle.

La capitation du parlement, 1695.

En 1695, sur les conseils de l'intendant Lamoignon de Basville, le contrôleur général Pontchartrain inaugurait le nouvel impôt de la capitation [2].

Plaintes des magistrats, février 1695.

La Franche-Comté aurait-elle pu invoquer contre cette charge nouvelle les capitulations de 1674? La chose est bien douteuse; dans tous les cas, le parlement ne fit aucune tentative dans ce sens. Il essaya seulement de faire diminuer la part du fardeau qui lui incombait. Le 11 février 1695, les magistrats écrivirent à Pontchartrain pour se plaindre de ce que, dans le projet de répartition, ils avaient été mis sur le même rang que les officiers des autres parlements, dont les gages étaient bien supérieurs aux leurs. Ceux-ci se montaient annuellement à 400 livres; ils allaient être consommés presque complètement par la paulette et la capitation. Les magistrats avaient fait un dernier effort en achetant

---

[1] Les quinze conseillers nommés en 1693 furent : Jean-Baptiste Richard, Henry Coquelin, Jacques Ferrier, Laurent-Jean de Mesmay, Nicolas Baquet, Pierre de Vaudry, Luc-Joseph Mareschal de Vezet, Denis-Gregoire Pétremand de Valay, Jean-Baptiste Petit, Pierre-Joseph Mourel de Châtillon, Ambroise Mareschal d'Audeux, Antoine-François d'Arvisenet, Claude-Alexandre de Laborey, Pierre-Dominique Chapuis de Rozières, Paul de Laistre.

[2] L'édit qui établissait la capitation est du 18 janvier 1695. On sait sur quelle base reposait le nouvel impôt. Personne n'en était exempt, sauf les indigents et les domestiques. Tous les Français étaient divisés en 22 classes et étaient taxés suivant la classe à laquelle ils appartenaient. Suspendue en 1698, la capitation fut rétablie en 1701, mais sur de nouveaux principes. Au lieu de diviser les imposables en un certain nombre de classes suivant leurs moyens, on partagea la somme à payer par province, et dans chaque province on distribua chaque somme particulière entre la masse de la population et les principaux corps d'officiers.

leurs charges, quelques-uns avaient obtenu des diminutions par l'impuissance où ils étaient de payer. Les derniers édits de franc-alleu et d'amortissement ayant achevé de les épuiser, plusieurs avaient eu le déplaisir d'être contraints pour n'avoir pu payer au jour marqué. Ils ajoutaient : « La mé-
» diocrité de leurs fonctions et le peu d'émoluments qu'ils
» tirent de leur travail causé par le grand nombre d'officiers
» créés dans une petite province, leur laissent à peine les
» moyens de subsister dans une saison où les deniers sont
» si rares qu'une charge de conseiller en ce parlement, va-
» cante par la mort de celui qui en était revêtu, a été vendue
» depuis deux mois 2,000 livres de moins que le prix de sa
» première acquisition, quoique ses héritiers eussent pris
» beaucoup de soin de la faire valoir [1]. »

Ces remontrances furent inutiles et ne passèrent même pas sous les yeux du roi. Le chancelier Boucherat écrivait au parlement, le 6 mars 1695 :

Ces plaintes sont repoussées, 6 mars 1695.

« Bien qu'il y ait plusieurs parlements dans le royaume,
» dont le ressort n'est pas si considérable que celui de
» Besançon, cependant aucun n'a fait difficulté de payer sa
» taxe pour la capitation sur le pied porté par le tarif; ainsi
» j'aurais cru rendre un mauvais service à votre compa-
» gnie, en informant le roi de la difficulté que vous faites de
» vous y conformer [2]. »

Lorsque la capitation fut rétablie en 1701, le parlement fut taxé à la somme de 17,794 livres. La répartition entre les officiers ne se fit pas sans peine. Ce fut après de longues délibérations qu'on arriva, le 14 avril 1701, à la solution suivante :

Répartition de la capitation, 14 avril 1701.

« Il a été résolu que MM. les présidents à mortier seraient
» taxés à 404 livres, qui sont plus du tiers de leurs gages;
» MM. les conseillers à la moitié; que MM. les chevaliers

---

[1] Archives du Doubs, série B. Corresp. polit. Lettre à Pontchartrain, 11 février 1695.

[2] Id., lettre de Boucherat, 6 mars 1695.

» d'honneur seraient réglés, non seulement par rapport à leur
» office de chevaliers, mais encore à leur dignité de mar-
» quis; les maîtres des requêtes comme les conseillers, et les
» vétérans à la moitié; et quant à M. le premier président,
» la compagnie l'a prié de se capiter lui-même et de se faire
» la même justice qu'il faisait aux autres, à quoi il a répli-
» qué que, touché qu'il était de l'honnêteté de Messieurs, il
» voulait bien abandonner tous ses gages qui sont de 800 li-
» vres [1]. » Les officiers subalternes furent taxés d'après les
émoluments de leurs charges.

Le parlement, en informant Chamillard de ces dispositions, se plaignait encore de sa détresse : « Vous pouvez,
» Monseigneur, disait-il en finissant, apprendre d'autres que
» de nous que les richesses ne sont pas le partage des offi-
» ciers du parlement de Besançon [2]. »

Malgré ces plaintes, la capitation du parlement fut augmentée presque tous les ans jusqu'en 1708. Elle fut, en 1704,
de 17,757 livres; en 1705, de 22,207 livres; en 1706 et 1707,
de 22,066 livres seulement, parce que deux membres en
furent dispensés; en 1708, de 22,267 livres.

Création de rentes et augmentation de gages, février 1708.

Au mois de septembre 1708, le besoin d'argent inspira au
gouvernement une nouvelle combinaison. Il créa des rentes
au denier vingt, avec décharge de la capitation pendant la
vie de ceux qui en prendraient jusqu'à concurrence de la
somme à laquelle se montait leur capitation pendant six ans,
sur le règlement de celle de 1708. Après des négociations
qui remplirent les derniers mois de 1708 et janvier 1709, le
parlement et le gouvernement se mirent d'accord, une nouvelle augmentation de gages fut créée en faveur du premier,
qui emprunta au banquier Marin une somme de 144,000 livres, laquelle fut donnée au roi. Marin devait avoir, comme
garantie de sa dette, les gages payés en surplus à chaque offi-

---

[1] Archives du Doubs, série B. *Recueil des délibérations*, I, p. 203.
[2] Id., Corresp. polit. Lettre à Chamillard, 10 mai 1701.

cier. Mais des difficultés survinrent dans l'exécution des charges du contrat. Un long procès s'ensuivit, qui nécessita le voyage du conseiller Muyart à Paris. En 1731, Marin réclamait encore une partie de sa créance. Or, dès le 9 juillet 1715, une déclaration du roi avait rétabli la capitation sur tous les officiers, sur le pied de celle de l'an 1708 [1].

Deux fois encore sous Louis XIV, en 1701 et en 1710, le parlement dut financer pour le renouvellement du droit annuel qui lui assurait l'hérédité. Il lui en coûta chaque fois 500,000 livres, dont les intérêts lui furent servis, comme pour les versements précédents, sous forme d'augmentations de gages. En 1710, plusieurs officiers se déclarèrent dans l'impossibilité de payer, on chercha vainement des emprunteurs, on fut réduit à demander de payer en trois termes la somme exigée par le roi [2]. *Renouvellement du droit annuel, 1701-1710.*

En même temps, le gouvernement battait monnaie aux dépens du parlement, en lui vendant la confirmation de ses privilèges de noblesse. *Confirmation de la noblesse, 1705.*

Dès 1693, les magistrats avaient été obligés d'enregistrer un arrêt du conseil, du mois de juillet 1669, qui révoquait les privilèges de noblesse ou autres accordés aux officiers des cours. A la suite de remontrances, le conseil reconnut que cet arrêt était contraire aux usages de la province, que le roi s'était engagé à respecter. Une déclaration du 21 mars 1694 l'annula, en confirmant tous les anciens privilèges des officiers du parlement, et en particulier la noblesse [3].

Plus tard, les embarras financiers firent oublier les promesses. Le 29 janvier 1705, le premier président Gabriel Boisot invita la compagnie, au nom du ministre Chamillard,

---

[1] Voir notamment la délibération du 27 janvier 1709. Archives du Doubs, série B, actes importants, vol. 15, fol. 450, verso.
[2] Arch. du Doubs. Corresp. polit. Arrêt du roi du 17 sept. 1701. *Recueil des délibérations*. Délibération du 18 février 1710.
[3] Daoz, *Recueil des arrêts*, I, p. 452 et 536.

« à donner au roy des marques de reconnaissance pour
» jouir de la noblesse pour le premier degré. Ces mes-
» sieurs, disait-il, pouvaient bien donner quelques secours à
» Sa Majesté dans la conjoncture présente de la guerre ;
» on éviterait par là les difficultés qui pourraient survenir
» sur la validité des titres du parlement à l'égard de ladite
» noblesse ; on ne saurait conserver avec trop de soin le pri-
» vilège de la compagnie sur ce sujet, puisque cette distinc-
» tion augmentait considérablement le fond des charges [1]. »

Le parlement se rebiffa d'abord. Il décida de faire des remontrances sur l'impossibilité où était la compagnie de trouver de l'argent, et d'exposer les raisons qui pouvaient fonder et appuyer la noblesse du parlement sans qu'il fût nécessaire de confirmation nouvelle. Le premier président insista, et la compagnie décida de nommer une commission qui étudierait l'affaire et examinerait en particulier tous les édits, déclarations et mémoires concernant la noblesse du parlement.

Boisot revint à la charge. Le 18 mars 1705, il démontra la nécessité de donner satisfaction au roi en payant une somme de 24,000 livres pour obtenir confirmation de la noblesse au premier degré. Cette fois encore, la compagnie refusa de se décider et remit à plus tard la délibération.

Cependant le gouvernement devait avoir le dernier mot. Dans le courant de 1706, un édit confirma les officiers du parlement dans le droit d'acquérir la noblesse au premier degré, moyennant la somme de 24,000 livres, qui devait constituer une augmentation de gages de 1,200 livres. Avec les deux sous par livre, le parlement paya en réalité 26,400 livres [2].

La répartition de cette somme entre les officiers fut très laborieuse ; Chamillard intervint pour faire exempter le pre-

---

[1] Archives du Doubs, série B. *Recueil des délibérations*, I, 224.
[2] Id., I, 233.

mier président et le procureur général, dont les charges n'étaient pas héréditaires. En avril 1707 seulement, on décida que chaque officier paierait 283 l. 17 s. 5 d. et recevrait une augmentation de gages de 12 l. 18 s.

Toutes ces mesures atteignaient les magistrats dans leur fortune ou dans leurs privilèges, mais elles ne modifiaient pas la constitution du parlement. Celui-ci était en 1702 ce qu'il était depuis 1693, lorsqu'il fut menacé par un double projet du gouvernement. Il s'agissait à la fois de lui adjoindre la cour des comptes, qui siégeait à Dole, et de créer une nouvelle chambre sous le nom de chambre des requêtes [1].

Nouveaux projets de gouvernement, 1702.

Le premier projet fut abandonné presque aussitôt, et nous n'aurions pas à en parler s'il n'avait donné lieu à une correspondance entre le contrôleur général Chamillard et l'intendant d'Harouïs, qui jette beaucoup de lumière sur la situation de la magistrature franc-comtoise et sur celle de la province tout entière.

Nous avons vu les magistrats invoquer souvent leur pauvreté pour repousser les nouveautés que leur imposait le gouvernement. Leur témoignage intéressé était confirmé en 1702 par celui de l'intendant.

Ce dernier était à la fois sincère et bien informé, et le tableau qu'il fait de la situation est à citer presque tout entier. Il écrivait au contrôleur général [2] :

« J'ai déjà eu l'honneur de vous mander en quelques occa-
» sions que la robe de Franche-Comté n'est pas riche. Autre-
» fois le parlement et la chambre des comptes étaient com-
» posés d'un très petit nombre d'officiers, les charges ne
» s'achetaient point, et le mérite était la seule voie pour y
» parvenir. Quand la vénalité fut établie en cette province
» en 1692, il n'y avait dans ces deux corps que d'anciens
» magistrats, dont la fortune était très médiocre. Cette consi-

L'intendant atteste la pauvreté des magistrats.

---

[1] Boislile, II, 442. Lettre du contrôleur général à d'Harouïs, 15 octobre 1702.
[2] Id., II, 445. Lettres de d'Harouïs, 27 octobre 3, 19 novembre, 8 décembre 1702.

» dération et les services de ces officiers portèrent Sa Majesté
» à se contenter de sommes très légères pour leur accorder
» l'hérédité de leurs charges ; on ne fit payer aux présidents
» du parlement que 24,000 livres, aux conseillers 90,000, et
» aux autres officiers à proportion, pendant que les offices de
» présidents et de conseillers se vendent des sommes bien au-
» dessus de celles-là dans les autres parlements du royaume.
» Les nouvelles charges de deux présidents et de quinze con-
» seillers du parlement, créées en cette même année 1692,
» n'ont pas aussi été vendues bien cher ; les premières ont
» été données pour 36,000 livres et les autres pour 15,000. A la
» réserve de deux particuliers du duché de Bourgogne qui
» ont acheté les deux charges de présidents, toutes celles des
» conseillers de cette nouvelle création ont été levées par
» des avocats de cette province, dont le bien n'est pas plus
» considérable que celui des anciens officiers leurs con-
» frères. »

D'Harouis constate que la situation est la même à la cour des comptes de Dole, et il ajoute :

« En 1690, on proposa à ces officiers du parlement de
» Besançon, avant la nouvelle création, de prendre des aug-
» mentations de gages de 5,000 livres. Ce n'était pour chaque
» conseiller que 2,420 livres en principal ; cependant je suis
» informé qu'ils eurent beaucoup de peine à faire cette somme ;
» peu d'entre eux la trouvèrent dans leurs bourses, et presque
» tous l'empruntèrent et en paient encore aujourd'hui les
» arrérages. Les temps ne sont pas devenus meilleurs ; l'ar-
» gent n'a jamais été si rare ; les vignes, qui sont le princi-
» pal revenu de Bourgogne, n'ont rien du tout produit cette
» année, et si, en 1690, ces officiers eurent tant de peine à
» faire une somme de 2,420 livres, il me paraît très difficile de
» les obliger à payer 3,000, 3,500 et jusqu'à 4,000, les uns
» plus, les autres moins, suivant les offices, pour ces augmen-
» tations de gages de 20,000 livres qu'on propose de tirer de
» l'union de ces deux compagnies. Je conviens que, parmi

» tous ces officiers, la misère n'est pas si grande que quelques
» uns d'entre eux ne puissent bien, sans beaucoup s'incom-
» moder, fournir cette somme de 3,000, 3,500 et 4,000 livres ;
» mais je suis sûr aussi que plus des deux tiers sont
» hors d'état de le faire, et que, si on entreprenait de l'exiger,
» il faudrait en venir à des contraintes dont on serait obligé
» de se départir et qui ne feraient qu'aigrir les esprits. »

D'Harouis ne voit pas, du reste, d'avantages à la réunion proposée, il pense, au contraire, qu'elle ne se ferait pas sans qu'il y eût bien des mécontents. Le parlement comptant actuellement 90 membres et la chambre des comptes 80, c'était mettre 170 officiers dans un seul corps, chiffre hors de proportion avec une province aussi petite que le comté de Bourgogne. {Il s'oppose au transfert de la chambre des comptes à Besançon.}

« D'ailleurs, ajoute-t-il, parmi ces officiers de la chambre
» des comptes, il y en a du duché de Bourgogne qui n'ont
» acheté leurs charges que parce que la ville de Dole est à
» portée de tous leurs biens ; ainsi ces officiers et les Franc-
» Comtois qui ont pris des établissements dans cette ville se
» trouveraient fort dérangés s'ils étaient obligés de venir s'éta-
» blir à Besançon, où ils ne possèdent rien et où il fait fort cher
» vivre, parce que le Doubs ne porte point bateaux et que
» tout vient par charrois dans cette ville, dont les abords sont
» très difficiles. Outre ces considérations, la ville de Dole,
» jolie et bien située, autrefois la capitale de cette province,
» qui avait le parlement, la chambre des comptes et l'univer-
» sité, serait anéantie, si on lui ôtait cette seule chambre
» des comptes qui lui reste. »

On proposait, il est vrai, de dédommager la ville de Dole en y transférant le présidial de Gray ; mais d'Harouis n'a pas de peine à démontrer que la difficulté n'était que reculée, sinon augmentée, et que les inconvénients d'un nouveau déplacement viendraient s'ajouter encore aux difficultés déjà signalées.

Ces raisons décidèrent le gouvernement à renoncer à la

réunion des deux cours dans la même ville. Il n'est du reste pas trace de ce projet dans les archives du parlement, et le plus probable est que ce dernier ne fut pas même informé du coup qui le menaçait.

<small>Projet de création d'une nouvelle chambre.</small>

La seconde proposition, celle de la création d'une nouvelle chambre, fut, au contraire, poursuivie.

Le 15 octobre 1702, Chamillard cherchait à convertir d'Harouis à cette idée, et invoquait uniquement l'intérêt de la bonne administration de la justice [1]. Il rappelait que suivant les principes du droit écrit et l'esprit du droit français, les parties devaient avoir deux degrés de juridiction pour la connaissance de toutes les affaires civiles et criminelles; or, à Besançon, les causes des privilégiés se portant directement au parlement et celui-ci jugeant sans appel et sans revision possible, il y avait, au détriment de ces privilégiés, une anomalie singulière et que Chamillard déclarait sans exemple. Il importait donc d'établir une chambre des requêtes qui connaîtrait en première instance des causes des privilégiés, à la charge de l'appel aux enquêtes ou à la grand'-chambre. Restait à savoir si les officiers de la nouvelle chambre devaient faire partie du parlement comme à Paris, ou rester en dehors de la cour suprême comme à Dijon. Chamillard ne voyait pas quelle raison solide le parlement pourrait opposer à cette nouvelle création, puisque sa juridiction restait intacte; il prévoyait cependant des résistances de la part du premier président, qui était encore Jobelot.

On s'étonnerait de la vivacité avec laquelle le contrôleur

---

[1] Boislile, II, 442. Cf. la lettre de Chamillard à Boisot, du 27 mars 1703, (Arch. du Doubs. Corresp. polit.) « Monsieur, il me paraît par la manière dont se payent les augmentations de gages que les officiers du parlement de Besançon se sont obligés de prendre, qu'il conviendrait mieux pour les intérêts du roy et leur propre soulagement d'establir une chambre des requêtes dont Sa Majesté tirerait une finance considérable et qui ne leur serait pas un grand préjudice ; je vous prie de me mander votre sentiment au plus tôt, car si les officiers préfèrent les augmentations de gages, ils doivent payer incessamment ce qui doit revenir au roy, sans quoi Sa Majesté se déterminera à ceste création »

général prenait la défense de la nouvelle création, si l'on perdait de vue que cette fois encore, c'était uniquement d'une question d'argent qu'il s'agissait. Le chancelier Pontchartrain, plus compétent à ce qu'il semble, désapprouvait au contraire la mesure ; le 17 novembre 1702 et le 13 mars 1703, il annonçait au parlement qu'il avait reçu ses remontrances au sujet de la chambre des requêtes et qu'il les approuvait. Il ajoutait :

« Lorsque j'entendrai parler de cette affaire, je ferai valoir » toutes vos raisons de mon mieux, persistant toujours dans » mon premier sentiment sur cette nouveauté, mais toujours » soumis, comme vous, à tout ce qu'il plaira au roi d'or- » donner à ce sujet [1]. »

La soumission devait être en effet, cette fois encore, le dernier mot du parlement. Désormais, il n'avait plus à compter sur la fermeté au moins relative de son vieux chef Jobelot, qui mourut au printemps de 1703. Son successeur, Gabriel Boisot, était acquis d'avance aux intentions du gouvernement.

Le jour de son installation (16 avril 1703), le nouveau premier président s'estimait heureux d'informer la compagnie de la volonté de Sa Majesté, qui voulait bien lui laisser le choix entre une augmentation de gages ou la création d'une chambre des requêtes, « quoique les pressants besoins de » l'Etat auraient pu porter Sa Majesté à recevoir les deux » sommes que devaient produire ces deux affaires. » Il invitait la compagnie à hâter sa décision, et dans le cas où elle choisirait une augmentation de gages, à prendre ses mesures pour la payer aussitôt, « sans quoi Sa Majesté pour- » rait se porter à créer la chambre des requêtes. » Le 18 avril, le parlement se décida pour une augmentation de gages, chaque officier s'engagea pour son compte, et la com-

Pour l'éviter, le parlement consent à une augmentation de gages, 18 avril 1703.

---

[1] Arch. du Doubs. Corresp politique. Lettres de Chaumillard, du 27 novembre 1702 et du 13 mars 1703.

pagnie promit de payer 73,410 livres au plus tard à la Saint-Martin [1].

Création d'une chambre des eaux et forêts, février 1704.

Ce nouveau sacrifice serait-il du moins le dernier? Le parlement n'eut pas de longues illusions. Au mois de février 1704, il était réduit à enregistrer un édit qui créait une nouvelle chambre pour juger en dernier ressort les instances concernant les eaux et forêts et les chasses. Cette fois, du moins, il essaya un semblant de résistance. Chamillard apprit que sur les registres de la cour il était fait mention de très humbles remontrances qui seraient faites au roi. Il s'irrita et rappela que Sa Majesté voulait que les enregistrements se fissent purement et simplement, et qu'elle n'admettait aucune remontrance par arrêt. Boisot avait prévu les désirs du ministre, il avait fait enregistrer purement et simplement l'édit, malgré la volonté de ses collègues : ceux-ci avaient tenu bon et avaient décidé, toutes chambres réunies, que la délibération serait mise en marge sur le registre. On en fut quitte pour la biffer après la réponse du ministre. La chambre des eaux et forêts devait, du reste, disparaître dans une combinaison nouvelle.

Projet de création d'une chambre des requêtes.

La chambre des requêtes n'était, en effet, pas abandonnée; le 2 mars 1704, les magistrats se plaignaient que cette mesure fût toujours suspendue sur leurs têtes. Pontchartrain répondit que l'affaire lui était inconnue, avoua que cela regardait principalement la finance, dont il ne se mêlait pas, et ajouta que s'il en était question au conseil, il aviserait. Chamillard, qui menait toute l'affaire, proposait, de son côté, un moyen terme. La chambre des requêtes serait créée, mais, pour éviter le trop grand nombre d'offices, on la réunirait à la chambre des eaux et forêts, créée au mois de février.

Difficultés opposées par le parlement.

La cour, après plusieurs délibérations, résolut d'accepter la réunion de la chambre des requêtes à celle des eaux et forêts; elle demandait du moins que la nouvelle chambre fût

---

[1] Arch. du Doubs. Délibérations importantes, 16 avril, 18 avril 1703.

en dehors du parlement, et qu'on ne créât que dix conseillers, deux présidents, un chevalier d'honneur et un avocat général. Les conseillers Talbert et Duban durent conférer à ce sujet avec l'intendant. Celui-ci ne voulut pas accepter les propositions du parlement, il prétendit que « cet établissement
» extérieur et soumis à l'appel serait regardé comme un bail-
» liage dont personne ne se présenterait pour acheter les
» charges, et que même le projet de Sa Majesté était de créer
» deux présidents à mortier, quatorze conseillers, un cheva-
» lier d'honneur, un avocat général. »

Le parlement en appela de l'intendant à Chamillard, le 9 juin 1704; il invoquait toujours les mêmes raisons : sa pauvreté, la diminution de sa juridiction, la difficulté de trouver un grand nombre d'officiers habiles et capables : « Il faudrait dans une ample création recevoir les officiers
» de toutes sortes d'aloy, dont le mélange déshonorerait né-
» cessairement la justice et ceux qui la rendent. »

Le parlement proposait « la création d'un nombre modéré
» d'officiers dans l'intérieur de la compagnie, qui auront les
» mêmes avantages que les anciens, qui seront répartis dans
» les chambres, qui tourneront avec les autres, et qui juge-
» ront à leur tour dans un quatrième bureau, avec les an-
» ciens officiers qu'il sera nécessaire de leur joindre, les
» matières des eaux et forêts en dernier ressort, et celle des
» requêtes à la charge de l'appel. »

L'édit du mois de juillet 1704 ne donna au parlement qu'une demi-satisfaction. Le roi supprimait la chambre des eaux et forêts, créée au mois de février; « pour conserver au
» parlement, disait-il, toute sa juridiction et lui donner les
» moyens de pouvoir l'exercer dans une quatrième
» chambre, » il augmentait le nombre des officiers et créait à cet effet deux présidents à mortier, un chevalier d'honneur, huit conseillers laïques, un conseiller-clerc, deux présidents aux requêtes et aux eaux et forêts, un avocat général, deux substituts, un greffier, un commis au greffe, dix procureurs,

Suppression de la chambre des eaux et forêts et création d'une chambre des requêtes, juillet 1704

un huissier audiencier et deux autres huissiers jouissant de tous les privilèges des anciens membres du parlement [1].

Ce fut au mois de décembre seulement qu'un arrêté régla l'organisation assez compliquée de cette nouvelle chambre. Chaque semestre, quatre conseillers, dont deux anciens et deux nouveaux, étaient détachés de chacune des trois chambres, et composaient, avec les deux présidents des requêtes, la chambre des requêtes du palais et des eaux et forêts [2].

Dès le mois d'août, le parlement avait écrit à Chamillard : « Il ne nous reste plus que la gloire d'obéir et de marquer en » cette occasion, comme nous l'avons toujours fait, que notre » soumission aux ordres du roy n'est point retardée par la » connaissance du préjudice que nous cause la création de » tant d'officiers, et que notre zèle, notre affection et notre » dévouement au service du roy surpassent toutes considéra- » tions particulières pour le bien de nos familles [3]. »

Lenteurs des magistrats à organiser la nouvelle chambre.

Le parlement n'était ni si résigné ni si soumis qu'il voulait le faire croire. Il fit tout son possible pour retarder l'exécution des arrêts qu'il n'avait pu empêcher. Le 23 novembre, le contrôleur général le rappelait à l'ordre et se plaignait au premier président Boisot, qu'on eût retardé la réception des acquéreurs des charges nouvelles pour installer un de ses neveux qui venait d'acheter une charge ancienne ; le roi, pour favoriser le débit de la création, ne voulait pas qu'on reçût personne aux anciennes charges avant que les nouvelles fussent remplies et les acheteurs reçus; il aurait marqué son mécontentement en cassant la réception, s'il n'eût eu égard aux services de Boisot et compté sur un meilleur concours à l'avenir.

Le parlement profitait en outre de ce que le règlement de la nouvelle chambre n'avait pas encore été publié pour

---

[1] Droz, *Recueil des arrêts*, II, p. 289.
[2] Id., I, p. 331.
[3] Arch. du Doubs. Corresp. polit. Lettre à Chamillard, 29 août 1704.

retarder les réceptions des nouveaux officiers, « de peur,
» disait-il, qu'une réception prématurée exposât les nou-
» veaux magistrats ou à rester sans emploi ou à juger avec
» les anciens dans les trois chambres, avant que les condi-
» tions de leur entrée dans ces chambres eussent été réglées. »
Chamillard fit observer qu'il n'était pas d'usage de suspendre les réceptions sous prétexte d'attendre un règlement
qui ne regardait que les fonctions et non les charges.

Ainsi mis au pied du mur, le parlement procéda à la
réception des nouveaux membres, non sans avoir réglé
auparavant la question pécuniaire. On décida, le 26 janvier 1705, que les deux présidents aux requêtes et les
conseillers de nouvelle création paieraient 700 livres de bien-
venue, qu'ils seraient tenus de consigner avant de présenter
leurs requêtes, à la réserve, néanmoins, des sieurs Franchet et Boquet, qui ne paieraient pas, comme fils de maîtres,
conformément aux anciennes délibérations. L'avocat général
Caillet, nouvellement promu, essaya de s'en tirer à meilleur
compte, et proposa à la compagnie, pour son droit de bien-
venue, la somme de 350 livres. Le parlement, après délibération, l'obligea à payer les 700 livres : « il sera ensuite
» admis à faire procéder à l'information de ses bonnes vie
» et mœurs, à tirer la loy et à subir l'examen conformément
» à l'usage du parlement. »

C'est à cette dernière épreuve que les magistrats atten-*Epreuves*
daient leurs nouveaux collègues. Le parlement, en effet, *et examens*
n'était pas resté complètement désarmé le jour où la vénalité *imposés*
lui avait ôté le droit de présentation. Il soumettait les nou- *aux*
veaux venus à une double enquête ; dans la première, il con- *nouveaux*
trôlait l'origine, la vie et les mœurs du candidat ; dans la *magistrats.*
seconde, il s'assurait de sa capacité.

Voici comment se passait ce second examen. Le jour où
il doit, selon l'expression adoptée « prendre la loi, » le récipiendaire est reçu par le premier président dans la grand'-
chambre; on lui donne un code qu'il ouvre au hasard, et il

choisit dans l'une des deux pages ouvertes devant lui la loi qu'il voudra, en disant à haute voix : *Incidi in talem legem*. Il est pris note du texte qu'il devra commenter et expliquer publiquement dans les huit jours qui suivent. Le jour de la discussion venu, le candidat se présente de nouveau, débute par un compliment en latin, « fait sa leçon sur » la loi » et argumente avec les conseillers qui veulent prendre part à la discussion. Le récipiendaire est tenu en outre de répondre sur les fortuites de la pratique. « Les for-
» tuites s'appellent lorsque, après la dispute faite sur la
» leçon, le récipiendaire ouvre le Digeste vieux et l'Infor-
» tiat, dans chacun desquels, et à l'ouverture, il prend une
» loi dont il forme le cas et les raisons de *decidendi* sur-le-
» champ; on peut aussi l'interroger sur la coutume et sur
» l'ordonnance. » Le récipiendaire se retire ensuite, on va aux voix et on lui annonce sa réception ou on lui signifie son ajournement. Un second ajournement est, du reste, définitif.

Le parlement en refuse plusieurs. D'Orival.

Telle était l'épreuve à laquelle allaient être soumis les nouveaux magistrats devant des juges peu suspects de bienveillance. Le 31 janvier 1705, le sieur d'Orival, ci-devant conseiller au présidial de Besançon, pourvu d'un office de conseiller au parlement, se présenta pour expliquer la loi, l'ordonnance et les fortuites; il fut refusé « eu égard, lui
» fut-il signifié, qu'il n'a point la capacité que doit avoir
» un juge, n'ayant pas satisfait messieurs à son examen, ce
» qui a donné lieu à la compagnie de le renvoyer pour six
» mois, sauf à lui d'anticiper le temps et de se présenter
» quand il jugera à propos. »

Augustin Nicaise.

Le 15 février de la même année, pareille mésaventure arrivait au sieur Augustin Nicaise, pourvu d'un office de conseiller au parlement et président aux requêtes. Celui-ci se plaignit à Paris, et les ministres prirent son parti [1] ; par

---

[1] Desmaretz écrivait à Nicaise, le 25 février : « J'entre fort dans la peine que vous avez sur l'injure que le parlement de Besançon vous a faite. Je ne sais point

e fait, la réception de d'Orival et de Nicaise ne fut retardée que de quelques semaines.

Une autre querelle fut cherchée au sieur Guyenard, lieutenant général de la Table de marbre, et pourvu comme Nicaise d'une charge de conseiller au parlement et président aux requêtes du palais. On contesta la moralité de sa vie [1].

<small>Guyenard.</small>

Enfin il fallut encore l'intervention du ministère pour obliger le parlement à admettre un nouveau conseiller, le sieur Quegain. On prétendait qu'il était fils d'un mainmortable, et son père, citoyen de Besançon et payeur des gages du parlement, ne voulait pas justifier de son affranchissement, de crainte que le parlement n'en tirât encore avantage contre son fils.

<small>Quegain.</small>

Cette fois le contrôleur général se fâcha et écrivit au premier président Boisot une lettre pleine de menaces. « Les » choses, disait-il, ne peuvent pas demeurer plus longtemps » en cet état, Sa Majesté pourrait se porter à quelque résolu- » tion que le parlement aurait regret de s'être attirée. Je crois

<small>Intervention du gouvernement.</small>

---

qui des officiers de cette compagnie ont été capables de concerter le dessein de vous surprendre par des questions imprévues et qui ne regardaient point la loi qui vous avait été donnée; mais on ne peut considérer leur conduite que comme l'effet d'une cabale très indigne de gens de bien et d'honneur: M. Chamillard, qui en a été informé, s'est chargé d'en parler au roy et de prendre l'ordre de Sa Majesté pour faire cesser les injustes difficultés qu'on vous a faites. Croyez que votre réputation n'en sera point altérée auprès des personnes qui vous connaissent, et qu'en mon particulier je ne perdrai point d'occasion pour vous marquer que je suis, etc. »

[1] Suivant l'usage, Guyenard avait présenté des certificats de l'archevêque, du curé de Saint-Pierre, du Père Courtot, qui justifiaient de son honorabilité. Le parlement ne se contenta pas d'aussi sérieux témoignages; il remarqua quelques réticences défavorables dans les déclarations de quelques témoins, en particulier du sieur Renard, avocat et maire de la ville. Enfin, Guyenard ne comptait pas, parmi ses répondants et suivant l'usage, des chanoines de la cathédrale et un gentilhomme de connaissance. On en déféra au procureur général, qui conclut à ce qu'il fût plus amplement informé de l'honorabilité du candidat. Guyenard, informé de cette décision, se rendit à l'hôtel du procureur général, renouvela la promesse qu'il avait faite d'éloigner la demoiselle Colombet, dont la présence dans sa maison causait les scrupules du parlement, et celui-ci déclara qu'il recevrait le sieur Guyenard « à charge néanmoins qu'il sera dressé procès-verbal de tout ce qui s'est passé en cette occasion, dont M. le premier président gardera un extrait, et le sieur procureur général un autre, pour y avoir recours en cas de besoin. »

« devoir vous en donner avis, afin que, faisant faire à votre
» compagnie les réflexions nécessaires dans une occasion de
» cette conséquence, elle prévienne par une obéissance
» prompte et sincère ce qui pourrait lui faire de la peine [1]. »

En même temps l'intendant de Bernage indiquait dans quelles limites le gouvernement entendait restreindre les droits d'examen du parlement.

« Il y a longtemps qu'en général on a perdu l'usage d'exa-
» miner si scrupuleusement l'origine pour l'entrée dans les
» charges; mais outre la facilité usitée dans le commerce
» ordinaire des offices, celui-ci a pour lui la faveur de la
» nouvelle création. D'ailleurs, l'agrément qui regarde la
» naissance et la qualité des personnes n'appartient qu'au
» roy seul, et quand il a plu à Sa Majesté de le donner en
» accordant les provisions, ce qui reste à faire aux compa-
» gnies se réduit à l'examen des mœurs et de la capacité [2].... »

Le parlement dut céder sur tous les points : il se consola en décidant que les présidents et conseillers aux requêtes de la quatrième chambre ne pourraient exiger des avocats le titre de monseigneur et se contenteraient de celui de monsieur.

Le parlement menacé d'une nouvelle création.

Cette laborieuse création d'une chambre des eaux et forêts et requêtes fut la dernière modification imposée par Louis XIV au parlement de Besançon. Cependant, en 1714, il eut encore une chaude alarme. On présenta au roi un mémoire pour lui demander l'établissement d'une quatrième chambre, égale par le nombre de ses membres et sa constitution aux trois anciennes [3]. L'auteur anonyme rappelait que, d'après l'édit de juillet 1704, la chambre des requêtes se composait de deux présidents fixes et de douze conseillers tirés par semestre des trois chambres du parlement, qu'elle jugeait en première instance les causes des privilégiés et en

---

[1] BOISLISLE, *Correspondance des Intendants*, II, p. 753
[2] ID.
[3] Archives nationales, G⁷, 284.

dernier ressort les causes concernant les eaux et forêts ; il ajoutait : « Il est aisé de juger des inconvénients qui arri-
» vent par la disposition de cette chambre ; souvent un con-
» seiller se trouve juge en dernier ressort d'une affaire dont
» il a été juge à la charge de l'appel. »

Le parlement, informé de cette proposition, s'en émut et protesta vivement auprès de Desmaretz. Il invoquait comme à l'ordinaire la diminution de la dignité et du prix des charges, le peu d'étendue de la province, la médiocrité des fortunes, la multitude des tribunaux et le petit nombre des affaires.

Cette fois, du moins, le parlement avait l'heureuse fortune d'être d'accord avec le Guerchois, qui prit en main sa défense contre les propositions de créations nouvelles. Dans une lettre à Desmaretz du 11 juillet 1714 [1], il réfuta le principal argument de l'auteur du projet, en montrant que le parlement, dans la répartition des causes, avait toujours veillé soigneusement à ce que les mêmes juges n'eussent pas à connaître deux fois de la même affaire, d'abord en première instance, une seconde fois en appel.

L'intendant s'oppose à toute innovation.

« Le parlement, disait-il en outre, est le plus petit du
» royaume, celui où il y a le moins d'affaires, le seul où les
» officiers font souche à noblesse au premier degré, et dont
» les biens roturiers sont réduits à la portion colonique, c'est-
» à-dire que les fermiers ne paient que le tiers des imposi-
» tions au lieu du total dont ils seraient chargés, si ces biens
» n'appartenaient pas à des officiers du parlement ; une
» nouvelle création de semblables officiers serait assurément
» fort à charge au peuple, et le roy n'en tirerait presque
» point d'avantages, puisqu'il faudrait indemniser les an-
» ciens officiers du parlement, à qui l'on ôterait des fonctions
» qui leur appartiennent : aussi, quelques réflexions qu'on
» fasse, il n'y en a aucune qui ne porte à croire que la propo-
» sition dont il s'agit ne mérite pas d'être écoutée. »

---

[1] Archives nationales, G7, 284.

Cette fois, grâce à l'appui de l'intendant, le parlement obtint gain de cause et resta ce qu'il était depuis 1704.

Telles sont les modifications qui furent imposées à la cour de justice franc-comtoise pendant les quarante ans que Louis XIV régna sur la province.

Résumé. A s'en tenir aux apparences, elle gagna beaucoup en éclat et en prestige pendant cette longue période. Le nombre de ses membres était quintuplé ; elle comptait trois chambres, outre celle des requêtes, au lieu d'une seule ; elle avait à sa tête un premier président et huit présidents à mortier. L'hérédité des charges avait rehaussé la situation de ceux qui les possédaient. Le luxe des costumes, la pompe des cérémonies, avaient remplacé l'ancienne simplicité de la cour de Dole et inspiraient au peuple une haute idée de la puissance des magistrats.

« Il n'y avait rien de plus imposant et de plus solennel
» que ces grandes audiences, où étaient rangés soixante opi-
» nants dans cette salle magnifiquement bâtie en 1700 et
» ornée de tapisseries données par Louis XIV. On voyait là
» le trône angulaire des lits de justice resplendissant de la
» majesté royale, un parquet en avant qu'on ne traversait
» jamais, comme si on eût été en présence d'un autel, le siège
» du gouverneur de la province, le grand banc si vénérable
» par l'âge et la dignité de ceux qui l'occupaient ; on y en-
» tendait enfin comme la voix non interrompue et le concert
» des siècles toujours changeants sans avoir rien de brisé et
» de désuni [1]. »

Peut-être en savons-nous déjà assez pour ne pas accepter sans réserve le jugement d'un historien pour qui l'éloge du parlement était un peu une affaire de famille. La tradition avait été brisée plus qu'il ne croit par la conquête française. La cour de Dole, si peu nombreuse et si modeste d'allure, avait eu, même dans les plus mauvais jours, une part consi-

---

[1] *La Franche-Comté ancienne et moderne*, II, p. 401.

dérable dans le gouvernement de la province. Elle avait partagé avec les Etats le droit de porter aux souverains les vœux et les revendications d'une nation fière de ses libertés ; elle avait fourni à l'Empire et à l'Espagne des diplomates et des hommes d'Etat ; en un jour de crise suprême, la gloire militaire ne lui avait pas manqué. Son éclat, si modeste qu'on veuille le trouver, était bien à elle et n'avait rien d'emprunté. Celui dont brillait le corps reconstitué par Louis XIV n'était, au contraire, qu'un reflet du Roi-soleil. Les magistrats nouveaux surent se résigner au rôle d'interprètes et d'exécuteurs d'une volonté impérieuse et superbe. Ce rôle pouvait ne pas être sans dignité, mais il lui manquait l'initiative et la liberté qui avaient fait la grandeur de l'âge précédent.

A la fin du xviii siècle, le conseiller Droz a publié, en quatre volumes in-folio, le recueil des actes du parlement de Franche-Comté, à partir de la conquête française. Plus de la moitié du travail, près de 2,000 pages imprimées à deux colonnes, se rapporte à la période qui s'étend de 1674 à 1715. On pourrait se tromper au premier abord et juger à un trop haut prix, d'après cette quantité considérable de textes, le rôle et l'influence des magistrats ; en feuilletant les volumes, on s'aperçoit bientôt que, dans la plupart des cas, ce sont les actes de la volonté royale que l'on a sous les yeux, et non pas ceux de la cour de justice. Il faut se hâter d'ajouter, pour être exact, que Droz n'a cru devoir insérer dans son recueil que quelques jugements proprement dits, assez importants par la matière ou par la forme, pour établir la jurisprudence, et qu'ainsi, le travail judiciaire du parlement n'a pas de place dans son volumineux ouvrage. Or, sur ce terrain, l'autorité des magistrats était restée intacte ou peu s'en faut.

Du rôle du parlement. Son importance, ses limites.

Il était impossible cependant que la conquête française n'amenât pas avec elle quelques modifications dans l'administration de la justice. Le parlement dut renoncer aux

Introduction de la législation française

anciennes ordonnances de la province et adopter la législation française. On sait que celle-ci, sous l'influence de Colbert, venait de subir une refonte complète.

L'ordonnance civile avait été publiée en 1667; l'ordonnance criminelle, en 1670. Celle-ci fut introduite en Franche-Comté immédiatement après la conquête, en février 1679 [1]. L'ordonnance de 1667, modifiée en 1669 et 1673, ne fut, au contraire, mise à exécution qu'en 1684 [2]. Elle touchait à trop de choses pour qu'il fût possible de l'imposer de prime abord et sans modifications à la province. Un long travail, dont l'honneur revient au premier président Jobelot, fut entrepris pour reviser d'abord ce qui était incompatible avec les privilèges du pays, puis pour en expliquer et en imposer l'usage aux membres du parlement et aux magistrats des tribunaux inférieurs.

Le privilège des Comtois.

La plus importante des modifications apportées à l'ordonnance de 1667 fut la suppression des *committimus*, dont l'usage était inconnu en Franche-Comté [3]. On appelait ainsi le privilège en vertu duquel quelques personnes ou communautés pouvaient évoquer leurs procès devant des juges spéciaux. On ajouta de plus un article d'après lequel aucune évocation ne pouvait être accordée pour traduire les Comtois hors du ressort du parlement. Cette victoire ne fut, du reste, pas décisive. La cour fut constamment tenue en éveil par les tentatives des tribunaux exceptionnels de Paris ou des parlements voisins pour violer ce privilège, dont les Comtois étaient très jaloux. Elle réussit du moins à le maintenir.

Suppression du droit de remontrances.

Le parlement fut moins heureux sur un autre point. L'article 1er de l'ordonnance de 1666 défendait toutes remontrances avant l'enregistrement des édits. Le parlement éprouva à ses dépens que, dans la pensée du roi, cet article ne devait pas

---

[1] Droz, *Recueil des édits*, I, p. 51.
[2] Id., *ibid.*, p. 174. L'éditeur indique en tête de chaque titre les modifications introduites dans le texte primitif.
[3] Droz, *Recueil des arrêts*, I, p. 217, note du titre XXXVIII.

rester lettre morte. En 1692, au moment où commençait ce déluge de mesures fiscales qui allait inonder la province, la cour prit sur elle de surseoir à l'enregistrement de quelques édits qui lui semblaient contraires aux privilèges et aux capitulations. Elle fut immédiatement rappelée à l'ordre. Le 17 décembre 1692, le contrôleur général Pontchartrain signifiait au procureur général, Gabriel Boisot, la volonté formelle du roi que les édits fussent immédiatement enregistrés. « Après quoi, ajoutait-il, Sa Majesté veut bien que
» vous m'envoyiez ici vos mémoires des raisons et des titres
» particuliers que la Franche-Comté peut avoir pour fonder
» son exemption.... Je puis même vous assurer que tout ce
» que vous proposerez de moyens pour faciliter et pour
» adoucir l'exécution de l'édit sera accepté par Sa Majesté.
» Elle est satisfaite du service et du zèle de la noblesse de
» votre province. Elle est contente de l'obéissance et de la
» soumission de tous ses peuples : elle en conservera tous
» les privilèges qui se trouveront bien fondés et ménagera
» avec bonté les voies de leur rendre plus doux tout ce qui
» est nécessaire. » Ces bonnes paroles pouvaient adoucir l'amertume de la défaite. Mais celle-ci était irrévocable. La volonté du roi à cet égard était formelle, et les velléités de résistance du parlement furent inutiles; son autorité judiciaire, du moins, n'en était pas atteinte.

Le transfert de la cour à Besançon compléta sa juridiction en lui soumettant les diverses justices de cette ville, qui jusqu'alors, et à son grand regret, lui avaient échappé. Jusqu'en 1696, il reçut directement les appels des treize bailliages de Besançon, Dole, Poligny, Arbois, Quingey, Ornans, Salins, Pontarlier, Orgelet, Lons-le-Saunier, Baume, Gray et Vesoul. Cette année, le roi établit cinq présidiaux à Besançon, Vesoul, Gray, Lons-le-Saunier et Salins [1]. Le parlement

---

[1] Droz, *Recueil des édits*, I, p. 727. Edit portant création de cinq présidiaux dans le comté de Bourgogne, du mois de septembre 1696, publié le 20 octobre suivant.

protesta vainement. Cette création de tribunaux intermédiaires avait à ses yeux le double inconvénient de diminuer les profits pécuniaires de ses membres, en leur enlevant la connaissance de quelques procès, et de porter atteinte à leur prestige en instituant une nouvelle classe de magistrats plus rapprochés d'eux que les officiers des bailliages. Du moins, il restait le tribunal suprême, et les membres des présidiaux lui furent subordonnés au même titre que ces derniers.

La suprématie judiciaire du parlement s'étendait en outre sur les quelques vestiges qui subsistaient encore des anciennes justices féodales ecclésiastiques ou laïques ; c'étaient les justices des abbayes de Saint-Claude, de Luxeuil et de Saint-Paul de Besançon, celles des terres de Lure, de Vauvillers et de Saint-Loup.

Son droit de contrôle sur les tribunaux et les magistrats.

Ce n'est pas seulement en revisant les jugements soumis à son appel que le parlement faisait sentir son autorité aux tribunaux inférieurs. Avant comme après l'introduction de la vénalité des charges, il eut la haute main sur la composition de ces tribunaux par les enquêtes et les examens auxquels il soumettait les aspirants aux charges judiciaires. Il surveilla leur conduite, régla la procédure, maintint l'unité de la jurisprudence et imposa à tous un contrôle minutieux et de tous les instants. Cette surveillance et cette intervention continuelles étaient d'autant plus nécessaires que l'administration de la justice avait souffert d'abord des troubles de la période précédente et des désordres de la guerre, et que plus tard, il fallut veiller à l'introduction des lois françaises, rompre les habitudes des magistrats et leur imposer une procédure contraire à toutes leurs habitudes.

Ce travail se fit surtout par correspondance ; mais le parlement fit revivre en même temps une vieille coutume qui imposait aux officiers des bailliages l'obligation d'assister, tous les ans, à la séance de rentrée de la Saint-Martin. Il rappela plusieurs fois cet usage, qui était tombé en désuétude pendant les guerres de la première partie du siècle. Enfin, le 21 juillet 1698, à la requête du procureur général, il prononça un arrêt où il rappelait le but et l'utilité de cette convocation et en réglait le détail [1].

Dans le préambule de l'arrêt, le parlement rappelle les anciennes ordonnances du comté, d'après lesquelles « les offi-
» ciers des bailliages de chaque siège, les gruyers et procu-
» reur du roi de cette justice sont tenus de se présenter en
» personnes par-devant la cour, à la rentrée, après la fête
» de saint Martin, pour communiquer des affaires de leurs
» juridictions, dans lesquelles le roi et le public peuvent
» avoir intérêt ; et qu'après avoir représenté de vive voix ce
» qu'ils estiment être du bien de la justice, ils donneront
» leurs remontrances par écrit, pour, sur le tout, être pourvu
» par la cour ainsi que de raison. »

Les circonstances n'ont pas permis de suivre toujours cette ordonnance, et la cour a dû souvent se contenter de recevoir les remontrances écrites des officiers ; mais « il est arrivé que
» non seulement ils ont été peu exacts à les donner, mais ont
» cessé entièrement de représenter ce qui convenait au bien
» de leurs bailliages, de sorte que la cour n'ayant pas été in-
» formée de plusieurs abus arrivés dans les justices infé-
» rieures, elle n'a pu y apporter les remèdes convenables. »

Le rétablissement de la paix permet de reprendre la tradition, et il importe que la cour « non seulement soit informée
» de ce qui se passe dans l'étendue de son ressort parmi
» tant d'officiers créés pour l'accélération des affaires, mais
» encore que ces officiers entendent les remontrances qui
» leur sont faites chaque année sur leur devoir, principale-
» ment dans ce temps où la justice semble avoir pris une
» face nouvelle. »

La cour ordonnait en conséquence « aux officiers des bail-
» liages de Vesoul, Lons-le-Saunier, Dole et Besançon, de

---

[1] Daox, *Recueil des arrêts*, I, p. 835. Arrêt du parlement ordonnant aux officiers d'Amont, d'Aval et de Dole de venir à la rentrée de Saint-Martin du 21 juillet 1698.

» se présenter chaque année à l'audience de la cour, le len-
» demain de la fête de la Saint-Martin, députant à cet effet un
» d'entre eux pour recevoir les ordres de la cour, lui pré-
» senter en chambre de vive voix, et laisser par écrit ce
» qu'ils estimeraient convenir. » La présence des officiers
des autres bailliages n'était pas exigée ; mais ils devaient,
quinze jours à l'avance, envoyer leurs mémoires et instructions à leurs collègues : ceux de Gray et de Baume à Vesoul ;
ceux de Salins, Poligny, Arbois, Pontarlier et Orgelet, à
Lons-le-Saunier ; ceux d'Ornans et de Quingey, à Dole.

Les instructions qui s'échangeaient à la séance de rentrée
étaient complétées par des règlements ou des arrêts dont les
principaux ont été recueillis par Droz.

Le 26 novembre 1676, le parlement fixe les jours d'audience du bailliage et de la mairie de Besançon, et règle les
formalités des appels des sentences rendues par les gouverneurs de la ville [1].

Le 21 janvier 1677, il règle et modifie l'ancienne procédure des justices seigneuriales [2].

Le 7 septembre 1684, après l'adoption de l'ordonnance
civile, il rend un arrêt portant règlement pour poursuivre
les procès commencés suivant l'ancienne procédure et qui
doivent être continués suivant la nouvelle [3].

Le 4 septembre 1698 et le 18 mars 1701, il impose un
règlement aux officiers des bailliages et des présidiaux,
tâche d'autant plus difficile que par suite de réunion d'offices, les mêmes magistrats siégeaient souvent dans ces
deux tribunaux de compétence inégale [4].

Une préoccupation constante du parlement fut encore de
diminuer les frais des procès et de taxer les officiers subalternes. Signalons sur cette matière les arrêts du 13 août

---

[1] Droz, *Recueil des arrêts*, I, p. 30.
[2] Id., *ibid.*, p. 31.
[3] Id., *ibid.*, p. 227.
[4] Id., *ibid.*, p. 836 ; II, p. 65.

1686, des 30 janvier et 18 novembre 1694, du 9 juillet 1700 [1].

Les avocats, les notaires, les huissiers, les procureurs, n'échappaient pas non plus à la surveillance attentive des magistrats. Un arrêt du 23 novembre 1675 imposa aux premiers l'obligation de justifier de leur *triennium* d'études. Deux autres du 14 juin et du 5 septembre 1695 concernent le tableau auquel ils doivent s'inscrire, le serment auquel on les soumet ainsi que les procureurs, et règlent le détail de leurs fonctions [2].

Ainsi demeuré souverain dans le domaine de la justice, le parlement ne devait pas rester étranger à bien d'autres parties de l'administration. Dans un pays où la cour judiciaire avait eu si longtemps une grande part de la souveraineté et jouissait encore d'une grande autorité, il était naturel qu'elle servît d'intermédiaire entre le pouvoir et les sujets, et que souvent le gouvernement lui demandât, à lui ou à ses chefs, son avis et ses conseils sur les mesures à prendre pour assurer l'exercice de l'autorité sans blesser inutilement les habitudes et les préjugés du pays. Les premiers présidents et les procureurs généraux abordent les questions les plus diverses dans leur correspondance avec les ministres, et le recueil de Droz renferme de nombreux édits qui prouvent l'étendue et la variété des attributions du parlement.

Ainsi, dès les premières années de la conquête, on voit le parlement prendre des mesures de police dont le but est évidemment de rétablir l'ordre moral et matériel troublé par les guerres. Le 2 août 1674, il défend les danses et les assemblées les jours de fête des patrons. Le 20 décembre de la même année, il interdit les assemblées contre la religion. En 1677, les cabaretiers reçoivent l'ordre de refuser à boire

---

[1] Droz, *Recueil des édits*, I, p. 278, 488, 611; II, p. 24.
[2] Id., *ibid.*, I, p. 20, 644, 658.

aux habitants des lieux. En 1683, défense de vendre sur les cimetières des églises. Notons encore, en 1693 et en 1709, des règlements pour la subsistance des pauvres; en 1694, un règlement pour l'élection des messiers et gardes-fruits; le 2 août 1699, une défense aux hérétiques de résider au comté de Bourgogne; le 19 décembre de la même année, une défense aux imprimeurs et aux libraires d'imprimer ni de vendre aucun livre sans le nom de l'auteur et sans permission; en 1707, un arrêt contre l'usure; une défense à des religieux étrangers de quêter; en 1708, une permission aux Cordelières de Poligny de la première règle de Sainte-Claire de quêter dans le ressort.

Le parlement s'occupe encore de l'entretien des chemins publics et de la destruction des loups (1675, 1677, 1683), des impositions et des comptes des communautés (1677-1678) [1].

En 1698 et 1709, deux années de famine, il publie plusieurs arrêts relatifs au commerce des grains, ayant surtout pour but d'empêcher les accaparements [2]. En 1682 et dans les années suivantes, même sollicitude pour prévenir les maladies épidémiques [3].

Le parlement surveille encore la tenue des registres de l'état civil : le 20 décembre 1680, il ordonne aux curés des paroisses de tenir exactement les registres des mariages et enterrements [4]. Il intervient aussi dans l'administration des abbayes; le 11 janvier 1681, après une enquête et des visites faites dans les maisons religieuses de la province, il constatait que « ces bénéfices demandaient une prompte
» réparation, non seulement pour les quartiers des abbés,
» prieurs et religieux, mais aussi pour les églises et leurs
» ornements; que même plusieurs maisons et autres fonds
» étaient en ruines et comme abandonnés dès longtemps,

Administration des abbayes.

---

[1] Droz, *Recueil des arrêts*, I, p. 20, 31, 167.
[2] Id., *ibid.*, I, p. 839; II, p. 667.
[3] Id., *ibid.*, I, p. 157.
[4] Id., *ibid.*, I, p. 129.

» tant par les guerres arrivées souvent dans cette province,
» que par le peu de soin d'aucuns possesseurs desdits béné-
» fices, qui ont consommé, soit pour le tout ou en partie, le
» tiers des revenus destinés auxdites réparations, ce qui va à
» l'intérêt du service divin et de celui de Sa Majesté, qui a la
» nomination et protection desdits bénéfices, et à la perte des
» fondations qui ont été faites. » Il rappelait à l'exécution
des règlements les abbés et les prieurs, et les menaçait, en
cas de négligence, d'employer d'office, à l'entretien des bâtiments, la part des revenus que les règlements affectaient à
cet usage. La menace était renouvelée en 1698, en même
temps qu'on rappelait aussi aux religieux que la distribution
des aumônes était au nombre de leurs devoirs [1].

Tel était le champ où s'exerçait, sous Louis XIV, l'activité
de la magistrature franc-comtoise. On voit qu'il était encore
vaste et varié ; mais, à y regarder de près, il manquait, pour
ainsi dire, de profondeur. Derrière le parlement apparais-
sent trop vite le procureur général et l'intendant, interprètes eux-mêmes de la volonté du roi. C'est se laisser tromper par les apparences que de dire, avec un historien moderne, qu'il « suffisait au parlement d'exister avec son nom,
» sa constitution et sa forme substantielle, pour rester ce
» qu'il était et réparer ses pertes. » En réalité, si le nom
était resté, l'autorité avait subi de cruelles atteintes et les
pertes éprouvées étaient irréparables.

Il ne semble pas que les magistrats aient souffert beaucoup de la situation nouvelle qui leur était faite ; les successeurs des Boyvin et des Brun s'accommodèrent bien vite du
rôle modeste auquel ils étaient réduits ; autant que la pénurie
des renseignements nous permet d'en juger, ils acquirent
sans peine les qualités modestes qui convenaient le mieux
à leurs fonctions et qui étaient faites pour plaire à leurs chefs.
Ils furent des fonctionnaires zélés, honnêtes et avant tout

*Les magistrats s'accom-
modent à leur rôle modeste.*

---

[1] Dnoz, *Recueil des arrêts*, I, p. 132 et 812.

soumis; ils s'effacèrent si bien, qu'en plus d'un demi-siècle, aucun d'eux ne devait s'élever au-dessus d'une honorable médiocrité.

<small>Les premiers présidents.</small> De 1674 à 1715, cinq premiers présidents se succédèrent à la tête du corps, Claude Boyvin, Claude Jacquot, Jean-Ferdinand Jobelot, Gabriel Boisot et Jean-Antoine Boisot.

Les deux premiers ne firent que passer à la première présidence, et appartiennent par les dates à la période qui précède la conquête.

Le dernier, au contraire, appartient, sauf quelques mois, au règne de Louis XV et à une période toute nouvelle de l'histoire parlementaire.

Jobelot et Gabriel Boisot seuls doivent nous arrêter quelques instants.

<small>Jobelot.</small> Dans cette galerie de figures effacées et sans relief, une place à part appartient au premier de ces deux chefs de la cour. A défaut de qualités brillantes, il offrait du moins un ensemble assez rare de vertus estimables. Jobelot était avocat général depuis 1652, et conseiller depuis 1660. On pouvait le comparer, dit Lampinet, « au Janus des anciens qui » avait vu les deux temps, car il a été plus de vingt-deux ans » au parlement de Dole et dix-sept à celui de Besançon [1]. » Ce n'était pas un héros; en 1668, il avait voté la capitulation de Dole; sa maison avait été saccagée après le départ des Français, et lui-même avait dû s'échapper par un jardin. Retiré à Gray, il avait occupé les loisirs que lui faisait la suppression du parlement en écrivant sa justification et celle de ses collègues.

Nous avons vu qu'il succéda à Claude Jacquot en décembre 1675; c'est sur lui que retomba tout le poids des travaux nécessités par le changement de régime. Il se tira honorablement de cette lourde tâche [2]. Le travail de Jobelot

---

[1] *Histoire manuscrite du parlement.*
[2] « Il avait la plus grande part des changements arrivés dans le parlement, soit par son transfert de Dole à Besançon par l'introduction d'une nouvelle ordonnance

était d'autant plus méritoire qu'en modifiant la vieille législation comtoise dans le sens français, c'était, en quelque sorte, son propre ouvrage qu'il détruisait. Etant conseiller, il avait rédigé un recueil plus complet et plus clairement ordonné des ordonnances de l'ancien parlement. Le manuscrit était resté à la cour, où il gardait le nom de livre rouge [1].

Lampinet, qui se départ en faveur de Jobelot de sa sécheresse habituelle, termine ainsi son portrait :

« Jobelot était grand de science et grand de piété ; bon,
» infatigable au travail, faisant du bien à tout le monde,
» même à ses plus grands haineux, ayant toujours ignoré
» ce que c'était que la vengeance. » Nous pouvons ajouter quelques traits à cette esquisse. Jobelot était modeste et détestait la pompe. Il faudra, en 1675, toutes les instances du parlement pour le décider à avoir un carrosse et à porter la longue robe à queue des premiers présidents des autres parlements [2].

Il était en outre désintéressé ; nous l'avons vu, en 1701, renoncer à la totalité de ses gages, montant à 800 livres, pour payer sa part de la capitation [3] ; il est vrai qu'il était riche et sans famille ; mais du moins il n'attendit pas sa mort pour faire bon usage de sa fortune ; il fut un des bienfaiteurs du grand hôpital Saint-Jacques, qui se construisait alors à Besançon, et prodigua ses dons aux œuvres pieuses ou charitables de Gray, où il passait ses vacances, et d'Arbois, où il avait des parents et de grands domaines.

---

et l'anéantissement total de l'ancienne, tant au criminel qu'au civil, pratiquée et suivie pendant plus de deux siècles, l'augmentation des divers suppôts, et enfin l'établissement de la vénalité, n'étant mort que les derniers jours de l'année 1702. » (*Id.*)

[1] « M. le conseiller Jobelot a fait instance pour avoir mandement de trois cents pistoles, en valeur de 4,950 fr., à luy accordées par les Estats généraulx en forme de récompense du pénible et louable travail qu'il avait employé à dresser la suite du Recueil des souveraines ordonnances, suivant quoy a esté ordonné au secrétaire de le luy despescher. » (*Recez des Etats de* 1666, DE TROYES, III, 231.)

[2] Délibération du 18 octobre 1675.

[3] Id., 4 avril 1701.

Il faut enfin savoir gré à Jobelot d'avoir su garder sa dignité vis-à-vis du gouvernement français. Sans doute il n'est ni factieux ni frondeur ; il ne s'obstine pas dans une résistance inutile ; mais il sait défendre pied à pied les avantages de sa compagnie ou les privilèges de la province, il ne court pas au-devant des services à rendre, et surtout ne demande jamais rien ni pour lui ni pour les siens.

Gabriel Boisot. — A tous les points de vue, la conduite de son successeur fait un parfait contraste avec la sienne. Gabriel Boisot, frère de Claude, dont nous avons vu le rôle en 1674, s'était, comme lui, compromis pendant l'occupation française en 1668 [1]. Comme lui aussi, il était animé d'un esprit d'intrigue sans scrupules et dévoré d'une ambition insatiable. Procureur général en 1679, il commence dès lors à mécontenter tout le monde.

A la rentrée de la Saint-Martin de 1694, il prononce devant le parlement une mercuriale blessante pour les magistrats, qui lui attire une verte réprimande du premier président [2].

---

[1] Tous les Boisot semblent s'être singulièrement conduits pendant la première occupation française. Jean Antoine, celui qui fut conseiller en 1674, était alors lieutenant de Baume. Le sieur de Mathay « s'inscrivit contre lui après notre retour, et avança que ce lieutenant, ayant contraint les communautés de son ressort, les recevait étant assis sur un lit comme sur un trône, ces pauvres gens se prosternant à terre dès l'entrée en sa chambre, et se traînant chacun à deux genoux et un écu blanc entre leurs mains. » (*Mémoires* de CHIFFLET, I, p. 224.)

[2] Le parlement s'émut beaucoup des prétentions des magistrats du parquet à le censurer. Le 18 novembre 1695, il écrivait au chancelier la curieuse lettre qui suit : « Notre très honoré seigneur, nous avons déjà pris la liberté d'informer
» Votre Grandeur de l'entreprise du procureur général de ce parlement au sujet de
» la mercuriale qu'il fit le lendemain de la rentrée de la Saint-Martin de l'an der-
» nier, et de la manière que Monseigneur le premier président luy fit connaistre,
» de la part de nostre compagnie, qu'il n'avait pas le droit de reprendre les mœurs
» de ceux qui la composent, mais celuy seulement de faire des remontrances pour
» l'observation des ordonnances et édits de Sa Majesté ; nous avons eu lieu de croire
» que la prétention du procureur général et des avocats généraux n'a pas été ap-
» prouvée par Votre Grandeur, puisqu'ils n'ont pas pu obtenir d'elle une déclara-
» tion favorable ; ce qui les a engagés à se mettre eux-mêmes en possession du
» droit de nous censurer par leur mercuriale. Mais sur l'avis qu'on nous donna
» que le premier avocat général voulait en faire une à la rentrée du parquet de la
» présente, nous délibérâmes que l'on ne lui permettrait pas sans une autorité
» supérieure, et lui ayant fait connaistre notre résolution, il nous marqua qu'il

En 1701, c'est le tour du ministre Pontchartrain de blâmer le procureur général d'avoir manqué à la subordination en ne déférant pas à un arrêt du parlement ; il lui montre ses torts et ajoute sévèrement :

« Essayez donc de vous faire justice à vous-même et d'en-
» trer dans toutes ces considérations qui ne manqueront
» pas de vous faire changer de sentiment, pour peu que vous
» fassiez d'attention. Faites même tout ce que vous pourrez
» pour empêcher qu'on ne sache que vous m'avez porté vos
» plaintes, afin que ce que je vous écris demeure entre vous
» et moi, et que le parlement, ignorant et votre lettre et ma
» réponse, n'ait pas l'avantage de vous savoir condamné sur
» votre propre exposé [1]. »

Boisot n'en fut pas moins nommé premier président en

» n'avait pas eu cette prétention ; nous étions persuadés, très honoré seigneur, que les
» choses demeureraient en cet état jusqu'à ce que Votre Grandeur nous eût marqué
» précisément son intention, mais le second avocat général a voulu de nouveau
» se mettre en possession de ce prétendu droit, et le procureur général a soutenu
» en même temps qu'ayant celui de nous faire nos procès, il avait à plus forte
» raison celuy de censurer nos mœurs, comme Votre Grandeur pourra le con-
» naitre par le procès-verbal cy-joint. Nous la prions très humblement de considé-
» rer que les officiers du parquet ne sont fondés ni sur l'usage de ce parlement ni
» sur le règlement de Sa Majesté, avant lequel ils n'ont jamais prétendu avoir le
» droit de reprendre les mœurs. Le règlement n'établit pas mieux leur prétendu
» droit que ne parle, en l'article 52, que d'une seule mercuriale, qui doit être faite
» par le chef ou par celui qui préside en son absence, à laquelle lesdits officiers
» du parquet sont tenus d'assister par l'article 54, où les droits de ces officiers sont
» réglés ; ils n'ont que le pouvoir de faire des remontrances pour les choses qui
» dépendent de leur ministère, ce qu'on ne leur a jamais contesté. Ce même règle-
» ment porte encore que nous nous conformerons aux anciens usages dans les cas
» qui n'y sont pas exprimés et auxquels il n'a pas dérogé ; il nous paraît, très
» honoré seigneur, que le droit de reprendre les mœurs est une marque de pri-
» mauté et de supériorité qu' ont pas le droit de prétendre sur notre compagnie.
» Il pourrait même arriver que celuy de ces officiers qui serait chargé de la mercu-
» riale censurerait à son tour celuy dont il viendrait de la recevoir. Mais comme
» nous avons pris la délibération de faire annuellement prêter un nouveau serment
» aux procureurs et huissiers à la rentrée de la Saint-Martin, ces officiers pourront
» leur représenter ce qu'ils jugeront à propos pour le bien de la justice de mesme
» qu'aux avocats. Nous espérons que Votre Grandeur nous donnera encore dans
» cette occasion, comme elle a fait en tant d'autres, des marques de sa bonté
» paternelle. » (Arch. du Doubs, série B. Corresp. politique, lettre au chancelier, du 18 novembre 1695.)

[1] Depping, Corresp. administrative, II, p. 309.

mars 1703. Il continua à accabler le ministre de ses sollicitations infructueuses. Dès le mois de novembre, il réclame son intervention pour faire diminuer sa part dans la capitation du parlement [1]; en septembre, il avait profité de l'envoi à Paris d'un arrêt du parlement qui réunit au domaine royal dix-neuf terres provenant de la succession d'Orange, pour demander que les revenus de l'une d'elles lui fussent attribués [2].

Quand il ne demandait rien pour lui, Boisot sollicitait pour les siens. En 1704, il aurait voulu faire un président de son fils Jean-Antoine, qui par le fait obtint ce titre dès l'année

---

[1] Boisot rappelle au ministre que son prédécesseur Jobelot payait 800 livres; mais « il n'avait ni femme ni enfants, et dans son haut âge de quatre-vingts ans, il vivait de chocolat et de café, et mangeait toujours seul. Je trouve que cette somme est excessive pour moi, qui n'ai pas tant de bien que feu M. Jobelot, qui ai une femme et neuf enfants vivants, et qui ne mange pas seul. » Boisot assure du reste que le roi n'y perdra rien; cette diminution « se recouvrera dans l'excédent qui se jette chaque année sur toute la province pour les non-valeurs d'aucune cote des particuliers insolvables ou de ceux qui, se trouvant trop chargés, se font décharger à connaissance de cause. » Le ministre répondit en marge : « Le roi ne saurait entrer dans le partage de la répartition de la compagnie; Sa Majesté a laissé la liberté de faire comme il leur conviendrait, et la diminution qu'il demande, quoique d'un petit objet par rapport à la somme, serait d'une conséquence infinie pour l'affaire en général si Sa Majesté y entrait. » (BOISLISLE, II, 553.)

[2] « Je me flatte que le service que j'ai rendu au roi mérite de vous quelque protection pour obtenir une récompense de Sa Majesté, et que, dans l'état où vous savez que je suis de ne pouvoir soutenir la dignité de premier président avec des appointements si petits, que vous eûtes la bonté de me dire que vous aviez été de sentiment qu'on me les donnât plus forts, voici une occasion favorable, ce me semble, de m'accommoder sans qu'il en coûte rien au roi dans un temps où je fais entrer dans ses coffres plus de 20,000 livres de rente. 1,000 écus d'appointements est très peu de chose pour un premier président; feu M. Jobelot, mon prédécesseur, a joui lui seul des émoluments du sceau qui lui valait 2,000 écus, jusqu'à ce que, la dernière année de sa vie, on établit des officiers de chancellerie à titre d'offices, qui en perçoivent les profits. Ainsi, à ces considérations, comme je suis obligé de faire une plus grosse dépense que je ne faisais ci-devant étant procureur général, quoique cette charge fût plus petite, je vous supplie très humblement de m'obtenir de Sa Majesté la jouissance de la terre de Nozeroy, avec les fruits échus à Sa Majesté d'une partie de l'an passé. Cette terre peut valoir de 5 à 6,000 livres, sur quoy il y a beaucoup de charges à déduire. Avec ce bienfait, vous me mettez en état de vivre en premier président, vous me donnez ce que pouvait valoir le sceau et vous me donnez le moyen de mieux faire les affaires du roi dans les occasions, en me faisant considérer davantage par une dépense convenable à la dignité où la bonté du roi, par votre protection, m'a élevé. » (BOISLISLE, II, p. 529.)

suivante, et devait lui succéder à la première présidence en 1714.

« Je lui ai fait répondre, écrivait Desmaretz à Bernage, » que les bons offices que vous lui avez rendus, joints au » rapport avantageux de ses services que M. de Chamillard » avait fait au roi, n'avaient pu déterminer Sa Majesté à se » relâcher sur l'âge et sur les services qui manquaient à » M. Boisot fils pour remplir cette charge [1]. »

Boisot, du reste, était prêt à rendre au roi tous les services qui pouvaient justifier ses exigences. Il fut toujours l'interprète empressé des ministres auprès du parlement lorsqu'il fallut obtenir de celui-ci des sacrifices pécuniaires. En 1704, il allait au-devant des ordres du roi en supprimant, de son autorité privée, les remontrances votées par ses collègues. Quelquefois cependant, l'intérêt de famille l'emportant chez lui sur le souci de faire sa cour, il se mettait en opposition avec les ministres. A la fin de 1704, nous avons vu le contrôleur général lui reprocher d'avoir retardé la réception des acquéreurs de charges nouvelles pour installer d'abord un de ses neveux, qui venait d'acheter une charge ancienne. Ajoutons que Boisot, si bon courtisan qu'il voulût être, avait quelquefois des échappées de mauvaise humeur qui éclatent dans ses lettres. Le ministre lui écrit un jour : « Je vous » dirai que la fin de votre lettre est un peu sèche ; vous pou- » viez vous épargner la peine de me l'écrire, ne me connais- » sant pas plus que vous le faites [2]. »

La même année, le premier président est encore rappelé à l'ordre par Chamillard, pour avoir ouvert des lettres adressées par le ministre aux présidents à mortier [3]. En 1713, c'est Pontchartrain qui le blâme d'avoir interrompu plusieurs fois et réduit au silence un débutant au barreau, l'avocat

---

[1] Boislisle, II, 619.

[2] Id., 699.

[3] Archives du Doubs, série B. Corresp. polit., lettre de Chamillard, 20 juillet 1704.

Borrey, neveu du président de la cour des comptes de Dole. Boisot s'excuse, mais Pontchartrain insiste et lui montre le ridicule de sa conduite et les inconvénients qu'elle entraîne, puisqu'il a fallu remettre la cause, au grand préjudice des parties, et la faire recommencer tout entière à une nouvelle audience [1].

Tels furent, de 1674 à la fin de 1714, les deux premiers présidents du parlement de Franche-Comté. Avec des différences qui sont tout à l'honneur du premier, ils se ressemblent par la modestie de leur attitude et de leur rôle ; Jobelot, par la noblesse de son caractère, par le désintéressement de sa vie et aussi par sa science de juriste, a mérité la réputation d'homme de bien et de magistrat distingué. L'ambition de Boisot, si remuante qu'elle fût, ne s'est jamais élevée jusque-là. Il semble n'avoir jamais eu d'autre souci que d'établir solidement sa fortune et celle de sa famille.

Si des chefs nous descendons aux simples magistrats, les figures sont encore plus effacées et les physionomies perdent tout caractère et tout relief. La docilité avec laquelle ils se résignent au rôle modeste qui leur est assigné frappe d'autant plus que quelques-uns d'entre eux avaient été mêlés aux agitations de l'âge précédent, et que le vaste champ des grandes affaires de la politique et de la diplomatie avait paru un instant s'ouvrir à leur ambition.

Le président Philippe. — Quel contraste, par exemple, entre les débuts de Claude-Ambroise Philippe et la vie monotone et sans éclat à laquelle il se soumet, sans paraître en souffrir, après 1674 ! Avocat à Besançon, il reçoit en 1659 la mission de défendre les intérêts de cette ville, lorsqu'il s'agit de l'échanger contre la forteresse espagnole de Frankenthal. Il s'acquitte heureusement de cette délicate négociation, et la cour de Madrid le récompense par une charge de conseiller au parlement. A la mort de Philippe IV, lorsque la Franche-Comté est menacée par

---

[1] Depping, *Corresp. admin.*, II, p. 214.

Louis XIV, c'est encore à Philippe que l'Espagne s'adresse pour obtenir contre la France l'appui de l'Empire. Il se rend avec l'abbé de Précipiano à la diète de Ratisbonne, où il engage une lutte inégale avec l'un des meilleurs diplomates français, M. de Gravel. Demeuré à Ratisbonne pendant l'occupation française, il n'est pas mêlé aux faiblesses de ses collègues et échappe à la disgrâce qui les frappe lorsque la province fait retour à l'Espagne; celle-ci lui donne la présidence de la cour de justice, qui remplace le parlement.

A l'approche de la seconde invasion, Philippe se rend en Suisse, où il court de ville en ville, multipliant les démarches pour obtenir des secours. Aussi peu heureux qu'à Ratisbonne, il fait contre mauvaise fortune bon cœur, ne boude pas le nouveau pouvoir, refuse, il est vrai, en 1674, la charge de conseiller, mais accepte, en 1679, celle de président à mortier. Il devient désormais un tout autre homme; le diplomate remuant et actif, sinon habile et heureux, fait place au plus modeste et au plus effacé des magistrats. Son nom ne paraîtra que deux ou trois fois dans les registres du parlement, à propos de mesquines questions de préséance ou de partage d'épices entre les officiers de la cour.

La vie du conseiller maître des requêtes Augustin Nicolas présente les mêmes contrastes. Né en 1622, à Besançon, sans fortune et d'une humble famille, Nicolas, imitant l'exemple de beaucoup de ses compatriotes, va chercher fortune dans les vastes Etats de la monarchie espagnole; il est successivement soldat à Naples, où il échappe avec peine aux habitants soulevés par Mazaniello; secrétaire, à Rome, du cardinal Trivulce, qui voudrait l'engager dans l'Eglise; confident et factotum, à Madrid, du duc Charles IV de Lorraine, prisonnier de l'Espagne; puis, après le traité des Pyrénées, résident de ce prince à la cour de Madrid, avec le titre de conseiller d'Etat. Le ministre Louis de Haro apprécie ses talents et le charge de diverses négociations en Angleterre, en Danemark et en Flandre. En récompense de ses services,

Le maître des requêtes Augustin Nicolas.

Nicolas obtient la charge de maître des requêtes au parlement de Dole en 1666. Mais il faut plusieurs jussions pour obtenir de ses collègues l'enregistrement des lettres patentes de nomination. Le nouveau magistrat avait contre lui le souvenir d'un aïeul décapité à Besançon pour crime de trahison. Chaud partisan de la domination française en 1668, il quitte le pays au départ des Français jusqu'en 1674, et recouvre alors sa place, qu'il gardera jusqu'à sa mort, en 1695, sans avoir pu reconquérir les sympathies de ses collègues, qu'éloignaient de lui, paraît-il, son avarice et son insupportable vanité. Nicolas a beaucoup écrit en quatre langues, le castillan, l'italien, le français et le latin, qu'il se vantait de posséder également. Un seul de ses ouvrages mérite de ne pas rester dans l'oubli, et justifie la place que nous donnons à son auteur dans notre modeste galerie de magistrats franc-comtois. Nicolas écrivit en 1681 et dédia à Louis XIV un curieux opuscule contre la torture, intitulé : « Dissertation » morale et juridique, si la torture est un moyen sûr à véri- » fier les crimes secrets [1]. »

On ne s'étonnera pas qu'un magistrat du xvii siècle, pour combattre l'étrange procédure de son temps, soit allé puiser des arguments dans l'arsenal même où s'étaient armés les juristes qu'il combattait. Il cite et commente longuement tous les auteurs anciens ou modernes, sacrés ou profanes, génies immortels ou pédants oubliés, dont le témoignage faisait alors autorité ; il avoue lui-même « qu'il n'établit rien » ici par son sentiment, qui ne soit fondé sur l'autorité divine » et humaine, tiré des sacrés cayers et des auteurs les plus » sages et les mieux receus de tous les siècles. »

Mais il fait appel aussi « à la raison naturelle, qui est le » fondement de toutes les lois.... Quoiqu'il révère l'autorité » des lois humaines autant que personne, il ne peut pourtant s'y soumettre absolument, lorsque le sens commun y

---

[1] Publié à Amsterdam, chez Abraham Wolfgang, 1681.

» répugne, comme icy, et que la raison naturelle y contre-
» dit. » Aussi, à côté d'une érudition fastidieuse et quelquefois puérile, le livre de Nicolas contient-il assez d'appels judicieux et quelquefois éloquents au bon sens et à l'humanité, pour qu'on puisse le considérer comme l'œuvre d'une intelligence élevée et d'un cœur généreux [1].

---

[1] Je cède à la tentation de citer quelques lignes qui permettront de juger de l'esprit et du ton de l'ouvrage. Nicolas débute ainsi :

« J'ay long-temps balancé entre le désir de secourir l'innocence de ceux qui
» pourraient souffrir d'injustes supplices dans les jugemens où il s'agit de leur vie
» et de leur honneur, et la crainte de donner au public quelque chose qui pût sem-
» bler contraire aux opinions communes; mais enfin, persuadé qu'il y a plus de
» mérite à sauver un innocent qu'à faire périr dix criminels, et sçachant que ces
» mesmes Romains, dont j'entreprens de sonder les loix, n'ont pas balancé à
» rendre plus d'honneur à celuy d'entre eux qui sauvait la vie à l'un de leurs
» citoyens, qu'à un autre qui eust tué mille de leurs ennemis, j'ay crû pouvoir
» rendre plus de service à la société humaine en sauvant des innocens, qu'à sous-
» crire par mon silence à des procédés qui peuvent les faire périr comme crimi-
» nels. » (P. 7 et 8.)

Il ajoute quelques pages plus loin :

« Il n'est point d'homme si dépourveu d'humanité et de sens commun, qui ne
» soit capable de concevoir qu'on ne peut en justice faire souffrir plus de tourmens
» à un homme pour un crime dont il n'est pas convaincu en cherchant la vérité,
» que les loix n'en ont prescrit pour le chastiment d'un crime reconnu. Or, per-
» sonne n'ignore qu'une seule demi-heure de torture ne contienne en soy plus de
» martyre que trois supplices de la potence ou de l'échaffaut : pourquoy donc
» donner plus de peine à un homme qui n'est point encore convaincu du crime
» dont il est recherché? C'est (dit-on) parce qu'un témoin ou quelques indices le
» chargent. Au nom de Dieu, sont-ce là des causes suffisantes à nous faire démem-
» brer un homme tout vif, et nous exposer au hasard de le trouver innocent, et tout
» au plus de le relâcher quoyque criminel, s'il a le bonheur d'un charme, ou un
» tempérament à soutenir ces tourmens, ou de combler l'injustice en ajoutant à un
» innocent, qui se confesse coupable par force, un dernier supplice aux premiers
» martyres que nous lui avons déjà fait souffrir? Est-ce que cecy n'arrive pas tous
» les jours; est-ce que mille expériences du passé ne nous convainquent pas de
» ces vérités? Mais ce qui ne reçoit aucun contredit, comment pouvons-nous, sur
» une preuve défectueuse qui ne conclut pas à un supplice ordinaire, qui ne peut
» durer qu'un moment, si le coup de l'épée réussit bien, ou de quelques momens
» en la corde, condamner sur la mesme preuve défectueuse un criminel douteux à
» un tourment incomparablement plus atroce que dix supplices comme dessus?
» Après cela, où est l'efficace de ce moyen de trouver les crimes secrets? Qui pourra
» répondre à cet argument? Ou la torture, à leur avis, a un effet infaillible à tirer
» la vérité de la bouche d'un accusé, ou non : si cet effet est immanquable, pour-
» quoy voyons-nous tant de fourbes échapper au supplice par la force de leur
» complexion, ou de leur pacte, ou, si vous voulez, d'un charme narcotique, ou d'un
» remède naturel, qui les engourdit contre les douleurs? Comment font tant d'inno-

On voudrait pouvoir affirmer que les collègues d'Augustin Nicolas avaient l'esprit aussi large que lui, et que son livre sur la torture exprimait les sentiments unanimes du corps auquel il appartenait; malheureusement, l'illusion n'est pas possible, et c'est le contraire qui est la vérité. Le 11 septembre 1704, Pontchartrain écrivait au sujet de la torture au procureur général Doroz, et les termes de sa lettre montrent que si le parlement avait cru devoir entretenir sur ce sujet le chancelier, ce n'était pas pour demander la suppression ni même l'adoucissement de ce singulier mode d'information judiciaire.

« Je ne puis m'empêcher de vous dire à ce sujet, disait
» Pontchartrain, que, quelque ennemi que je sois des crimes
» et de ceux qui sont assez malheureux pour en commettre,
» j'aurais beaucoup de répugnance, en mon particulier, d'éta-
» blir de plus rudes peines que celles qui sont introduites
» par l'usage ou autorisées par les lois expresses. Je suis
» surtout fort éloigné de croire qu'il soit à propos de rien
» ajouter à ce qui se pratique, parce que, comme rien n'est
» moins assuré qu'une confession arrachée par les tour-
» ments, il serait peut-être à craindre, si l'on établissait
» une question plus rigoureuse, que la preuve qui en résul-
» terait n'en devînt plus équivoque; parce que l'incertitude
» semble augmenter à mesure que les tourments sont plus
» rigoureux; comme ils font dès lors une impression beau-
» coup plus vive sur l'esprit et sur le corps, il est encore
» plus difficile de démêler si c'est la force de la vérité ou la
» violence de la douleur qui fait parler un accusé dans cette
» extrémité où il se trouve [1]. »

Il n'était pas sans intérêt de rapprocher l'opinion du chan-

» ceux qui se confessent coupables, opprimés sous les horribles martyres de ces
» questions? Elles ne sont donc pas infaillibles à tirer la vérité; et si elle n'a pas
» un effet certain, pourquoy risquons-nous, en la pratiquant, de renvoyer un cri-
» minel pour innocent, en faveur de cette purgation, ou d'opprimer l'innocent sous
» la rage de ces horribles tourmens? » (P. 17, 18, 19.)

[1] Deppinc, *Correspondance administrative*, II, p. 389.

celier de celle du maître des requêtes de Besançon. Si ce dernier eût encore vécu en 1704, il aurait sans doute triomphé, et pris une légitime revanche des rancunes et des dédains dont il était l'objet ; mais peut-être aurait-il encore été plus surpris de voir un ministre aussi impuissant que lui contre la routine. Pendant près d'un siècle, la torture, si formellement condamnée par Pontchartrain dès 1704, devait déshonorer encore la procédure criminelle française.

Après le président Philippe et Augustin Nicolas, nous descendons encore d'un degré avec le conseiller-clerc Marlet. Celui-ci devait rester jusqu'au bout ce qu'il avait été avant la conquête. Malheureusement, ce n'est pas la tradition des grandes affaires qu'il continue. Son ambition ne s'était jamais élevée au-dessus de puériles intrigues. C'est un frondeur assez malavisé pour ne pas s'apercevoir à temps que le moment est venu de se convertir. Chanoine et official de l'archevêque de Grammont, il avait été envoyé par ce dernier comme député à Paris en 1668, où, d'après Chifflet, « il n'oublia point » à se faire mettre en la gazette comme ayant porté à la » reine de beaux saints suaires [1] de la part de son maître. »

Ce voyage et les relations de Marlet avec l'abbé de Watteville le désignaient naturellement aux soupçons du parti espagnol après le départ des Français. Il était du reste mêlé aux intrigues qui divisaient alors le chapitre. L'abbé de Bellevaux, Précipiano, qu'il poursuivait de ses sarcasmes et de ses calomnies, eut assez d'influence pour le faire enfermer au château de Joux, où il resta trois ans. Le gouverneur de Quinones lui rendit la liberté à la demande de l'archevêque. Marlet rentra triomphant dans sa maison canoniale de Besançon ; à en croire Chifflet, deux de ses confrères, d'Orival et Hugonet, en tombèrent malades, et ce dernier en mourut.

---

[1] Les saints suaires étaient des images de dévotion généralement brodées en soie, et qui représentaient le saint suaire conservé à la cathédrale Saint-Jean.

Marlet, craignant de nouvelles disgrâces que ses intrigues méritaient, se retira peu après à Porrentruy, puis à Rome, où il était encore à l'époque de la conquête de 1674 : il y apprit que Louis XIV lui donnait au parlement une place de conseiller-clerc ; il revint triomphant et prit possession de son poste avec une satisfaction d'autant plus grande que c'était celui de son grand ennemi Précipiano.

Malheureusement pour « cet intrigueur ecclésiastique, » il ne sut pas renoncer à temps à ses habitudes de médisance et de calomnie. Lampinet raconte ainsi la fin de son histoire : « Comme il avait un esprit inquiet et incapable de se tenir » en repos, il s'avisa d'écrire au marquis de Louvois, mi- » nistre de la cour de France, contre différentes personnes, » et porta à leur égard les imputations si loin, qu'il lui arriva » une lettre de cachet qui l'exila dans le château d'Angou- » lême.... Après un dur et long séjour dans ce château, il » obtint la révocation de sa lettre de cachet ; il revint dans » son pays, plus inquiet et moins sage qu'auparavant, car il » se brouilla avec l'archevêque, son protecteur, qui lui ôta » l'officialité. Piqué de la prison dans le château d'An- » goulême, il fut assez malavisé de parler indiscrètement » contre le nouveau gouvernement, ce qui lui attira un » second ordre de la cour qui le relégua à Limoges : il » tomba malade en chemin et mourut dans la route en » 1688. »

Les intrigues de Marlet durent singulièrement troubler le petit monde habituellement tranquille des magistrats franc-comtois. Ceux-ci eurent encore à se plaindre plus gravement et à rougir de quelques-uns de leurs collègues. En 1708, l'avocat général Caillet compromettait par de singulières habitudes l'honneur du corps. Boisot, fort embarrassé, en référait au contrôleur général : « Il se prit de vin le jour de » Notre-Dame dernière, si fort, qu'ayant perdu connaissance » de ce qu'il faisait, il se mit de plein jour dans une chaise » à porteurs, non à lui, où, étant ivre mort, il fut porté

L'avocat général Caillet, 1708.

» dans le jardin et versé sur des paillassons avec la risée de
» plus de vingt porteurs ou laquais.... Un officier si peu
» sensé et si scandaleux doit être interdit des fonctions de
» son office, parce qu'il déshonore la compagnie dans laquelle
» il a eu l'honneur d'entrer. »

Boisot cependant demandait des instructions au ministre, n'osant prendre sur lui d'agir contre « un homme du roi » acquéreur d'une charge nouvelle, au paiement de laquelle il n'avait pas encore satisfait [1]. Le ministre n'était pas moins embarrassé, et cherchait avant tout à éviter le scandale. D'après lui, ce n'était pas une chambre seule, mais le parlement tout entier qui devait prendre une décision, et cette décision devait être de tout renvoyer au roi, « lui proposant
» seulement comme un avis du parlement ce qui serait un
» arrêt définitif dans une autre affaire qui ne regarderait
» pas son officier ; » il fallait « aller au bien solide, qui est de
» l'obliger à se défaire de sa charge, et c'est ce qui doit être
» concerté par toute votre compagnie [2]. »

Caillet ne se rendit pas facilement ; il alla à Versailles fatiguer le roi et les ministres de ses extravagances ; il fallut une lettre dure et menaçante de Pontchartrain pour le décider à renoncer à sa charge [3].

Vers la fin de 1712, un scandale d'un autre genre agita encore pendant plusieurs semaines l'opinion publique. Le premier président Boisot et le conseiller de Mesmay étaient voisins : un laquais du premier insulta un jour le conseiller et son frère. Ceux-ci demandèrent satisfaction, et Boisot leur envoya son laquais, accompagné de son valet de chambre, faire des excuses. Le conseiller, les jugeant insuffisantes ou mécontent du ton dont elles étaient faites, le chassa de chez lui à coups de bâton, et son frère, survenant en robe de chambre et l'épée à la main, le poursuivit jusque dans l'ap-

Le conseiller de Mesmay, 1712.

---

[1] BOISLISLE, *Correspondance des Intendants*, II, p. 1384.
[2] DEPPING, *Correspondance administrative*, II, p. 464.
[3] DEPPING, II, p. 470.

partement du président et le blessa grièvement, pendant que le conseiller restait à la porte et s'informait, à sa sortie, s'il avait tué le domestique.

Le parlement s'émut naturellement de cet acte de violence et de l'injure faite à son chef. On voulut imposer une réparation à de Mesmay. On décida qu'il recevrait une mercuriale de la compagnie, qu'il ferait des excuses au premier président dans son domicile, que l'entrée du palais lui serait interdite jusqu'à la Saint-Martin, et qu'enfin il changerait de demeure afin d'éviter toute querelle à l'avenir.

De Mesmay se plaignit à Pontchartrain de la dureté de la réparation qui lui était imposée. Il convenait du reste des faits qui lui étaient reprochés, mais il demandait à être jugé « les chambres assemblées. » Le ministre convint qu'il était en droit d'exiger cette satisfaction, mais il l'engageait en même temps, avec une sévérité de termes que la conduite du conseiller justifiait, à se soumettre à ce qu'on exigeait de lui : « Bien loin de vous plaindre, lui disait-il, de ce qu'on
» veut vous interdire de vos fonctions pendant plusieurs
» mois, le public est en droit de demander que vous en
» soyez privé pour toujours. Car quelle confiance peut-il
» avoir en vous? Quelle justice les parties peuvent-elles es-
» pérer d'un magistrat qui s'abandonne à un pareil emporte-
» ment? Vous deviez vous estimer trop heureux de ce que
» l'on voulait bien se contenter d'une satisfaction aussi
» légère que celle portée par ce projet, et ce sera à vous à
» vous imputer de ne vous y être pas soumis et de ne l'avoir
» pas regardée comme une grâce, et d'avoir achevé par là
» d'exciter l'indignation du public et celle de votre com-
» pagnie. »

De Mesmay se le tint pour dit et se soumit aux exigences du parlement. Pontchartrain s'en félicitait en écrivant à Boisot le 25 janvier, et lui recommandait de n'apporter aucun adoucissement à la peine, surtout pour le temps de

l'interdiction, « car cela ne vous regarde pas, mais le palais
» et le public qui demandent cette satisfaction. »

Ces petits incidents achèvent le tableau de la vie parlementaire à Besançon, à la fin du grand siècle. Ai-je besoin d'ajouter qu'on aurait tort de leur accorder trop d'importance? Les magistrats scandaleux ou turbulents étaient des exceptions qui choquaient d'autant plus que leurs collègues donnaient l'exemple d'une vie exemplaire, et affectaient une dignité qui n'était pas sans quelque morgue. Si, en effet, le respect d'eux-mêmes et celui de la corporation à laquelle ils appartenaient les élevaient au-dessus de bien des faiblesses, ces sentiments ne les sauvaient pas toujours de quelques ridicules. Les questions de préséance tiennent une place démesurée dans les délibérations du parlement; les rivalités avec la chambre des comptes de Dole, avec l'université, avec les chanoines de la cathédrale, sont souvent l'occasion de querelles et de négociations qui durent des années.

<small>Les questions de préséance.</small>

En 1711, à l'occasion d'un service pour le repos de l'âme de Mgr le dauphin, le prédicateur n'avait pas salué le parlement après l'archevêque. Les magistrats décidèrent de ne pas assister aux prédications de l'avent de 1711 et à celles du carême de 1712. On nous refuse, disaient-ils, « un salut
» tacite et muet qu'on avait accoutumé de nous faire uniquement
» ment pour nous distinguer de la masse et de la lie du
» peuple. » A la mort de Louis XIV, l'incident se renouvela, le parlement voulait être salué ou que personne ne le fût. Au carême de 1716, le prédicateur manqua encore à ce devoir de courtoisie et de respect. Il fut appelé devant la cour pour être réprimandé, l'archevêque prit son parti et le parlement allait saisir le ministre de cette ridicule affaire, lorsque l'intervention de l'intendant l'apaisa [1].

---

[1] Sur l'affaire du salut, voir aux Archives du Doubs, série B, Lettres du parlement de mars 1712 et les délibérations du 2 au 10 avril 1716.

Les querelles intestines.

L'enceinte du palais était aussi trop souvent le théâtre de contestations peu dignes de graves magistrats. C'était encore quelquefois la vanité qui les faisait naître : le doyen du parlement siégera-t-il sur le banc des présidents? Ajoutera-t-on un dossier à celui où siègent les rapporteurs? Les magistrats chargés de lire les pièces seront-ils sur un marche-pied? C'étaient plus souvent des rivalités d'intérêt qui aigrissaient les magistrats les uns contre les autres. Ceux-ci étaient pauvres; les épices étaient pour eux un appoint à leurs gages qu'ils ne pouvaient pas dédaigner [1]. Mais dans quelle mesure ces profits devaient-ils être partagés entre les présidents, les conseillers et les rapporteurs? Grave affaire que ni règlements ni transactions ne parvenaient à trancher d'une façon définitive. On en référait alors au ministre, qui s'irritait de ces débats puérils et sans cesse renaissants. A bout de patience, Pontchartrain écrivait aux présidents le Fébure, Boisot et Espiard la lettre suivante [2] :

Jugement sévère de Pontchartrain, 1ᵉʳ févr. 1707.

« Messieurs, je vois avec douleur si peu d'union dans
» votre compagnie, tant de prétentions différentes entre les
» officiers qui la composent et si peu de véritable esprit de
» règle et de magistrature, qui relève seul les principaux of-
» ficiers, et sans lequel leur propre dignité ne sert qu'à les
» rendre méprisables, que j'ay résolu de ne plus prendre par
» moy-mesme aucune connaissance des contestations pour
» les décider par mes avis. Ainsy, puisque vous estes assez
» malheureux les uns et les autres pour faire naître tous les
» jours de nouveaux différends entre vous (souvent pour les
» moindres bagatelles), et pour ne pouvoir les terminer dans
» l'intérieur mesme de vostre compagnie, la voye du conseil

---

[1] Il résulte du livre de raison de la famille Chifflet que le conseiller Jean-Estienne toucha pour ses émoluments de conseiller 1,016 livres en 1716 et 922 en 1717. Les gages n'entraient dans ses sommes que pour 348 et 344 livres. Le surplus venait des épices et de quelques menus profits. La charge fut vendue 29,740 livres à Doroz, en 1718. (Arch. du Doubs, série E, 1369.)

[2] DEPPING, *Correspondance administrative*, II, p. 439. Lettre de Pontchartrain, 1ᵉʳ février 1707.

» est la seule que vous devés suivre par les procédures ordi-
» naires, pour avoir un règlement, tant pour le nouveau
» sujet de contestation que vous avés contre M. le premier
» président, et dont vous me parlés dans vostre lettre du
» 28 du mois dernier, que sur tous les autres différends dont
» vous m'avés escrit et que vous pourrés avoir dans la suite.
» C'est la seule voye décisive pour tout terminer sans aucun
» retour, et pour ne plus vous donner lieu d'expliquer, cha-
» cun à vostre manière, et par rapport à vos différents inté-
» rests, toutes les lettres que je vous ai escrites jusqu'à pré-
» sent, et qui sont en plus grand nombre pour vostre
» compagnie seule que pour tous les autres parlements du
» royaume ensemble. J'ay bien voulu vous les escrire, dans
» la seule veue de restablir la paix dans vostre compagnie que
» des procès réglés troublent toujours, quelques modérations
» que l'on puisse avoir. Mais comme ç'a été très inutilement,
» je n'ay que trop lieu de croire que je ne le ferai pas avec
» plus de succès à l'avenir. Ainsy, vous n'avés qu'à prendre
» la voye que je viens de vous marquer. »

On ne saurait, sans injustice, s'arrêter sous l'impression de cette sévère mercuriale. Quelques incidents regrettables ne doivent pas faire oublier tout ce que le corps des magistrats renfermait, en réalité, de science, de sagesse et de vertu. Si les caractères n'étaient pas toujours aussi dignes qu'ils auraient dû l'être, si l'intérêt personnel et la vanité tenaient trop de place dans les préoccupations de quelques-uns, n'était-ce pas surtout la faute des temps? Sous Mazarin, les magistrats franc-comtois auraient été frondeurs, ils le deviendront sous Louis XV et braveront comme d'autres les réprimandes et l'exil. Mais sous Louis XIV, une fois faite leur besogne professionnelle, quel aliment restait-il à leur activité? Les gouvernements ont un peu les magistrats qu'ils méritent. L'extrême docilité ne va pas sans un certain affaiblissement du caractère, et l'intelligence elle-même s'émousse en l'absence de grands sujets où elle puisse s'exercer. Somme toute, et quelque jugement qu'on porte sur les magistrats franc-comtois, ils valaient sans doute ceux des autres cours du royaume. Aussi, la conclusion de cette étude est-elle que, dès le lendemain de l'annexion, l'histoire du parlement de Besançon est, à tous les égards, l'histoire d'un parlement français.

CHAPITRE III

LES FINANCES

L'imposition ordinaire. — Mécanisme de l'administration de l'impôt.—Les mandements de l'intendant. — Difficultés entre le parlement et l'intendant (1675). — Colbert et l'intendant Chauvelin (1679). — De la Fonds hostile aux privilèges (1683). — La portion colonique. — La noblesse cherche à y échapper. — Modifications dans l'administration financière. — Mémoire présenté au roi pour l'établissement de dix élections (1715). — Opposition de l'intendant le Guerchois. — Augmentations successives de l'imposition ordinaire. — La capitation (1695-1701). — Le dixième (1710). — Les petits billets, abonnements et rachats d'édits. — Les charges militaires. — L'excédent des fourrages. — L'ustensile ou quartier d'hiver. — L'affaire des pionniers (1705). — Les impôts en 1705. — Total des troupes à la charge de la province. — Embarras de l'intendant. — Conclusion.

Nous savons déjà qu'en 1674, la Franche-Comté avait perdu, avec le droit de voter l'impôt, la plus essentielle de ses libertés, celle, dans tous les cas, qu'elle avait défendue avec le plus de vivacité et d'entêtement. Là encore, l'Espagne avait préparé les voies et rendu la tâche facile à l'absolutisme de Louis XIV. « On ne changea rien aux con-
» tributions, écrit le conseiller Droz, il se levait en tout
» 3,000 fr. par jour, suivant les ordonnances du prince
» d'Aremberg ; le gouverneur et l'intendant établis à Besan-
» çon n'en demandèrent pas davantage, et cet impôt de
» 3,000 fr. par jour, établi pour la défense de la province,
» de 1666 à 1674, a formé la base du don gratuit ou imposi-
» tion ordinaire, continuée jusqu'à présent [1]. »

C'est de cette imposition ordinaire que nous avons d'abord à faire l'histoire.

Dès le mois de juin de l'année 1674, le gouvernement L'imposition ordinaire.

---

[1] Droz, *Mémoires*, § 32.

français se préoccupa d'assurer le recouvrement de l'impôt dans sa nouvelle conquête ; Claude Boisot intervint encore une fois auprès de Louvois, mais il faut lui rendre cette justice, que, dans cette circonstance du moins, sans perdre de vue l'intérêt de son nouveau souverain, il plaida habilement la cause de ses compatriotes. Il remontra à Louvois les difficultés du recouvrement au milieu des désordres de la guerre, et insinua que le roi s'attacherait les peuples de la province en les déchargeant de toute imposition pour le reste de l'année [1].

Boisot obtint une demi-satisfaction. Le gouvernement consentit à ne lever l'impôt qu'à partir du mois de novembre [2]. Il semble même qu'il songea un moment à modifier le mode de recouvrement des contributions imposées à la province. On avait proposé au roi de substituer à l'imposition ordinaire une augmentation du prix du sel qui serait venue s'ajouter à celles que les Etats avaient déjà accordées au gouvernement espagnol pour la durée de la guerre. Le roi n'accepta pas cette innovation ; mais Louvois, qui semble en avoir eu la première idée, écrivait à Duras, le 19 septembre 1674 : « Il sera bon » de faire naistre l'envie à tout le monde de faire supprimer » cette imposition pour l'augmentation du sel [3]. »

---

[1] Arch. de la guerre, 278-176. « M. l'intendant m'a dit aujourd'hui qu'il allait » travailler à l'imposition, je ne sais comment il fera, parce qu'il sera difficile de la » lever sur ceux où les troupes ont passé et campé, puisqu'elles ont détruit tous les » grains et les fourrages et tué beaucoup de bétail, ce qui donne les moyens d'y pou- » voir satisfaire ; si Sa Majesté, par un trait de sa bonté ordinaire, déchargeait par » une déclaration publique la province de cette imposition pour le reste de l'année, » elle lui donnerait le moyen de revenir de ce qu'elle a souffert et si elle se gagne- » rait tous les cœurs, au lieu que je crois la chose presque impossible, quand même » l'on userait de la dernière rigueur. » (Lettre de Boisot à Louvois, 1er juillet 1674.)

[2] Arch. de la guerre, 380-267. « Sur ce qui a été représenté au roy des pertes » que les peuples de la Franche-Comté ont souffertes depuis la déclaration » de la guerre, Sa Majesté, y ayant bien voulu avoir égard, a trouvé bon que » j'expédiasse une ordonnance par laquelle elle déclare que son intention est de ne » rien faire lever d'icy à la fin du mois d'août prochain, de l'imposition de 3,000 » livres par jour que les Espagnols avaient établie dans la province, moyennant » quoy elle ne sera chargée d'ici à ce temps-là que de la fourniture du fourrage à » la cavalerie qui y restera en garnison. » (Louvois à Beaulieu, 7 juillet 1774.)

[3] Arch. de la guerre, 381-579 (Louvois à Duras, 17 septembre 1674.)

Il mandait le même jour à l'intendant le Camus de Beaulieu :

« Vous devez vous préparer pour, à commencer du 1ᵉʳ no-
» vembre, faire l'imposition des 3,000 fr. par jour et prendre
» entre cy et ce temps-là toutes les précautions qui seront
» possibles pour faire vostre également juste et pour empê-
» cher que, dans l'exécution, il ne se passe aucun désordre.
» Prenez aussy les précautions nécessaires pour que, dans
» la perception du rehaussement du sel, le roy ne soit pas
» frustré, et quoiqu'il doive finir à la fin de cette année, sui-
» vant l'accord qui a été fait par les Etats du pays, il ne faut
» pas laisser de le continuer, prétextant la nécessité de la
» guerre ¹. »

La suppression du vote de l'impôt était sans doute une grave innovation, et qui aurait été plus cruellement sentie par le peuple, s'il n'y avait été préparé par les dernières années de la domination espagnole. Mais cette mesure n'eut pas toutes les conséquences qu'on aurait pu supposer. La Franche-Comté cessa d'être pays d'Etats, mais ne fut pas assimilée pour cela aux pays d'élections. Sans doute, l'imposition ordinaire fut assez sensiblement augmentée pendant la durée du règne, mais elle n'eut jamais le caractère d'une taille arbitraire, et surtout la province n'eut pas à souffrir de tous les abus qui résultaient, dans d'autres parties de la France, du mode de répartition et de levée des impositions. Elle ne connut pas la plaie des fonctionnaires purement financiers, les généraux et les élus ². Dans chaque communauté, les échevins restèrent chargés de la répartition et de la levée des impôts, sous la surveillance des subdélégués. Les officiers des bailliages et des présidiaux, et plus tard la

Mécanisme de l'administration de l'impôt

---

¹ Arch. de la guerre, 381-532.
² L'intendant de Beaulieu se contenta d'établir des receveurs particuliers dans les bailliages et deux commis à la recette générale, l'un à Besançon, l'autre à Salins. Chacun d'eux touchait un pour cent sur la recette. (Voir la lettre de Chauvelin à Colbert, du 30 janvier 1679, citée plus bas.)

chambre des comptes, partagèrent avec les bureaux de l'intendance les affaires contentieuses. Tout n'était pas parfait, sans doute, dans cette administration ; elle donnait encore lieu à bien des tiraillements, à bien des conflits de pouvoir ; mais, du moins, la suppression de toute une classe de fonctionnaires, et non la moins onéreuse, était une économie. Les anciennes traditions et les habitudes des populations étaient respectées dans la mesure du possible ; si la présence de l'intendant rappelait trop souvent l'autorité du maître, elle était aussi, ce qui n'est pas à dédaigner en matière de finances, une garantie d'ordre et de stricte régularité.

Les archives du parlement et de la chambre des comptes, la correspondance des intendants avec les contrôleurs généraux, nous permettent, du reste, d'étudier en détail et de suivre, dans ses modifications, ce régime fiscal qui resta spécial à la Franche-Comté.

Les mandements de l'intendant.

Chaque année, dans les derniers jours d'octobre ou dans les premiers jours de novembre, l'intendant publiait un mandement indiquant la somme à percevoir et réglant tous les détails relatifs à la perception et au contentieux ; ce mandement était valable pour les deux derniers mois de l'année courante et les dix premiers de la suivante.

Difficultés entre le parlement et l'intendant, 1675.

Les mandements des années 1674 et 1675 n'ont pas été conservés, mais celui-ci souleva une assez vive opposition dans le parlement. Les magistrats qui siégeaient encore à Dole députèrent à Besançon deux des leurs, les conseillers Marlet et Boisot, pour protester auprès de l'intendant et du duc de Duras contre les innovations introduites dans la levée des impôts. Les remontrances que les députés étaient chargés de mettre sous les yeux des représentants du gouvernement ne sont pas sans intérêt [1].

En premier lieu, l'intendant interdisait aux officiers des

---

[1] Arch. du Doubs, série B. Délibérations importantes, I, p. 21. 28, 30 janvier 1676. On peut consulter encore sur le mandement de 1675 une longue note de Daoz. (*Recueil des édits*, V, p. 17.)

bailliages de connaître des surtaux et des injustices que les communautés pouvaient faire dans la répartition des charges, et prétendait en être le seul juge. Le parlement objecta que les appels directs à l'intendant ne seraient pas suffisants pour empêcher les injustices, parce que ce fonctionnaire était trop occupé pour pouvoir en informer suffisamment.

En second lieu, contrairement aux anciens règlements d'après lesquels les particuliers n'étaient taxés que pour les biens situés au lieu de leur résidence, l'intendant autorisait les communautés à taxer les non résidants. Le parlement s'éleva contre cette mesure qui semble si naturelle. C'était, d'après lui, livrer la fortune des plus honnêtes gens à la discrétion des communautés ; « et comme, ajoute-t-il, depuis
» nos révolutions, on a remarqué que le menu peuple cher-
» chait et embrassait volontiers l'occasion de les persécuter,
» il ne manquera pas de s'en servir ici, bien persuadé qu'il
» sera difficile de reconnaître l'irrégularité de ces réparte-
» ments, ce qu'il soutiendra aisément par le témoignage des
» paysans intéressés et juges en leur propre cause.

» Il y a même des grangers qui se joindront, comme ils
» font déjà, aux communautés, pour n'en être pas maltraités,
» sachant bien que, quelle que soit leur imposition ou cote,
» elle sera payée par leurs maîtres ou propriétaires, les-
» quels, par ce moyen, seront surchargés et accablés de toute
» part, savoir, des paysans originels et de leurs propres
» grangers ou fermiers. »

Le parlement vit en outre, dans la taxation des non résidants, un acheminement vers la taille réelle, contraire aux règlements dont le roi avait promis la conservation.

Enfin, il s'éleva avec vivacité contre le pouvoir donné aux échevins des communautés de taxer les grangers avec responsabilité des propriétaires. « Il est bien dangereux que
» les originaires des villages qui haïssent ordinairement les
» étrangers, tels que sont les grangers en presque tous les
» endroits de la province, et qui ne demandent pas mieux

» que de les écarter, afin que, par l'éloignement des nou-
» veaux venus, les maîtres des biens soient nécessités de les
» leur laisser en amodiation au prix qui leur plaira, ne les
» contraignent, en les chargeant au delà de toutes leurs
» forces, de tout abandonner, d'où naîtront deux inconvé-
» nients : le premier, que la campagne se dépeuplera et que
» les granges demeureront sans amodiation et les biens sans
» culture, ou ne rendront point de profit ; le second, que les
» propriétaires seront bientôt ruinés et incapables eux-
» mêmes de suffire au surcroît des charges qu'on leur im-
» pose et qui paraissent d'autant plus excessives que lorsque
» leurs grangers seront dans l'impuissance de payer leur
» cote au roy, ils seront encore dans celle de payer le prix
» de leur rendage à leurs maîtres, et pourtant, il faudra que
» ces derniers la fournissent double quand ils auront déjà
» le désavantage de ne rien tirer de leurs biens. »

Telles étaient les observations que Marlet et Boisot s'étaient chargés de soumettre au gouverneur et à l'intendant. Le premier les reçut assez bien, écouta les remontrances, sembla reconnaître qu'elles étaient fondées, ajouta « qu'il serait bien à propos que l'on sût si le roy voulait » laisser la province en pays d'Etats ou autrement, » et ne se montra pas hostile à l'idée d'envoyer à Paris un député qui, « étant, comme il serait choisi par le corps, » homme capable, pourrait travailler utilement pour la pro- » vince. »

L'intendant fut beaucoup moins accommodant ; il répondit d'abord aux députés « qu'il ne savait quel sujet il avait » donné à Messieurs du parlement de relever et examiner ce » qu'il faisait, qu'eux eussent à soutenir leur autorité et qu'il » soutiendrait la sienne. »

Il se calma pourtant, mais refusa de céder sur la taxation des non résidants, se retranchant, du reste, derrière les ordres de la cour.

Le parlement, abandonné bientôt par le gouverneur de

Duras, renonça à envoyer au roi les remontrances qu'il avait préparées et garda le silence.

Il avait, du reste, obtenu satisfaction sur un point qui lui tenait à cœur. Marlet et Boisot avaient été chargés de faire « souvenir, tant M. le maréchal que M. l'intendant, de la » parole que M. de Beaulieu nous avait donnée que nos biens » de la campagne seraient exempts ; mais ils ne mettront » ce discours qu'après qu'ils auront achevé tout ce qui » regarde les points cy-dessus. » Il semble que, dans l'entrevue avec l'intendant, l'accessoire passa avant le principal, et que l'intérêt des magistrats prima toute autre considération. Le parlement devait jouir, en effet, encore pour quelques années, de l'exemption totale de l'impôt [1]. Du reste, dans toute cette discussion, il semble bien, sous couleur de défendre les traditions, s'être fait le protecteur de privilèges que l'intendant avait quelque raison de vouloir supprimer.

De 1674 à 1679, le secrétaire d'Etat de la guerre conserva la haute main sur l'administration financière de la province, et le contrôleur ne semble pas s'en être occupé. Au mois de janvier 1679 seulement, le nom de Colbert se rencontre dans la correspondance administrative de la province. A cette date, l'intendant Chauvelin, probablement sur sa demande, le mit au courant des usages financiers de la Franche-Comté et de ce qui avait été fait par son prédécesseur ou par lui depuis la conquête.

Colbert et l'intendant Chauvelin, 1679.

« L'imposition ordinaire, lui écrivait-il, est de trois mil » francs, monnoie du pays, ou 1,000 livres de France par jour, » qui se lève sur la province, ce qui fait 730,000 livres par

---

[1] L'exemption des biens du parlement est attestée par la lettre suivante, écrite par Chauvelin aux habitants de Gendrey, le 23 février 1676 : « Comme l'intention du » roy n'est pas que les biens de Messieurs du parlement qui n'ont point été jusqu'à » présent compris au jet et répartement des communautés soient traités autrement à » l'avenir, quoiqu'il n'en soit rien dit dans mon mandement de l'imposition, je » vous fais cette lettre, à laquelle je joins une déclaration des biens appartenant à » M. Chaillot dans votre finage, afin que vous ne l'imposiez point à raison d'iceux, » parce qu'autrement je serais obligé d'y pourvoir. »

» an. Autrefois ceste mesme somme n'estait pas réglée, et ce
» n'estait qu'un don gratuit que les Estats du pays faisaient
» au roi d'Espagne, de temps en temps, pour employer aux
» fortifications des places, en levées de troupes et autres
» dépenses, suivant la nécessité des temps; mais depuis
» l'année 1668, les gouverneurs espagnols ayant pris plus
» d'autorité qu'auparavant, ils obligèrent les commis des
» Estats à faire ceste imposition d'année en année. Lorsque
» le roi eut conquis la province, Sa Majesté ne voulant pas
» que ces mêmes commis fissent aucune fonction, M. de
» Beaulieu, mon prédécesseur, fut chargé de faire seul cette
» imposition et d'en faire faire le recouvrement, ce qu'il
» exécuta, establissant à cette fin des receveurs particuliers
» dans les bailliages et deux commis à la recette générale,
» l'un à Besançon et l'autre à Salins, chacun d'eux ayant
» pour gage le centième denier de sa recepte. Comme j'ai
» trouvé cet establissement fait, je l'ay suivi sans y rien
» changer. Comme l'on prévit que les non-valeurs étaient
» inévitables dans un pays qui venait d'être conquis et dans
» lequel des communautés désertent assez souvent à l'occa-
» sion de la guerre, je fus chargé d'imposer cinq à six mille
» livres plus que le total de cette imposition après les comptes
» rendus. J'ai remis (suivant le pouvoir qui m'en avait esté
» donné), l'excédent aux communautés insolvables et ruinées,
» en les déchargeant de leurs restes par des ordonnances
» que j'ai envoyées et fait enregistrer dans les bailliages [1]. »

Un mois plus tard, le 20 février 1679, Chauvelin, en envoyant à Colbert son mandement pour l'imposition de l'année 1678-1679, se plaignait des difficultés qu'il rencontrait dans l'administration financière de la province.

Il attirait l'attention du ministre sur les précautions avec lesquelles il avait préparé son travail, et ne répondait pas que tout eût été bien exécuté, « parce que n'y ayant point eu

---

[1] Arch. nationales, G⁷, 276 (Chauvelin à Colbert, 30 janvier, 20 février 1679.)

» d'ordre dans cette province du temps des Espagnols, et les
» ordonnances du pays ayant toujours été mal observées, il
» est difficile de bien régler les choses tout d'un coup. »

Il se plaignait de l'inintelligence et de l'apathie des habitants. « Dans la plupart des communautés, il ne se trouve
» personne qui ait la moindre intelligence, et les habitants
» ne lisent pas seulement les mandements. »

Chauvelin rappelait encore que son prédécesseur de Beaulieu avait été chargé d'ordonner que chacun serait imposé, résidant ou non, dans le lieu où il aurait des biens de roture. Il paraît que les prévisions du parlement s'étaient réalisées, car l'intendant se plaignait que ce changement et l'inclination processive des Franc-Comtois donnassent lieu à beaucoup de contestations et d'oppositions en surtaux ; il était obligé d'en prendre connaissance et se déclarait accablé.

« J'eusse mieux aimé, disait-il, m'exempter de cette peine
» qui n'est pas petite, mais j'ai reconnu qu'il estait néces-
» saire de la prendre pour le service du roy et le soulage-
» ment du public, parce que les procédures du pays estant
» fort longues et les juges faisant des procès par escrit de
» tout, le recouvrement en aurait été retardé et plus difficile.

» Si Sa Majesté trouve à propos d'establir des juges pour
» juger les différends concernant l'opposition, ils auront
» assez d'occupation et surtout pour vuider les contestations
» qui naissent au sujet de biens prétendus féodaux et par
» conséquent exempts d'imposition, sur quoi je vous obser-
» verai que, par la jurisprudence de ce pays-cy, les biens
» roturiers se réunissent en tant de manières au fief, et en
» reprennent si facilement la nature, que si on n'y donnait
» ordre, tous les seigneurs par la suite du temps exempte-
» raient tous leurs biens et on aurait de la peine à assurer
» l'imposition [1]. »

---

[1] Chaque intendant nouveau, en arrivant dans la province, blâmait volontiers et modifiait ce qu'avait fait son prédécesseur, en prétendant faire mieux. Le plus satisfait de son œuvre était peut-être de la Fond. Il est curieux de comparer aux

Le gouvernement devait naturellement réagir contre cette tendance des privilégiés à étendre à tous leurs domaines, nobles ou roturiers, l'exemption de l'imposition ordinaire ; il fit plus et voulut qu'une partie du moins des charges financières retombât sur la noblesse et les corps privilégiés.

De la Fonds hostile aux privilèges, 1683.

Ce fut l'intendant de la Fonds qui en fit la première proposition. A peine installé en 1683 à la tête de la province à la place de Chauvelin, il en référa au ministre.

Il lui exposa l'embarras où il se trouvait de répartir l'imposition, qui se montait à la somme de 830,000 livres. Cette imposition n'était point réelle, la province n'était ni pays d'élections ni pays d'Etats, « de sorte que jusqu'à présent » tantôt on fait les cotes d'une manière, tantôt d'une autre. » Les gentilshommes possédant fiefs prétendaient ne pas être taxés pour ces derniers, soit qu'ils les fissent valoir eux-mêmes, soit qu'ils les affermassent. Les membres du clergé et du parlement affectaient les mêmes prétentions. De la

---

plaintes de son prédécesseur Chauvelin le *satisfecit* qu'il se donne en écrivant à le Pelletier, le 12 août 1687 :

« Vous m'ordonnez de faire des diligences exactes pour estre instruit de la
» manière dont les directeurs et principaux employés, même les sous-fermiers, font
» la régie de leurs fermes. Il n'y a dans mon département aucun bureau de
» douanes, de gabelle, aucun sous-fermier : il ne se lève que le seul droit d'impo-
» sition dont les deniers sont portés à des receveurs qui sont établis dans chaque
» bailliage pour la facilité des peuples. Lorsque je suis venu en cette province, je
» trouvay que ces receveurs se servaient de mauvais manèges pour faire des vexa-
» tions aux communautés ; j'ai remédié à ces abus, et je puis vous assurer que
» depuis deux ans il n'a point été fait 2,000 livres de frais sur tous les peuples de
» cette province pour recevoir l'entier paiement des impositions. Vous ne serez
» peut-être pas fâché de savoir de quelle manière j'en use, et je suis persuadé que
» si l'on en usait de même dans les autres provinces, il n'en coûterait point tant
» aux peuples. Le receveur général ni les particuliers ne peuvent faire aucunes
» contraintes contre ceux qui sont en reste de payer, sans ma permission. A la fin
» de chaque quartier on me donne un état de chaque bailliage, dans lequel sont
» comprises les communautés qui n'ont pas satisfait à l'entier paiement de leurs
» cotes. Au pied de chaque mémoire j'ordonne que les communautés seront tenues
» de payer leur reliquat quinze jours après la signification de mon ordonnance,
» sinon que les échevins de chaque communauté seront mis en prison. Cette or-
» donnance signifiée, chacun paie, et jusqu'à présent un seul échevin a été mis en
» prison. » (BOISLISLE, I, 452.)

Fonds estimait avec une exagération évidente que ces trois corps possédaient la moitié du territoire de la province [1], et constatait que les communautés étaient extrêmement chargées par suite de ce grand nombre de terres privilégiées.

Il ajoutait : « Je crois qu'estant le seul juge de ces sortes
» d'affaires, je dois avoir des règles certaines ; c'est pourquoy
» j'ay l'honneur de vous les demander, et j'estime que tous
» les gentilshommes tenant du bien de fief, que tous les bé-
» néficiers et messieurs du parlement qui feront exploiter
» leurs biens par leurs mains, peuvent estre exempts ; mais
» que, lorsqu'ils auront donné leurs biens à ferme, leurs
» fermiers seront tenus de l'imposition ordinaire. C'est ce qui
» chagrine les uns et les autres. »

Avant de rien faire, on consulta Chauvelin, qui venait de quitter le pays et qui en connaissait les usages. Il n'osa pas conseiller d'aller aussi loin que le demandait son successeur. Un pareil changement aurait chagriné trop de gens et en particulier la noblesse, qui avait toujours joui de l'exemption pour ses fiefs, et dont les droits s'appuyaient ainsi sur une longue tradition. Le clergé pouvait invoquer aussi des précédents ; mais ses droits étaient moins catégoriques ; les Etats avaient voulu plusieurs fois assujettir ses domaines à l'impôt, et par une sorte de transaction qui prêtait encore beaucoup à l'arbitraire, il avait été décidé que les biens d'ancienne fondation seraient seuls exempts. Quant au parlement, Chauvelin reconnaissait qu'aucun titre ne justifiait ses privilèges, dont la conservation tenait seulement à la bienveillance et à la tolérance du roi. Chauvelin s'élevait surtout contre l'abus qui s'était introduit de réunir en fief les héritages de roture abandonnés depuis la guerre de 1636 et la peste de 1652,

---

[1] De la Fonds écrivait encore en janvier 1684 : « Les trois quarts des biens de
» cette province consistent en biens de fiefs, en réunion de mainmorte ou biens
» d'église, et en ceux de Messieurs du parlement, de la chambre des comptes et de
» l'Université, ce qui fait que le peuple souffre beaucoup. »

ainsi que les biens de mainmorte. Il insistait sur la nécessité de les déclarer imposables [1].

La portion colonique.

On suivit les conseils de Chauvelin, et sans détruire complètement les privilèges, on leur porta atteinte par l'établissement de la *portion colonique*.

« A la mort de M. Colbert, écrivait Droz en 1789, on
» augmenta les tailles du royaume de trois millions, dont il
» fut rejeté sur le comté de Bourgogne 94,125 livres ; et pour
» rendre cette augmentation moins sensible, on fit imposer
» en 1684 les fermiers du clergé, de la noblesse et de la ma-
» gistrature, en raison du profit qu'ils pouvaient faire, au
» tiers de ce que la totalité du bien affermé aurait pu porter.
» Telle est l'origine de la portion colonique, qui retomba in-
» directement sur les propriétaires ; et ce que l'on appelle
» aujourd'hui un privilège fut vraiment dans l'origine une
» surcharge [2]. »

Cette nouveauté fut introduite dans le mandement de 1683. Elle fut confirmée et organisée définitivement par la déclaration royale du 18 mars 1706 [3].

La portion colonique était ainsi une contribution de privilège et d'exception. Elle avait à la fois les deux caractères qui distinguaient la taille dans les autres provinces du royaume. Elle était réelle et personnelle.

Elle était réelle, puisque les fiefs et les biens d'église d'ancienne dotation en étaient exempts, dans le cas du moins où le propriétaire exploitait lui-même ces biens.

Elle était personnelle, puisqu'elle dépendait de la qualité du propriétaire de la terre et non pas de celle de la terre elle-même. Ainsi elle existait en faveur des officiers du parlement de Besançon, de la chambre des comptes de Dole, des membres de l'université. Les fermiers de tous ces officiers payaient la portion colonique pour tous les domaines

---

[1] BOISLISLE, I, p. 36.
[2] DROZ, *Mémoires*, § 37.
[3] ID., *Recueil des arrêts*, V.

cultivés, sans qu'on fît la distinction entre les biens nobles et les biens roturiers.

Les mêmes personnes jouissaient aussi de l'exemption totale si elles exploitaient elles-mêmes leurs terres, mais jusqu'à concurrence seulement d'un certain nombre de charrues.

L'innovation de la portion colonique était une bonne chose, puisqu'elle diminuait, au profit de la masse de la population, le nombre des terres et des personnes privilégiées. Son inconvénient était de compliquer encore l'administration financière. En effet, outre les terres totalement franches et les terres soumises à l'impôt, entre les privilégiés et les contribuables ordinaires, elle créait une troisième classe de domaines et de personnes jouissant, dans des mesures et à des titres divers, d'une sorte de demi-privilège [1].

Droz fait honneur aux magistrats de n'avoir pas protesté contre une innovation si préjudiciable à leurs intérêts. Leurs protestations du moins ne furent pas poussées bien loin. La noblesse fit de plus sérieux efforts pour échapper au coup qui la frappait. La confrérie de Saint-Georges [2] fit offrir au roi,

La noblesse cherche à y échapper.

---

[1] L'établissement de la portion colonique ne devait pas satisfaire tout le monde et n'empêcha pas les communautés de se plaindre des privilèges de la noblesse, du clergé et du parlement. Ainsi, en 1709, les habitants de Norcy « représentent que » leurs impositions montent à sept mil tant de livres, que la plus grande partie » des biens du territoire, qui est fort peu étendu, appartient à deux conseillers, à la » veuve d'un autre conseiller, à des bénédictins et à d'autres bénéficiers; que tous » ces particuliers privilégiés ne paient aucunes impositions pour les terres qu'ils font » valoir par leurs mains, et qu'à l'égard de celles qu'ils afferment, ils ne paient » que la portion colonique, c'est-à-dire le tiers seulement de ce que le bien devrait » supporter s'il payait en entier. Outre le préjudice que la communauté reçoit de » ce grand nombre de privilégiés, elle a été affligée depuis plusieurs années de la » stérilité des vignes, ce qui, joint au mal général de la gelée de l'hiver et de la » perte des biens aussi bien que des vignes, la met dans une impuissance de payer » leurs impositions, à moins qu'il ne plaise à Sa Majesté leur accorder quelque » diminution avec surséance aux poursuites du receveur, qui tient depuis longtemps » un des collecteurs en prison. Pour obtenir cette diminution, ils se sont adressés » à M. le Guerchois; mais il les a renvoyés au conseil. » (Arch. nationales, G^7, 283, pièce analysée.)

[2] La confrérie de Saint-Georges était un ordre de chevalerie dont les rangs n'étaient ouverts qu'aux nobles de quatre lignées. Son origine était incertaine; son histoire est

en son nom, une somme de 700,000 livres pour racheter l'exemption de la portion colonique dont ses fiefs avaient joui jusqu'alors. Elle demandait encore à ce prix la conservation de ses privilèges en matière de sel et la constitution d'un fonds de 38,500 livres qui seraient partagés en commanderies et pensions. Ces propositions ne furent pas acceptées.

L'établissement de la portion colonique fut de beaucoup la plus importante des modifications apportées par le gouvernement français dans l'administration de l'impôt ordinaire. Il nous reste à énumérer les principales mesures prises par l'intendant ou par le conseil du roi pour assurer l'égale répartition et la prompte levée des sommes payées par la province.

Modifications dans l'administration financière.

Nous savons déjà que les mandements de l'intendant étaient adressés, en octobre et en novembre de chaque année, aux échevins, prud'hommes, habitants et communautés, avec indication de la somme à payer par chacune de celles-ci. Cette première répartition fut faite d'abord par l'intendant seul, plus tard avec le concours de deux membres de la chambre des comptes.

A partir de 1685, on adjoignit aux officiers municipaux deux commis nommés à la pluralité des voix par la communauté et choisis, l'un parmi les plus riches, l'autre parmi les plus pauvres. Quelquefois même, les intendants adjoignirent un troisième commis aux deux autres, choisis parmi les non résidants.

La répartition devait être faite en quinze jours et être immédiatement envoyée au receveur, sous peine de 60 livres d'amende, payables par les échevins et les prud'hommes. Le premier dimanche après sa confection, le rôle devait être lu au prône à haute et intelligible voix et avec tous ses détails par le curé, et sous la même peine.

---

restée obscure, et ses prétentions ont toujours de beaucoup dépassé son importance. Louis XIV crut devoir cependant exiger de ses membres un serment de fidélité. (Cf A. CASTAN, *Les origines de la chevalerie franc-comtoise de Saint-Georges. Mémoires de la Société d'émulation du Doubs*, 1883.)

Les grangers qui, outre leurs fermes, possédaient des biens en propre, furent d'abord « cotisés » en une seule fois et pour le tout. A partir de 1685, on fit deux cotes séparées pour les biens personnels et pour les fermes. Un chapitre spécial était consacré aux non résidants, qui étaient taxés au *prorata* du revenu de leurs biens et eu égard à la jouissance qu'ils avaient des communaux. Les habitants et communautés pouvaient procéder à l'exploitation des terres des absents pour le paiement de leurs cotes.

Les particuliers qui changeaient de domicile n'avaient droit à aucune diminution. On tenait compte, au contraire, de leurs pertes aux habitants incendiés l'année précédente.

L'article 12 du mandement de 1678 faisait défense « aux » seigneurs ou autres ayant pouvoir ou autorité de s'immis- » cer directement ou indirectement à la confection dudit » jet et répartement, d'y être présents ni d'user d'aucunes » violences, inductions ou voies de fait contre ceux qui y » procéderont, pour les obliger à favoriser ceux qui leur » appartiennent ou nuire à pas un autre, à peine d'être pro- » cédé extraordinairement. »

Les contestations et appels des surtaux furent aussi l'objet de quelques modifications. On a vu que le mandement de 1675 enlevait aux bailliages le droit de juger les contestations des surtaux, pour le donner à l'intendant. Le mandement de 1678 renouvela défense aux officiers des bailliages de prendre aucune connaissance de ces affaires.

Au contraire, une déclaration du roi, du 21 février 1694, confirmée par le mandement de 1695, attribua la connaissance des procès aux baillis, et par appel à la chambre des comptes, par préférence au commissaire départi ou intendant.

Le mandement de 1696 déclara définitivement que les oppositions et requêtes en surtaux seraient portées devant les juges du présidial jusqu'à la somme de 20 livres ; au delà de 20 livres, l'appel devait être porté à la chambre des comptes. La déclaration royale du 18 mai 1706 confirma ces dispositions.

Mémoire présenté au roi pour l'établissement de dix élections, 1715.

Malgré toutes ces innovations de détail, dont la plupart nous paraissent, du reste, inspirées par un esprit de bonne administration, l'imposition ordinaire se leva sous Louis XIV à peu près d'après les mêmes procédés que pendant la domination espagnole. Les traditions et les habitudes ne furent pas brusquement rompues. En 1715, la province faillit perdre ces avantages. Dans les premiers mois de cette année, on présenta au roi un *Mémoire pour l'établissement de dix élections au département du comté de Bourgogne* [1].

L'auteur anonyme invoquait la nécessité de « remédier à » toutes les inégalités qui se commettaient dans l'assiette » des tailles qui se lèvent dans la province, » et l'impossibilité où était l'intendant de « faire ladite assiette avec » équité, parce qu'il ne connaissait pas la juste portée de » chaque bailliage de la province, moins encore celle de » chaque ville et village qui la composent. »

Au contraire, des officiers et élus préposés pour la distribution des charges publiques s'en acquitteraient en connaissance de cause et conséquemment avec plus d'égalité et de justice, « et pour prévenir encore les abus qui se commet- » tent dans le répartement des tailles et impositions qui se » font en détail dans les villages et paroisses de ladite pro- » vince, les officiers élus ayant droit d'y assister reconnaî- » traient si les charges seraient (*sic*) proportionnées à la » portée de chaque particulier, et par ce moyen, l'on évite- » rait quantité de surtaux que l'on est obligé de proposer » pour se tirer de l'oppression. »

L'auteur ajoute que l'on doit « prendre garde que les pa- » roisses doivent être surchargées ou diminuées à propor- » tion de leur récolte abondante ou stérile, et pour tous

---

[1] Arch. nationales, G^7, 285.

» autres cas imprévus, comme incendie, perte de bestiaux,
» grêles et autres orvalles, étant certain que, dans ladite
» province, il y a des communautés qui supporteraient mieux
» cette année le double de leur portée qu'elles auraient fait,
» l'an passé, ce à quoy elles étaient réparties. »

L'auteur ajoute encore, à l'appui de son projet, que « ce
» serait l'unique moyen de faire subsister et respirer plus
» aisément les habitants de chaque paroisse, puisque, de
» cette égalité de répartition, dépend le repos public que la
» justice demande, et que par là, les aigreurs et animosités
» si fréquentes entre les peuples sont évitées, et les récla-
» mations étouffées lorsque les charges ne sont pas tout d'un
» costé, chacun les supportant suivant ses forces. »

Il propose, en conséquence, « d'ériger dix élections dans
» ledit comté de Bourgogne, autant qu'il y a de recettes par-
» ticulières des finances; l'on trouverait des officiers pour
» remplir lesdites élections, moyennant une finance modé-
» rée, et qui se contenteront du denier vingt pour leurs
» gages [1]. » La vente de ces charges nouvelles devait rapporter au roi la somme de 364,000 livres.

L'intendant le Guerchois, consulté, s'opposa vivement à la proposition dans sa lettre du 12 avril 1715. *Opposition de l'intendant le Guerchois*

Craignant que l'argument pécuniaire ne tentât le roi, il s'empressa d'abord de faire entrevoir une autre source de profit. Il rappela que les présidiaux créés par édit du mois de septembre 1696, et chargés alors de la connaissance des

---

[1] Voici l'énumération des fonctionnaires qui devaient composer chacune de ces dix élections, avec le prix de leurs charges :

Un président	6,000 l.
Un lieutenant	4,000
Un lieutenant criminel	5,000
Quatre conseillers élus, à 3,000 livres chacun. .	12,000
Un procureur du roi	3,000
Un greffier	4,000
Quatre procureurs, à 350 livres chacun	1,400
Quatre huissiers, à 250 livres	1,000
Total.	36,400

surtaux, avaient été investis, en outre, par la déclaration royale du 18 mai 1706, de la connaissance des exemptions, privilèges et abus commis dans la confection des rôles, et qu'ils n'avaient pas payé finance pour ce surcroit d'attributions ; il estimait qu'on pouvait leur demander une somme de 60,000 livres.

Il réfutait ensuite les raisons invoquées par l'auteur du mémoire.

« Plus il y a de personnes qui se meslent des impositions
» des tailles, plus il y a d'abus ; il n'y a point d'officiers
» d'élections qui ne protègent toutes les communautés où
» eux ou leurs parents ont des biens ; l'on ne sçait que trop
» qu'ils mettent tout en usage pour les faire diminuer aux
» impositions, sans examiner la justice : le remède qu'on
» propose serait assurément pire que le mal. »

Le Guerchois défendait ensuite l'administration financière telle qu'elle existait dans la province, et donnait quelques détails sur son organisation :

« Il n'y a point de province dans le royaume où les impo-
» sitions se fassent avec plus d'égalité que dans celle-ci ;
» l'on sçait combien il y a de terres, prés, bois et vignes
» dans chaque territoire ; l'on en tient un registre exact où
» tout est marqué, aussi bien que les noms des propriétaires
» et fermiers ; les habitants nomment des commis qui répar-
» tissent la taille qui est réelle, à proportion des héritages
» sur le pied qui a été réglé pour chacun journal par délibé-
» ration de la communauté ; le roolle est ensuite remis
» entre les mains des échevins, qui en font le recouvrement ;
» comme les commis sont garants en leur propre et privé
» nom des surtaux, ils sont très circonspects dans leur ré-
» partition, et il n'y a pas de présence d'élus qui puisse les
» rendre plus attentifs à leur devoir ; au contraire, les élus
» pourraient, par des raisons d'intérêt, déranger le bon
» ordre qui y est étably et causer des frais aux communau-
» tés ; ceux qui ont fait le mémoire et qui se servent du pré-

» texte du grand nombre de surtaux qu'on est obligé d'in-
» tenter pour se tirer d'oppression, sont bien mal informés
» de ce qui se pratique à cet égard dans le comté de Bour-
» gogne. »

Enfin, le Guerchois montre quel serait l'inconvénient d'augmenter le nombre des officiers de judicature dans une province où il y a tant de troupes et tant de personnes qui sont déjà exemptées de logement.

Ces raisons prévalurent, et les élections ne furent pas établies.

Achevons l'histoire de l'imposition ordinaire en indiquant les modifications qui furent apportées, de 1674 à 1715, dans les sommes que le gouvernement tira sous ce nom de la province.*Augmentations successives de l'imposition ordinaire.*

Celle-ci payait à l'Espagne, dans les derniers jours de sa domination, la somme de 3,000 fr., monnaie comtoise, par jour. Convertie en monnaie française, cette somme donnait, pour l'année entière, 730,000 livres [1]. Le mot d'impôt de 3,000 fr. subsista jusqu'au traité de Nimègue. M. Chauvelin changea alors le texte des mandements, et fit lever « l'impôt de 730,000 livres, monnaie de France, pour l'im-
» position ordinaire. » Cette somme ne varia pas jusqu'en 1683, où elle fut portée à 830,000 livres [2]. En 1685, l'imposition fut ramenée de 830,000 livres à 800,000 livres, et resta à ce chiffre jusqu'en 1692.

A cette date, l'administration financière du comté de

---

[1] On lit dans Droz (*Recueil des édits*. V. remarques au mandement de 1675) : « Quelques auteurs ont écrit que la province, après la réunion qui en fut faite à
» la couronne en 1674, fut taxée à mille écus ou trois mille livres par jour, ce qui
» peut faire croire que c'étaient des livres tournoises, tandis que c'étaient des francs,
» monnaie comtoise d'un tiers au-dessous de la monnaie tournoise. » Il ajoute plus bas : « Les 3,000 fr. par jour donnant, monnaie courante, 1,095,000 fr., se
» réduisent à 730,000 livres, monnaie tournoise, ce qui prouve clairement que l'im-
» pôt n'est pas de 3,000 livres, mais de 3,000 fr. »

[2] Droz (note au mandement de 1683) explique cette augmentation de 100,000 livres par l'introduction de la portion colonique, mais dans ses *Mémoires*, § 37, il porte le revenu de celle-ci à 94,125 livres.

Montbéliard et des quatre terres de Blamont, Clermont, Chastelot et Héricourt fut réunie à celle de la Franche-Comté, et l'imposition revint au chiffre de 830,000 livres. En 1698, elle descendit à 820,000 livres, et resta à cette somme jusqu'en 1705 [1].

Enfin, à partir de 1705, il y eut encore une diminution, et la province ne paya plus que 814,000 livres. Cette diminution de 6,000 livres s'expliquait par la cession au duc de Lorraine de quelques villages de la frontière (traité du 25 août 1704) [2].

---

[1] « Quoique le comté de Montbéliard eût été occupé par les armées du roi en 1676, que la souveraineté en ait été adjugée à Sa Majesté par le parlement, par différents arrêts des 4 septembre 1679, 1ᵉʳ août 1680 et 19 août 1684, tant pour les quatre terres de Blamont, Clémont, Chastelot et Héricourt, que pour le comté de Montbéliard, et que par arrêt du 14 novembre 1681 et lettres patentes du 9 mars 1682, il ait été réglé de quelle manière la justice y serait administrée, les impositions n'en avaient été confondues avec celles du comté de Bourgogne qu'en 1692, et cela a duré jusqu'au traité de Riswick, par lequel on a rendu le comté de Montbéliard à la maison de Wirtemberg; mais on n'a diminué pour lors que 10,000 livres des 30,000 qui avaient été ajoutées à l'imposition ordinaires. » (Droz, *Recueil des édits*. Voir note au mandement de 1692.)

[2] Pour être complet, il faut ajouter qu'en cette même année 1705, où on diminuait l'imposition, elle se trouvait augmentée par « la levée du dixième de la taille par augmentation sur les trois quarts de l'imposition » (arrêt du conseil de mars 1705). L'intendant de Bernage réclame contre cette nouvelle charge qui venait s'ajouter à tant d'autres. Il écrivait le 13 mars : « On en regardera la levée dans le comté de Bourgogne comme une contravention à l'abonnement qui lui a été accordé, puisque le subside extraordinaire de 350,000 livres qu'il paie annuellement n'est pour autre cause que la décharge des recouvrements qui devraient être faits pour les secours nécessaires aux dépenses de la présente guerre; et je ne puis m'empêcher de vous dire que, dans ce pays frontière et conquis, où vous savez que la plupart des esprits et des cœurs se ressentent encore de quelque inclination pour l'ancienne domination, il ne laisse pas d'y avoir quelque danger de les aliéner davantage, donnant sujet ou prétexte de se plaindre qu'on a manqué de bonne foi à leur égard. » L'intendant ajoutait que l'imposition n'étant que de 820,000 livres, l'augmentation sur les trois quarts ne monterait qu'à 61,900 livres. Il proposait, pour faire mieux goûter à la population la grâce qu'il demandait, d'envoyer les mandements pour la levée de l'augmentation, et immédiatement après un billet de révocation en conséquence de la décharge accordée par le roi. Desmarets se contenta de recommander de ménager les choses et de ne pas presser les peuples; on devait faire l'imposition des deux sous par livre, et dans la suite, si le besoin augmentait, on ferait quelque grâce, ce qui serait plus sensible que si on supprimait immédiatement l'imposition du dixième. (Boislisle, *Correspondance des Intendants*, II, p. 765.)

Le conseiller Droz, en invoquant souvent, dans ses *Mémoires sur le droit public de Franche-Comté*, les capitulations signées en 1668 et en 1674, et les promesses du roi et des ministres, répète avec une insistance mélancolique : « Toutes choses devaient rester au même état en Franche-Comté. » Si Louis XIV n'avait introduit dans la province d'autres nouveautés financières que celles que nous venons de signaler à propos de l'imposition ordinaire, il semble qu'il n'y aurait pas lieu de lui reprocher d'avoir oublié sur ce point ses promesses. Le *statu quo* absolu était une impossibilité et une utopie. Les modifications apportées dans l'administration de l'impôt étaient heureuses et constituaient un progrès évident sur les anciens usages ; sans doute on demandait davantage à la province, mais les sacrifices qu'on exigeait d'elle n'étaient pas exagérés, et se trouvaient compensés par les avantages d'une meilleure répartition et d'une administration plus exacte. Malheureusement, l'histoire de l'imposition ordinaire n'est qu'une partie de l'histoire financière de la province. Celle-ci devait partager la mauvaise fortune du royaume ; elle ne pouvait échapper aux expédients financiers que la plus impérieuse nécessité imposa à Pontchartrain et à ses successeurs. Il ne pouvait être question de privilèges et de capitulations lorsque le salut même de la France était en question. Aux timides protestations du parlement, Desmarets répondait, en 1710, « que le secours était nécessaire. » Ces quelques mots donnent la clef de l'histoire financière du règne de Louis XIV de 1692 à 1715.

La première charge qui vint s'ajouter à l'imposition ordinaire fut celle de la capitation, établie une première fois par déclaration du 18 janvier 1695 [1] ; la Franche-Comté

La capitation, 1695-1701.

---

[1] Sur la capitation, voir dans Droz, *Recueil d': édits*, les édits et décisions du conseil du 18 janvier 1695 (I, p. 614), du 12 mars 1701 (II, p. 60), du 7 décembre 1705 (II, p. 454), de septembre 1708 (II, p. 609), mai 1709 (II, p. 666), 9 juillet 1715 (III, p. 75), etc.

paya sous ce nom 615,000 livres par an, jusqu'en 1697, époque où la capitation disparut avec la guerre. La déclaration du 12 mars 1701 la rétablit. Cette année même, le clergé franc-comtois offrit un don gratuit de 45,000 livres, pour tenir lieu de sa part de capitation. Cette offre fut acceptée par arrêts des 8 et 13 décembre. La noblesse et le tiers état de la province furent taxés à 700,000 livres, qui furent ainsi réparties : 540,000 livres furent ajoutées à l'imposition ordinaire, proportionnellement à chaque cote. Les 160,000 livres restant furent payées par les nobles, les officiers de justice et, d'un seul mot, les privilégiés. En 1702, la capitation s'éleva à 749,000 livres. Les privilégiés et les quatorze villes principales de la province payèrent 175,504 livres. Les habitants, manants et résidants des petites villes, des bourgs et des villages, payèrent le reste, soit 574,096 livres.

A partir de 1705, la somme fut fixée à 730,000 livres, dont 656,900 furent payées par l'ensemble de la province, et 73,100 par les privilégiés de tous les ordres.

La répartition de cet impôt était loin d'être simple; les roturiers payaient proportionnellement à l'imposition ordinaire. Les rôles du parlement et de la chambre des comptes étaient arrêtés par des commissions nommées par les deux compagnies. L'intendant taxait les membres des cours inférieures, en présence du chef de chacune d'elles. Il demandait aussi le concours d'un gentilhomme par bailliage pour répartir les charges incombant à la noblesse, et taxait d'office les officiers de finances qui se trouvaient directement sous ses ordres.

Le dixième, 1710.

L'année 1710 vit une autre innovation. « Tandis que l'on
» songeait à réparer ou à supporter les désastres causés par
» l'hiver de 1709, et que le parlement avisait aux semailles
» et aux récoltes, au paiement des cens en grains, et à tout
» ce qui pouvait concerner les classes les plus souffrantes,
» M. Desmarets proposait au roi, pour la première fois, la

» levée du dixième, comme un remède extrême et violent
» nécessité par l'état des finances [1]. »

Aux timides représentations du parlement, le gouvernement répondit en invoquant la nécessité ; il assura que le dixième ne durerait que jusqu'à la fin de la guerre. « Cela » n'empêchera pas, ajoutait Voisin, qu'en considération des » charges que supporte votre province, on ne cherche les » moyens de la soulager autant qu'il sera possible. » La province réussit en effet à se soustraire au nouvel impôt au moyen d'une sorte d'abonnement. Il résulte d'une délibération du parlement du 8 mai 1711, que le roi déchargea la Franche-Comté de la levée du dixième des biens en fonds, à condition qu'il serait levé annuellement une somme de 370,000 livres pendant tout le temps que le dixième serait levé dans les autres provinces. Cette somme devait être imposée au marc la livre de la capitation [2].

A la capitation et au dixième, que la Franche-Comté payait avec toute la France, s'ajoutaient d'autres impositions qui étaient spéciales à la province. On les appelait les *petits billets*. « Ce sont toutes celles qui s'imposent extraordinairement en » vertu d'arrêts du conseil, pour subvenir aux différents » besoins de l'Etat et aux réparations et entretien des édifices » publics, comme les lieux où se rend la justice aux sujets » du roi, les hôpitaux royaux, les ponts et chaussées et » autres affaires particulières qui tombent à la charge de la » province ; on les appelle impositions extraordinaires, » parce qu'elles ne sont point fixées et permanentes comme » l'imposition ordinaire. Il y en a néanmoins quelques-unes » qui sont à demeure [3]. » Les petits billets s'ajoutaient aux impositions ordinaires dans les mandements annuels de

Les petits billets.

---

[1] Droz, *Mémoires*, § 55.

[2] Voir, sur le dixième, Droz, *Recueil des édits*, les édits du 14 octobre 1710 (II, p. 799), du 27 décembre 1710 (II, p. 806), du 27 octobre 1711 (II, p. 843), du 9 juillet 1715 (III, p. 74).

[3] *Mémoire sur les impositions du comté de Bourgogne*, manuscrit du xviii° siècle, sans date ni signature. Communiqué par M. Varin d'Ainvelle.

l'intendant. Grâce à ceux-ci, nous savons ce que la province eut à payer chaque année sous ce nom.

En 1680, elle paya 30,000 livres pour la réparation et l'entretien des chemins de la province.

En 1695, 15,700 livres pour réparations au grand pont de pierre de Gray.

En 1698, on leva 30,450 livres sur les bailliages de Besançon, Dole, Vesoul, Gray, Baume, Salins, Ornans, Quingey, Poligny et Arbois, pour le rétablissement des ponts de Scey-sur-Saône et de Pesmes.

On consacra, en 1688, 240,000 livres au bâtiment de l'hôpital général de Besançon. On répartit encore pour le même objet 25,000 livres sur les quatre années 1698, 1699, 1700, 1701.

La province eut encore à payer des sommes considérables pour indemniser les propriétaires expropriés lors de la construction des fortifications de Besançon, Salins et Dole. Les dépenses montèrent, en 1684, à 29,964 livres 18 sous 10 deniers; en 1685, à 2,954 livres 18 sous 10 deniers; en 1686, à 38,616 livres 3 sous. Pour le même motif, la province paya encore la somme de 53,687 livres, répartie sur les années 1694, 1695, 1696.

Le principal créancier de la province était le chapitre de l'église métropolitaine de Besançon, « tant à cause de la
» démolition de l'église de Saint-Etienne, des cloîtres et
» autres bâtiments en dépendant, que pour les fonds desdits
» édifices occupés par les fortifications de la citadelle de la
» ville. » La valeur du dédommagement avait été fixée à deux millions de livres, pour les intérêts desquels la province paya 100,000 livres par an, à partir de l'année 1701.

Abonnements et rachats d'édits.

On sait qu'au nombre des expédients financiers employés par les ministres de Louis XIV dans la seconde partie du règne, figurent les créations d'emplois dont le gouvernement autorisait ou, pour parler plus juste, sollicitait le rachat. Par un procédé analogue, de nombreux édits bursaux étaient rachetés par abonnement par les villes ou par les provinces. Le roi y trouvait son compte, puisque des rentrées fixes, certaines et promptes se substituaient à des rentrées lointaines et aléatoires, et les contribuables y gagnaient d'éviter les embarras d'une répartition et d'une levée compliquées.

Nous avons vu que la province s'était abonnée à la capitation et au dixième; dès 1693, une foule d'édits bursaux, auxquels le parlement s'était vainement opposé, sont rachetés. Nous empruntons au mémoire [1] de Droz l'énumération de tous ces rachats.

« On abonna l'édit de franc-alleu pour 200,000 livres, et
» celui des francs-fiefs fut modifié par déclaration du
» 18 mars 1693, en faveur des roturiers. La déclaration du
» 16 février 1694, concernant les amortissements et nou-
» veaux acquêts, fut abonnée à 110,000 livres, et l'on main-
» tint l'ancien droit coutumier de la province.

» Ces abonnements conduisirent à plusieurs autres; les
» villes rachetèrent les offices municipaux; le clergé fut
» exempté de l'exécution des édits qui tendaient à l'assujettir
» à des formalités inconnues dans le diocèse, moyennant une
» somme de 330,000 livres. La province en racheta d'autres,
» notamment en 1696, les experts-priseurs, arpenteurs jurés
» et priseurs de meubles, etc., les greffiers de l'écritoire;
» en 1697, les contrôleurs des bans de mariage, les gardes-
» scel; en 1700, les amortissements; en 1702, le droit de
» banvin, les lieutenants de maires, l'affranchissement des
» tailles et privilèges; en 1703, les essayeurs d'eau-de-vie;
» en 1704, la suppression des syndics des tailles. »

D'après Droz, tous ces rachats ou abonnements montaient à la somme d'environ 800,000 livres. « Enfin, ajoute-t-il,
» les créations se multiplièrent tellement en 1703 et 1704,
» que tout ce que l'on put obtenir de plus favorable fut
» d'abandonner les édits de création d'offices donnés et à

---

[1] § 52.

» donner pendant la guerre, moyennant l'impôt annuel de
» 230,000 livres et une augmentation du prix du sel jusqu'à
» la paix. »

Malgré cette précaution, le parlement eut encore à batailler contre Chamillard et Desmarets, pour préserver la province de l'introduction de fonctions nouvelles et onéreuses. Il continua à enregistrer les édits de création, mais il fut convenu qu'ils ne seraient pas exécutés dans le comté de Bourgogne [1].

Les charges militaires.

L'histoire des sacrifices financiers imposés à la Franche-Comté n'est pas encore terminée. A toutes les sommes versées par la province dans le trésor royal, il faut ajouter celles que lui coûtait la présence sur son territoire de nombreuses garnisons. Pendant la guerre de la ligue d'Augsbourg, et surtout pendant la guerre de la succession d'Espagne, la Franche-Comté, située à peu de distance des frontières des Alpes et du Rhin, fut un lieu de passage perpétuel pour les troupes qui opéraient dans ces deux régions menacées par l'ennemi. Entre chaque campagne, régiments et escadrons venaient prendre leurs quartiers d'hiver dans ses villes et dans ses bourgs, et vivaient à ses dépens. Il est,

---

[1] Droz (*Mémoires*, § 53) énumère les charges que le parlement réussit à épargner à la province. « Déjà en 1704, le parlement se plaignit de l'envoi des édits des ins-
» pecteurs des manufactures et des greffiers des experts, et M. de Chamillard écri-
» vit, le 14 janvier 1705, que ce n'était pas l'intention du roi que ces édits fussent
» exécutés. En la même année, on se défendit des courtiers de change et des syn-
» dics perpétuels, créés par édit du mois de novembre 1704, de l'établissement
» des premiers sous pour livres sur le sel et sur les voitures : on ne regarda point
» l'édit de création des notaires, du mois de mars 1706, comme obligatoire. On
» évita, en 1707, l'introduction des économes-séquestres, soit en vertu des différents
» rachats du clergé et de la province, soit à raison de ses droits particuliers.
» L'édit du mois de janvier 1708, concernant les commissaires des décrets volon-
» taires, fournit encore texte à des réclamations sur les anciens usages de la pro
» vince, et sur ses abonnements. Il fallut également discuter sur les tarifs du
» contrôle et du petit-scel, qui furent refusés à cette époque. On instruisit le nou-
» veau contrôleur général qui avait succédé à M. de Chamillard. M. Desmarets
» répondit favorablement, et dès lors tous les édits généraux envoyés de style ne
» pouvant concerner la Franche-Comté, on ne fit aucune difficulté de les enregistrer
» dès que l'on était assuré de l'exemption sur la bursalité, toujours masquée par
» l'apparence extérieure de quelques règlements avantageux. »

bien entendu, de toute impossibilité d'établir exactement ce que coûtèrent aux Franc-Comtois le logement et l'entretien de toutes ces troupes. Communautés et particuliers payèrent sous mille forme et souvent sans qu'il en restât trace dans les comptes des magistats ou de l'intendance. Voici, du moins, quelques détails et quelques chiffres que nous fournissent les correspondances officielles, et d'après lesquels il est possible de juger approximativement des charges imposées à la province.

Dès le lendemain de la conquête, celle-ci eut à payer l'excédent des fourrages, qu'on appelait quelquefois aussi le quartier d'hiver. Une nombreuse cavalerie campait entre chaque campagne dans le pays plat, et en particulier dans la vallée de la Saône, et vivait en partie aux frais du pays. Le roi remboursait, en effet, les fourrages à raison de cinq sous par ration, et la province payait le surplus. Ce supplément ou excédent variait suivant le prix des fourrages et la quantité des troupes de cavalerie qui étaient en quartier. Cet impôt était d'autant plus pénible, que la rareté des fourrages, qui était déjà une cause de perte considérable, en augmentait encore le poids. Chaque année, il s'expédiait un arrêt du conseil qui ordonnait la levée de cette imposition ; elle était répartie sur les quatorze bailliages au marc la livre de l'imposition ordinaire. Ainsi le mandement de 1698 nous apprend que, cette année, la province paya 40,000 livres, excédent du prix de 400,000 rations de fourrages.

L'exédent des fourrages.

L'entretien des soldats retombait également en partie à la charge de la province, sous le nom d'ustensile ou quartier d'hiver des soldats. De ce chef elle paya, en 1677, 340,862 livres ; en 1678, 362,000 livres [1].

Ustensile ou quartier d'hiver.

Le mandement de 1688 comprend la somme de 162,600 livres « pour l'ustensile des troupes qui devaient être envoyées en Comté et qui sont restées dans les pays con-

---

[1] Archives nationales, G7, 276.

quis, ainsi que pour exempter la province de leur logement. » En 1696, la somme monte à 180,000 livres [1].

En même temps qu'elle entretenait pendant l'hiver les soldats des régiments ordinaires, la province devait armer et habiller ceux qu'elle fournissait elle-même sous le nom de milice. D'après le mémoire de l'intendant de 1698, l'entretien des milices franc-comtoises coûta, pendant la durée de la guerre de la ligue d'Augsbourg, la somme de 223,773 livres. Comme les miliciens vivaient en quartiers d'hiver dans la province aux frais des communautés, qui leur donnaient deux sous par jour, il faut ajouter à cette première somme une seconde de 300,000 livres.

La situation s'aggrava naturellement pendant la guerre de la succession d'Espagne, et les choses vinrent au point que les intendants eux-mêmes se firent auprès du gouvernement les interprètes des doléances de la population, et furent amenés plusieurs fois à mettre sous les yeux des ministres un tableau navrant de la situation de la province.

L'affaire des pionniers, 1705.
Ainsi, en 1705, de Bernage reçoit l'ordre d'envoyer 4,000 pionniers de Franche-Comté à Haguenau, et de les faire relever tous les mois par un pareil nombre [2]. Il se récrie contre cette nouvelle charge, qui « serait capable » d'épuiser la province sans ressource. » Les quatre mille pionniers devaient coûter par mois, à la province, de 120 à 130,000 livres, de sorte que si le travail durait six mois, la dépense totale s'élèverait à environ 750,000 livres, complètement perdues pour la province, puisqu'elles seraient dépensées en Alsace. Cette somme égalerait presque l'imposition ordinaire, qui n'était que de 820,000 livres. Dans ces conditions, l'intendant déclarait que le recouvrement des taxes se-

---

[1] De la Fonds écrivait au contrôleur général Pontchartrain, dès 1694 : « Il n'y a » point eu de jours qu'il n'y ait eu dans toutes les grosses villes deux régiments » ou bataillons, les uns pour aller en Piémont, les autres au contraire pour aller » en Alsace, et je puis vous assurer que les magistrats ni les peuples n'ont pas eu » un seul jour de relâche. » (BOISLISLE, I, 1327.)

[2] Arch. de la guerre, vol. 1850. Lettre de Bernage au ministre, du 22 mars 1705.

rait impossible. Il ajoutait que grâce à la longueur du voyage de Franche-Comté à Haguenau, 8,000 hommes seraient toujours en mouvement pour se relever les uns les autres, ce qui porterait un grand préjudice à la culture des terres. Il rappelait encore qu'on avait envoyé, l'année précédente, 300 pionniers travailler à Belfort, et que probablement il en faudrait un pareil nombre pendant tout l'été.

De Bernage suppliait en conséquence le ministre de tirer les 4,000 pionniers nécessaires de la Champagne, les régions de Langres, Chaumont et Joinville étant plus rapprochées de Haguenau que la plus grande partie du comté de Bourgogne. Il appuyait ses réclamations du tableau suivant :

Etat des impositions faites au comté de Bourgogne pendant l'année 1705.

Les impôts en 1705.

Imposition ordinaire.	820,000[1]
Capitation	754,206
Subside extraordinaire pour imposition et augmentation sur le sel	350,000
Excédent des fourrages et frais des quartiers d'hiver	371,636[1] 10°
Ustensile des troupes	180,000
Pour le dernier paiement de la suppression des officiers des syndics	55,000
Ponts et chaussées . . . . . 15,000[1]	
Pont de Port-sur-Saône 20,000	35,000
Pour le chapitre de Besançon	18,341[1] 13° 5°
Pour les fourrages du commissaire provincial.	1,140
Chauffage du château de Joux. . . . £ 9[1]	
Bois mis en provision dans ledit château 1,000	3,049
Pour la moitié de M.... [1] et pour l'audit[r] du bailliage de Pontarlier . . . 1,500	
	2,585,373[1] 3° 4[d]
Il faudrait ajouter pour les 4,000 pionniers à envoyer à Haguenau.	750,000
	3,335,373[1] 3° 4[d]

[1] Mot illisible.

De Bernage ajoute : « Ainsy il se trouverait que la province aurait à payer en charges extraordinaires, cette année, plus de trois fois autant que l'imposition ordinaire, qui se monte à 820,000 livres, sans compter les ventes de nouvelles charges qui en ont tiré beaucoup d'argent ; il est facile de juger que le recouvrement en serait impossible, et il est même certain qu'il y aurait eu des non-valeurs quand la surcharge des pionniers ne serait pas arrivée. »

Il fallut pourtant se résigner à obéir au ministre. De Bernage envoya les 4,000 pionniers qu'on lui demandait. Il prit le parti de les faire partir pour deux mois, en les faisant payer dix sols par jour pour le second mois ; il épargnait ainsi de la fatigue aux hommes et de la dépense à la province, « parce que, disait-il, les communautés ne peuvent jamais les faire partir sans leur donner plus d'argent que ce qui est fixé, outre qu'il faudrait payer l'aller et le retour des pionniers de remplacement. Cela ne laissera pas de coûter en tout, y compris l'aller et le retour de ceux-cy, plus de 200,000 livres. » Chamillard approuva ces dispositions et renouvela ses vaines promesses de dégrèvement pour l'avenir. Quatre ans plus tard, le Guerchois avait succédé à de Bernage, mais la situation était restée la même, et l'intendant se déclarait incapable de faire face aux difficultés qu'elle présentait. Voici, de l'aveu de ce fonctionnaire, où en étaient les choses au mois de novembre 1709 [1].

Total des troupes à la charge de la province. Embarras de l'intendant.

Il y avait à ce moment dans la province vingt-cinq escadrons, la compagnie franche de Briaille, de cent dragons, quatorze bataillons, dont trois irlandais, et trente-trois compagnies détachées. Des vingt-cinq escadrons, quinze étaient répartis dans la campagne et vivaient aux dépens des habitants. Les dix autres, la compagnie de Briaille et toute

---

[1] Arch. de la guerre, 2168-2177. Lettre de le Guerchois au ministre, du 22 novembre 1709.

l'infanterie étaient disséminés dans les villes, les forts et les châteaux. Le trésorier n'ayant pas un sou, on leur fournit le pain au moyen de l'imposition de blé et d'orge, que l'on mit sur les communautés ; mais cela ne suffisait pas pour faire vivre les soldats, les cavaliers et les dragons, et si le prêt continuait à manquer, on pouvait craindre le pillage des marchés et des maisons des bourgeois. « Pour prévenir
» un pareil désordre, qui pourrait avoir des suites encore
» plus fâcheuses, il faut donc nécessairement payer le reste
» du prest aux cavaliers, dragons et soldats, montant
» à 1,765 livres 18 sols par jour, déduction faite du
» pain. » L'intendant propose d'autres expédients, mais il en énumère à mesure les inconvénients. On pourrait distribuer aux troupes de la viande et du sel ; mais, pour la distribution de la viande, on ne trouverait pas d'entrepreneurs, il faudrait en venir aux répartitions sur les communautés, ce qui entraînerait mille difficultés et mille abus. Il paraîtrait plus simple de lever de l'argent sur les communautés pour acheter des bestiaux, et de leur en tenir compte sur les impositions de 1710. Mais l'intendant a beaucoup de répugnance pour cet expédient : « attendu que les peuples sont
» fort épuisés par la levée de seize à dix-sept mille sacs de
» grains pour le pain, outre l'avoine, le foin et le vin pour
» l'étape, et par les sommes considérables qui leur sont
» dues pour vivres, denrées, fourrages et marchandises par
» eux fournis aux troupes pendant les deux derniers quar-
» tiers d'hiver. »

La situation des officiers préoccupait aussi l'administration. Ils ne touchaient de la province que le fourrage. La plupart d'entre eux, surtout les Irlandais, n'avaient d'autre ressource que leurs appointements, qu'ils ne touchaient pas ; ils ne savaient où donner de la tête, ne trouvant plus à manger chez les aubergistes, ceux-ci ne pouvant se défaire des billets du trésorier qui leur avaient été donnés en paiement pendant les derniers quartiers d'hiver.

En résumé, le problème était celui-ci : nourrir environ quinze mille hommes, sans argent et sans crédit. L'intendant suppliait qu'on l'autorisât à mettre la main dans la caisse de la recette générale des finances, dont l'argent était transporté tous les jours à Paris. « Dans des nécessités aussi
» pressantes que celles où je me trouve, ajoutait-il, on est
» obligé d'avoir recours à des expédients qu'on n'oserait
» proposer dans des temps moins fâcheux. Je vous supplie
» de croire que je ne le fais qu'à la dernière extrémité [1]. »

Ces aveux des principaux fonctionnaires de la province se passent de commentaire. Les intendants avaient trop intérêt à masquer dans leur correspondance une partie de la vérité, pour qu'on n'accepte pas sans discussion leurs affirmations, lorsqu'ils écrivent à Versailles que les populations qu'ils administrent sont à bout de ressources [2].

---

[1] Il serait inutile de citer outre mesure les plaintes et les aveux des intendants sur la déplorable situation de la province. Citons cependant encore une lettre significative que le Guerchois écrivait au contrôleur général, le 30 octobre 1713 : « Monsieur, n'ayant pu faire diminuer le grand nombre de troupes qui doivent
» passer l'hiver prochain dans cette province, je crois devoir vous représenter que
» ce quartier d'hiver ira à un million plus que ceux des années précédentes; sans
» parler des sommes excessives qu'il coûte aux communautés, tant pour le transport
» continuel des grains, farines, outils, bombes, boulets et autres munitions de
» guerre, que pour les trois mille quatre à cinq cents pionniers, et trois cent cin-
» quante chariots qui sont actuellement à l'armée, en sorte que la ruine de cette
» province est inévitable, si vous n'avez la bonté, Monsieur, de lui procurer une
» forte diminution sur la capitation et l'abonnement du dixième denier; la première
» de ces impositions est de 700,000 livres et l'autre de 370,000; cette province ne
» pourra assurément se soutenir, si vous n'avez agréable, Monsieur, de lui procurer
» la diminution au moins des deux tiers de ces deux sommes. La représentation que
» j'ai l'honneur de vous faire n'est point l'effet d'une compassion mal placée, mais
» de la parfaite connaissance que j'ai de mon département, et de mon zèle pour le
» service du roi; car cette province étant tout à fait ruinée, Sa Majesté n'en pourra
» plus tirer, dans les conjonctures présentes, les secours dont elle aura besoin à cause
» de la proximité de l'Alsace. » (Arch. nationales, G7, 284. Lettre de le Guerchois au contrôleur général, 30 octobre 1713.)

[2] On ne sera pas surpris que les intendants qui plaident auprès des ministres la cause des contribuables changent de ton quand ils s'adressent à ces derniers. Ils invoquent alors l'autorité du roi et menacent au besoin. Les archives municipales des villes sont curieuses à feuilleter à cet égard. Aux plaintes des magistrats qui protestent contre les charges qui les accablent et invoquent leur misère, la réponse est toujours la même : il faut payer sous peine de prison. Le Guerchois écrivait au

A juger les choses superficiellement, la Franche-Comté aurait payé cher son annexion à la France. Avant 1674, elle donnait à l'Espagne la somme annuelle de 730,000 livres. En 1705, la France exigeait d'elle la somme de 3,335,000 livres ; c'était presque cinq fois plus. Mais, en réalité, cette comparaison n'est qu'un trompe-l'œil. L'Espagne, qui demandait si peu, ne faisait rien pour la province ; en réalité, elle ne l'administrait ni ne la gouvernait, et deux fois, lorsque l'ennemi parut, elle l'abandonna à elle-même. Le gouvernement de Louis XIV, en échange des charges qu'il lui imposait, lui rendit d'abord un premier service, celui de la mettre à l'abri des armées ennemies. La province paya sa bonne part des guerres du grand règne, mais du moins elle n'en vit pas les horreurs, avantage inappréciable pour

Conclusion.

---

magistrat de Gray, le 17 mars 1709 : « Il faut faire l'impossible quand il s'agit du » service du roi. »

Voici, de 1679 à 1714, les principaux épisodes de l'histoire financière d'Arbois. De 1679 à 1683, la ville paie 1,800 livres comtoises ou 1,200 livres de France. — En 1684 et 1685, elle paie 1,452 livres ; en 1686, 1,462 livres, et nourrit plusieurs compagnies de cavalerie. En 1688, l'imposition ordinaire monte à 1,730 livres.

En 1689, les impositions se multiplient : 14 livres pour la construction de l'hôpital Saint-Jacques de Besançon ; 20 livres pour indemnité aux propriétaires expropriés pour les fortifications de Salins et de Besançon ; 50 mesures d'avoine pour le service du roi. L'impôt ordinaire est fixé à 1,454 livres et 350 mesures d'avoine.

Le 2 janvier 1696, le receveur général somme le magistrat d'avoir à payer 3,620 livres, dont 1,565 pour les impôts de l'année précédente, 1,800 pour la capitation, 115 pour les fontaines et rivières et 140, dont moitié pour les maisons et moitié pour la mairie. Le 3 janvier 1698, ordre de l'intendant d'emprisonner le maire et les deux premiers échevins jusqu'au paiement de la somme de 3,401 livres due par la ville sur 1697 ; le 13 du même mois, imposition de 200 livres sur les foires et marchés. Le 16, signification par huissier d'avoir à payer 800 livres et les deux sols par livre pour la finance de la charge de conseiller du roi ; le 20, ordre de payer de suite les trois premiers mois de la capitation de l'année.

A partir de 1704, outre l'impôt ordinaire et la capitation, on paie au roi 2,300 livres sur les revenus de l'octroi.

En janvier 1705, arrivée de garnisaires pour contraindre la ville au paiement immédiat de 3,400 livres dues pour la finance des offices municipaux.

En décembre 1711, la ville est ainsi taxée : impôt ordinaire, 1,250 livres ; capitation, 3,750 livres ; impôt du dixième, 1,928 livres ; ustensiles des quartiers d'hiver, 625 livres ; subsides, 1,900 livres 19 sols ; abonnement de l'octroi, 1,900 livres ; en tout, 11,343 livres 18 sols.

En 1714, les impositions s'élèvent à 12,285 livres.

une population chez qui était encore vivant le cauchemar de la guerre de Dix ans. Un second bienfait avait été celui d'une administration régulière, substituant partout l'ordre à l'anarchie, et diminuant le poids des charges publiques par une répartition plus équitable. Pour ces deux raisons, si dures qu'aient été aux populations les pires années du règne de Louis XIV, elles valaient encore mieux que celles où l'Espagne les avait abandonnées sans secours aux discordes intérieures et aux ennemis du dehors. N'y a-t-il pas lieu, du reste, de se demander si le développement de la fortune publique, les progrès de l'agriculture, du commerce et de l'industrie, ne permettaient pas à la Franche-Comté de s'acquitter plus facilement des charges qu'on lui imposait ?

CHAPITRE IV

LA SITUATION MATÉRIELLE ET LES RESSOURCES DE LA PROVINCE

Une erreur de Pélisson. — Pauvreté de la Franche-Comté. — Ses causes. — Dépopulation de la province. — Les recensements de 1614, 1644, 1652. — Efforts du parlement et des Etats en faveur du repeuplement. — Mouvement d'immigration. — Mémoire présenté au roi en 1679. — Programme d'administration du parlement. — Les recensements de 1688 et 1698. — Situation générale de la province en 1685 et 1695. — L'agriculture. — Le « pays uni » et la montagne. — Les mauvaises années, 1692, 1693, 1694. — Les dangers de l'abondance, 1695. — Boisot et de la Fonds libre-échangistes. — De Vaubourg protectionniste. — L'hiver de 1709. — Premiers symptômes du mal. — La famine à Gray. — On s'aperçoit que les semences sont perdues (avril). — Premières mesures du magistrat. — Intervention de l'intendant. — La question des pauvres. — Le soulèvement des campagnes. — On barricade la ville. — L'affaire de l'*Abondance de Lyon* (1709-1710). — La famine à Vesoul, à Salins, à Arbois, à Besançon ; la montagne échappe au fléau. — Une statistique du bailliage de Dole en 1683. — Les vignes. — La confrérie de Saint-Vernier à Arbois. — Les vignerons de Besançon. — La montagne. — Sa physionomie spéciale. — Les pâturages et les fruitières. — Le commerce des chevaux. — Les forêts. — L'industrie, son peu d'importance. — Les mines et les forges. — Colbert et les mines de cuivre de Château-Lambert. — L'industrie du fer. — Les permis d'exportation. — Classification des forges. — Les travaux publics. — Les routes. — Efforts du parlement pour les rétablir. — Projets et promesses de Colbert. — Les ponts sur la Saône, l'Ognon, le Doubs, la Loue. — Les rivières. — Projets de canalisation du Doubs. — Colbert et l'ingénieur Bruand (1682). — Objections de l'intendant de la Fonds (1698). — Proposition du marquis de Broissia (1699). — Projets de Vauban (1699). — Conclusion. — L'optimisme du comte de Laubespin (1681). — Les progrès accomplis. — Ce qu'il restait à faire.

Pélisson, l'élégant historiographe de Louis XIV, a tracé de la Franche-Comté un tableau resté classique et dont voici le passage principal [1] :

---

[1] Pélisson, *Histoire de la conquête de la Franche-Comté.* (*Continuation des mémoires de littérature et d'histoire*, 1729, t. VII, part. 1, p. 19 et suiv.) Cf. Voltaire. « Cette province, assez pauvre en argent, mais très fertile, bien peuplée.... » (*Siècle de Louis XIV*, chap. IX, édit. Beuchot, XIX, p. 369.)

« Une agréable variété de plaines, de collines, de vallons,
» de bois, de prairies, de terres cultivées, de rivières, de
» fontaines et d'étangs en rend la campagne délicieuse. La
» même diversité se trouve en ce qu'elle porte ; car il n'y a
» rien de nécessaire à la vie dont elle ne soit fertile ; d'où
» vient que quelques écrivains l'ont appelée l'abrégé de la
» France, et celui de tous les pays qui se peut le plus aisé-
» ment passer des autres. Surtout elle est en réputation pour
» ses bons chevaux et pour ses excellents vins, dont quelques-
» uns, comme ceux d'Arbois et des environs, conservent,
» vingt et trente ans, toute leur délicatesse et toute leur force. »

Comment se fait-il que les habitants d'un pays si bien doté par la nature soient si pauvres ? Pélisson en donne une explication spirituelle et ingénieuse, mais qui se trouve contraire à la vérité.

« .... Au reste, la fertilité du pays étouffant, pour ainsi
» dire, l'industrie des habitants au lieu de l'exciter, ils n'ont
» que peu de communications avec leurs voisins, nul soin du
» commerce ni des manufactures, presque point d'argent ;
» manquant très souvent des choses nécessaires, parce qu'ils
» ne craignent pas d'en pouvoir manquer ; pauvres enfin
» parce que la nature les a faits riches [1]. »

Pélisson se trompe deux fois ; sur la richesse naturelle du pays, qu'il exagère ; sur le caractère des habitants, qui se distinguent, au contraire, par une puissance et une ténacité de

---

[1] Dans un discours couronné en 1767 par l'Académie de Besançon, un fonctionnaire de l'intendance dépeignait ainsi la situation de la province avant 1674 : « Avant la réunion de la Franche-Comté à la France, cette province, isolée et couverte de forêts immenses, n'avait aucune relation avec ses voisins. Dévastée tour à tour par des guerres, dépeuplée par des pestes, sa surface offrait à l'œil épouvanté des villages réduits en cendres, des chaumières abandonnées, des vallons incultes et déserts. La terre donnait alors, sans trop de soin, à un petit nombre d'habitants ce qui suffisait à leur consommation ; ses productions naturelles leur assuraient le nécessaire physique. Sans industrie et sans commerce, qu'auraient-ils fait d'abondantes récoltes ? elles auraient été superflues. » (Études de Novián, commissaire provincial des guerres, premier secrétaire de l'intendance de Franche-Comté.)

travail remarquables. Il ignorait sans doute par quelles terribles épreuves la province avait passé dans les années qui avaient précédé la conquête. Il ne savait pas que la guerre de Dix ans avait fait du pays une sorte « d'île sauvage, nou- » vellement découverte, où tout était au premier occupant. » En 1668 et même en 1674, le rétablissement matériel de la province était loin d'être achevé : quelques mots de statistique nous le prouveront [1].

D'après un recensement établi en 1614, quelques années avant la guerre, la population de la province aurait été, à cette époque, de 400,000 habitants. En 1644, elle serait tombée à 130,000 ; en 1652, elle était remontée à 200,000 [2].

Ces chiffres ne peuvent être qu'approximatifs ; peut-être sont-ils exagérés ; on peut s'étonner surtout de l'écart de la population entre les années 1614 et 1644 ; dans cette période de trente ans, la province aurait perdu les deux tiers de ses habitants. La réalité d'un pareil dépeuplement devient moins douteuse à la lecture des historiens du temps et surtout des archives municipales. Nous en trouvons encore la preuve dans les efforts du parlement pour remédier au mal.

En 1640, il fit défense aux créanciers de saisir les habitants du pays, « lesquels sont retenus de cultiver leurs héritages » par la crainte d'être arrêtés et saisis, ainsi que leurs har-

---

[1] On comprend qu'il soit impossible d'apprécier la population de la province dans les siècles qui ont précédé la conquête. Les historiens ne donnent que des chiffres très approximatifs. Le président Clerc (*Essai sur l'histoire de Franche-Comté*, II, p. 181, note) estime que vers 1375, après les guerres du XIVᵉ siècle, la Franche-Comté ne comptait que 190,000 habitants. Un siècle après, sous Charles le Téméraire, elle en aurait eu 400,000. Celui se contredit à quelques lignes de distance. Il donne à la province 170,000 feux (colonne 166), et 250,000 (colonne 167). Ce dernier chiffre ferait environ 900,000 habitants pour le milieu du XVIᵉ siècle, ce qui est évidemment exagéré. Ce qu'on peut affirmer, c'est que la population varia beaucoup, et que les variations furent trop considérables pour s'expliquer uniquement par un excès de naissances ou de morts. Il y eut certainement de tout temps un grand mouvement alternatif d'émigration et d'immigration.

[2] Règlement nouveau des résidents et sujets de la Franche-Comté de Bourgogne pour 1614. Cf. LABBEY DE BILLY, *Université de Franche-Comté*, II, p. 149, et l'*Annuaire du Doubs de 1861*, GAUTHIER, population et statistique.

» nais, chevaux et denrées, ce qui peut rendre les commu-
» nautés désertes [1]. »

En 1648, il dispense les communautés habitées depuis deux ans ou ayant moins de six habitants de payer aucun arrérage, « encore même que cy-après et durant le cours de
» la présente année, elles se verraient repeuplées et habitées
» par ceux qui y pourraient retourner nouvellement et jus-
» ques au nombre déterminé par les édits précédents. »

En même temps, il essaie de ramener dans les villages les populations qui, pour éviter les bandes suédoises ou françaises, se sont réfugiées dans les bois et continuent à les habiter, au grand détriment de ceux-ci [2].

Enfin, il cherche à attirer les étrangers dans la province et lutte contre l'égoïsme des habitants, qui s'efforcent, au contraire, de les éloigner en exigeant d'eux des droits excessifs d'habitantage. Il fixe à 30 fr. la somme due par tout étranger qui vient se fixer dans le pays après avoir fourni une attestation suffisante de sa religion et de ses bonnes mœurs. Cette somme devait être employée au paiement des dettes de la communauté [3].

Les Etats aidaient le parlement dans ce difficile travail du repeuplement de la province. Ils demandaient, en 1664, le renouvellement de l'édit ordonnant d'admettre les étrangers,

---

[1] Arch. du Doubs, anciennes ordonnances, p. 590. Ordonnance du 16 janvier 1640.

[2] « Depuis les guerres présentes plusieurs subjets s'estant retirez et logez dans
» les bois pour s'y tenir à couvert des courses et hostilitez, y avaient fait de grands
» desgats et abattues et réduit bonne partie desdits bois en nature de terre labou-
» rable, qu'ils s'obstinent à cultiver et ensemencer; ce qui leur fait négliger l'ha-
» bitation de leurs villages et la culture de leurs plaines et finaiges, quoique de
» meilleur rapport. » (Ordonnance du 27 janvier 1648.) Dans l'ordonnance du 27 mai 1653, le parlement veut qu'on ne trouble pas les habitants dans les commencements et progrès qu'ils donnent à leur rétablissement, afin qu'une douceur plus grande les invite à continuer, et rappelle même ceux qui se sont retirés.

[3] Ordonnance de 1652. Comp. l'ordonnance de 1653 : « Les communautés ne
» voulant recevoir qu'à titre d'habitants les estrangers alliés et non ennemis qui se
» réfugient en ceste province à cause que leurs pays sont troublés par des guerres
» qui les en chassent, la cour déclare qu'ils doivent être exempts de semblables
» contraintes. »

s'ils étaient de naissance catholique et gens de bien ; ils demandaient également que l'on commandât aux « originels » établis à l'étranger de revenir au pays, sous peine de perdre leurs fonds s'ils en ont, et pour taxe, d'être privés, ainsi que leurs descendants, des droits, privilèges et immunités de la province [1].

Ces mesures ne faisaient qu'aider un mouvement d'immigration qui s'était produit naturellement. Dès 1657, Luxeuil, sur 1,142 habitants, comptait 335 étrangers, Lorrains ou Allemands ; Lons-le-Saunier, sur 924 habitants, comptait 345 Suisses ou Savoyards. Les Français étaient nombreux dans le voisinage de la Bourgogne et de la Bresse. Leur présence parut bientôt un danger.

Mouvement d'immigration.

En 1667, une lettre anonyme informait le parlement qu'à Bletterans « les personnes portant armes forment le nombre » d'environ 70 hommes, parmi lesquels il y a trois anciens » habitants, trois ou quatre manœuvres, faisant en tout sept » ou huit personnes originaires du pays, le surplus tous » Français, fort mal intentionnés, à l'exception de cinq ou » six qui paraissent de bonne volonté à l'extérieur [2]. »

C'est encore à l'immigration étrangère que l'on fit appel après la conquête, pour remplir les vides de la population. Un mémoire dans ce sens fut présenté au roi en 1679. La minute a échappé à la destruction des papiers de l'intendance [3].

Mémoire présenté au roi sur le repeuplement, 1679.

D'après l'auteur du mémoire, la population des paroisses se compose « des anciens originels du pays, dont le nombre » est petit, » des habitants qui sont venus d'une autre partie de la province, et enfin des étrangers : il y a peu de paroisses

---

[1] Arch. du Doubs, série C. Papiers des États, 238.
[2] Clerc, *Les États généraux*, II, 223.
[3] Cette pièce a été publiée dans l'*Annuaire du Doubs* et datée après coup de 1675. Elle est évidemment de 1679 ou des derniers mois de 1678. C'est à elle que répond point par point la lettre du parlement du 13 décembre 1679. (Arch. du Doubs, série B. Correspondance du parlement.) Celui-ci avait été invité à étudier la question par une lettre du roi du 21 novembre 1679.

qui n'aient des terres laissées incultes depuis 1636 ; ce sont ces terres qu'il faudrait abandonner aux étrangers venant s'établir dans la province, pourvu qu'ils fussent de la religion catholique ; « le contraire serait trop odieux. »

Les nouveaux venus seraient dispensés de toute charge envers les communautés et envers le roi, à condition de défricher, dans la première année, au moins six journaux de terre, et « consécutivement même quantité chaque année des » trois. » Ils seraient autorisés à bâtir, à prendre des pierres dans les carrières, à couper dans les forêts les bois nécessaires, comme les anciens habitants.

Une seule restriction était faite à la liberté des immigrants. Il ne devait pas leur être permis de planter de la vigne dans les terres à blé ; les vignes actuellement en friche qui seraient rétablies ne devaient pas profiter de l'exemption de charges pendant trois ans ; car il y en avait déjà trop dans le pays.

Les trois années écoulées, les nouveaux habitants seraient propriétaires des terres défrichées, à charge de payer aux anciens propriétaires la onzième gerbe, et aux seigneurs des lieux les redevances habituelles. Les habitants des villes qui voudraient entreprendre des défrichements dans les campagnes jouiraient des mêmes privilèges. Les anciens propriétaires pourraient profiter aussi des mêmes avantages, à condition de défricher immédiatement et sans abandonner les terres actuellement cultivées.

L'auteur demandait enfin que les nouveaux habitants fussent admis à prendre part aux délibérations des communautés et à jouir de tous les droits des anciens.

Le parlement est consulté. Son programme d'administration.

Le roi consulta le parlement sur la proposition qui lui était faite : la réponse de la cour est d'autant plus intéressante, que tout en repoussant le projet de l'auteur du mémoire, elle présente à son tour un véritable programme d'administration.

Le parlement constate qu'en effet la province souffre encore des guerres de l'année 1636, et qu'il serait désirable d'y

attirer de nouveaux habitants, « pour la rendre plus cul-
» tivée et plus abondante; » mais il ne croit pas à l'efficacité
des moyens proposés dans le mémoire qu'on lui soumet. Les
terres en friche sont des territoires ingrats ou d'une culture
difficile, qui rebuteront les étrangers, et ceux-ci les aban-
donneront après avoir joui pendant trois ans de l'exemption
des charges.

L'obligation où seraient les propriétaires de céder une
partie de leurs héritages aurait pour résultat de démembrer
les domaines, de les rendre inutiles ou impossibles à af-
fermer. Il est difficile, en effet, de donner à bail des journaux en détail, ou de composer de plusieurs morceaux des
censes ou granges complètes. « Ainsi, en retranchant une
» partie, on risque le tout, parce qu'il demeurera sans profit
» et deviendra inculte. » Le danger existera surtout pour les
« terres de marque, » qui s'anéantiront, et les familles considérables qui les possèdent ne pourront jamais se redresser de
leur perte.

Ce n'est pas tout : ou bien les terres données aux nouveaux venus seront déchargées de toutes charges hypothécaires, de tous droits de cens, de mainmorte, etc.; ce qui
amènera la diminution des fiefs, l'aliénation des biens d'église
et la ruine des particuliers; ou bien ces terres resteront soumises aux charges anciennes et hypothécaires, alors les
créanciers pourront les saisir lorsqu'elles seront en bonne
culture et frustrer les étrangers de leurs travaux.

Il serait, du reste, bien dur d'enlever aux propriétaires des
terres que la confusion des guerres et l'incertitude dans
laquelle a été la province jusqu'à la paix ne leur ont pas
permis de cultiver.

L'avis proposé au roi n'est donc pas acceptable. Le mieux
est d'attendre que les choses se rétablissent d'elles-mêmes à
la faveur de la paix, ou de mettre en usage un moyen dont
le parlement assure l'efficacité : la diminution des charges
qui pèsent sur la province.

Les magistrats ne s'en tiennent pas, du reste, à ce programme un peu négatif. Ils soumettent à leur tour, au roi, toute une série de mesures dont voici les plus importantes :

Ordonner aux communautés rurales de recevoir gratuitement, pendant plusieurs années, ceux qui se présenteront, pourvu qu'ils soient bons catholiques, et qu'ils se conforment aux coutumes et règlements des lieux.

Favoriser le commerce, rendre navigable la rivière du Doubs, créer des « factures » dans la province, attirer les ouvriers par le bon marché des vivres et en leur accordant quelques privilèges.

Retenir les anciens habitants dans la campagne, et les empêcher « de se divertir à des emplois hors de leur portée. »

Prévenir la désertion des vignerons, qui sont en grand nombre dans la province, où ils ne peuvent plus subsister faute de débit de leur vin ; pour cela, interdire l'usage des vins étrangers ; « par ce moyen, on procurera du moins la
» consomption dans le pays de ceux qu'il produit avec abon-
» dance. »

Ne pas créer de nouveaux collèges et même en supprimer quelques-uns, « pour lever aux artisans et aux gens de la
» campagne la trop grande facilité de faire estudier leurs en-
» fants, lesquels, quoique le plus souvent peu capables, se
» jettent dans le clergé ou la politique, au lieu qu'ils seraient
» plus utiles au publique, s'ils suivaient la condition de leurs
» pères.

» Une province comme celle-ci, ajoutait le parlement, qui
» est encore affaiblie par les longues guerres qui l'ont
» épuisée, ne peut profiter d'abord de tous les remèdes qui
» semblent salutaires, parce que quelquefois, en voulant
» fermer une plaie, on en rouvre d'autres, ce qui peut accom-
» moder les uns et en désoler plusieurs.

» Et cette province étant comme un corps exténué, il
» semble que ses forces seraient plus sûrement restablies
» par des aliments que par des retranchements. Votre

» Majesté, par ses bienfaits, par les exemptions et le com-
» merce, pourra plus aisément faire venir des habitants que
» par des voyes qui appauvrissent ceux qui y sont déjà
» establis. »

Plusieurs des mesures proposées par le parlement étaient sages : quelques-unes, qui paraîtraient étranges aujourd'hui, étaient dans l'esprit du temps. Si Colbert eut connaissance du mémoire que nous venons d'analyser, il dut approuver les propositions des magistrats franc-comtois; malheureusement, le grand ministre allait bientôt mourir, et les guerres qui vont suivre allaient détourner l'attention du gouvernement et l'empêcher d'appliquer, au moins dans son ensemble, le plan de réformes qui lui était proposé.

Le parlement s'efforça, du moins, de les accomplir dans la sphère de son action administrative, et s'opposa notamment aux efforts des communautés pour empêcher l'immigration des étrangers dans la province : en 1680, les habitants de Randevillers demandaient à la cour d'autoriser des statuts faits par leur communauté, par lesquels ils imposaient aux étrangers qui voudraient « s'y habituer » la somme de 100 fr., s'ils se mariaient dans le village, et de 200 fr., s'ils étaient déjà mariés ou restaient célibataires; la cour refusa, supprima pendant trois ans, pour toutes les communautés, le droit d'habitantage, et diminua le droit de manantage, « pour faciliter auxdites communautés les
» moyens de leur rétablissement [1]. »

En 1688, un recensement général de la province permit de se rendre compte des progrès de la population [2]; celle-ci atteignait alors le chiffre de 332,700. Dix ans plus tard, en 1698, le mémoire de l'intendant de la Fonds donne le

---

[1] Délibération du 21 mai 1680. (Arch. du Doubs, série B. Délibération importante, vol. II, verso, 68.

[2] « L'estat et dénombrement général des feux, maisons, hommes, femmes, enfants,
» valets, servantes et du bétail (chevaux, mulets, bœufs, vaches, veaux, moutons,
» chèvres, cochons) qu'il y a dans le comté de Bourgogne, fait en l'année 1688. »
(Arch. du Doubs.)

chiffre de 336,720, plus environ 4,000 prêtres, religieux ou religieuses.

Ainsi, à la fin du XVII° siècle, la province n'avait pas encore retrouvé le chiffre de 400,000 habitants qu'une statistique un peu aventurée lui donne dès 1614.

Mais le chiffre de la population n'est pas tout. Quelle était la situation matérielle de cette population? Etait-elle riche ou pauvre? Quelles étaient les sources de sa richesse ou les causes de sa misère? Dans quelle mesure l'agriculture, l'industrie et le commerce contribuaient-ils à assurer sa subsistance et son bien-être?

La correspondance de l'intendant de la Fonds avec le contrôleur général nous fournit d'abord deux tableaux résumés de la situation de la Franche-Comté à dix années de distance, en 1685 et en 1695.

Etat général de la province en 1685.

Le 18 novembre 1685, de la Fonds rend compte au ministre de l'état de la province confiée à ses soins et termine ainsi son exposé :

« Les habitants ne sont point dans la pauvreté. On ne peut
» point dire qu'ils soient riches; ils mangent du pain, de
» la viande, boivent du vin, sont couchés et bien vêtus; c'en
» est assez pour ces sortes de gens.

» Ceux de la montagne du costé de Saint-Claude sont plus
» sobres, ne mangent que du pain avec du petit lait, mais ils
» sont accoutumés à cette manière de vivre dès leur enfance,
» et leur sobriété, avec ce qu'ils sont plus laborieux, fait
» qu'ils ont plus d'argent. Voilà l'estat de cette province que
» l'on peut dire être en bon estat [1]. »

En 1695.

En 1695, de la Fonds signale une situation à peu près analogue. On avait donné au roi l'avis que le nombre des terres incultes augmentait dans plusieurs provinces du royaume. Le 14 juin, l'intendant informe le contrôleur général que ce n'est pas le cas de la Franche-Comté, « puisque

---

[1] BOISLISLE, *Correspondance des intendants*, I, p. 213.

» actuellement presque tous les habitants travaillent sans
» discontinuer à défricher, chacun sur leur territoire, tous
» les endroits qui estaient infructueux depuis la guerre
» de 1636, même jusqu'aux plus mauvais et plus écartés,
» dont ils font des prés et des champs. Les différentes
» charges qu'ils sont obligés de supporter tous les jours à
» l'occasion de la guerre, et la grande misère où ils se vi-
» rent réduits l'année dernière, leur ont appris à ne plus estre
» fainéants, et, pour les engager encore davantage à rendre
» cette province abondante de toutes sortes de denrées, il y
» a sept ou huit ans que je déclarai, dans un mandement de
» l'imposition ordinaire, qui se distribue chaque année dans
» toutes les communautés, que tous ceux qui défricheraient
» lesdites terres incultes ne paieraient rien de ladite impo-
» sition, pendant cinq années, pour les terres nouvellement
» défrichées. Cet expédient a eu tout le succès que l'on pou-
» vait espérer, et je puis vous assurer que, dès ce temps,
» chacun a travaillé de son mieux, y ayant présentement un
» tiers plus de terres en nature qu'il y en avait lorsque
» Sa Majesté a conquis ladite province, et je n'en sais aucune
» d'inculte [1]. »

Nous n'avons aucune raison de contredire l'intendant, satisfait de la situation de la province qu'il administre, et s'attribuant sans doute une bonne part des progrès qu'il constate. Serait-il aussi affirmatif quelques années plus tard? La funeste guerre de la succession d'Espagne va commencer; les années désastreuses se succèdent. La Franche-Comté, sans doute, ne verra pas l'ennemi; mais elle se croira plusieurs fois sur le point d'être envahie. Des charges accablantes : impôts nouveaux, levées de milice, passages de troupes, quartiers d'hiver, vont peser lourdement sur elle et ralentir, sinon complètement arrêter, les progrès de son rétablissement.

---

[1] Bouillex, *Correspondance des intendants*, I, 1437.

Du reste, les intendants, préoccupés exclusivement des affaires militaires et des intrigues qui s'agitent autour d'eux, ne parlent plus qu'incidemment de la situation générale de la province, et c'est généralement pour la trouver mauvaise.

L'agriculture.

La Franche-Comté est un pays essentiellement agricole ; la culture du sol et le commerce de ses produits naturels sont aujourd'hui et étaient plus encore, au XVII° siècle, la principale ressource de ses habitants. Ces produits sont très variés, et l'on peut, sur ce point, accepter l'opinion de Pélisson, que le comté de Bourgogne peut se suffire à lui-même. Les céréales, la vigne, les pâturages et les bois se partagent le territoire. A part la vigne, à qui la haute montagne est naturellement interdite à cause de la température, ces productions sont réparties sur toute la surface du territoire. Cependant chacune d'elles est plus spécialement cantonnée dans une région de la province. La plaine, qui comprend les régions de la Saône, de l'Ognon et du Doubs inférieur, est avant tout une terre à blé. Dans la haute et la moyenne montagne, dominent les forêts et les pâturages ; la vigne est cultivée dans une région intermédiaire, aux limites assez indécises, qui s'étend sur les flancs occidentaux des derniers chaînons du Jura, depuis la Bresse jusqu'aux environs de Besançon, avec quelques annexes à ce domaine, dans la plaine du côté de Gy et des bords de la Saône, en montagne dans la vallée de la Loue, où les ceps se hasardent jusqu'aux rochers qui soutiennent les hauts plateaux.

Cette répartition des produits agricoles n'est pas arbitraire, elle est imposée par la nature du sol et surtout par le climat [1].

---

[1] Gollut disait déjà : « Comme le païs est ou montagnard ou de campagne les
» montagnes hont pris à leur part les métaux, le bestail, et bone partie du gibbier
» et venaison, avec les sources poissonneuses des rivières ; retenans encore leur part
» des bons vins, une commodité des bois, le pasturage très gras, et quelques por-
» tions de terres arables pour la semence de leurs grennes.

» Et le surplus est presque entièrement demeuré à la campagne, laquelle est
» tellement découverte au labourage pour les semences de toutes sortes de grennes
» propres à la nourriture des homes et des bestes, que combien que le nombre des

Aussi un géographe moderne pourrait-il accepter, presque sans y rien modifier, les termes du mémoire de 1698.

« Cette province, dit l'intendant, est divisée presqu'en » païs uny et païs de montagne ; le païs uny, qui comprend » les bailliages de Vesoul, Gray, Dole, Lons-le-Saunier et » Poligny, est abondant en grains, vins et fourrages ; il y a » aussy beaucoup de charmes et de noyers.

Le « pays uny » et la montagne.

» On peut encore diviser le païs de montagne en deux, » savoir, la Franche-Montagne, qui comprend les bailliages » de Pontarlier et d'Orgelet, la terre de Saint-Claude, et une » partie des bailliages de Salins, Ornans et Baume.

» Bien qu'il n'y croisse que de l'avoine, de l'orge et autres » menus grains, il ne laisse pas d'estre le meilleur et le » plus riche de toute la province par la quantité de bestiaux » qui s'y nourrissent.

» Dans l'autre partie de la montagne, où sont situés les » bailliages de Besançon, Quingey, Arbois et une partie de » ceux de Salins, Ornans et Baume, il y croît quelques bleds » et avoines et beaucoup de vin. »

L'auteur du mémoire ajoute quelques lignes plus bas :

« La province est située au 47° degré, comme une partie » de la France, cependant les hyvers y sont bien plus froids, » et y durent beaucoup davantage : cela vient de ce que » les montagnes estant ordinairement chargées de neiges » jusqu'au mois d'avril et de mai, les pluyes et les vents » qui y règnent beaucoup aportent des froids qui endom- » magent mesme souvent les grains et les vignes ; on » passe après cela tout d'un coup dans de grandes cha-

---

» villes et villages soit de plus de 4,700, et que le peuple et le bestail qui y réside » et s'y nourrit soit comme innumérable, toutefois tout en est nourry à telle co- » pieuse abondance que les fruits d'une seule année peuvent suffire à trois et » quatre, si la Saône ne nous en emportait une partie au Lyonnais et païs qui sont » sur le Rhône et sur la mer de Lyon, ou que Messieurs des Ligues n'en tirassent » grande quantité pour fournir leurs subjets et païs montagnards n'halans grande » quantité de grains, et encore tels qu'ils ne portent l'usage de plus de six mois. » (*Mémoires historiques*, col. 123.)

» leurs, de sorte qu'on ne s'aperçoit presque pas du prin-
» temps; mais toutes les automnes y sont ordinairement fort
» belles. »

La rigueur des saisons et surtout les brusques changements de température étaient, en effet, comme ils sont encore aujourd'hui, la terreur et trop souvent la ruine des paysans franc-comtois. La correspondance des intendants et quelques chroniques locales permettent de suivre presque année par année les vicissitudes de leur existence.

Les mauvaises années, 1692, 1693, 1694.

Les années 1692, 1693 et 1694 furent particulièrement mauvaises. Le 10 mai 1692, un froid extraordinaire détruisit en partie les moissons, le mauvais temps continua tout l'été, et une neige prématurée, le 11 octobre, acheva la ruine du pays. Le blé renchérit outre mesure; à Arbois, les boulangers rejetèrent la taxe du pain; on dut les menacer, en cas de résistance, d'amendes arbitraires et d'emprisonnement [1]. La situation s'aggrava en 1693, le parlement s'en préoccupa et prit, le 16 novembre, un arrêté portant règlement pour la subsistance des pauvres [2].

En vertu de ce règlement, tous les mendiants étrangers à la ville d'Arbois reçurent l'ordre de quitter la ville, et les habitants indigents durent se faire inscrire au rôle tenu par le magistrat.

A Salins, les ouvriers des sauneries, réduits à la dernière

---

[1] Bousson de Maiset, *Annales historiques d'Arbois.*

[2] Droz, *Recueil des édits.* Le parlement devait renouveler en 1709 les mesures de 1693. Voici les principaux articles de l'arrêt du 7 mai 1709 :

I. Tous les mendiants hors d'état de gagner leur vie sont tenus de se retirer dans leurs paroisses.

II. Défense de vaguer et de mendier sous peine de huit jours de prison et de carcan. En cas de récidive, de trois ans de galères pour les hommes valides et les garçons au-dessus de seize ans ; du fouet et du carcan à différents jours de marché pour les estropiés et les femmes non grosses; du fouet pour les garçons au-dessus de douze ans en état de faire quelque travail. Défense de leur donner retraite plus d'une nuit à peine de 10 livres d'amende.

III. Les estropiés et les malades seront conduits dans les hôpitaux.

IX. Ordre aux pauvres valides de travailler, et défense de leur donner l'aumône lorsqu'il y aura du travail, etc.

extrémité par la disette, s'adressèrent aux magistrats pour leur demander de procurer des grains au peuple et d'empêcher quelques spéculateurs d'en faire des amas; on ouvrit, en effet, le grenier public, on visita les greniers des particuliers, on força ceux-ci à vendre les approvisionnements qui semblaient trop considérables, on surveilla même le transport des blés chargés pour le service du roi. Tout cela ne s'était pas fait sans quelque tumulte, dont le bruit était allé jusqu'au contrôleur général [1].

Au printemps de 1694, ce fut encore pis.

« La misère estait si grande dans le comté de Bourgogne,
» que Monseigneur l'archevêque permit, dès le milieu du
» carême, à tout le monde de manger de la viande, les mer-
» credis, vendredis et samedis exceptés, le bled se vendait
» dix francs la mesure, l'avoine, cinq francs; plusieurs ne
» vivaient que de racines et de la chair de cheval mort de
» maladie.... Le 20 may, Monseigneur l'archevêque ordonne
» les quarante heures et des prières publiques dans la ville
» et dans toute la province pour la misère [2]. »

En automne, tout changea; la moisson fut très abondante et le prix du blé baissa subitement. C'était un nouveau danger, dont l'autorité s'émut d'autant plus que le recouvrement des impôts se trouvait compromis.

Le procureur général Boisot écrivait, le 10 mai 1695, au contrôleur général :

« Il y a en ce pays une si grande abondance de blé, que
» ce qui valait l'année dernière 6 livres 5 sous ne vaut à pré-
» sent que 22 sols, parce qu'il n'y a point de débite. Si la
» récolte prochaine est aussi belle qu'elle le promet, il n'en
» vaudra pas 12, ce qui mettra la province hors d'état de
» fournir les sommes qu'on en a tirées jusqu'ici. Pour y
» remédier, il n'y a qu'à permettre la sortie des grains et à

---

[1] BOISLISLE, *Correspondance des intendants*, I, 1265.
[2] *Histoire des guerres*, etc. (Manuscrit anonyme de la bibliothèque de Vesoul.)

» laisser la liberté à chacun d'en lever, pour le mener par-
» tout où la débite sera meilleure, c'est le seul et véritable
» moyen de faire entrer dans le pays de l'argent étranger
» dont il a grand besoin, y estant fort rare [1]. »

De la Fonds écrivait dans le même sens le 31 mai 1695, il insistait encore le 20 juillet 1696 [2]. La récolte avait été très belle, le blé se vendait à Besançon 18 à 19 sols ; l'intendant demandait instamment qu'on autorisât l'exportation en Suisse. « Je m'aperçois très bien, disait-il, que les recouvre-
» ments de l'imposition et capitation languissent par le dé-
» faut de débit, et si cet expédient ne réussit pas, je prévois
» que l'on ne pourra lever lesdits recouvrements qu'en faisant
» des frais aux peuples et les obligeant à vendre leurs den-
» rées à vil prix. »

De Vaubourg protectionniste.

En 1698, tout est changé ; la récolte a été mauvaise, la cherté est revenue et le nouvel intendant, M. de Vaubourg, est aussi hostile à l'exportation que M. de la Fonds lui était favorable. Il se plaint, le 16 mai, que les blés de la province soient enlevés pour Lyon ou pour la Suisse, avec laquelle une compagnie, autorisée par le roi, avait traité pour 20,000 quintaux, et obtient du ministre que les enlèvements de blés soient restreints aux cantons les mieux partagés, et que le surplus soit fourni par l'Alsace et les autres provinces [3].

Au mois de novembre, de Vaubourg déclare que la position n'est plus tenable ; les villes sont affamées, on ne présente plus de blé aux marchés, les particuliers gardent leurs récoltes pour les vendre plus cher à Pâques, les paysans ont peur d'être pillés par les soldats, cavaliers et dragons, qui se répandent dans la campagne, se jettent sur les voitures qui viennent au marché et prennent du blé où ils peuvent [4].

---

[1] Boislisle, *Correspondance des intendants*, 1, 1430.
[2] Idem., 1435, 1550.
[3] *Idem*, 1718 (note).
[4] *Idem*, 1793.

Les villes mêmes n'étaient pas à l'abri de ces désordres. A Besançon, « comme le blé était fort cher, il y avait une » troupe de voleurs dont la plupart était du régiment de » Piedmont; l'on fut obligé de mettre des corps de garde » dans les coins des rues [1]. »

La crainte de la disette amena la suppression de toutes les ordonnances qui autorisaient l'exportation des grains.

Cette interdiction fut maintenue l'année suivante; la récolte n'ayant été supérieure que d'un quart à celle de 1698, la mesure de blé valait toujours de 57 à 58 sols, tandis qu'après la grande récolte de 1694, elle était tombée à 18 et 20 sols [2]. On alla plus loin dans la voie de la prohibition, le commerce se trouva interdit entre différents cantons de la province. Au mois d'avril 1699, le magistrat d'Arbois faisait des remontrances à l'intendant pour obtenir la révocation de la défense faite aux villages du ressort de la ville de Dole d'amener à Arbois des grains pour les vendre; il demandait, du moins, que cette défense fût limitée aux villages situés au delà du Doubs, et que la ville pût s'approvisionner dans les villages plus voisins, son territoire ne pouvant pas même suffire à l'alimenter pour un mois.

Les mêmes fautes furent commises par l'administration et surtout par les municipalités en 1709, et vinrent aggraver la misère qu'on avait la prétention de combattre.

L'hiver en 1709.

On sait comment les rigueurs de l'hiver de 1709 vinrent s'ajouter aux épreuves de toute nature qui accablaient la France.

Après quelques semaines d'une température remarquablement douce, le froid commença brusquement le 5 janvier et sévit tout à coup avec une rigoureuse intensité; pour comble de malheur, un premier dégel fit fondre la neige, et livra ensuite sans défense et sans couverture les arbres et les

Premiers symptômes du mal.

---

[1] *Histoire des guerres.* (Manuscrit de la bibliothèque de Vesoul.)
[2] Boislisle, *Correspondance des intendants,* II, 8.

semences à une nouvelle et impitoyable gelée. La Franche-Comté, plus qu'aucune autre province peut-être, eut à souffrir du fléau.

A Arbois, dès le 6 janvier, « les vignes et principalement » les cerisiers sont gravement atteints par la gelée, qui ravage » tellement le territoire, qu'il semble que le feu ait passé » partout [1]. »

A Baume, les archives municipales nous apprennent que dès le mois de février, « un très grand nombre de bourgeois » sont réduits à la mendicité par suite des mauvaises » récoltes [2]. »

Il est singulier que, quoique les récoltes de 1707 et 1708 eussent été bonnes, la famine commença partout dès les premiers jours de froid, avant même que l'on fût assuré que la récolte était à peu près perdue. Etait-ce le résultat de la panique ou l'effet de calculs coupables de quelques accapareurs ? Le gouvernement, malgré plusieurs enquêtes, ne put rien découvrir, et le mystère n'a jamais été éclairci.

La famine à Gray.

Ce fut au commencement d'avril qu'on s'aperçut que les semences confiées à la terre l'automne précédent étaient détruites. Les archives municipales de Gray nous permettent d'étudier jour par jour les émotions de la population et les mesures prises par le magistrat pour remédier au fléau.

On s'aperçoit que les semences sont perdues. Avril.

Le 1ᵉʳ avril, les habitants des villages voisins, Gray-la-Ville, Velet et Esmoulins, demandent la permission de labourer de nouveau leurs champs ensemencés de froment, « d'autant qu'il n'y paraît pas qu'il puisse rien venir [3]. »

On leur interdit de rien faire avant le 15; des prud'hommes sont chargés de faire la visite des champs en présence de quelques membres du magistrat, et particulièrement du procureur-syndic; en même temps, on prend des précautions

---

[1] Bousson de Mairet, *Annales historiques d'Arbois.*
[2] Archives municipales de Baume, série BB, 18. Délibération du magistrat du 19 février 1709.
[3] Archives municipales de Gray. Délibération du magistrat du 1ᵉʳ avril 1709.

contre l'affluence des pauvres étrangers, qui mendient au détriment des pauvres de la ville et qui causent des maladies ; on fait assembler tous les mendiants pour en connaître la qualité et faire sortir ceux qui ne sont pas du pays.

Le 7 avril, on n'a plus d'illusions ; on a reconnu que les blés sont entièrement perdus, la famine est imminente, et le magistrat délibère sur les mesures à prendre pour empêcher les troubles, qui commencent déjà, et calmer l'émotion populaire.

Premières mesures du magistrat.

Le magistrat chercha d'abord à se rendre compte des ressources dont la ville pouvait disposer et à en tirer le meilleur parti possible. On décida de demander à chaque habitant de faire une déclaration juste et sincère de tous les grains qu'il possédait dans ses greniers, à peine de confiscation du surplus de la déclaration, de cinq cents livres d'amende et d'emprisonnement. Une commission fut nommée pour visiter les greniers, s'assurer de la sincérité des déclarations, calculer ce qui était nécessaire à chaque famille, et faire verser le surplus dans les greniers publics. On devait s'assurer en même temps que les boulangers de la ville étaient en état de fournir du pain aux bourgeois qui n'en avaient pas [1].

Mais dans ces temps critiques, il fallait compter avec l'af-

---

[1] Délibération du 7 avril.

« M. le Guerchois ordonna des commis pour faire une visite exacte dans toutes les familles séculières et régulières, avec ordre de supputer ce qui pourrait estre nécessaire à chacun pour l'année et d'enlever tout le reste dans les magasins du roy. L'on vint nous signifier cet ordre et à même temps ouvrir nos portes jusques à quatre ou cinq fois à messieurs ses commissaires, qui aiant soigneusement visité nos greniers et tous les endroits du monastère sans en échapper un seul, jusqu'à enfoncer leur épée dans nos chevets, matelats et paillasses des lits pour chercher si l'on y avait point caché de grain, comme il l'avait trouvez en d'autres endroits hors de chez nous, ils firent assembler la communauté, jusqu'aux plus petites de nos pensionnaires, et ayant compté exactement le nombre, il se trouva 68 personnes, savoir, 43 professes, 8 sœurs domestiques, 1 novice, 2 tourières et le reste de pensionnaires, et supputant ce qu'il avait été trouvé de blé chez nous, ils conurent qu'il n'en avait justement que ce qu'il falait pour quatre mois.... » (*Histoire chronologique du monastère de la Visitation Sainte-Marie de Gray*. Manuscrit de la sœur Renée du Treillis (1710), conservé à l'hôpital de Gray.)

folement des uns et l'égoïsme des autres ; ces premières mesures n'empêchèrent pas les abus de se produire. Il se trouva que le blé était souvent distribué à ceux qui n'en avaient pas besoin, ou que les bourgeois achetaient du pain au delà de leurs besoins, pour le revendre plus cher aux étrangers. On chercha, le 22 avril, à réprimer ces manœuvres en édictant des peines sévères contre leurs auteurs ; le même jour, on défendait aux boulangers de vendre aux gens de la campagne plus de deux ou trois livres de pain. Le lendemain, la vente du pain à quiconque n'était pas bourgeois ou habitant de la ville était interdite absolument et sans réserve ; les boulangers ne devaient plus faire de pain blanc ou de *rifflé*, mais seulement du pain bis : toutes les semaines on devait leur livrer une certaine quantité de blé, dont ils devaient rendre compte. Enfin, pour éviter tout gaspillage et toute fraude, l'on décida qu'à partir du 8 mai, les boulangers apporteraient leur pain à l'hôtel de ville, où il serait vendu. Le pain de pur froment était taxé à deux sols six deniers, le pain mélangé d'avoine, à deux sols.

Intervention de l'intendant. Ces mesures étaient prises après avis donné à l'intendant et avec son approbation. Dès le 12 avril, ce fonctionnaire proposait de faire venir de la montagne, à Besançon, de l'orge qui serait vendue aux particuliers pour être semée à la place du blé perdu. On accepta cette offre, et l'on obtint en même temps de lui la permission de faire saisir, dans les greniers particuliers, toute l'orge qu'on pourrait trouver, et de la faire vendre au marché pour semences [1]. Dans une lettre du

---

[1] Lettre du magistrat à l'intendant : « M⁰ʳ l'intendant, supplient humblement les
» maire, échevins et conseil de la ville de Gray, et disent que n'y ayant plus au-
» cun moyen d'éviter la famine l'année prochaine que celuy de donner les moyens
» aux laboureurs de resemer d'orge les terres qu'ils avaient ensemencé de blé l'au-
» tomne dernier, la saison pour semer l'avoine, qui ne serait pas d'ailleurs de si
» grande ressource, estant passée et cela ne se pouvant faire qu'en ordonnant à
» tous ceux qui en peuvent avoir et dans la ville et dans le ressort, d'ouvrir leurs
» greniers, et les faire conduire aux marchés pour y estre débités à un prix qu'il
» vous plaira de régler, comme il s'est pratiqué dans le duché, où le seigneur in-
» tendant a taxé la mesure qui est d'un cinquième plus grande que celle de Gray à

27 avril, l'intendant stimule l'activité des magistrats, et les engage à faire venir du riz de Suisse, pour nourrir les pauvres, ou de l'orge de la montagne. « C'est aux magistrats, » dit-il, à procurer le secours dont les peuples ont besoin. » Il se plaint de l'égoïsme des bourgeois. « Si ceux qui sont » en état d'assister des pauvres le faisaient comme ils le pra- » tiquent icy, vous éviteriez tous les discours et les émotions » qui deviennent trop fréquentes à Gray. »

L'approvisionnement de la ville n'était pas, en effet, l'unique souci de la municipalité. Elle avait encore à maintenir l'ordre public [1]. Nous avons vu que dès le commencement de la crise, on avait pris des mesures pour éloigner les mendiants étrangers, dont la présence ajoutait encore aux embarras de la situation. Il semble que la chose ne fut pas facile à exécuter ; car on fut obligé d'y revenir à plusieurs reprises ; puis on fit dresser un rôle des mendiants indigènes, qui reçurent une marque distinctive ; on pourvut à leur entretien comme « dans l'année chère, » c'est-à-dire que les riches et les « commodes » les prirent à leur charge.

La question des pauvres.

Mais le principal danger n'était pas là. Les populations des campagnes étaient atteintes par le fléau au moins autant que celles des villes. Or, toutes les mesures prises par l'administration tournaient au profit des citadins et au détri-

Le soulèvement des campagnes.

» trois livres dix sols, et la mesure d'avoine à vingt-huit sols seulement, tant par » raport aux laboureurs qu'aux pauvres qui ne peuvent plus se servir d'autres » grains pour leur subsistance ; à ces causes les supplians recourent :
» A ce qu'il vous plaise, Monseigneur, ordonner qu'il sera fait ouverture de tous » les greniers de ceux qui ont de l'orge, de leur enjoindre de vendre celuy qu'ils » ont au delà de leur nécessaire pour leurs semailles, de les conduire aux marchés » pour estre débités à tel prix qu'il vous plaira, à peine de mil livres d'amande et » d'emprisonnement, avec permission de prendre main forte pour ouvrir lesdits » greniers en cas de désobéissance, aux frais et dépens des refusans, et vous ferez » bien. »

[1] « Le 4 avril, jour de la foire de Gray, ma maison a été insultée par des gueux » et de la canaille, à sept heures et demie du soir, à prétexte que j'avais des bleds » chez moi, dont il y a à présent grande disette, attendu que l'on ne voit point de » bled germé dans les champs, à cause du grand hyver qu'il a fait. » (Journalier de Jean-François-Anselme Barberot, seigneur d'Autet, conseiller en la chambre des comptes de Franche-Comté. Arch. de la famille Barberot d'Autet.)

ment des paysans. Dès le 7 avril, le subdélégué faisait connaître au magistrat qu'il avait fait saisir le blé de quelques particuliers de la campagne, et demandait qu'on lui procurât les moyens de le voiturer à la ville; suivant les ordres de l'intendant, il allait mettre la main sur tous les grains qui se trouvaient dans les abbayes, chez les seigneurs, les gros fermiers et les propriétaires. Les villages voisins, en particulier ceux de Rigny, Essertenne, Ray, Nantilly, Autet et Apremont, se virent ainsi dépouillés de leurs ressources; il fallut employer la garnison pour protéger les convois contre les paysans exaspérés. Ceux-ci menacèrent la ville, qui fut bientôt assiégée par des bandes affamées. Le magistrat décida de faire fermer les ruelles qui donnaient sur les remparts et par où l'on pouvait pénétrer dans l'intérieur. On fit une quête pour payer les frais de ce travail. Elle ne produisit que 200 livres, et 800 auraient été nécessaires. Il fallut commander des corvées pour travailler aux fossés et aux palissades, chacun dut se mettre à l'œuvre, « à peine, pour les refusants, » d'être condamnés à l'amende de cinq livres et de plus » grande peine. » Le côté de Dole que la Saône ne protégeait pas était plus particulièrement menacé; la porte Notre-Dame fut munie d'une forte palissade et d'une porte solidement fermée [1].

En même temps on obtenait du lieutenant général de la province, le comte de Grammont, la permission de former une milice bourgeoise chargée de monter la garde à la porte des magasins et sur tous les points de l'enceinte qui pouvaient être menacés [2]. Cette mesure était d'autant plus ur-

---

[1] Délibérations des 14, 22, 23 avril; 8, 11 mai.
[2] Le comte de Grammont écrivait au magistrat, le 22 avril : « Continuez, Messieurs, à travailler aux barrières dont vous voulez défendre l'entrée de vostre » ville, quand les troupes seront pressées à en sortir, je vous envoyerai mes ordres » pour la formation de quelques compagnies de milice bourgeoise qui pourront » vous rasseurer contre ce que vous apréhendez des gens de la campagne qui, je » pense, n'entreprendront cependant pas de troubler la tranquillité publique. Le » comte de Grammont. »

gente que la garnison pouvait, d'un moment à l'autre, quitter la ville pour rejoindre l'armée en campagne sur le Rhin. Par surcroît d'embarras, cette garnison même, qui avait été d'abord une sauvegarde, fut une nouvelle cause de soucis. L'argent manquant dans les caisses militaires, les soldats du régiment de Lalande prétendirent être nourris par les bourgeois.

Enfin, comme si aucune épreuve ne devait être épargnée à la malheureuse ville, une nouvelle affaire prolongea encore jusqu'au mois de juillet 1710 les angoisses causées aux magistrats municipaux par l'hiver de 1709. La ville de Gray se trouvait sur le passage des chargements de blés qui descendaient de la Lorraine et des Trois-Évêchés, à destination de Lyon et de l'armée de Dauphiné. Une compagnie de marchands, connue sous le nom de « l'Abondance de Lyon, » s'était chargée de ce trafic. Au mois d'avril 1709, elle possédait dans ses entrepôts de Gray quatre mille sacs de blé. Le 12 de ce mois, la ville fit un emprunt plus ou moins forcé de cinq cents sacs. Il semble résulter des délibérations municipales, qui ne sont pas toujours bien clairement rédigées, que cet emprunt fut renouvelé les semaines suivantes, malgré les défenses de l'intendant. Dans tous les cas, au mois de juin, la municipalité s'était empressée de régler cette affaire et croyait s'être mise en règle avec l'Abondance de Lyon. Elle fut détrompée par une lettre de l'intendant, qui demandait à la ville cent douze mesures de blé pour acquitter entièrement les emprunts qu'elle avait faits à la compagnie. « On » ne fera, ajouta-t-il, aucun quartier à messieurs du magis- » trat que ce remplacement ne soit fait. » Les magistrats s'adressèrent au secrétaire de l'intendance, dans l'espoir de faire répartir sur toute la province la somme de quatorze ou quinze mille francs, à laquelle se montait la restitution exigée, et pour le mettre dans les intérêts de la ville, on lui fit un cadeau de cent trente livres. Ils obtinrent seulement un délai de trois mois pour le paiement.

L'affaire de l'Abondance de Lyon, 1709-1710.

A la fin de septembre, l'intendant exigeait soixante sacs d'orge, de deux cents livres chacun, à déposer dans les magasins du roi avant le 12 octobre, « sous peine d'y être
» contraints par garnison ou exécution militaire, et mesme
» d'emprisonnement des maires et eschevins, et autres prin-
» cipaux habitants. »

La municipalité ne se rendait, du reste, que pied à pied ; au mois de janvier 1710, il restait encore douze mille livres à payer. L'intendant ordonna qu'on en fît la répartition sur ceux qui payaient la capitation. Si dans quinze jours, la répartition n'était pas faite et la moitié de la somme levée, il menaçait de mettre le maire, les échevins et tous les autres suppôts ou magistrats en prison.

Une dernière ressource restait à la ville, c'est que la somme à payer vînt en déduction de l'impôt dit du quartier d'hiver. Cet espoir lui fut enlevé par une lettre du 15 janvier 1710, qui exigeait, avec les mêmes menaces, le paiement intégral et immédiat.

Les habitants de la ville se résignaient aussi difficilement que leurs magistrats à subir les exigences fiscales du gouvernement, le recouvrement des impôts donna lieu à des émeutes, et la municipalité s'autorisa, auprès de l'intendant, de l'exaspération des esprits pour demander un adoucissement. C'était mal connaître le caractère du fonctionnaire, qui répondit en ces termes, à la fin de juillet 1710:

« J'ay reçu la lettre que vous avez pris la peine de
» m'escrire le 24 de ce mois, qui me fait connaistre de plus
» en plus la mutinerie du petit peuple de vostre ville. Comme
» il est important de le réduire à la raison, je vous prie de
» faire voiturer incessamment à Besançon les meubles de ces
» mutins, je trouverai le moyen de les faire vendre et de leur
» faire payer les frais de voiture, outre les sommes auxquelles
» ils sont imposés. Je suis bien mécontent de toutes les diffi-
» cultés qui se trouvent à finir cette affaire, après tout ce que
» j'ai fait pour qu'elle ne se trouve à charge à personne. »

Il ne semble pas que la menace de l'intendant ait été exécutée ; sans doute les mutins se le tinrent pour dit, et le dernier mot resta, cette fois encore, à l'autorité.

Ce qui s'était passé à Gray, pendant les premiers mois de l'année 1709, se reproduisit à peu près dans toutes les villes de la province. A Vesoul, la municipalité, avec l'approbation de l'intendant, se chargea de nourrir les habitants. Elle accapara les blés avec tant de zèle, qu'elle s'en trouva embarrassée après la moisson. Le 14 août, elle en vendit une partie pour se procurer de l'argent et se libérer des sommes dont elle était redevable. Le 17 septembre, elle défendit aux boulangers de se pourvoir de grains ailleurs qu'aux greniers publics [1]. {La famine à Vesoul.}

La ville de Salins voulut profiter de ce qu'elle fournissait du sel à toute la provice, pour assurer son approvisionnement ; elle eut la prétention de refuser aux charretiers de conduire dans les villes voisines l'ordinaire du sel, à moins qu'ils n'introduisissent des grains dans la ville. {A Salins.}

A Arbois, l'ordre fut plus d'une fois troublé, les vols dans les campagnes se multiplièrent ; les messiers eux-mêmes, chargés de la police, s'en rendirent coupables et furent emprisonnés. L'agitation ne cessa qu'après la moisson, lorsque le prix du blé diminua et que la disette fut apaisée. {A Arbois.}

A Besançon, on eut recours, pour calmer l'émotion popu- {A Besançon.}

---

[1] Arch. municipales de Vesoul. Délibérations des 1ᵉʳ mai, 14 août, 17 septembre 1709.

Le maire de la ville et le sieur Lengrinet, lieutenant général de police, s'étaient rendus à Besançon et avaient signé le billet suivant, qui fut approuvé par le magistrat dans la séance du 1ᵉʳ mai :

« Nous soussignés, députés à Mᵍʳ l'intendant par le magistrat de Vesoul et sur la
» proposition que Monseigneur nous a faite d'engager ledit magistrat à se charger
» de fournir le pain nécessaire à la nourriture des bourgeois de telle espèce de
» grains qu'il sera possible, soit froment, orge ou avoine, et jusqu'à la moisson pro-
» chaine, dont a confiance que ledit magistrat approuvera le présent billet, promettons
» audit Monseigneur de satisfaire comme il vient d'estre dit à ladite nourriture,
» sur ce que Mᵍʳ l'intendant a eu la bonté de nous accorder la levée de quelques
» grains taxés et la quantité qu'il jugera à propos pour le grenier de la ville en
» payant le prix qui en sera réglé. Fait à Besançon, ce 29 avril 1709. »

laire, aux cérémonies religieuses, et en particulier à l'exposition solennelle de la relique du saint Suaire [1].

La montagne échappe au fléau.

Il faut noter que la région montagneuse de la province échappa au désastre, en raison même du climat plus rigoureux auquel elle est soumise ; nous avons déjà vu que l'intendant avait fait venir de la montagne des grains pour nourrir la plaine ou pour assurer l'ensemencement des terres. Une note insérée à la fin d'un registre paroissial de Pontarlier mentionne ce fait, que la région fut épargnée, et en donne en même temps l'explication :

« Cette année a esté remarquable par le froid extraordi-
» naire qu'il a fait depuis les Rois jusqu'au mois de mars,
» qui a entièrement gelé les froments, les vignes, les noyers ;
» les pauvres des Pays-Bas ayant esté obligés de monter dans
» les bailliages supérieurs, celui de Pontarlier nourrissait
» pendant quatre mois d'esté jusqu'à deux mille personnes

---

[1] « L'an 1709, le sixième janvier à midy, le froid vint si vif qu'il perdit généra-
» lement tous les biens de la terre ; il n'y eut cette année aucun froment, comme
» aussy toutes vignes furent gelées ; car on peut dire que cette année-là, il n'y en-
» tra pas à Besançon un chariot de vendange provenant du territoire, si bien que
» le vin se vendait à sept et huit sols la pinte, la livre de pain de froment se ven-
» dait trois sols, et celuy d'orge sept liards ; la mesure de froment se vendait sept
» livres dix sols, encore fallait-il se battre pour en avoir. A la maison de Granvelle
» où on le distribuait, il y avait une grosse garde pour empêcher le désordre, car il
» a esté plus de trois mois que l'on ne laissait point entrer de bled dans les halles.
» L'avoine se vendait trois livres la mesure, et l'orge cinq livres. Tous les noyers
» furent entièrement gelés, il n'y eut que les jeunes arbres qui résistèrent.
» Voyant tant de misères et à la veille de voir une grande famine dans la ville
» de Besançon, Mgr l'archevêque avec Messieurs du magistrat ordonnèrent qu'on
» ferait une procession générale, où l'on porterait le précieux saint Suaire par
» toutes les rues de la cité, où il y aurait des reposoirs comme au jour de la feste
» de Dieu pour y donner la bénédiction de cette précieuse relique, avec une messe
» solennelle qui sera célébrée à la cathédrale et ensuite une prédication faite par
» monsieur Dorival, chanoine de ladite cathédrale, *sur la providence de Dieu et la
» confiance qu'on doit avoir en elle dans ce temps de misères.* Et il s'y trouva si
» grand concours de peuple de l'un et l'autre sexe pour implorer la miséricorde de
» Dieu, qui exauça les prières que les saintes âmes lui faisaient, car Dieu permit
» que chacun s'efforça de semer des orges et autres graines de caresme qui crurent et
» vinrent si bien à propos, que trois mois après la moisson, la livre de pain de
» froment ne cousta plus qu'un sol, et ainsi toutes les autres graines à proportion. »
(Extraits de plusieurs chroniques. Documents inédits, X, p. 343.)

» du Pays-Bas. Les pauvres des provinces voisines vinrent
» ici chercher du secour et ont trouvé du secour chez les
» indigènes, les froments d'ici, tout couverts de neige, ont
» été conservés [1]. »

La ville de Saint-Claude se plaignait en même temps d'être encombrée de 1,200 pauvres « qui seraient entière-
» ment péri si M. le cardinal d'Estrées n'avait eu la bonté de
» contribuer considérablement à leur soulagement. »

Etant donnée la population de la ville, le plus grand nombre de ces pauvres devait être des étrangers venus de la plaine [2].

De 1709 à la fin du règne, la Franche-Comté ne vit pas de désastre semblable à celui qui l'avait affligée cette année ; du reste, les intendants, préoccupés surtout des événements militaires, fournissent de moins en moins, dans leur correspondance, des renseignements sur la situation intérieure de la province. Le parlement, qui partageait avec eux le souci de l'administration, intervint encore plusieurs fois dans les questions relatives au commerce des grains. En 1712 notamment, la récolte menaçant d'être mauvaise par suite des inondations de l'année précédente, il édicta des peines sévères

---

[1] Arch. de Pontarlier, série GG, registre, paroisse Notre-Dame A la fin de l'année 1709.

[2] La Prusse faillit profiter de la misère causée par la famine a Franche-Comté.
« La Poméranie ayant été ravagée par la peste pendant les années précédentes, le
» roy de Prusse fit publier partout que quiconque voudrait aller s'établir dans ce
» pays-là, on leur distribuerait des terres tant qu'ils en pourraient cultiver, ce qui
» fit que quantité de gens du pays s'y rendirent par troupes, ayant vendu tous
» leurs effets et même leurs fonds à vil prix pour faire les frais de ce voyage ; ce
» qui obligea M. le comte de Grammont, lieutenant général des armées du roy,
» commandant au comté de Bourgogne, de, conformément aux ordres de Sa Ma-
» jesté, faire défense à toutes sortes de personnes, de quelque qualité et condition
» qu'elles fussent, de quitter et abandonner le païs et comté de Bourgogne pour
» aller s'établir en Poméranie, à peine de punition corporelle. Cette ordonnance
» arrêta bien des gens qui étaient sur le point de partir, ayant de la peine à sub-
» sister à cause de la grande cherté des denrées, mais elle n'aurait pas eu tout son
» effet si l'on n'avait fait garder tous les passages par des troupes qui y furent dis-
» tribuées dans tous les villages voisins. Cette ordonnance fut publiée le 6 mars
» 1710. » (Prost, *Histoire de Besançon*.)

contre les personnes qui accaparaient les grains dans l'espoir de les revendre plus tard avec un profit considérable.

Une statistique du bailliage de Dole, 1683.

Un document, qui ne concerne malheureusement que le bailliage de Dole, nous permettra d'ajouter quelques détails, au moins pour une partie de la plaine franc-comtoise ; c'est une statistique administrative et agricole du bailliage de Dole, établie par le subdélégué en 1683 et adressée à l'intendant [1].

Ce document indique la contenance du territoire, sa valeur, le total des impositions, le nom du seigneur, la quotité des droits féodaux, le nombre des habitants, des charrues, des chevaux et des bœufs. Il avait été dressé, sans doute, en vue d'un remaniement de la répartition des impôts ; car le subdélégué indique avec soin, à propos de chaque communauté, si l'imposition qui est exigée d'elle est en rapport avec ses revenus.

Le bailliage de Dole, à quelques villages près, correspondait à l'arrondissement actuel dont cette ville est le chef-lieu. Ce territoire se divise naturellement en deux parties : au nord, les deux vallées du Doubs moyen et de l'Ognon, séparées par un plateau peu élevé. Au sud, la plaine du Doubs inférieur, avec les vallées basses de la Loue et de l'Orain. Entre les deux s'étend, à l'est, la grande forêt de Chaux, et se trouve à l'ouest la ville de Dole avec sa banlieue.

La première de ces deux régions était et est encore actuellement la plus riche ; parmi les communautés désignées comme les meilleures, signalons Gendrey, qui possède des terres labourables, des vignes et des prés, le tout d'un bon rapport ; cette communauté paie 660 livres et pourrait payer davantage ; ses habitants sont riches, car le territoire est très fertile, et il se tient dans cette localité des foires considérables. Thervay possède également de bonnes terres labourables,

---

[1] Jules Pinot, *La Franche-Comté sous l'ancien régime*. Annuaire du Jura, 1869.

des prés et des vignes; la communauté paie 1,040 livres, elle passe pour une des meilleures du bailliage, les habitants en sont riches et vendent très bien leurs denrées. Montmirey-la-Ville, Montmirey-le-Château, Ranchot, pourraient payer deux fois plus d'impôts.

Quelques communautés sont, il est vrai, moins bien partagées. Saint-Vit, qui doit toute son importance actuelle à la grande route qui le traverse, payait 100 livres et aurait pu payer davantage, « sans l'étape, qui charge beaucoup ses » habitants. » Fraisans, qui paie 461 livres, est imposé au delà de ses forces; les habitants ne font aucun commerce, le territoire est de peu d'étendue, et les forges de M. le baron de Brun portent beaucoup de préjudice à cette communauté, le subdélégué ne dit pas pourquoi. Ougney se ressent encore de l'incendie allumé en 1674, lors de la prise du château.

La Vieille-Loye, qui ne paie que 213 livres, est cependant chargée au delà de ses forces. Elle est située au milieu de la forêt de Chaux, ne fait aucun commerce, et ses habitants sont fort pauvres.

Les villages des environs de Dole sont riches, au contraire, sauf quelques-uns, qui ont des dettes.

Mais dans la Bresse, c'est-à-dire dans les terres froides et souvent inondées des cantons actuels de Chemin, Chaussin et Chaumergy, presque toutes les communautés sont signalées comme pauvres et réduites à vivre de la vente du poisson de leurs étangs. C'est le cas de Balaiseaux et Praneuf, de Bretenière, Biefmorin, Bersaillin, Colonne, du Grand-Deschaux, etc.

La communauté de la Chassagne est particulièrement malheureuse. elle est chargée une fois autant que ses forces le permettent; c'est un des plus pauvres villages de la Bresse; les habitants ont été obligés, depuis plusieurs années, de contracter des dettes pour payer leurs impositions, qui montent à 845 livres.

Les territoires de Belmont et de Montbarrey sont presque tous les ans ravagés par la Loue. La communauté du Petit-Noir et du Saulçois est inondée tous les ans par le Doubs. Elle n'a d'autre commerce que celui des grains ; encore est-il entravé par les prohibitions qui les empêchent de sortir de la province. D'autres villages, également limitrophes du duché de Bourgogne, Beauchemin, Villangrette et Monnière, souffrent également de cette prohibition.

Les vignes. — Après la culture des céréales, celle de la vigne était la principale ressource d'une grande partie de la Franche-Comté. Pélisson signale le vin comme une des richesses du pays. Il donnait lieu à un trafic considérable, non seulement entre les différentes régions de la province, mais encore avec les provinces voisines.

On lit, en effet, dans le mémoire de 1698 :

« Les vins des bailliages de Vesoul, Gray et Dole sont ordi-
» nairement enlevés par les Lorrains. »

» Les bailliages de Poligny, Arbois, Salins et Ornans en
» fournissent à la Franche-Montagne, où il n'en croît point
» du tout, et c'est le meilleur revenu de ces bailliages-là.

» Quoique le vignoble de Besançon soit fort grand, il ne
» suffit pas pour la consommation qui s'en fait dans cette
» ville, où l'on en fait encore venir du voisinage, et comme
» ils se conservent cinq ou six ans et qu'il leur faut même
» ce temps-là pour être bons, les personnes qui les gardent
» y font de grands profits, et l'on remarque que ç'a été par
» là que les meilleures maisons de Besançon se sont for-
» mées. »

Malheureusement, la production du vin, plus encore que celle du blé, était sujette à de grandes variations. Les intendants s'ingéniaient à parer aux inconvénients qui résultaient des brusques changements de prix. Ils cherchaient avant tout à assurer le placement des produits, non pas seulement par sympathie pour les vignerons, mais aussi, et avant tout, pour assurer la rentrée de l'impôt, qui, dans les régions exclusivement agricoles, restait toujours subordonnée à la vente des produits de la terre.

Ainsi, l'auteur du mémoire de 1698 se plaint que depuis quelque temps les Lorrains ont pris l'habitude de se fournir de vin à Mâcon, au grand détriment du comté de Bourgogne; il demande qu'on leur interdise le passage dans la province, afin de les obliger de se fournir comme auparavant dans les bailliages de Gray, de Vesoul et de Dole. Les Lorrains n'étaient pas seuls, paraît-il, à préférer les vins du duché à ceux du comté. De la Fonds constate, dès 1695, que les Comtois eux-mêmes, et surtout les gens de la montagne, aiment mieux le vin de Mâcon que ceux de leur pays; quoique ceux-ci soient meilleurs, « l'autre estant plus haut » en couleur, ils l'estiment davantage. » Il s'en plaint, car, dit-il, « si les peuples ne vendent point leurs denrées, j'ai » prévu qu'ils étaient dans l'impossibilité de continuer à » payer les charges qu'on leur demande pour le service du » roy. »

Sur plusieurs points du territoire, les vignerons étaient assez nombreux pour former un petit monde à part, qui se distinguait généralement par sa turbulence et avec lequel les autorités locales étaient obligées de compter. Dans les villes, ils formaient des corporations sous l'invocation de saint Vernier. A Arbois, en particulier, la confrérie de Saint-Vernier avait été assez puissante, quelques années avant la conquête, pour tenir en échec la municipalité. En 1653, à propos d'un impôt nouveau, les vignerons avaient exigé et obtenu communication du registre des revenus et des dépenses de la ville; ils avaient refusé d'approuver les comptes, et leur résistance n'avait cédé que devant l'intervention et les menaces du parlement.

L'année suivante, la confrérie protestait contre l'élection du magistrat; elle s'adressait à son tour à la cour de Dole pour avoir communication du livre des délibérations et des procès-verbaux des comptes de l'année courante, et obtenait satisfaction sur ce point, malgré l'opposition du maïeur. Elle fut moins heureuse, un peu plus tard, à propos d'une requête analogue. Le parlement lui donna tort : elle fut condamnée aux dépens, et on lui interdit de s'assembler à l'avenir.

Les vignerons à Besançon. A Besançon également, les vignerons étaient nombreux et puissants. Peut-être atteignaient-ils, avec leurs familles, le chiffre de 6,000, sur une population totale de 14,000. Les vignes, qui recouvrent encore les coteaux les mieux exposés de la banlieue, s'étendaient alors sur l'emplacement des faubourgs et sur les terrains occupés par les chemins de fer. Elles pénétraient même dans l'intérieur de la ville. Toutes les familles de la bourgeoisie tenaient à honneur de posséder une vigne et de ne boire que du vin de leur cru. La population qui vivait du travail des vignobles était assez turbulente ; elle était cantonnée surtout dans le faubourg de Battant, sur la rive droite du Doubs. Les habitants de ce quartier se vantaient volontiers d'avoir contribué pour une bonne part à l'échec des exilés protestants, lorsque ceux-ci avaient essayé, en 1575, de pénétrer dans Besançon, et d'avoir mérité dans cette occasion, par leur vaillance, le surnom encore usité de Poussebots (Pousse-crapauds ?). A l'époque de l'invasion française, ils avaient longtemps gardé rancune au prince de Condé de ce que l'investissement de la ville les avait empêchés de continuer leurs travaux. Leur esprit remuant et tapageur s'apaisa peu à peu, mais le souvenir devait en demeurer longtemps.

Au XVIIIe siècle, les frondeurs publiaient leurs chansons satiriques sous le nom de Jacquemard, le chef symbolique du quartier populaire qu'il domine du haut d'une tour de Sainte-Madeleine. Aujourd'hui encore, Barbisier, le héros du drame populaire de la Crèche, est un vigneron de Trochatey ; les malices innocentes dont il amuse les Bisontins sont un reste de la liberté de langage du vieux temps.

La montagne. Il nous reste à parler de la région de la province à laquelle la nature du sol et surtout l'altitude donnent une physionomie particulière, en imposant en même temps à ses habitants un genre de vie et des habitudes à part. C'est sans doute la portion du pays où les hommes et les choses se sont le plus modifiés depuis deux siècles ; sur plusieurs points, l'industrie a créé d'importantes agglomérations d'ouvriers ; presque partout elle est venue s'ajouter au travail agricole sans le détruire, et c'est ainsi que s'est formée cette classe intéressante des industriels-cultivateurs du Jura, dont nulle part en France on ne trouverait l'équivalent [1]. De nombreuses voies de communication, des routes d'abord, puis, depuis quelques années, des chemins de fer, ont porté une nouvelle atteinte à l'originalité du pays et de ses habitants. Mais, malgré tout, l'empreinte de la nature était trop puissante pour que la main du temps ou celle de l'homme ait pu l'effacer. A voir ce qu'est le pays aujourd'hui, il est facile de deviner ce qu'il était au XVIIe siècle. Les forêts de sapins, qui sont encore l'honneur de nos montagnes, étaient sans doute plus vastes et plus épaisses. Les *prés-bois* s'étendaient sur des espaces actuellement défrichés complètement, ou déjà gagnés par une culture plus savante ; plus encore que maintenant, l'agglomération des maisons était une exception, et les communautés se composaient de fermes isolées et dispersées au loin dans les forêts et dans les pâturages. C'étaient déjà ces « vastes maisons

---

[1] L'industrie n'était cependant pas complètement absente de la région montagneuse ; depuis longtemps déjà Saint-Claude était célèbre par ses ouvrages en bois et ses objets de piété : « Lundi 2 juin (1501) vint Monsieur (Philippe le Beau) à
» Saint-Claude, chemin dur et pénible. La ville est assez bonne, assise entre mon-
» taignes et entrée de la Franche-Comté : la plus grande marchandise que l'on fait
» illec est ouvrage de bois, comme patrenostres, saints Claude, piques, sifflets, tous
» écuelles. » (Extrait du manuscrit de Lalaing.)

De plus, dans chaque famille se fabriquaient les objets de première nécessité.
« En entrant chez les simples paysans, on pouvait voir le charronnage et mille
» autres métiers universellement pratiqués : sous les toits de chaume de la plaine
» ou les lourdes laves des montagnes, le chanvre et le lin passaient de la main des
» hommes dans celle des femmes pour se changer en droguet et être découpés en
» vêtements dont on se contentait, *juxta dies antiquos*. » (*La Franche-Comté ancienne et moderne*, II, p. 327.)

» aux murs élevés de quelques pieds, aux fenêtres étroites
» et garnies de parchemins huilés, aux cheminées pyrami-
» dales répandant seules la lumière dans l'immense cui-
» sine. » Grâce à l'isolement, l'esprit de famille et les mœurs
patriarcales s'étaient mieux conservés que dans la plaine.
Le mariage même n'émancipait pas complètement les enfants de l'autorité paternelle. Ils continuaient à vivre sous
le même toit que le chef de la famille, et sans parler des
avantages moraux que leur assurait la vie en commun, ils
y trouvaient un bien-être matériel que ne leur auraient pas
assuré le partage et le morcellement des domaines. Sans
doute la vie était rude sur ces hauteurs couvertes de neige
pendant plus d'un tiers de l'année ; mais elle était expo-
sée à moins de risques que dans les bailliages, en apparence plus favorisés, de la plaine. Le mémoire de 1698 constate « que la montagne est beaucoup meilleure que le reste
» de la province et que les paysans y sont plus accommodés,
» à quoi ne contribue pas peu aussy leur sobriété, ne vivant
» que de pain d'avoine et d'orge, de laitage et d'un peu de
» lard. »

La sobriété des montagnards n'était pas la seule cause du
bien-être relatif dont ils jouissaient. Une des charges qui
pesaient le plus lourdement sur la province était l'entretien des
troupes, qui y séjournaient ou qui la traversaient continuellement pour se rendre des armées d'Italie aux armées du
Rhin, ou réciproquement. La montagne éloignée des grandes
routes et bordant une frontière neutre ne fut que très acci-
dentellement soumise à cette pénible obligation. Ainsi, en
1705, la ville de Saint-Claude, en se plaignant d'avoir à loger
une compagnie de cavalerie, s'autorise, dans sa réclamation,
de ce qu'elle « a esté de tout temps exempte des gens de
» guerre, mesme d'une simple route, » et l'intendant, de son
côté, juge qu'il n'y a aucune attention à faire aux remontrances des habitants de Saint-Claude, « qui ne viennent que
» de la trop grande tranquilité dont ils ont coutume de

» jouir dans cette ville, où il ne loge jamais de troupes par
» étapes [1]. »

Enfin, les deux ressources principales de la montagne échappaient à peu près complètement aux rigueurs du climat qui, plus d'une fois, avaient éprouvé si cruellement les cultivateurs de la plaine. C'étaient les pâturages et les forêts.

« Il y a peu de pays où les pâturages soient meilleurs et
» plus abondants que dans la partie de cette province que
» l'on nomme Franche-Montagne ; c'est aussi ce qui cause
» toute la richesse par le commerce qui s'y fait des bestiaux,
» fromages et beurres.

» Comme l'on y élève grand nombre de vaches qui don-
» nent beaucoup de lait, il y a presque partout des gruries
» où l'on fait des fromages et beurres qui se portent dans la
» plus grande partie des provinces du royaume [2]. »

Il est regrettable que l'intendant n'ait pas cherché à recueillir et à transmettre au gouvernement des renseignements plus complets et plus précis sur l'industrie des fromages qui faisait vivre une grande partie de la population. L'établissement des fruitières était fort ancien dans le pays, et la Suisse, qui a tiré de cette industrie un si admirable parti, l'avait empruntée à la Franche-Comté. Au commencement du siècle, le parlement, par une singulière erreur économique, avait voulu s'opposer au développement des fromageries, dans la pensée, sans doute, qu'elles enlevaient trop de bras à la culture. Le témoignage de l'intendant nous apprend qu'elles avaient prospéré malgré tout ; mais rien n'indique que le gouvernement s'en soit préoccupé, encore moins qu'il ait cherché à les encourager.

Les produits de la montagne trouvaient un écoulement

---

[1] L'intendant écrivait cependant la même année 1709 : « Saint-Claude est dans
» une situation où il ne croît ny bled, ny vin, ny fourrages ; elle n'est composée
» pour les trois quarts que d'artisans vivans au jour la journée d'un petit commerce
» de chapelets de bois, qui est entièrement cessé par la misère des temps. » (Arch.
de la guerre, 2163-185.)
[2] Mémoire de 1698.

facile dans le pays plat de la Franche-Comté et dans les provinces voisines du royaume; ils servaient à nourrir en partie les armées d'Allemagne et d'Italie, et se transportaient même à l'étranger. Ainsi, le mémoire de 1698 nous apprend que les vaches vieilles et mauvaises laitières étaient engraissées et se vendaient aux marchands de Suisse, de Lorraine et d'Alsace.

Le commerce des chevaux. Le commerce des chevaux était encore une grande source de revenus dont la montagne avait la meilleure part. Les marchands de Champagne, de Bourgogne, de Brie et de Berry enlevaient tous les ans près de 5,000 chevaux. La province fournissait encore à la remonte, non seulement des troupes qui hivernaient sur son territoire, mais de celles qui campaient en Lorraine et en Dauphiné — c'étaient à peu près 2,000 chevaux par chaque quartier d'hiver. — Enfin, le service de l'artillerie et des vivres prenait tous les ans 12 à 1,500 juments, 4,000 pour la seule campagne de 1696. Le roi les payait 225 livres chacune. Cette nombreuse cavalerie n'était pas, il est vrai, fournie uniquement par la province; une partie était achetée en Suisse, mais au grand profit des marchands, qui étaient tous Franc-Comtois.

Les forêts. Les forêts avaient été soumises à de rudes épreuves depuis le commencement du siècle. Pendant la guerre de Dix ans, les populations qui y avaient cherché un refuge y avaient fait de larges coupes pour se construire des abris ou pour ensemencer quelques champs autour de leurs nouvelles demeures. Lorsque les anciens villages furent de nouveau habités, il fallut rebâtir les maisons détruites ou incendiées, et l'on dut laisser en oubli, pendant plusieurs années, les règlements qui réglaient et limitaient l'exploitation des bois.

Même en temps normal, l'existence des forêts était menacée par des causes spéciales à la province et qui attirèrent à plusieurs reprises l'attention des intendants. C'étaient, en premier lieu, les sauneries de Salins, qui consommaient une quantité considérable de bois. En 1687, on voulut introduire en Franche-Comté l'ordonnance de Colbert de 1669. L'intendant de la Fonds s'y opposa ; il démontra que les règles de cette ordonnance n'étaient nullement applicables aux bois dont les produits alimentaient les sauneries ; les coupes en devaient rester, comme par le passé, à la discrétion des officiers des salines. Bien des ménagements étaient nécessaires, en outre, pour introduire des formalités nouvelles dans l'exploitation des autres bois de la province. Ainsi, il ne pouvait être question d'imposer le régime ordinaire des coupes aux forêts de sapins de la montagne.

D'autre part, et pour des motifs analogues, le gouvernement voyait souvent d'un mauvais œil l'établissement de hauts-fourneaux et de forges, qui consommaient une quantité considérable de bois. En 1702, l'intendant d'Harouis constate que les bois ont été détruits, depuis la conquête de 1674, par les forges nouvelles et par le défaut de reproduction des coupes exploitées trop tardivement.

Malgré ces causes de décadence et les craintes manifestées par les intendants, les forêts étaient encore trop vastes et trop touffues pour que leur épuisement fût à craindre [1]. Une partie notable de la population vivait de leur exploitation et du transport de leurs produits. Malgré la grande distance de la mer, une partie de ceux-ci était employée par la marine royale.

« On tire aussy de la province, écrit l'intendant en 1698,
» des mâts et autres bois pour la marine et beaucoup de
» mérains qu'on fait flotter sur les rivières du Doux, de
» Longnon et de la Loue qui se deschargent dans la Saône
» qui les porte à Lyon [2]. »

---

[1] « Malgré des plaintes fréquentes sur la dégradation des bois, nulle part le Jura
» n'était encore chauve et dénudé : d'épaisses forêts couvraient ses premiers pla-
» teaux et présentaient leur front imposant aux bords des collines et des plaines ;
» elles s'avançaient jusqu'aux portes des villes pour leur donner la fraîcheur et
» l'ombrage. Pélisson admirait Besançon enveloppé de cette majestueuse végétation. »
(*La Franche-Comté ancienne et moderne*, II, p. 323.)

[2] Cf. *Histoire des guerres*, etc., manuscrit de la bibliothèque de Vesoul, année 1690 :

Industrie.   Telles étaient les richesses que la Franche-Comté tirait naturellement de son sol. Voyons dans quelle mesure venaient s'y ajouter les ressources de l'industrie.

Les anciens souverains avaient essayé plusieurs fois d'introduire dans la province l'industrie du tissage des laines : leurs efforts avaient échoué, l'intendant constatait en 1698 qu'il n'y avait point de manufactures de drap dans le pays, et l'expliquait par le manque ou la mauvaise qualité des moutons, auxquels le climat et la nourriture ne convenaient pas.

En 1704, M. de Bernage est encore plus explicite, il demande qu'on dispense la province de la création d'inspecteurs généraux des manufactures, puisqu'elle ne fabrique aucun genre d'étoffes de nature « à être commercées ; ne s'y
» fabriquant, ajoute-t-il, que quelques droguets de vingt-
» huit ou trente sols l'aune que les paysans font faire de leur
» cru, pour leurs habillements ; il ne s'y fait aussi de toiles
» qu'une médiocre quantité, à Arinthod et du côté de
» Luxeuil, et les tisserands qui sont répandus dans les autres
» lieux ne travaillent que pour les particuliers qui leur don-
» nent du fil. Ainsi les marchands ne se fournissent que
» d'étoffes et de toiles fabriquées dans les autres provinces
» du royaume, qui ont été visitées et marquées dans les manu-
» factures et villes d'où ils les tirent, et qui paient des droits
» d'entrée considérables à la sortie du duché de Bourgogne
» et de la Champagne dans les bureaux des frontières de
» cette province [1]. »

Les habitants de la province se résignaient difficilement à payer les droits qui pesaient ainsi sur des marchandises de première nécessité. Au mois de juin 1690, l'intendant se plaignait de l'introduction en fraude dans la province de

---

« L'on fit couper dans les affreuses forêts de la montagne une infinité de mâts d'une
» prodigieuse hauteur que l'on jeta sur le Doubs et sur l'Ognon pour les conduire à
  la mer. L'on entendait dans tous les bois des ouvriers qui coupaient des chênes et
, ciaient des planches d'une si grosse épaisseur et longueur que l'on fut obligé de
» percer et briser les écluses et d'y faire des portières pour les faire passer. »

[1] Dumoulin, II, n° 692.

draps d'Angleterre et de Hollande, de sucres étrangers, de toiles peintes, de bas, etc.[1]. Cependant de nombreuses précautions étaient prises contre la contrebande : on multipliait les visites domiciliaires chez les marchands ; on plaçait dans les passages de la frontière des gardes chargés à la fois d'arrêter les grains à la sortie et les autres marchandises à l'entrée. Sur la demande de l'intendant, le contrôleur général ordonna l'établissement de bureaux à Besançon, Montbéliard, Saint-Claude, Pontarlier, Foncine et Salins.

Si la confection des tissus était à peu près nulle en Franche-Comté, l'extraction et le travail des métaux occupaient au contraire un certain nombre de bras.

Les mines et les forges.

On sait les efforts, le plus souvent infructueux, que fit Colbert pour développer cette branche de la richesse nationale. Il eut à s'occuper d'une mine de cuivre située à l'extrême frontière nord de la Franche-Comté, à Château-Lambert, au pied du ballon de Servance[2].

Les mines de cuivre de Château-Lambert.

Il paraît que des ouvriers étrangers avaient pris cette mine à ferme et l'avaient exploitée assez activement pendant plusieurs années, en payant au roi un huitième du produit. Ils avaient interrompu leur travail à l'expiration de leur bail. Plus tard, la découverte de nouveaux filons leur fit espérer de nouveaux profits. Ils demandèrent au roi de reprendre l'exploitation, mais à d'autres conditions : ils abandonneraient au gouvernement non plus le huitième, mais seulement le vingtième de leurs profits; de plus, ils seraient autorisés à prendre les bois nécessaires dans les forêts du domaine.

Colbert fit des difficultés, il exigeait qu'on fît d'abord une visite générale des forêts, avant d'accorder la permission d'y couper du bois ; il demandait, en outre, que les ouvriers se conformassent aux anciens usages en indemnisant les propriétaires du sol où se trouvait la mine exploitée ; enfin il

---

[1] Beaulieu, I, n° 552.
[2] Clément, *Correspondance de Colbert*, IV, 425.

exigeait, dans le partage des bénéfices, un dixième pour le gouvernement. Les ouvriers semblaient disposés à céder sur ce dernier point, mais ils insistèrent sur la condition de prendre dans les forêts du roi ce qui leur était nécessaire; « sinon, ajoutait l'intendant Chauvelin, comme ils sont » étrangers et qu'ils n'ont pas le moyen d'acheter leur bois, » ils quitteront le pays. »

Ce fut sans doute ce qui arriva, car il n'est plus question, dans la suite de la correspondance des intendants, des mines de Château-Lambert.

Une tentative du même genre ne semble pas avoir été plus heureuse. En 1683, le duc de Duras obtint du roi des lettres patentes pour faire ouvrir des mines d'argent, de plomb et d'autres métaux, dans la province pendant dix ans [1]. Sans doute les premières recherches ne furent pas couronnées de succès; on y renonça comme sur les autres points du royaume.

L'industrie du fer. L'industrie du fer était, au contraire, ancienne dans le pays et y restait florissante.

L'intendant comptait, en 1698, près de trente forges ou fourneaux répartis sur les rivières de la Saône, du Doubs, de l'Ognon et de la Loue. Un certain nombre de ces établissements avaient été fondés ou réorganisés depuis la conquête, à Châtillon-sur-Lison en 1677; à Baume, sur l'Ognon, en 1679; à Ruffey, sur l'Ognon, en 1679; à Beaujeu, près de Gray, en 1680; à Nervezain et à Seveux, en 1683 [2].

En 1713, les frères Ployers, propriétaires des forges de Chenecey, demandaient et obtenaient de continuer l'exploitation de la manufacture de fer-blanc pour les huit ans qui restaient à expirer du privilège accordé auparavant aux nommés Robelin, Coursier et Huguenet [3].

En 1707, une intéressante tentative était faite pour intro-

---

[1] Arch. du Doubs. Parlement. Actes importants, II, p. 56.
[2] Id. Parlement et chambre des comptes, passim.
[3] Arch. nationales. Franche-Comté, G⁷, 284.

duire dans la province l'industrie de l'acier, pour lequel la France était restée tributaire de l'Allemagne. Les deux frères Quinaud, de Neuchâtel, demandaient la permission d'établir des manufactures. Ils ne sollicitaient, du reste, ni monopole ni protection. L'intendant de Bernage fut d'avis de les laisser fonder des usines en Alsace et dans les duché et comté de Bourgogne. « Le pis qui puisse arriver, ajou-
» tait-il, est que cet établissement tombe au préjudice seu-
» lement de ceux qui l'auront fait, et s'il réussit, le royaume
» en tirera de l'avantage. » L'autorisation fut accordée, on stipula seulement que les autres fabricants ne pourraient enlever aux nouveaux venus leurs ouvriers [1].

Quels étaient les débouchés par où s'écoulaient les produits de ces nombreuses manufactures? La guerre en absorbait une grande partie.

« Le roy, dit un auteur anonyme, tira du comté de Bour-
» gogne, pendant toutes les guerres, une prodigieuse quan-
» tité de munitions de guerre dont il remplit tous les maga-
» sins de mer et de terre; la plus grande partie des forges
» estaient employées à fondre des bombes, des carcasses,
» des boulets, des ancres et outils pour les armées. Les
» moulins d'Arcier et de Chamars, jour et nuit, battaient
» pour la poudre; l'on y formait dans d'autres des canons,
» des mousquets; l'on fondit plus de trois cents pièces de
» canons, d'un si beau métal que l'on aurait dit que c'était
» du bronze, dans la maison du comte de Soye, et beaucoup
» de mortiers à bombe [2]. »

Mais ce débouché ne suffisait pas, et les propriétaires de forges demandèrent souvent l'autorisation d'exporter leurs produits dans les pays étrangers; cette autorisation était, pour quelques usines, une condition d'existence. D'autre part, suivant les idées économiques du temps, elle pouvait

---

[1] Boislisle, *Correspondance des intendants*, II, 1181.
[2] *Histoire des guerres*. Bibliothèque de Vesoul, manuscrit n° 179, II, année 1690.

être préjudiciable aux intérêts du gouvernement. Cette fois encore, au lieu de s'en tenir à l'application rigoureuse d'un principe absolu, l'administration chercha à tout concilier par une série de mesures qu'elle modifia plus ou moins heureusement, suivant les temps et les lieux.

Une lettre de l'intendant de Bernage, du 14 juillet 1705, et surtout un mémoire du marquis de la Baume-Montrevel, de 1709, permettent de comprendre les motifs qui faisaient agir le gouvernement et de suivre, presque année par année, les mesures qu'il crut devoir prendre, chaque fois que de nouveaux besoins les rendaient nécessaires [1].

Un arrêt du 2 avril 1701 avait réglé les droits qui devaient être payés pour les fers, soit à l'entrée, soit à la sortie du royaume; car, par une contradiction qui étonnerait aujourd'hui, on croyait utile d'entraver à la fois l'importation et l'exportation des mêmes produits.

Ces droits pesaient lourdement sur les producteurs franc-comtois; ils réclamèrent et obtinrent successivement et presque tous d'importantes réductions. Elles ne furent, du reste, pas accordées au hasard. On fut amené à classer les forges et les hauts-fourneaux en plusieurs catégories, suivant la qualité de leurs produits et aussi suivant leur position géographique.

Comme il importait de conserver en France les fers de bonne qualité propres au service de l'artillerie et de la marine, on refusa d'accorder aucune décharge aux propriétaires des forges qui les produisaient. On fit de même pour les usines situées sur les rivières navigables qui profitaient de la facilité des transports. On facilita, au contraire, l'exportation des produits de qualité médiocre ou dont le transport dans l'intérieur du royaume aurait été difficile.

Classification des forges. — Pour faciliter le travail de l'administration, l'intendant d'Harouis répartit dans quatre groupes toutes les forges du pays.

---

[1] Arch. nationales. Franche-Comté, G⁷, 283. BOISLISLE, II, 849.

1° Les forges dont les fers se consomment dans le royaume.

2° Les forges dont les fers se transportent en Alsace.

3° Les forges dont les fers se débitent partie dans le comté, partie à Lyon et en Lorraine.

4° Les forges dont les fers se débitent en Suisse et à Genève.

Dès le mois de juillet 1701, cette dernière classe obtint décharge complète des droits de sortie.

Au mois de décembre 1702, le même privilège fut accordé à plusieurs usines de la deuxième classe.

Enfin, de nombreuses exemptions étaient accordées individuellement, et après enquête, aux propriétaires des autres fourneaux. En 1705, le marquis de Listenois, propriétaire de la forge de Scey-sur-Saône, faisait observer que, malgré sa situation avantageuse, sur le plus grand cours d'eau du pays, celle-ci écoulait difficilement ses produits, parce que « la qualité des fers qui en proviennent n'est pas propre » aux fabriques d'armes et à la marine; » avec l'appui de l'intendant, il obtint de transporter en franchise, en Lorraine, deux cents milliers de fer par an, environ le quart de sa production totale.

En 1709, le marquis de la Baume-Montrevel sollicitait un privilège semblable pour ses forges de Pesmes et de Vadans. L'intendant appuyait chaudement sa demande; il faisait remarquer que les magasins de la province regorgeaient de fer et de fonte, que la permission demandée attirerait de l'argent dans le pays, et qu'un refus aurait pour conséquence la fermeture des forges. On obtint l'exemption de droits pour 1,200 milliers de fer et autant de fonte.

Tout cela était bien compliqué et peu conforme sans doute aux principes d'une saine économie politique. Il faut, du moins, savoir gré à l'administration de ses efforts pour concilier les intérêts des particuliers et ceux de l'Etat. En somme, elle réussit à conserver florissante une industrie qui était encore une des richesses de la Franche-Comté, il y a quelques années, et que le libre-échange, appliqué sans ménagement, a réduite aujourd'hui à peu de chose.

Les routes. On vient de voir quelle importance avait pour la prospérité des forges la question des voies de communication. L'absence ou le mauvais état de celles-ci causa, plus souvent encore que les fausses mesures de l'administration, les disettes et les misères que l'on reproche à l'ancien régime. A cet égard, la Franche-Comté était assez mal partagée; la montagne surtout se prêtait peu à l'établissement de routes et de chemins; pendant longtemps, elle n'en eut guère d'autres que les rudes sentiers gaulois élargis et consolidés par les Romains [1]. Plus tard, l'exploitation des salines sur plusieurs points du territoire amena la formation d'un réseau plus complet de voies carrossables. Le sel était pour les populations une matière de première nécessité, et pour le gouvernement la source de son principal revenu. Administrateurs et administrés avaient donc un égal intérêt à ce qu'il pût être conduit facilement sur tous les points du territoire. Enfin, certaines routes étaient trop naturellement imposées aux populations pour perdre, même aux plus mauvais jours, toute leur importance, et pour ne pas être l'objet au moins du plus rudimentaire entretien. Citons en premier lieu la route qui partait de Lyon, remontait la Saône, et permettait le transport des produits du Midi dans la haute Bourgogne, le Bassigny et la Lorraine. Elle bifurquait à droite

---

[1] « A travers des sites agrestes, montueux, couverts de forêts, on suivait des chemins étroits et scabreux, qui affrontaient et escaladaient les rochers. Ils n'exigeaient pas pour leur entretien de grands frais de corvées, et suffisaient au trajet de quelques chars à voie étroite et aux voyages, qui se faisaient toujours à cheval. C'est par là que défilaient les cortèges des abbés, des seigneurs, des dames, des princes souverains, des rois et des empereurs. Il n'y avait ni métairie ni cabane qui ne les vît passer lentement et de fort près, à petites journées et par étapes, ayant grand besoin d'aide et de renforts. Depuis l'empereur Henri IV et sa femme, dont nous avons suivi l'itinéraire, combien de potentats n'ont pas suivi de petits chemins aujourd'hui abandonnés, et les bouts de voie romaines recouverts de ronces et d'épines. » (*La Franche-Comté ancienne et moderne*, II, p. 23.)

pour conduire, par la vallée du Doubs, en Alsace et en Allemagne.

L'administration française avait trouvé les routes complètement ruinées par les malheurs du commencement du siècle. En 1698, la situation n'était guère modifiée. L'intendant, au nom des intérêts du commerce, réclamait un meilleur entretien des chemins, ajoutant qu'on pouvait parvenir à les rendre bons, parce que la pierre et le bois étaient presque partout sur les lieux.

Plusieurs tentatives dans ce sens avaient été faites cependant, dès le lendemain de la conquête. Le parlement, le 20 décembre 1675, avait ordonné aux communautés de réparer et d'entretenir les chemins qui traversaient leur territoire [1]. La mesure était insuffisante, il fallait évidemment un effort plus général et une direction unique pour mener un semblable travail à bonne fin. Colbert s'en occupa, mais il mourut trop tôt pour avoir le temps de rien terminer.

Efforts du parlement pour les rétablir.

En 1680, sur son ordre, la province dut consacrer 30,000 livres à la réparation et à l'entretien des chemins. Le 6 octobre 1682, il recommandait à l'intendant Chauvelin de faire travailler aux routes de Besançon, Dole, Gray, Salins, Vesoul et Pontarlier, et lui faisait espérer que le roi participerait à la dépense [2]. Il semble bien cependant que la plus grande partie de celle-ci retomba sur les populations. On les soumit à la corvée, dont l'usage ne devait être généralisé que dans le siècle suivant, et les travailleurs, tous paysans, ne touchèrent, en fait d'indemnités, que des rations de pain de munition et de fromage.

Projets et promesses de Colbert.

Colbert insistait encore en 1683. Le 19 mars, il promettait, au nom du roi, une somme de 10,000 livres à dépenser pendant l'été, et donnait l'ordre à l'intendant de faire un travail d'ensemble pour la réparation des routes principales.

---

[1] Droz, *Recueil des arrêts*, I, p. 31, 33.
[2] Clément, *Correspondance de Colbert*, IV, p. 557.

La mort de Colbert et les embarras financiers du gouvernement empêchèrent que le travail ne fût commencé. Les communautés restèrent seules chargées de l'entretien des routes, sous la surveillance de la chambre des comptes, à qui l'édit royal de 1696 donnait « la connaissance et attribution des » grandes et petites voiries dans toute l'étendue de la pro- » vince. » Cette charge, qui venait s'ajouter à tant d'autres, pesa lourdement sur la population et fut l'occasion de nombreuses affaires contentieuses [1].

Les ponts. — L'histoire des ponts est à peu près la même que celle des grandes routes. Presque partout leur état laisse à désirer, et le gouvernement ne fait, pour les entretenir, que le strict nécessaire.

Sur la Saône. — On ne comptait plus que quatre ponts de bois ou de pierre sur la Saône, à Montureux, Jonvelle, Scey et Gray. Un cinquième, à Port-sur-Saône, était complètement détruit. En 1698, l'intendant réclamait avec instance son rétablissement; il se trouvait sur la route de Champagne en Comté et en Alsace. A la même époque, celui de Scey tombait en ruine, et l'on attendait, pour le rétablir, un arrêt du conseil autori-

---

[1] *Inventaire des arch. de Pontarlier*, série BB, 2. — 15 février 1701. Extrait du procès-verbal de revue de la grande voirie au bailliage de Pontarlier, dressé par Claude-François Courlet, seigneur du Boulot, conseiller-maître ordinaire en la chambre et cour des aides et comptes, domaines et finances du comté de Bourgogne : les routes sont en mauvais état, presque impraticables. Une amende de cent livres est imposée à ce sujet ; on donne l'ordre à la communauté de faire les réparations de suite, faute de quoy il lui sera envoyé des archers en garnison à ses frais jusqu'à complète exécution.
Cf. *Arch. du Doubs, chambre des comptes, passim*. — 1699. Janvier. Arrêt faisant droit aux réquisitions du procureur général sur le mauvais état des chemins et ordonnant aux communautés, seigneurs, etc., de les réparer et entretenir. — 12 mai. Arrêt ordonnant aux habitants de Belmont-lez-Dole, sur réquisition du procureur général, de réparer les ponts, avenues et chemins d'iceux. — 1701. 9 juin. Arrêt modérant à 10 livres une amende prononcée contre les habitants de la Ferté pour n'avoir pas exécuté les ordres relatifs à la voirie. — 9 juin. Arrêt condamnant les habitants de la Cluse à l'entretien et réparation des chemins, malgré leurs lettres d'affranchissement du 23 février 1417. — 13 août. Arrêt accordant aux habitants de Saint-Germain un délai de six mois pour réparer le pont Tartelet sur la Seille. — 1702. 9 mars. Arrêt enjoignant aux habitants de Plainoiseau de réparer les chemins traversant leur territoire, etc.

sant la levée d'une imposition de 15,000 livres. Cette imposition devait être payée, non par la province entière, mais par les bailliages les plus voisins de Besançon, Dole, Vesoul, Gray, Baume, Salins, Ornans, Quingey, Poligny et Arbois.

L'entretien du pont de Gray, plus important que les autres, retombait presque tout entier à la charge de cette ville. Le 2 juillet 1694, l'intendant informait le magistrat que la ville ne devait compter que sur elle-même pour l'entretien de son pont, les communautés de la province étant accablées de trop de charges pour qu'on pût songer à leur en imposer de nouvelles : on l'autorisait à percevoir un droit de péage pour s'indemniser des dépenses qu'elle aurait à faire. Cependant, en 1695, la province entière contribuait pour la somme de 15,700 livres à la réparation du pont. Mais en 1698, l'intendant, en autorisant la ville à prendre quatre pieds de chêne dans les forêts du roi pour la continuation des travaux, ajoutait : « Voilà tout ce que je puis en pareil cas [1]. »

On franchissait l'Ognon à Villersexel, Montbozon, Cirey, Cromary, Pin-l'Emagny, Marnay et Pesmes. Sur ce dernier point, le pont fut rétabli en 1698, aux mêmes conditions que celui de Scey-sur-Saône. *Sur l'Ognon.*

On franchissait le Doubs à Pontarlier, Arçon, Morteau, Pont-de-Roide, Vougeaucourt, l'Isle-sur-le-Doubs, Clerval, Baume, Besançon et Dole ; mais les deux ponts de Pont-de-Roide et de l'Isle étaient rompus. Sur la Loue, on comptait des ponts à Vuillafans, Ornans, Quingey, Chay, Rennes, Port-Lesney et Belmont. Ils étaient rompus à Chay, Rennes et Belmont. Ce dernier village était sur la route de Dole à Salins, et l'intendant insistait pour le rétablissement du pont. Son vœu ne fut pas exaucé, du moins immédiatement, car un ar- *Sur le Doubs et la Loue.*

---

[1] Arch. de Gray. Correspondance du magistrat avec l'intendant.
Il résulte d'une délibération municipale du 9 mars 1698, qu'une arche du pont s'était écroulée et que la chaussée était entièrement à refaire : on estimait la dépense au moins à 4,500 livres.

rêt de la cour des comptes du 24 juillet 1705 ordonnait à une commission de se transporter à Belmont-lez-Dole, pour reconnaître l'emplacement d'une barque à rétablir sur ce point abandonné et qui, « de notoriété publique, était le plus grand » passage de toute la province. »

Les rivières. — Des cinq principales rivières de la Franche-Comté, la Saône, l'Ognon, le Doubs, la Loue et l'Ain, la première seule était navigable, les autres étaient utilisées avec de grandes difficultés pour le flottage des bois. A la saison des crues, la Saône portait de petits bateaux depuis Cendrecourt ; à partir de Port-sur-Saône, elle portait des bateaux de 60 à 80 milliers, mais la navigation était interrompue pendant les mois de juin, juillet et août. A Gray, elle portait des bateaux de 150 milliers, mais ils ne pouvaient descendre en été qu'à moitié chargés.

La navigation sur la Saône était encore soumise à d'autres entraves : c'étaient les débordements, les glaces pendant les hivers rigoureux, enfin les écluses de six forges et de seize moulins, dont les portières étaient mal faites et trop étroites.

Il fut souvent question, au XVIIe siècle, de remédier à cet état de choses, et de doter le pays d'un réseau de voies navigables.

Projets de canalisation du Doubs. — Le projet le plus souvent mis en avant fut de canaliser le Doubs depuis son embouchure jusqu'à Dole ou même jusqu'à Besançon [1]. On a vu qu'en 1679, le parlement indiquait au roi ce grand travail comme pouvant contribuer à accroître

---

[1] Gollut écrivait déjà, à la fin du XVIe siècle : « Et certes, si le fleuve estait de- » dans son vieil canal, ou que celuy d'aujourd'huy fût repurgé de quelques rochers » qui sont au fond, et dénué de ces écluses de moulins qui causent tant de pertes, » l'on le rendrait indubitablement navigable. De quoy, pour les trafiques d'Allemagne, » le païs recevrait de grandes commodités, parce que cela lierait les trafiques » des Allemands avec les Lyonnais. Et toutefois il serait expédient de ne laisser » porter grennes oultre et plus bas que la ville de Dole, pour crainte que le Lyo- » nais ne tirast les grennes et ne nous causast un enchérissement de vivres. » (*Mémoires historiques*, coll. 11.)

la prospérité de la nation et à y attirer de nouveaux habitants.

Colbert s'en préoccupa en 1682; il avait demandé à l'ingénieur Bruand un mémoire des dépenses à faire pour rendre le Doubs navigable jusqu'à Besançon. Le devis de Bruand monta à 400,000 livres. C'était une grosse somme, et Colbert remit à l'année suivante (l'année de sa mort) l'exécution d'un dessein qui lui tenait à cœur : il demandait en effet à Bruand de faire une seconde visite de la rivière, d'en dresser une carte en marquant tous les moulins qu'il fallait détruire, les rochers qu'il fallait faire sauter, et d'examiner enfin s'il ne serait pas possible de faire le travail à meilleur compte [1].

Colbert et l'ingénieur Bruand, 1682.

L'intendant de la Fonds, dans le mémoire de 1698, était beaucoup moins enthousiaste du projet. Il convenait que le Doubs pouvait être rendu facilement navigable depuis Vougeaucourt jusqu'à son confluent avec la Saône. Il rappelait les études faites dans ce sens, et pensait que deux raisons principales les avaient fait abandonner.

Objections de l'intendant de la Fonds, 1698.

La première était d'ordre militaire. Besançon devait sa force à sa difficulté d'accès plus qu'à ses ouvrages. Rendre le Doubs navigable de Montbéliard à Besançon, c'était ouvrir une route facile à l'artillerie de siège, aux munitions de guerre et de bouche des ennemis.

La seconde raison était d'ordre financier. De Montbéliard à Besançon, il faudrait « escarper » des roches, creuser ou rétrécir la rivière. De Besançon à Dole, le travail serait facile, mais en aval de cette dernière ville, les difficultés renaîtraient, il faudrait faire des chaussées pour retenir la rivière, qui déborde à la moindre crue sur ses rives trop basses.

Le profit compenserait-il la dépense d'un pareil travail ? de la Fonds ne le pense pas, « le Doubs ne passant que par » un pays fort stérile et fort ingrat jusques auprès de Dole,

---

[1] CLÉMENT, *Correspondance*, IV, 545.

» on ne pourrait s'en servir en descendant que pour porter
» à Lyon du bois et du charbon, dont on ne retirerait peut-
» être pas les frais de la voiture; on pourrait aussy y faire
» flotter des màts et autres bois pour la marine, qui se pren-
» draient dans la forêt de Saint-Ursanne, proche de Mont-
» béliard, d'où on en a voulu tirer autrefois, mais avec si
» peu de succès qu'on en a quitté l'entreprise. »

L'intendant reconnaît cependant que la rivière canalisée pourrait servir à transporter à Lyon les blés et les avoines du territoire de Dole, et éviterait douze grandes lieues de voiture par terre aux marchandises qui vont de Lyon en Allemagne; mais il a réponse à tout. Les grains de la plaine ont un débouché tout naturel dans les bailliages de Pontarlier, Salins et Arbois, qui n'en produisent pas; ceux qui se récoltent entre le Doubs et la Saône sont embarqués facilement à Auxonne et à Saint-Jean-de-Losne. Quant aux marchandises qui vont de Lyon en Allemagne, de la Fonds n'en fait pas grand cas; « attendu que le commerce des rivières
» n'est avantageux que par les profits qui se font sur les
» marchandises que l'on prend chez soi pour les porter ail-
» leurs en descendant, les retours n'étant presque comptés
» que pour les frais du voyage. »

Proposition du marquis de Broissia, 1699.
Le projet de canalisation, ainsi battu en brèche par l'intendant, trouvait, au contraire, l'année suivante, un avocat ardent et convaincu dans un des plus notables habitants de la province, le marquis de Broissia. Celui-ci, dans une longue lettre au contrôleur général, le 20 octobre 1699, lui demandait sa protection pour un dessein depuis longtemps formé et qui devait profiter au roi, au comté, à la ville de Dole, et enfin à l'auteur du projet lui-même, qui possédait dans les environs de la ville des terres importantes [1].

Il s'agissait de rendre navigable le Doubs jusqu'à Dole, comme il l'était déjà depuis Verdun jusqu'au Petit-Noir; le

---

[1] BOISLISLE, *Correspondance des intendants*, II, p. 30.

travail n'aurait plus que trois ou quatre lieues de longueur, et la dépense ne serait pas considérable. Le marquis de Broissia demandait que l'intendant de Vaubourg, « très plein » de zèle pour les bonnes choses, » reçût l'ordre de l'écouter, de reconnaître avec lui, sur les lieux, ce qu'il y aurait à faire, et fît son rapport au ministre, qui, de son côté, en informerait le roi.

Ce projet n'était pas une nouveauté. Il en avait été question « auparavant même que cette province eût le bonheur d'être » à la France; » mais on n'avait rien fait, faute d'une personne intelligente et appliquée.

Les profits étaient évidents et seraient considérables : « Le » Doubs étant devenu navigable depuis Verdun jusqu'à Dole, » ce sera un moyen d'y faire fleurir le commerce et d'y rendre » célèbres les foires qui seraient très utiles même pour Lyon, » en ce que cette ville pourra devenir un dépôt de marchan- » dises entre Lyon et l'Allemagne et un rendez-vous de négo- » ciants. » Ce sera pour Dole une compensation de la perte de son parlement, de ses murailles et de son université, et le ministre deviendra « le restaurateur de cette ville affligée. »

Le roi y trouvera son avantage par le meilleur parti qu'il tirera de la forêt de Chaux, dont on transportera facilement les bois et les charbons.

Enfin, l'on y gagnera « l'abondance de toutes choses dont » la Comté abonde et dont cette ville a besoin. »

A peu près en même temps que le marquis de Broissia soumettait son plan au ministre, Vauban, avec plus d'autorité et de compétence, écrivait ses mémoires, fruit de longues études et de patientes observations, et consacrait quelques pages aux voies navigables de la Franche-Comté et au parti qu'on en pouvait tirer [1].

Projets de Vauban, 1699 (?).

---

[1] Le mémoire que nous analysons fait partie du quatrième volume des *Oisivetés de M. de Vauban*. M. de Boislisle le cite en appendice dans la publication des *Mémoires des intendants* (généralité de Paris), p. 685. Il suppose que la rédaction est de 1698 ou 1699.

L'illustre ingénieur avait plus d'ambition et des vues plus larges que le marquis de Broissia et même que Colbert. Il ne se contentait pas de demander que l'on rendît la Saône navigable jusqu'à six lieues au-dessus de Port-sur-Saône, et que l'on canalisât le Doubs jusqu'à Mandeure; il avait étudié avec soin les rivières secondaires et songeait à en utiliser plusieurs.

D'après lui, la Lanterne devait être rendue navigable pendant six lieues, les bateaux devaient remonter l'Augrogne jusqu'auprès de Luxeuil, l'Ognon jusqu'à Montbozon et même Lure, l'Allan jusqu'à Montbéliard, la Loue jusqu'à Quingey.

Il n'est pas jusqu'à l'Ain dont Vauban aurait voulu tirer parti : « Il est rapide et en quelques endroits fort serré, mais » qui n'empêcherait pas qu'on ne le pût très bien rendre » navigable jusque vers Château-Chalon. »

Il n'est pas nécessaire d'ajouter que tous ces projets restèrent lettre morte. On fit cependant quelques travaux sur le Doubs. L'intendant de Bernage, en rendant compte au contrôleur de l'état des rivières, écrivait, le 4 novembre 1704 : « A l'égard de la rivière du Doubs, elle n'est » point navigable jusques à Dole, mais seulement flottable, » et tout le commerce y consiste aux trains de bois et flot- » tage à bois perdu, qui s'arrête tout à Besançon. On a tra- » vaillé depuis peu à la rendre navigable, par art, depuis » Dole jusques à Verdun, mais cette navigation est encore » imparfaite. » De notre siècle seulement, on devait reprendre, en les complétant, les projets de Vauban [1].

Conclusion. — Tel est, dans la mesure où il m'a été possible de l'établir, le tableau de la situation matérielle de la Franche-Comté de

---

[1] A la fin du xviiie siècle, on les croyait encore impraticables. Droz écrivait en 1789 (*Mémoire sur le droit public*, § 134), à propos d'un canal de Dole à Saint-Jean-de-Losne, que dans sa pensée on ne devait pas finir : « Il y a loin de cette esquisse » à la jonction du Doubs au Rhin, qui coûterait tant de millions, que les auteurs » du projet n'ont pas encore osé calculer la dépense, et encore moins les indem- » nités qui résulteraient de la suppression d'une multitude de moulins et usines,

1674 à 1715. Il est malheureusement bien incomplet, et les lacunes qu'il présente, je ne cherche ni à me le dissimuler, ni à le dissimuler au lecteur, sautent aux yeux. Cela tient avant tout au petit nombre de documents que renferment les archives sur des questions délicates d'économie politique et de statistique que les contemporains soupçonnaient à peine, et qui trop souvent étaient le moindre souci des administrateurs. Un autre obstacle à la découverte complète de la vérité, c'est le caractère officiel de la presque totalité de ces documents. Sans mettre en doute la compétence et la sincérité des intendants, on aimerait à pouvoir contrôler leur dire en demandant directement aux populations intéressées ce qu'elles pensaient du régime sous lequel elles vivaient. Des mémoires particuliers, des livres de raison, nous auraient rendu ce service en nous permettant de pénétrer plus intimement dans la vie matérielle et morale des familles; malheureusement, pour la période qui nous occupe, ils font absolument défaut.

Peut-être cependant en savons-nous assez pour répondre à une question qui s'impose à nous. La Franche-Comté avait-elle matériellement gagné à son annexion à la France? Celle-ci, en échange de l'autonomie et de l'indépendance qu'elle enlevait à sa conquête, devait lui assurer le libre et tranquille développement de son bien-être et de ses richesses. Les Franc-Comtois qui s'étaient prêtés complaisamment aux événements de 1668 et 1674 en avaient en quelque sorte pris l'engagement vis-à-vis de leurs compatriotes. L'un d'eux, le comte de Laubespin, plaidait encore cette cause avec autant de chaleur que d'esprit en 1681 [1]. Il montre les Franc-Comtois abandonnant « leurs anciens réduits sur les sommets

L'optimisme du comte de Laubespin, 1681.

» des chemins de traite sur les meilleurs prés de la province, etc. Il y a près d'un
» siècle que le président Boisot fut chargé de cet examen; il mit quarante jours à
» aller de Besançon à Montbéliard en bateau, pour faire les reconnaissances néces-
» saires, et si le résultat fut de ne rien entreprendre, on est encore moins en état
» qu'alors de forcer la nature. »

- Lettres d'un gentilhomme vénitien, 1681.

» des rochers les plus inaccessibles, plutôt prisons volon-
» taires et cavernes de sauvages fuyant le commerce des
» hommes que logements de personnes capables de goûter
» les plaisirs de la société, » la noblesse ne rétablissant « les
» bâtiments les plus accessibles que pour la beauté, l'utilité
» et le plaisir, » les habitants des champs et des petites
villes jouissant des mêmes avantages, la province se repeu-
plant, l'abondance et l'amour du sol y ramenant les familles
émigrées ou en attirant de France, et tous travaillant de concert « à rétablir les maisons, cultiver les terres, tandis que
» jadis on ne travaillait qu'en crainte et à demi et juste pour
» la subsistance de l'année, tant on craignait l'ennemi. »

Les progrès accomplis; ce qu'il restait à faire.

Ce tableau n'est pas flatté outre mesure ; le relèvement de la Franche-Comté pendant les quarante années qui s'étendent de 1674 à 1715 fut lent mais réel. Entravé quelquefois par les rigueurs des saisons, par les mesures maladroites d'une science administrative encore dans l'enfance, et surtout dans les dernières années par les charges d'une guerre malheureuse, il ne s'arrêta jamais complètement. Mais encore ne faut-il pas exagérer. Laubespin tombe quelquefois dans l'utopie, ou du moins il prévoit l'avenir de trop loin, par exemple lorsqu'il espère « voir bientôt les principales rivières
» de la province rendues navigables, au grand avantage de
» tous les Comtois ; » lorsqu'il rêve une communication entre les deux mers établie par la Saône, le Doubs et l'Ill. « Le
» commerce ainsi établi serait d'autant plus grand, ajoute-
» t-il, qu'il traverserait plus de pays et que plus de gens y
» prendraient part, commençant dès la Provence et le Lan-
» guedoc jusqu'à Anvers et Amsterdam. » Le temps n'était pas encore venu de semblables travaux.

Si, en effet, après avoir constaté que le gouvernement de Louis XIV donna à la Franche-Comté l'ordre, la sécurité et une administration régulière, bienfaits inestimables qu'elle ne connaissait pas depuis longtemps, nous nous demandons s'il fit davantage et s'il prit une de ces grandes mesures qui renouvellent et décuplent les forces d'un pays, nous sommes obligés d'avouer que l'histoire ne nous présente rien de semblable. A part la tâche quotidienne qui s'imposait à elle, l'administration ne fit que des projets et ne donna que des espérances. Nous avons vu, et c'est encore un des caractères du tableau que nous avons essayé de tracer, toutes les questions posées rester sans solution. Nulle part on n'alla au delà des premières études, et l'on fit, en somme, beaucoup moins qu'il ne restait à faire. Aussi dirons-nous, en terminant, que si la Franche-Comté, en comparant le présent au passé, devait le trouver supportable, elle était surtout en droit de beaucoup attendre de l'avenir.

CHAPITRE V

L'ESPRIT PUBLIC. LES CONSPIRATIONS

Sentiments des Franc-Comtois pour la France après la conquête. — Regrets de la domination espagnole. — L'opposition contre la France ne sera jamais très vive. — État des esprits avant la conquête. — Précautions prises par le gouvernement français. — Démolition des châteaux. — Le régiment de Listenois. — Les sentiments du clergé. — L'archevêque de Grammont. — Le prieur de Chamilly. — Les jésuites à Gray. — Les curés et les moines ont pris part à la guerre. — Le frère Hilarion à Arbois. — Précautions contre les moines. — Opposition du peuple des villes, à Arbois, à Besançon. — Les émigrés franc-comtois : l'abbé Boisot ; la confrérie de Saint-Claude des Bourguignons à Rome ; le baron de Lisola ; le capitaine Lacuzon. — Les officiers émigrés recrutent des soldats dans la province. — Premier bruit de complot en 1691. — Guerre de la succession d'Espagne (1700). — Tentatives pour rattacher la Franche-Comté à l'empire. — Rôle de Frédéric Iᵉʳ, roi de Prusse. — Histoire de l'abbé Gonzel. — Son arrestation (7 oct. 1702). — On l'enferme à la Bastille (27 oct.). — Son séjour à Vienne, en Pologne, à Bruxelles — Mort du prince électoral de Bavière (février 1699). — Gonzel accusé de l'avoir empoisonné. — L'affaire de Gonzel reste sans solution. — Les complices de Gonzel. — Première arrestation de l'abbé Proudhon. — Proudhon soupçonné de nouvelles intrigues (oct. 1704). — Mesures de précaution de l'intendant Bernage. — Nouvelle arrestation et exécution de Proudhon (22 janv. 1705). — Proudhon était en relations avec les ennemis. — L'avocat Courchetet a dénoncé Proudhon. — Il reste en correspondance avec Trautmansdorf. — Son entrevue avec l'ingénieur-officier de Gratz (juillet 1705). — Echec de la première tentative des ennemis sur la Franche-Comté (1704-1705). — Affaire de Vercel (1707). — Le parti allemand et le parti français. — Prétentions du roi de Prusse sur la Franche-Comté. — Le ministre Metternich et le maître de forges d'Andrey (1708). — Craintes des fonctionnaires français. — Confidences de Courchetet et du perruquier Merci. — Voyage de Merci en Suisse. — Les émigrés et les ennemis continuent leurs intrigues. — Nouvelles craintes de l'intendant en 1709. — Plan d'invasion des coalisés (février 1709). — Arrestation de Lorillard (mai 1709). — Arrestation des conjurés (juin 1709). — Victoire de Rumersheim (26 août 1709). — Condamnation des conjurés (sept. 1709). — Arrestation du capitaine Regnauld (mars 1710). — La vérité sur la conspiration de 1709. — La question franc-comtoise à la Haye et à Utrecht. — Lettre d'un bourgeois de Neufchâtel (11 mai 1709). — Mémoire de 1709. — Nouveau mémoire de février 1712. — La Prusse renonce à ses prétentions. — Émeute militaire à Besançon (26 août 1715). — Mort de Louis XIV.

Sentiments des Franc-Comtois pour la France après la conquête.

C'est une tradition admise en Franche-Comté que le petit peuple de la province, et surtout celui des campagnes, garda longtemps un pieux souvenir de ses maîtres espagnols, et souffrit avec plus d'impatience que les autres classes de la nation la révolution qui l'incorporait à la France. Il est certain que les événements de 1668 et de 1674 frappèrent vivement et douloureusement les esprits populaires, et que la mémoire s'en conserva pendant plusieurs générations. On répéta longtemps avec orgueil, et en les embellissant, les exploits des défenseurs de l'indépendance, et c'est ainsi que le fameux chef de bandes Lacuzon devint et est encore, pour bien des paysans du Jura, le héros légendaire de la fidélité à toute épreuve et de la résistance sans merci à l'étranger. On chercha à se consoler de la défaite en faisant bien plus grande qu'elle n'avait été en réalité la part de la trahison; on répéta, en les maudissant, les noms de ceux qu'on accusait d'avoir préparé ou seulement d'avoir accepté trop vite la domination française, et le mépris et la haine s'attachèrent longtemps à leur famille [1]. Je ne sais s'il est vrai que, dans quelques villages de la montagne, les vieux paysans, par protestation contre les nouveaux maîtres du sol, se soient fait enterrer la face contre terre. Il y a quelque chose de touchant dans cette haine de l'envahisseur se prolongeant ainsi jusqu'au delà du tombeau; mais je trouve plus de naïveté encore dans la légende qui courait à la fin du XVIII° siècle, et d'après laquelle, à l'époque de la domination espagnole, des mulets chargés d'or seraient venus tous les ans apporter à la province la part qui lui revenait dans les trésors de l'Amérique! Jamais peut-être la vérité historique n'avait été à ce point travestie par l'imagination populaire.

C'est qu'en effet, les regrets inspirés aux Franc-Comtois

---

[1] « Il n'y a pas trente ans qu'une femme du peuple jetait un jour, à la face d'une rivale, cette injure sanglante : « Va, c'est ta famille qui a livré la ville aux Français, tu ne te laveras jamais de cette tache. » (Abbés GATIN et BESSON, *Histoire de Gray*, 1851, p. 247.)

par la perte de leur constitution et leur changement de maîtres, pour sincères et honorables qu'ils fussent, n'étaient pas très réfléchis. Je ne crois pas faire injure à nos ancêtres du XVII° siècle, en affirmant que le mot de nationalité n'avait pas, pour la plupart d'entre eux du moins, le sens net et précis que nous lui donnons aujourd'hui. Du reste, les libertés politiques que la Franche-Comté perdait en devenant française étaient le privilège d'un trop petit nombre, pour que la masse de la population ait pu être bien sensiblement atteinte par leur suppression. Je dirais volontiers que les nouveaux sujets de Louis XIV étaient plus désintéressés dans leurs regrets qu'ils ne le pensaient eux-mêmes ; ce qu'ils perdaient était peu de chose, et dans tous les cas ne les touchait guère. L'humiliation qui accompagne toujours une défaite, la haine du vainqueur quel qu'il soit, la rupture des habitudes et des traditions, voilà ce qui ulcérait les cœurs sincères et généreux, bien plus que les conséquences matérielles de la conquête et des révolutions qu'elle entraînait avec elle.

Ces sentiments honorables étaient destinés, par leur nature même, à s'affaiblir avec le temps ; ils devaient du moins, changer de nature. On continua à vanter l'époque heureuse où l'on obéissait à l'Espagne, parce que l'ignorance du passé permettait aux imaginations de se le figurer à leur fantaisie, et que les peuples y cherchaient alors volontiers l'idéal de bonheur qu'ils demandent maintenant aux progrès ou aux utopies de l'avenir. Chifflet, qui était un lettré et un homme d'esprit, qui avait vu et avait pu comparer les deux régimes, ne parle-t-il pas, au début de ses Mémoires, « du » bonheur dont ce pays avait joui plusieurs années avant » cette révolution, » c'est-à-dire avant la conquête de 1668, alors que le jeu de toutes les institutions était déjà faussé, que toutes les têtes et tous les cœurs se troublaient, et qu'apparaissaient mille signes précurseurs d'une décadence irrémédiable ? A plus forte raison, des esprits simples et ignorants, qui souffraient du présent et ne connaissaient le passé que par quelques vagues traditions, pouvaient-ils se faire illusion, au point de croire que leurs ancêtres avaient été plus heureux qu'eux, et que les misères qui les accablaient, alors qu'ils obéissaient à la France, avaient été épargnées aux générations précédentes qui avaient vécu sous la domination de l'Espagne.

Du reste, quelle qu'ait été la nature des sentiments des Franc-Comtois à l'égard de leurs nouveaux maîtres, leur mécontentement ne devait jamais se traduire par des actes de violence ni par des tentatives de soulèvement à main armée. Depuis l'année de la conquête jusqu'à la mort de Louis XIV, la Franche-Comté ne fut guère moins docile que les provinces du royaume les plus anciennement soumises à l'autorité royale. Lorsque l'émotion qui devait nécessairement accompagner une occupation militaire se fut calmée, le pays vécut pendant plusieurs années dans la tranquillité la plus profonde. Lorsqu'au commencement du xviii° siècle un prince français monta sur le trône d'Espagne, cet événement qui, suivant un mot fameux, supprimait les Pyrénées, semblait devoir détruire à jamais, dans le cœur des Franc-Comtois, tout ce qui pouvait y rester de regrets pour leurs anciens maîtres et de rancune pour les nouveaux. Ce fut cependant à ce moment que quelques velléités d'hostilité contre la France se manifestèrent. D'un côté, les ennemis de Louis XIV, enivrés de leurs victoires inattendues et brûlant de haine et de jalousie, rêvaient le démembrement de la France et songeaient à en détacher la Franche-Comté, la dernière annexée et, dans leur pensée sans doute, la moins française des provinces du royaume ; d'autre part, l'extrême misère dont souffrait le peuple dans ces années malheureuses où les désastres de toute nature se succédaient sans trêve, était de nature à soulever chez lui bien des sentiments de rancune contre ses maîtres et peut-être le désir de secouer un joug devenu si pesant. Entre les ennemis du dehors

et les mécontents, ou, comme on disait alors, « les malinten-
» tionnés » du dedans, quelques aventuriers servirent de
lien. C'étaient des Franc-Comtois émigrés, engagés au service de l'empereur, qui espéraient tout gagner à un nouveau
changement de domination, surtout si ce changement était
leur œuvre. Ils furent certainement, sinon les premiers instigateurs, du moins les acteurs principaux de ces intrigues
que devaient singulièrement grossir les craintes de l'administration française, et à qui une page de Saint-Simon a
donné une certaine importance. Nous verrons ce qu'il faut
penser de ce qu'on a appelé la conspiration franc-comtoise
de 1709, et nous chercherons surtout à établir quelle part
revient, dans ces menées obscures, à la population indigène.

Pour bien comprendre les sentiments inspirés aux Franc-Comtois par la conquête de 1674, il ne faut pas l'isoler des événements qui l'ont précédée, mais la considérer, au contraire, comme le dénouement d'une lutte séculaire entre les deux nations. Sans remonter au delà du XVIIe siècle, les souvenirs de la guerre de Dix ans étaient encore vivants dans tous les cœurs, et les plaies ouvertes par l'invasion récente de 1668 saignaient encore de toutes parts. Ce qui s'était passé de 1668 à 1674 n'était pas fait pour calmer les esprits ; en l'absence de toute autorité respectée, les passions et les haines s'étaient surexcitées dans des querelles souvent sanglantes ; dans presque toutes les villes, deux partis s'étaient formés ; l'un s'était recommandé de son attachement à l'Espagne, et l'autre avait accepté plus ou moins ouvertement le patronage de la France ; à Arbois, c'étaient les Armagnacs et les Bourguignons ; à Gray, les Dauphins et les Croquants. Il semblait que la guerre, que tout le monde prévoyait comme imminente, allait avoir le caractère atroce d'une guerre civile. Enfin, au dernier moment, le massacre des habitants d'Arcey par la garnison française de Belfort [1] vint encore exaspérer

---

[1] Les garnisons françaises de Belfort et de Colmar mettaient souvent à contribu-

les paysans, qui se préparèrent partout à résister. Sur plusieurs points on se crut revenu aux horreurs de la guerre de Dix ans, et la population se prépara à chercher un refuge dans les cavernes et les bois de la montagne [1].

Tel était l'état des esprits dans la province lorsque le duc

---

tion les terres de Montbéliard et les villages voisins du comté de Bourgogne. Une troupe de cavaliers attaqua un jour le village d'Arcey, dont les habitants se réfugièrent dans le clocher.

« Ces pauvres gens pleins de fermeté et de courage, mais destitués de quelqu'un
» d'entre eux qui eût vu la guerre, s'étant, comme j'ai dit, réfugiés dans leur
» église, refusèrent la contribution, et tirant sur les ennemis, leur firent un tel
» dommage qu'ils leur tuèrent quarante-cinq cavaliers, dont l'un fut le capitaine-
» lieutenant de la Crey, dont la mort irrita si fort les attaquans, qu'ils mirent le
» feu aux entrées de l'église et en firent d'abord monter la fumée au lieu même
» où cent et vingt-trois personnes du lieu étaient; lesquelles périrent d'autant plus
» tôt que le couvert de l'église étant tombé en écrasa la plupart, sans qu'il y restât
» aucune personne de toute cette communauté, sinon une bonne femme enceinte, et
» qui, à l'abord de ce désordre, était allée accoucher tumultuairement dans sa maison,
» puis un autre habitant, qui de hasard ne s'étant pas rencontré au lieu, accourut
» pour sauver la sienne du feu, et le curé qui se rencontra à Baume. Ce petit succès
» fit au moins croire que tous ceux de ce pays n'étaient pas des lâches, puisque
» ceux-ci souffrirent le fer et le feu. » (*Mémoires* de CHIFFLET, II, p. 504.)

[1] « Nous soussigné, capitaine des château, roches, passes et baronnie de Cusance,
» ayant esté requis par les habitants de Lasnans, à la monstre d'armes que nous
» leur avons fait faire le premier jour de l'an mil sept cent septante-quatre de leur
» permettre de retirer leurs effets dans une roche size en leur finage, dit l'Oursière,
» capable de constenir les efforts des ennemis, et de leur donner des hommes ca-
» pables et fidèles, pour avoir soin de la conservation d'icelle et de leurs biens, nous
» avons nommé et institué pour commandans dans ladite place en nostre absence et
» de celle de nostre alphère et soubs nos ordres, Jean Bruel et Claude Lambert, du-
» dit Lasnans, après avoir donnez le serment accoutumé, lesquels ils ont agréez et
» approuvéz. Fait à Lasnans, le 1er janvier 1674. Abriot. » (Arch. du Doubs, E, 1832.)

« A la nouvelle de l'irruption des Français montant par Vesoul et Villersexel
» vers Baume et les montagnes, les bourgeois de Belvoir appelés au secours de la
» ville de Baume expédièrent des messagers dans toutes les directions, à Breton-
» villiers, à Charmoille, à Cour-Saint-Maurice, pour rassembler des soldats et les
» envoyer au-devant de l'ennemi. Se considérant eux-mêmes comme chargés d'une
» partie de la frontière, ils avaient dépêché à Montbéliard et à Neufchâtel en Suisse,
» pour s'assurer de la marche des corps expéditionnaires, et prévoir le passage
» qu'il fallait principalement occuper dans les gorges du Doubs et du Dessoubre et
» sur le Lomont. De son côté, Hermanfroy de Grivel Saint-Mauris, nommé com-
» mandant de la Franche-Montagne dès 1609, réunissait les quinze cents monta-
» gnards qu'il avait eus sous ses ordres pour se porter où le besoin l'appelait.

» Il y eut un moment de terreur panique dans les villages au bruit de l'arrivée
» des Français; l'on s'enfuyait dans les cavernes des rochers et au fond des forêts;
» l'on y amassait des armes et des munitions.... » (L'abbé NARBEY, *Les hautes
montagnes du Doubs*, p. 278.)

de Navailles, précédant Louis XIV de quelques semaines, entra dans le pays. Il fut surpris des dispositions hostiles qu'il rencontrait partout et écrivait à Louvois : « Nous ne » trouvons nulle disposition favorable en ce pays parmi les » peuples, ils sont tellement tournés depuis qu'ils ont su que » nous avions repassé le Rhin, qu'il n'y a rien à espérer que » par la force [1]. » M. de Vaubrun rencontrait la même résistance du côté de Villersexel et de Clerval [2].

Le roi entra en Franche-Comté le 25 avril ; il se fit précéder d'une proclamation où il se donnait comme le vengeur de la Franche-Comté opprimée par l'Espagne, ordonnait aux habitants de se retirer chez eux et déclarait qu'il n'y aurait point de grâce pour ceux qui, vingt-quatre heures après la publication de l'ordonnance, se trouveraient encore en armes et hors de leurs maisons [3].

La population ne désarma pas devant ces menaces, et la résistance continua sur tous les points [4]. Elle semble avoir été vive particulièrement dans le bailliage d'Amont, sur les

---

[1] Arch. de la guerre, V. 384, 341. Lettre de Navailles, du 19 février 1674.

[2] « Partout on refusa de se rendre, voire de contribuer, et les courages s'affer-» mirent d'autant plus que plusieurs curés se mêlant de la chasse, et voisins du » bourg de Vercel à quatre ou cinq lieues de là, accoururent au secours de Cler-» val, accompagnés chacun de plus de cinquante fusiliers, qui se joignirent aux » paysans de la montagne et firent un corps de plus de cinq cents hommes. Ces » gens rustiques, qui n'avaient au commencement aucun chef, passèrent à la » témérité, et encore qu'on leur envoya depuis le baron de Châtenois pour les » commander, cela ne les empêcha pas après la reprise du Pont-de-Roide, et » nonobstant la capitulation des ennemis avec eux, de faire main basse, et de les » tuer tous, officiers et soldats. Ce qui produisit ensuite des grandes plaintes, et » des tristes effets en ces quartiers-là. » (CHIFFLET, *Mémoires*, II, p. 530.)

[3] Arch. de la guerre, V. 378, n° 122.

[4] « Sur l'avis qui a esté donné à Sa Majesté qu'il y avait des gens qui répandent » des bruits dans la province et particulièrement dans leurs villes qui sentent la » sédition, j'ai eu commandement de vous faire savoir qu'elle désire que vous en » fassiez faire une très active recherche et que vous fassiez chasser du pays ceux » qui s'en trouveraient coupables; elle désire encore que vous fassiez faire une » recherche très exacte, tant dans les villes qu'à la campagne, des armes qui s'y » trouveraient et de les prendre toutes et de les faire serrer dans les lieux sûrs » pour ôter au peuple le moyen d'en faire un mauvais usage. (Lettre de Louvois à » Duras, 20 juillet 1674.)

» Sa Majesté trouve bon que vous fassiez arrêter ceux que vous découvrirez qui

frontières de la Lorraine et de l'Alsace. Louvois s'en préoccupait d'autant plus que la Franche-Comté était alors menacée au nord par le margrave de Brandebourg et le général impérial Beurnonville, qui occupaient l'Alsace. Le 9 octobre, il écrivait à Duras de faire raser Faucogney, où l'ennemi comptait se loger, et de détruire le pont de Gray au premier avis de la marche des Impériaux [1].

La campagne de Turenne en Alsace pendant l'hiver de 1674-1675 délivra bientôt le gouvernement de ses inquiétudes ; on n'en continua pas moins à prendre de nouvelles précautions. Quelques forteresses féodales restaient encore debout dans la province et, malgré leur délabrement et leur incapacité de résister longtemps à l'artillerie, pouvaient, à l'occasion, servir de centres à la résistance locale. On reprit la campagne de démolition qu'on avait commencée en 1668 [2]. On n'épargna même pas les demeures des partisans de la France. Les châteaux des marquis de Meximieux et de Listenois furent seuls exceptés, « étant juste que ceux qui » servent Sa Majesté soient distingués [3]. »

Dès le 10 mars 1674, le comte d'Apremont présida à la démolition du château du comte de Laubépin, et la fit exécuter par les habitants mêmes de la localité. On conserva les logements, mais on fit sauter tout ce qui pouvait servir à la défense.

Démolition des châteaux.

» auront de mauvaises intentions contre son service et que vous les envoyiez au
» château de Dijon où celui qui y commande les recevra sans difficulté.
» L'on ne peut qu'approuver que vous fassiez une recherche des paysans qui
» ont tué cinq ou six soldats de la garnison de Lure que le commandant avait
» envoyés par ordre de M. de Beaulieu, dans quelques villages proches de Faucogney
» pour faciliter quelques recouvrements, et Sa Majesté désire que vous en fassiez
» un exemple pour rendre les autres plus sages. » (Lettre de Louvois à Duras,
25 novembre 1674. Arch. de la guerre, V. 380, p. 353.)

[1] Arch. de la guerre, V, 382, p. 110, verso.

[2] « Par toute la province, il y eut aussi l'ordre de démolir ou du moins ouvrir
» notablement toutes les forteresses qui restaient en leur entier dès les guerres de
» Louis XI et de Louis XIII, car ces deux en avaient abattu fort grand nombre, et
» présentement (1668) on acheva les autres, à la réserve de Château-Vieux-sur-Vuil-
» lafans, Scey-sur-Saône, Vaugrenant, Châtelvilain, Mugnans et Saint-André. »
(CHIFFLET, Mémoires, I, p. 278.)

[3] Arch. de la guerre, V. 382, 174. Louvois à Duras, 17 octobre 1674.

Le comte de Saint-Amour fut encore plus cruellement traité. Le 28 juillet, le duc de Duras ordonna la destruction de son château. Le comte obtint la conservation des bâtiments d'habitation, mais il laissa passer le délai qu'on lui avait accordé pour détruire les défenses, on y mit la poudre le 23 novembre, le château fut presque entièrement détruit, et plusieurs maisons voisines furent écrasées avec leurs habitants [1].

Le gouvernement prenait en même temps ses précautions contre des auxiliaires d'une fidélité douteuse; c'était le régiment de cavalerie du marquis de Listenois, que celui-ci avait mis à la disposition du roi dès le début de la conquête. On voulut les éloigner et les envoyer en Roussillon, mais comme on avait promis aux officiers qu'ils hiverneraient toujours en Franche-Comté, on ajourna leur départ au mois de mars de l'année suivante, et comme on craignait qu'en attendant ils ne fussent tentés d'aller rejoindre leurs amis ou leurs parents qui servaient l'Espagne ou l'empire, on les dissémina dans les garnisons voisines de la Bresse, le plus loin possible de la frontière. Duras fut en même temps chargé de trouver un Franc-Comtois d'humeur moins mobile que le marquis pour mettre à la tête de ce régiment [2]. Par ces mesures, le roi s'assurait la fidélité de la noblesse ou la mettait du moins dans l'impossibilité de nuire. Celle-ci, du reste, accepta, à peu d'exceptions près, la situation nouvelle qui lui était faite; elle servit en grand nombre dans les armées de Louis XIV, où plusieurs de ses membres se distinguèrent [3].

---

[1] CORNEILLE-SAINT MARC, *Histoire de Saint-Amour*, 203.
[2] Arch. de la guerre, V. 382, 571. Louvois à Duras, 19 décembre 1674.
[3] « On ne saurait mieux finir ce mémoire que par un juste témoignage en faveur des gentilshommes du comté de Bourgogne qu'il y en a peu qui fussent en état de servir qui n'ayent pris party dans les troupes du roy pendant cette guerre, et qu'ils y ont servy avec distinction. » (DE LA FOSSE, *Mémoire de* 1698.)
Parmi les officiers servant la France, le mémoire de 1698 énumère : le marquis de Poitiers, brigadier des armées du roi, colonel du régiment de son nom; le chevalier de Vaudrey, brigadier des armées du roi, colonel du régiment de la Sarre; M. de Vaudrey-Beveuge, capitaine de cavalerie; M. le chevalier de Conflans, maestre de camp d'un régiment de cavalerie; les deux frères de Grammont-Châtillon, ca-

Sentiments du clergé.

Il ne faut pas s'étonner que le gouvernement français ait cru devoir, après la conquête, surveiller de très près l'attitude du clergé; celui-ci avait une grande influence sur le peuple et passait pour fermement attaché à l'Espagne. Ici encore cependant, il n'y avait pas eu unanimité dans les sentiments avec lesquels on avait accueilli la domination nouvelle.

L'archevêque de Grammont.

Les hauts dignitaires paraissent s'en être facilement accommodés. A Besançon, l'archevêque de Grammont avait été l'un des premiers à reconnaître, en 1668, l'autorité de Louis XIV. Il se disait de la même famille que le maréchal de Gramont, et avait député à Saint-Germain en Laye, pour faire sa cour au roi, son official Marlet. Quelques curés de la ville, entre autres celui de Saint-Pierre, non contents d'adhérer au règne nouveau, en avaient fait l'éloge en pleine chaire.

Le prieur de Chamilly.

A Arbois, le chef du parti armagnac était le prieur de l'église de Saint-Just, originaire du duché de Bourgogne et frère du futur maréchal de Chamilly. Pendant l'occupation française, il s'était compromis par ses actes et ses paroles [1]. Le peuple devait lui garder rancune jusqu'à sa mort de son attitude, sans se laisser toucher par ses efforts pour adoucir les exigences de l'administration française.

Les Jésuites à Gray.

A Gray, on accusait les Jésuites d'être gagnés à la cause française; les Visitandines faisaient, dit-on, des vœux pour

---

pitaines dans le régiment de Poitiers; M. de Grammont-Fallon, également capitaine; le marquis et le comte de Grammont, tous deux maréchaux de camp; le chevalier de Vaugrenand, colonel d'un régiment de milice; M. de Saint-Mauris, maréchal de camp; M. de Beaujeu, colonel de dragons; M. de Mouthier, capitaine de dragons; M. de Frontenay, colonel de dragons.

[1] « Le prieur d'Arbois avait été pourvu de ce bon bénéfice à la sollicitation du
» prince de Condé, et préféré à des personnes de qualité et de grand mérite, et dans
» l'occasion que je raconte (siège de Dole de 1668), il séduisit tous ceux qu'il put,
» soit par lui-même immédiatement, soit par les siens, et se trouvant au camp
» devant Dole, il se félicitait de ce qu'Arbois était alors à la France. Après notre
» retour à l'Espagne, il en fut quitte pour dire à ceux qui le lui reprochaient que
» la joie avait fait sortir ces paroles de sa bouche, et pour s'absenter ensuite. »
(CHIFFLET, *Mémoires*, I, p. 145.)

le succès des armes de Louis XIV. Cette communauté possédait alors trois filles de la maison de Choiseul, et, sur la recommandation de leur père, Louvois avait écrit à la supérieure de la maison une lettre très rassurante contre les alarmes de la guerre. Après le départ des Français, leur couvent faillit être pillé par la population exaspérée.

Mais c'étaient là des exceptions. Le clergé, pris dans son ensemble, était attaché à l'Espagne ; les curés des campagnes et les moines surtout avaient assez hautement témoigné de leurs sentiments en prenant les armes. Plusieurs avaient péri, en 1668, à la défense de Dole et de Besançon. Des compagnies de volontaires étaient descendues de la Franche-Montagne, conduites par leurs curés. Dans les villes, c'étaient les moines qui soutenaient l'enthousiasme du peuple et l'excitaient en même temps contre les « Arma- » gnacs. » A Arbois, en particulier, grâce à l'attitude de quelques prêtres, la guerre semblait avoir pris un caractère religieux. L'église Saint-Just, en l'absence du prieur, avait été transformée en citadelle, le clocher était devenu une forteresse ; l'aumônier des Carmélites, Baudrand, s'était distingué par son ardeur belliqueuse. Mais le héros de la résistance avait été le frère Hilarion, qui était devenu l'idole du peuple et la terreur de la municipalité. Cet orateur de carrefour se joua longtemps des magistrats locaux et même de ses supérieurs ecclésiastiques. En novembre 1676, aux applaudissements de la ville, il déclamait publiquement contre le roi, le gouverneur, l'intendant et les Armagnacs. Le magistrat, effrayé des conséquences que pouvait avoir pour la communauté l'insolence du frère, voulut procéder contre lui et en référa à l'intendant. Celui-ci ne prit pas la chose au sérieux, fut d'avis qu'on en restât là et qu'on avertît seulement Hilarion de mettre plus de retenue dans son langage. Celui-ci ne tint pas compte de ces avertissements et continua, par ses déclamations, à exciter la haine du peuple contre la France. De guerre lasse, le magistrat porta plainte, en 1679, à l'archevêque. Le prélat ordonna une enquête, qui fut confiée successivement à deux notables et resta sans résultat ; personne, dans la ville, ne voulut déposer contre l'accusé [1].

Précautions contre les moines.

Tout cela était sans doute peu sérieux, et cette agitation, toute superficielle et sans danger pour la France, se calma peu à peu après la conclusion de la paix. La correspondance de Louvois nous apprend cependant qu'une sourde hostilité contre la domination française continua à couver dans les monastères, et qu'elle fut assez vive pour nécessiter quelquefois des mesures de rigueur. On exila et on emprisonna des moines ; on négocia avec l'autorité ecclésiastique pour rattacher les couvents à ceux des provinces de France des mêmes ordres, afin de pouvoir en enlever les moines malintentionnés et les remplacer par des Français. Encore à la fin du règne, on interdisait à quelques couvents de choisir des supérieurs franc-comtois [2].

Opposition du peuple des villes.

Si les prêtres et les moines conservèrent si longtemps des sentiments antifrançais, c'est qu'ils se recrutaient en grande majorité dans le peuple, où ces sentiments furent plus tenaces et se manifestèrent plus vivement que dans les autres classes

---

[1] Bousson de Mairet, *Annales d'Arbois*. Années 1674, 1676, 1679.

[2] « Parce que les religieux de la province ont toujours paru fort contraires au
» service du roy, il est nécessaire que vous preniez, s'il vous plaît, soin de les faire
» observer et que, quand vous apprendrez que quelqu'un se conduira mal, vous le
» fassiez chasser de la province. » (Louvois à Duras, 20 juillet 1674.)

« Depuis ce que j'ai eu l'honneur de vous mander par ma dernière lettre, au
» sujet des moines de la Franche-Comté, Sa Majesté ayant considéré qu'il n'y avait
» point de gens plus emportés qu'eux contre son service, elle a résolu de faire
» joindre les couvents de ce pays à ceux des provinces de France des mêmes
» ordres, pour, par le moyen des provinciaux, faire passer en France ceux qui pa-
» raîtront malintentionnés, et y en faire aller de Français en leur place; cepen-
» dant Sa Majesté m'a commandé de vous faire savoir que s'il y en a quelques-uns
» qui ne soient pas sages dans leurs discours, elle désire que vous les fassiez
» chasser de la province. J'écris à M. de Beaulieu de faire un mémoire du nombre
» des couvents de chaque ordre qui s'y trouvent, des lieux où ils sont établis, et
» des provinces dont ils dépendent, spécifiant ceux desquels les provinciaux sont
» Français, afin que, par le moyen de ceux-ci, Sa Majesté puisse toujours, en atten-
» dant qu'elle ait obtenu des brefs des cours de Rome pour les changements de

de la nation. Dans les premiers temps, la crainte des représailles ne suffit pas pour arrêter les explosions de colère et de rancune de la population. Nous savons que, sur plusieurs points, les paysans avaient massacré les prisonniers et les soldats isolés. Le peuple des villes manifesta également son irritation par des actes de violence; celui d'Arbois surtout se signala par la vivacité et la persistance de ses rancunes. On imposa une sorte de quarantaine aux soldats de la garnison française; on refusa de leur parler, les portes de toutes les maisons leur furent fermées, les aubergistes abattirent leurs enseignes pour n'être point obligés de les recevoir, un édit leur imposa l'obligation de les rétablir, sous peine de 50 livres d'amende. L'irritation s'accrut lorsque vint, au mois d'octobre, l'ordre de désarmer la population, bientôt suivi de celui de faire démolir les fortifications par corvées. Il fallut l'arrivée du régiment de Bouillon pour obtenir la soumission des hommes commandés pour ce travail. Au mois de novembre, les choses allaient plus mal encore; on organisa contre les Français un système de guet-apens « selon l'usage espagnol; » tout soldat isolé ou rencontré dans quelque endroit écarté disparaissait sans qu'on pût savoir ce qu'il était devenu.

A Arbois.

» province, commencer à envoyer des religieux français en la place de ceux du » pays qui se conduiraient mal. » (Louvois à Duras, 22 juillet 1675.)

Le 23 août de la même année, Louvois annonçait à Duras l'intention du roi de remettre le couvent des Frères Mineurs de Dole sous l'obéissance du provincial de la province de Lyon. Il donnait l'ordre en même temps de faire transporter à Lyon le P. Burgia, « le chef du soulèvement de cette maison. » Le provincial devait se rendre à Dole, remettre tout en ordre et faire les changements nécessaires.

Le 16 août 1688, Louvois se plaint encore à l'intendant de la Fonde des capucins de Besançon. « Le roy a appris avec surprise que des religieux capucins de Besan- » çon recommandent aux prières de ceux qui vont à confesse à eux le pape et l'em- » pereur; le roi désire que vous envoyiez quérir leur provincial et que vous lui » marquiez qu'il doit prendre de telles mesures que pareilles choses n'arrivent » plus, parce que autrement Sa Majesté ferait sortir du comté tous les capucins et » mettre dans une dure prison celui desdits religieux qui aurait contrevenu à ce » que vous lui marquez sur cela des intentions de Sa Majesté. »

Le 4 mai 1705, Chamillard écrivait encore à Bernage pour faire défense aux carmes de la maison de Clerval de choisir des Comtois pour leurs supérieurs. (Arch. de la guerre, passim.)

On défendit alors, sous peine de mort, de porter ou de posséder des armes ; on visita soigneusement toutes les maisons pour assurer l'efficacité de cette défense. Enfin, dans la nuit du 21 au 22 novembre, une véritable émeute éclata ; une troupe de jeunes gens se répandit dans les rues en proférant mille imprécations contre le roi de France, le prieur, la noblesse et tout ce qui était réputé Armagnac ou partisan de la France. Les magistrats n'osèrent se montrer, quelques prêtres s'interposèrent et parvinrent à calmer les esprits. Le lendemain matin, le conseil s'assembla, reprit courage, décida qu'une enquête serait faite et que « lesdits » fripons et débauchés seraient mis ès prisons de la ville. » Pour empêcher de sonner le tocsin, on enleva le battant de la grosse cloche, qui pesait 168 livres, sous prétexte de le raccommoder. Cependant, le bruit de ces désordres était venu jusqu'à Besançon, où le gouverneur et l'intendant s'en émurent. Le 16 novembre, le grand prévôt, chef de la justice militaire, arriva à Arbois avec une compagnie de la maréchaussée. Il enjoignit au magistrat de remettre entre ses mains les rebelles à l'autorité du roi. On lui avoua que toutes les recherches faites pour connaître et saisir les auteurs du désordre avaient été vaines. Le prévôt menaça de faire venir deux cents cavaliers qui vivraient à discrétion chez les habitants jusqu'à ce que les coupables lui fussent livrés. Le prieur de Saint-Just intervint et obtint que cette menace ne fût pas exécutée. Les Arboisiens ne lui pardonnèrent pas ses opinions françaises en faveur de ce service, et comme sa vie était continuellement menacée par les furieux, il prit le parti de se retirer à Besançon [1].

A Besançon.   Dans cette dernière ville, les choses ne semblent pas être allées jamais aussi loin qu'à Arbois. Le gouvernement avait, du reste, pris ses précautions contre la population, qui était à la fois nombreuse et peu disciplinée. La garnison était forte,

---

[1] Bousson de Mairet, *Annales d'Arbois*. Année 1674.

et des postes avaient été placés aux points principaux de la ville, tout prêts à arrêter dès le début toute tentative d'émeute. Les velléités de résistance semblent plutôt être venues du corps municipal et amenèrent quelques arrestations [1]. Faut-il ajouter qu'en 1676, les écoliers et les servantes narguaient les autorités françaises en criant « Vive l'Espagne ! » au moment même où l'on faisait des feux de joie pour célébrer les victoires du roi ? Le gouvernement se plaignit au magistrat de ces taquineries sans danger, ajoutant « qu'il ferait maltraiter les premiers qui y seraient surpris, » mesme punirait les pères pour les enfants. » Le conseil prit des mesures pour empêcher le retour de ces désordres et députa deux de ses membres pour aller « assurer Son Excel- » lence que messieurs n'approuvent et n'autorisent de pa- » reilles choses et les empêcheront autant qu'il se pourra. »

Telle était la situation à l'époque ou au lendemain de la conquête. Ces manifestations, les unes bruyantes, les autres

---

[1] Voici ce que dit M. Rousset à propos d'une de ces arrestations. (*Histoire de Louvois*, II, p. 135, note, cinquième édition, in-8°, 1873.)

« Louvois demandait, au nom du roi, de l'argent à la ville de Besançon. Ce » n'était pas l'usage de la ville, non plus d'ailleurs que de la province, d'en donner » beaucoup au roi d'Espagne, si même il lui était jamais arrivé d'en donner Dans » une assemblée des notables convoquée pour examiner cette demande insolite, l'un » d'eux, nommé Noidan, le plus populaire et le plus applaudi, parce qu'il était le » plus audacieux et le plus emporté, après avoir remontré que la ville était trop » pauvre, prit sur lui de rassurer ses auditeurs sur le maintien de leurs privilèges, » puisque, ajoutait-il ironiquement, Sa Majesté avait même la bonté de les conser- » ver à Messieurs de Bordeaux, qui s'étaient révoltés plusieurs fois. Le duc de » Duras, gouverneur de la province, et l'intendant Chauvelin le firent arrêter sur- » le-champ, et Louvois donna l'ordre qu'on l'enfermât au château de Dijon. »

M. Rousset me semble bien dur pour les Franc-Comtois, qu'il traite de « populace » turbulente et fanatique, habituée depuis des siècles à mépriser et à braver l'au- » torité. » Dans le cas particulier, Noidan ne réclamait pas autre chose que l'exécution des capitulations qui garantissaient les privilèges de Besançon. Son allusion aux troubles de la Guyenne est aussi juste que courageuse. Les Franc-Comtois, nouvellement conquis, étaient peut-être plus excusables de se plaindre des procédés gouvernementaux de Louvois, auxquels rien ne les habituait, que les habitants de Bordeaux, Français de longue date et façonnés dès longtemps à l'obéissance. M. Rousset condamne la démocratie franc-comtoise, « sujet d'étonnement et de dé- » goût, » et en particulier la constitution municipale de Besançon, sur la foi de Boisot ; peut-être le juge était-il récusable.

simplement puériles, des sentiments populaires pouvaient irriter, inquiéter même des fonctionnaires encore peu sûrs du terrain sur lequel ils avaient à manœuvrer; mais elles n'étaient pas dangereuses; si l'on songe même que dans ces années 1674 et 1675, Louvois avait à se préoccuper des intrigues de l'aventurier Cardan, qui se faisait fort auprès des Espagnols de soulever le Midi ; que la conspiration du chevalier de Rohan et de Latréaumont était découverte, au grand scandale de la cour et au grand effroi du gouvernement ; que des mouvements populaires éclataient à Angoulême, à Tours, à Bayonne, à Saintes, à Limoges; que Bordeaux faisait une véritable émeute au cri de « Vive le roi sans gabelles! » et qu'enfin un soulèvement en Bretagne donnait lieu à la cruelle répression que l'on sait, il faut avouer que la Franche-Comté, quoique toute frémissante encore de la conquête, n'entrait que pour une part minime dans les inquiétudes et les embarras du gouvernement.

Les émigrés franc-comtois.
Il est vrai que tous les adversaires franc-comtois de la domination française n'étaient pas dans la province. Les plus hostiles étaient au delà des frontières, au service de l'Espagne ou de l'empire. C'étaient des militaires ou des diplomates, absents au moment de la conquête, qui restèrent attachés à leurs anciens maîtres, et conservèrent plus longtemps que leurs compatriotes des sentiments de haine et de rancune contre la France.

L'abbé Boisot.
Tous les émigrés n'étaient pas également à craindre; c'était par décence seulement que l'abbé Boisot [1] avait attendu la signature de la paix de Nimègue pour rentrer à Besançon, où la position de ses frères au parlement et l'estime que lui méritaient son caractère et son talent lui assuraient une situation honorée et brillante. Nous ne comptons

---

[1] J.-B. Boisot était le frère de Claude et de Gabriel Boisot. Il fut d'abord prieur de la Loye, puis abbé de Saint-Vincent. C'était un lettré et un grand amateur de livres, il fut le correspondant de Pélisson, et en mourant, le 4 décembre 1694, il laissa sa bibliothèque à la ville de Besançon.

pas davantage parmi les adversaires sérieux de la France les Franc-Comtois de toutes classes qui allèrent grossir à Rome la petite confrérie de Saint-Claude des Bourguignons. Celle-ci affecta jusqu'en 1678 des allures antifrançaises, et fit parade de sentiments espagnols en se mettant sous la protection de l'ambassadeur et des cardinaux de cette nation ; mais la plupart des émigrés avaient conservé des intérêts en Franche-Comté et ne crurent pas devoir continuer une opposition sans espoir et qui pouvait leur être préjudiciable. En 1680, la colonie profita du mariage du roi d'Espagne Charles II avec la nièce du roi de France pour organiser des réjouissances auxquelles les partisans des deux maisons royales pouvaient également prendre part. Trois ans plus tard, le 20 août 1683, elle envoyait féliciter le cardinal d'Estrées, ambassadeur de Louis XIV à Rome, à l'occasion de la naissance du duc de Bourgogne, et décidait que la façade de l'église comtoise serait illuminée en signe de réjouissance. Là encore la rancune des vaincus n'avait été ni dangereuse ni tenace [1].

La confrérie de Saint-Claude des Bourguignons à Rome.

Mais la France rencontrait ailleurs des haines plus vigoureuses. Le diplomate pamphlétaire Lisola [2] achevait alors

Le baron de Lisola.

---

[1] CASTAN, *Notice sur l'église de Saint-Claude des Bourguignons.*
[2] François-Paul, baron de Lisola, était né à Salins en 1613. D'abord avocat à Besançon, il avait été mêlé aux intrigues qui divisaient cette petite république municipale et se vantait d'y avoir appris la politique et la connaissance des hommes. Il entra au service de l'empereur Ferdinand III, qui l'envoya d'abord à Londres ; il fut mêlé à presque toutes les négociations de l'époque (traités de Bréda, de la triple alliance, d'Aix-la-Chapelle). Adversaire acharné de Louis XIV, il dénonça son ambition dans de nombreux pamphlets : le plus célèbre est le *Bouclier d'État*, 1667. Si l'on juge un diplomate par le succès de ses négociations, il mérite d'être oublié ; mais si l'ardeur et la sincérité des convictions, jointes à une infatigable activité, doivent entrer en ligne de compte, il tient un rang honorable parmi les négociateurs de son temps. Les contemporains le jugent très diversement : « Seul, dit » Pélisson, il avait conservé dans ses écrits la vigueur de l'Espagne, morte et » éteinte partout ailleurs. » Chifflet, au contraire, ne voit en lui qu'un intrigant brouillon et sans conséquence, et répète volontiers « que le marquis de Fuentes ap- » pelait ordinairement Lisola, *sol de invierno*, parce qu'il excitait et ne résolvait » pas. » Bayle, étonné sans doute de la fécondité de sa plume, proposait plaisamment de la suspendre à la voûte d'un temple, « ou de la poser avec grande cérémonie

d'user son activité et son talent dans une lutte inégale contre Louis XIV. Il était, en 1674, plénipotentiaire de l'empereur au congrès de Cologne; il se rendit à Liège, dans l'espoir de soulever le peuple contre son souverain, l'électeur de Cologne, allié de Louis XIV, et de l'amener à recevoir dans la ville une garnison impériale; suivant son habitude, il multiplia les discours et les pamphlets; il fit afficher à la porte du résident de France un placard commençant par ces mots : « Arrêtez ici, vrais Liégeois, et lisez les ac» tions abominables des perfides et desloyals Français. » Il réussit à jeter le trouble dans la ville, mais ses succès n'allèrent pas plus loin. Louvois ne perdait pas de vue cet intraitable adversaire; il recommandait au comte d'Estrades, gouverneur de Maëstricht, de faire prendre Lisola sur la grande route, à son retour de Liège à Cologne; « comme ce » serait, ajoutait-il, un grand avantage de le faire prendre, et » que même il n'y aurait pas grand inconvénient de le tuer, » pour peu que lui ou ceux qui seraient avec lui se défen» dissent, parce que c'est un homme fort impertinent dans » ses discours et qui emploie toute son industrie, dont il ne » manque pas, contre les intérêts de la France, avec un » acharnement terrible : vous ne sauriez croire combien vous » feriez votre cour à Sa Majesté si vous pouviez faire » exécuter ce projet lorsqu'il s'en retournera [1]. » Lisola devait échapper au piège qu'on lui tendait, et mourut à Vienne l'année suivante. Mais la haine de Louvois n'avait pas épargné sa famille. Duras reçut l'ordre de faire saisir tous les biens du baron et de faire sortir sa sœur de la province. Sa nièce fut conduite à Dijon et mise, par les soins de l'intendant Bouchu, dans le plus austère couvent de la ville.

» dans le trésor, pour la montrer aux curieux; à peu près comme l'on montre le » miroir de Virgile ou l'épée de Roland dans le trésor de Saint-Denis. » L'abbé d'Olivet, qui était aussi de Salins, appelait franchement son compatriote « un homme » illustre. »

[1] Voir ROUSSET, *Histoire de Louvois*, II, 3, cinquième édition, in-8°, 1873.

Louvois transmettait en même temps à Duras l'ordre du roi « de raser les maisons et couper les bois du sieur de » Pontamousa [1], ainsi que des autres gentilshommes de la » comté qui sont auprès des généraux étrangers [2]. »

L'un des officiers restés au service de l'Espagne semblait devoir attirer particulièrement l'attention du gouvernement et mériter ses rigueurs. C'était le capitaine Lacuzon [3]. Ce fameux chef de bande ne le cédait pas à Lisola pour sa haine contre la France, et avait dépensé autant de courage sur le champ de bataille que le diplomate d'acharnement et de souplesse dans ses intrigues. Fils d'un paysan, rude et illettré, il avait été un des héros de la guerre de Dix ans, avait repris les armes en 1668, ne s'était soumis que le dernier et de mauvaise grâce après la première conquête [4], et défendait

Le capitaine Lacuzon.

---

[1] Il s'agit d'Alexandre-Ignace Guillaume, seigneur de Pontamougeard, né à Salins en 1628. Il défendit sa ville natale en 1674, quitta la province après la conquête et se mit au service de l'empire. Il assistait à la bataille d'Esheim en 1678; il fut envoyé auprès de Luxembourg, pour négocier des préliminaires qui aboutiront au traité de Nimègue. Il fut fait successivement baron, général de bataille et comte de l'empire. Il mourut en 1689. On avait rasé son hôtel et son château dès 1674. A sa mort, ses biens furent définitivement confisqués, « parce que ce » personnage était mort au service du roi d'Espagne, » et donnés à M. de Bombilon, lieutenant du fort Saint-André. (Arch. du Doubs, chambre des comptes, B, 585.)

[2] Arch. de la guerre, 382, 571.

[3] Claude Prost, dit le capitaine Lacuzon, était né à Longchaumois, près de Saint-Claude, le 17 juin 1607; il avait donc soixante-sept ans en 1674. Par un oubli peut-être volontaire, Girardot de Beauchemin ne le nomme pas une seule fois dans son *Histoire de dix ans*. Boyvin, qui le connaissait personnellement, n'en fait aucune mention, ni dans sa correspondance ni dans son *Siège de Dole*. Ce silence de l'histoire laissait toute latitude à la légende, qui en a profité pour idéaliser singulièrement la figure du rude partisan. M. Perraud (*Mémoires* de la Société d'émulation du Jura, 1866) a rétabli la vérité et nous a donné le vrai Lacuzon avec ses qualités et ses faiblesses; les premières, qui lui appartiennent en propre; les secondes, qui sont surtout celles de son temps et de son métier.

[4] Le 21 février 1668, le parlement envoya à Lacuzon, qui tenait encore dans le château de Saint-Laurent-la-Roche, l'ordre de se rendre à Dole, pour faire sa soumission entre les mains de l'intendant Gadagne. Il dut obéir. « Mon cœur se flétrit, » dit Chifflet, lorsque je vis le capitaine Lacuzon, homme fort célèbre en la der-» nière guerre, qui fut appelé des premiers pour reconnaître la France Je lui pris » la main, l'ayant en rencontre, et il me la serra sans que nous parlassions » ni l'un ni l'autre; moi, parce que je regardais ceux qui étaient autour de nous, et » lui, parce qu'il était comme un homme tombé des nues. » (*Mémoires*, I, 223.)

encore Salins en 1674. N'espérant pas et sans doute ne voulant pas demander l'oubli du passé, il laissa courir le bruit qu'il était mort, erra pendant quelques semaines dans la montagne, et se rendit enfin dans le Milanais, où il retrouvait la domination du maître auquel il avait consacré sa vie, le roi d'Espagne. Il revint secrètement en Franche-Comté en 1679, et mourut à Milan le 21 décembre 1681.

Le vieux soldat n'avait pas vécu isolé dans son exil. Plusieurs de ses lieutenants l'avaient accompagné. On cite, en particulier, le capitaine Dupont, son plus ancien compagnon d'armes, et son trésorier, Claude Roche. Il retrouva à Milan de nombreux compatriotes qui l'y avaient précédé. Ils formaient une compagnie sous le commandement du capitaine Paris, dans laquelle, malgré son grand âge, il demanda l'autorisation de s'enrôler. Dans les mois qui suivirent sa mort, deux cent soixante-deux messes furent dites pour le repos de son âme, pieuses offrandes de ses compatriotes, que l'exil avait chassés comme lui au delà des monts. Milan fut, en effet, pendant plusieurs années, un centre de ralliement pour les émigrés franc-comtois. Ceux-ci ne s'en tinrent pas à une opposition platonique et inactive. Comme ils n'avaient pas rompu toute relation avec leur patrie d'origine, ils essayèrent une campagne de propagande et d'embauchage dont le gouvernement français s'inquiéta.

Les officiers émigrés recrutent des soldats dans la province.

« L'on a donné avis au roy, écrivait Louvois en 1688, que
» les Comtois qui sont au service d'Espagne dans l'Estat de
» Milan vont passer quatre ou cinq mois dans la province où,
» pendant leur séjour, ils engagent des hommes qu'ils font
» passer quatre à quatre en ce pays-là, pour former les com-
» pagnies qu'on leur donne. L'intention de Sa Majesté est que
» vous preniez les mesures nécessaires pour empêcher la
» continuation de ces levées, et que, s'il se peut, vous fassiez
» arrêter ceux qui se mêleront de ce commerce [1]. »

---

[1] Arch. de la guerre, V. 836. Lettre de Louvois à Duras, 26 octobre 1688.

CHAPITRE V.

Les émigrés franc-comtois allèrent-ils plus loin dans leurs intrigues et leurs espérances, et faut-il penser que dès la guerre de la ligue d'Augsbourg, il y eut entente entre eux et les puissances alliées contre la France, pour enlever à celle-ci sa nouvelle conquête ? Un témoignage, isolé il est vrai, et dont il est difficile de contrôler l'assertion, pourrait le faire croire.

« Sur ce qu'un nommé Jean-Baptiste Lande, de Besançon, » qui s'estait retiré en Suisse pour crime, dans ses déposi- » tions avait déclaré que les Suisses avec les Allemands » avaient quelque dessein sur ce pays et voulaient s'emparer » de quelques châteaux, le roy envoya garnison dans plu- » sieurs après avoir fait réparer les fortifications, dans celui » de Vaugrenans, près de Salins, une compagnie, à Nozeroy » une compagnie, à Crilla deux compagnies, à Château-Vilain » deux compagnies[1]. »

Premier bruit de complot en 1691.

Si l'annaliste anonyme que nous citons dit vrai et s'il ne confond pas les dates, cette tentative de 1691 était, dix ou onze ans d'avance, le prélude des intrigues dont nous aurons tout à l'heure à débrouiller les fils.

Le 2 octobre 1700, le roi d'Espagne Charles II signait le fameux testament par lequel il instituait le duc d'Anjou, deuxième fils du Dauphin, son héritier universel ; vingt-huit jours après il mourait. Au mois de novembre, Louis XIV, après une délibération célèbre et quelques heures d'hésitation, acceptait au nom de son petit-fils, et celui-ci, proclamé roi d'Espagne sous le nom de Philippe V, faisait, au printemps suivant, son entrée solennelle à Madrid, au milieu des acclamations populaires. Après une lutte deux fois séculaire, l'Espagne et la France étaient réconciliées, et les Franc-Comtois pouvaient, sans violer la fidélité qu'ils croyaient devoir à la première de ces puissances, accepter franchement leur annexion à la seconde. Les circonstances firent, au contraire,

Guerre de la succession d'Espagne, 1700.

---

[1] *Histoire des guerres du duché et du comté de Bourgogne*, V. II, p. 284, verso. Manuscrit de la bibliothèque de Vesoul, n° 179.

Tentatives pour rattacher la Franche-Comté à l'empire.

que les seules tentatives sérieuses qui furent faites pour détruire l'œuvre de 1674 et de 1678 datent de cette époque.

Les mécontents du dehors et du dedans, déconcertés par l'avènement d'un Bourbon à Madrid, et désespérant sans doute de pouvoir rattacher la Franche-Comté à l'Espagne, même dans le cas où celle-ci aurait pour souverain un prince autrichien, se souvinrent à propos que le comté de Bourgogne avait été officiellement un fief de l'empire, qu'un héritier de leurs anciens souverains régnait à Vienne, et tournèrent de ce côté leurs espérances. Leur calcul était juste; ils trouvèrent dans les princes allemands des gens disposés à les entendre, ou plutôt ils n'eurent qu'à se mettre au service de convoitises qui n'avaient pas besoin d'être sollicitées.

Rôle de Frédéric I, roi de Prusse.*

Un des membres secondaires de la coalition, le nouveau roi de Prusse [1], Frédéric I*er*, devait se montrer le plus hardi et le plus tenace dans ses revendications. Des morts royales ou princières allaient servir de prétexte à ses menées ambitieuses. Dès le printemps de 1702, il se posait en héritier de Guillaume d'Orange, roi d'Angleterre, qui possédait en Franche-Comté de nombreux domaines; en 1707, la mort de Marie d'Orléans, duchesse douairière de Nemours, princesse de Neufchâtel et de Valengin, lui permettait de revendiquer ces deux derniers fiefs, qu'il obtenait bientôt, malgré l'opposition de Louis XIV, du libre vote des habitants, habilement endoctrinés par son agent Metternich [2]. Ce premier succès l'encourageait à poursuivre ses projets ambitieux, et nous retrouverons ses agents au premier rang parmi les fauteurs de complots qui vont essayer de soulever le pays.

---

[1] On sait que le titre de roi de Prusse, ou plutôt de roi en Prusse, fut le prix dont l'Autriche paya le concours de Frédéric pendant la guerre de la succession d'Espagne. (Voir à ce sujet HIMLY, *Formation territoriale des Etats de l'Europe centrale*, I, p. 52 et suiv.)

[2] La plus gr... partie des pièces administratives relatives à l'affaire de Neufchâtel se trouve aux Archives de la guerre, volume 2036. Un certain nombre sont éparses dans les volumes voisins. (Cf. BOURGEOIS, *La politique prussienne en Franche-Comté*.)

Dans quelle mesure les Franc-Comtois répondirent-ils à ces excitations venues du dehors? Le simple exposé des faits, tels que nous avons pu les reconstituer, sera la meilleure réponse à cette question.

Le premier aventurier franc-comtois qui attira l'attention du gouvernement français fut l'abbé ou le comte Gonzel. Son histoire est étrange; le mystère qui s'y mêle continuellement pourrait inspirer un drame à péripéties ou un roman d'aventures. Malheureusement, s'il est possible de suivre Gonzel à peu près jour par jour dans les événements et dans les extravagances de son existence, les motifs de sa conduite et le sens de ses actions nous échappent. La police, malgré toutes ses investigations, n'a pas su découvrir son secret, ou, si elle en a eu connaissance, elle l'a gardé pour elle [1].

Histoire de l'abbé Gonzel.

Ce fut dans le courant de septembre 1702 qu'un agent secondaire signalait à son chef d'Argenson la présence à Paris d'un Franc-Comtois du nom de Gonzel, dont les allures paraissaient étranges. On dénonçait Gonzel comme un homme de beaucoup d'esprit, très intrigant, très habile et très heureux dans ses desseins. Sa fortune était mystérieuse.

---

[1] Ce que l'on sait de l'histoire de Gonzel nous est révélé par la correspondance administrative à laquelle donna lieu son arrestation. Elle se trouve dans les Archives de la Bastille, vol. X. Quelques lettres inédites sont aux Archives du Doubs, série E, acquisitions nouvelles. Mais les renseignements les plus nombreux sont fournis par les treize interrogatoires du valet de Gonzel. (Arch. des affaires étrangères. Franche-Comté, vol. 1580.) Ce valet, nommé Ulric Holtzay, était né dans la Suisse allemande, ne parlait que l'allemand, et ne savait ni lire ni écrire; on l'interrogeait par l'intermédiaire d'un interprète. D'Argenson écrivait à son sujet : « J'ajouterai que le témoignage du laquais allemand.... fait d'autant plus d'impres- » sion sur mon esprit qu'il a un grand air d'ingénuité dans toutes ses expressions » et que, quoiqu'il ne manque pas d'esprit, il ne comprend pas lui-même où » portent ses réponses.... » Cette ingénuité d'esprit était sans doute un gage de sincérité. Mais on comprend que d'un pareil témoin on ne pouvait obtenir qu'une exactitude en quelque sorte matérielle. Il était incapable de rien révéler sur les desseins de son maître ; car il ne les connaissait pas plus que ceux qui l'interrogeaient. Comme si tout devait être mystérieux dans cette affaire, Holtzay disparut un jour subitement et ne fut retrouvé que par hasard; on l'incorpora plus tard dans un régiment suisse.

Pauvre prêtre sans ressources douze ans auparavant [1], il s'était mis au service de l'empereur, et avait reçu, ainsi que deux de ses frères, le titre de comte d'empire. Il était à Paris depuis sept ou huit mois, avait d'abord mené grand train, ayant équipage, chevaux et un nombreux domestique. De tout ce luxe, il n'avait gardé qu'un seul valet et vivait actuellement fort retiré.

Arrestation de Gonzel, 7 oct. 1702.

Sur le rapport de d'Argenson, Torcy lui donna l'ordre d'arrêter Gonzel et de l'interroger, pour tâcher de découvrir ses intrigues. L'aventurier fut arrêté le 7 octobre et mis provisoirement sous la surveillance d'un garde de police, nommé d'Aulmont. Il parut très affecté de son aventure et surtout de la saisie de ses papiers, que l'on mit sous les scellés. Il se recommanda cependant de Torcy, dont il prétendait être connu, et manifesta l'intention de lui écrire. De plusieurs jours, il fut impossible de l'interroger ; il était ou se disait malade et se livrait à toutes sortes d'excentricités, soit qu'il eût, en effet, l'esprit dérangé, soit qu'il espérât échapper au châtiment qu'il redoutait, en feignant la folie [2].

---

[1] Gonzel était fils d'un notaire d'Ornans. Des personnes de sa famille vivaient encore et tenaient un certain rang dans cette ville à la fin du siècle dernier.

[2] D'Aulmont écrivait à d'Argenson, au mois d'octobre 1702 : « Je vous dirai que
» la mélancolie et le chagrin où se plonge de plus en plus M. Gonzel fait appré-
» hender une aliénation d'esprit, ayant continuellement des absences d'esprit ou
» naturelles ou feintes, se met quelquefois dans des violences où il dit qu'il est au
» désespoir, me dit le jour d'hier qu'il voudrait avoir un couteau pour s'ouvrir les
» veines et sur ce que je lui représentai qu'il était prêtre et qu'une pareille pensée
» était plus condamnable dans lui que dans un autre, il me dit que c'était la vio-
» lence des douleurs qu'il souffrait et le chagrin qui le rongeait qui le mettaient au
» désespoir. Sa garde est très difficile, je n'ose le quitter pour avoir toujours la vue
» sur lui, dans la crainte qu'il n'attente à sa personne, quoique l'on éloigne tout
» ce qui pourrait servir à sa destruction. A l'égard de sa maladie, c'est fort peu de
» chose ; M. Armand, médecin de la grande et petite écurie et de M. le premier,
» qui le gouverne, l'a toujours trouvé sans fièvre, et l'ayant vu ce matin, Gonzel
» lui a dit que sans son pot de chambre, qu'il a pris entre ses bras, il n'aurait pu
» dormir, et dans un autre endroit de son discours avec Armand, il lui dit que s'il
» avait aimé le vin, les Allemands l'auraient fait cardinal. M. Armand a paru
» surpris de ce que Gonzel faisait paraître de pareilles absences d'esprit, et me dit
» de vous avertir que cette grande agitation d'esprit pourrait bien lui brouiller la
» cervelle, si elle continuait, que cependant il lui ordonnerait tous les remèdes
» nécessaires pour l'empêcher. » (Arch. de la Bastille, X.)

CHAPITRE V.

Gonzel se décida, le 24 octobre, à écrire à M. de Torcy, comme il en avait manifesté l'intention le jour même de son arrestation. Sa longue lettre justificative n'était pas de nature à convaincre le ministre de l'innocence de sa conduite ni du bon équilibre de son esprit. C'était un mélange confus d'excuses, de vantardises et de puérilités. Il protestait de son attachement à la France, expliquait à sa façon sa faveur à la cour impériale et son titre de comte, se recommandait de Chamillard, de Darmenonville et de Torcy lui-même, qui lui avait donné audience au commencement de son séjour à Paris. Il se vantait d'avoir conçu un vaste projet financier qui devait augmenter les finances du roi sans troubler le royaume, et procurer « quelques cents millions. » Il demandait un emploi, « pouvant rendre des services à cause » de sa connaissance des langues étrangères et des cours » allemandes. » Il se flattait enfin de dissiper, dans un entretien avec le ministre, tous les soupçons qui planaient sur sa conduite [1].

Il écrit une lettre justificative à Torcy, 24 oct.

Torcy ne fut pas convaincu, et, le 27 octobre, Gonzel fut enfermé à la Bastille, d'où il ne devait pas sortir vivant. Il semble, du reste, qu'à partir de ce jour, la police ne l'interrogea plus, désespérant, sans doute, d'obtenir de lui la vérité. Tous ses efforts se portèrent sur son valet Holtzay, dont les réponses vont nous permettre de suivre Gonzel dans ses voyages mystérieux.

Gonzel à la Bastille, 27 oct.

Nous trouvons d'abord l'aventurier à Vienne, où il mène grand train, fait beaucoup de dépenses, déploie un luxe extravagant et donne des repas magnifiques aux seigneurs

Son séjour à Vienne.

---

[1] Voici un exemple des niaiseries à l'aide desquelles Gonzel espérait intéresser Torcy à son sort : « Je peux dire que le ciel et la nature sont garants de notre » fidélité, puisqu'ils se sont servis de notre famille pour annoncer à la Franche-» Comté qu'elle était destinée à être à jamais sous l'agréable domination de Sa » Majesté et de ses successeurs, en ce que quinze jours avant que Sa Majesté conquît » en personne la Franche-Comté, ma mère accoucha d'un septième fils qui apporta » une fleur de lys aussi bien imprimée qu'on puisse la voir dans un jardin, cette » belle fleur ayant fait l'étonnement de tout le monde. » (Arch. du Doubs, série E, acquisition nouvelle. Lettre de Gonzel à Torcy du 24 octobre 1702.)

de la cour. On ne lui connaît cependant ni bénéfice ni patrimoine, la source de sa fortune est un mystère. Le temps que Gonzel ne perd pas au jeu ou à la débauche, il l'emploie à une correspondance secrète ou à des visites dont il se cache soigneusement auprès des gens de sa maison. Holtzay ne doute pas qu'il ne fréquente les ministres autrichiens et qu'il ne se rende fréquemment au palais impérial. Il n'est pas douteux, du reste, par ses paroles et par sa conduite, qu'il ne soit entièrement dans les intérêts de l'empereur. Il répète volontiers que le roi de France a envahi et usurpé plusieurs pays qui ne lui appartiennent pas, et choisit de préférence des déserteurs français pour domestiques.

Les frères de Gonzel partagent sa vie et sa fortune ; ils sont au courant de ses projets et sont chargés de fréquentes missions, notamment à Prague et à Rome. Le titre de comte, que Gonzel obtient avec deux de ses frères, François et Clément, est la récompense de ces mystérieux services.

Gonzel en Pologne.

Nous retrouvons ensuite Gonzel à Varsovie, au service du prince Louis de Bade, dont il est chargé de soutenir la candidature au trône de Pologne [1]. Comment s'acquitta-t-il de sa mission ? Il est impossible de le savoir, et l'on s'étonne de le voir en relations avec l'abbé de Polignac [2], le champion du candidat français, le prince de Conti. Peut-être même eut-il à Dantzick une entrevue avec ce dernier.

A Bruxelles.

De Pologne, Gonzel se rendit, en traversant l'Allemagne, à

---

[1] A la mort de Sobieski, 17 juin 1696, de nombreux prétendants s'étaient mis sur les rangs pour le remplacer : les trois fils du roi défunt, Jacques, Alexandre et Constantin ; des grands seigneurs polonais, Sapieha, Opalinski, Koutzki, Leczinski, et Jablonowski, enfin des étrangers : l'électeur de Bavière, Jacques II d'Angleterre, l'Italien Odescalchi, Pierre-Alexewitch, Frédéric III de Brandebourg, le duc de Lorraine, le prince de Bade, le prince de Conti, et enfin l'électeur Frédéric-Auguste de Saxe, qui posa sa candidature au dernier moment et supplanta ses rivaux. (Voir sur cette affaire Marius TOPIN, *L'Europe et les Bourbons*.)

[2] Holtzay cite Polignac parmi les personnes que fréquenta Gonzel en Pologne. Celui-ci écrivait dans sa lettre justificative du 24 octobre 1702 : « Étant en Po-
» logne, à la dernière élection, comme envoyé de M. le prince Louys de Bade,
» Monsieur l'abbé de Polignac peut dire avec combien de zèle je me suis porté pour
» les intérêts de M⁰ʳ le prince de Conti et par conséquent de Sa Majesté. »

Bruxelles, où Holtzay, qui l'avait momentanément quitté, vint le retrouver à la fin de l'année 1698 ou au commencement de 1699. Mais ici, les accusations dont il était l'objet allaient prendre une singulière gravité, et d'Argenson se crut sur le point d'ajouter un nouveau chapitre à l'histoire mystérieuse des poisons.

Depuis 1692, l'électeur de Bavière, Maximilien II, gouvernait les Pays-Bas au nom de l'Espagne. Dans la pensée des cabinets de l'Europe, c'était à son fils, le prince électoral, que devait échoir la plus grande partie de la monarchie espagnole, et de fait, le testament de Charles II, en date du mois de décembre 1698, la lui donnait tout entière. Deux mois plus tard, en février 1699, le jeune héritier mourait après quelques jours de maladie. Cette mort si prompte et si imprévue venait trop à propos pour certaines puissances, pour l'Autriche en particulier, pour qu'elle ne fût pas considérée comme le résultat d'un crime : on crut volontiers que le prince électoral avait été empoisonné par un agent de l'Autriche, et d'Argenson s'imagina qu'il avait mis la main sur le meurtrier, qui n'était autre que Gonzel. *Mort du prince électoral de Bavière, février 1698.*

Gonzel accusé de l'avoir empoisonné. Comment la conduite de ce dernier avait-elle pu donner lieu à un pareil soupçon ? Il menait à Bruxelles la même vie dissipée qu'à Vienne et à Varsovie, voyait intimement les seigneurs de la cour électorale, qu'il rencontrait chaque jour dans la chambre de l'électeur ou dans celle du prince héritier, où il avait ses entrées libres. Il avait, en particulier, de fréquents entretiens secrets avec un homme à manteau noir qui occupait un emploi auprès de la personne du jeune prince. Holtzay, pressé de questions par d'Argenson, convient que c'était peut-être un médecin, « d'autant que les mé-
» decins sont habillés de la même manière que l'était cet
» homme. »

Le lieutenant de police s'empare encore d'un témoignage plus grave. Gonzel fréquentait un apothicaire qu'il rencontrait dans son arrière-boutique, et qui lui vendit un jour du poison

C'était une poudre blanche, destinée à tuer des rats, disait Gonzel, qui recommandait à ses gens de ne pas l'approcher de leur nez, de peur d'être empoisonnés.

Outre l'homme au manteau noir et l'apothicaire, Gonzel était en relations avec un troisième personnage suspect. C'était un seigneur italien, qu'il voyait souvent et en secret : « lorsqu'ils étaient ensemble, ils prenaient grand soin de fer-
» mer la porte de la chambre où ils s'entretenaient, et même
» ils avaient la précaution de renvoyer le frère d'Holtzay, afin
» qu'il ne fût pas auprès de ladite porte, et que, demeurant
» dans la cour de ce logis, il empêchât que personne ne vînt
» les interrompre [1]. »

D'Argenson, en faisant part à Torcy des premiers interrogatoires du valet de Gonzel, insistait sur tous ces faits et n'hésitait pas à croire à la complicité de ce dernier dans la mort du prince électoral ; le ministre exprima des doutes en son nom et au nom du roi, qui était tenu au courant de l'affaire ; il relevait quelques contradictions dans les réponses d'Holtzay. Celui-ci confondait souvent les dates des événements, ce qui infirmait la valeur de quelques-uns de ses témoignages [2].

D'Argenson ne se rendit pas ; il répondit à son tour qu'Holtzay, ne sachant ni lire ni écrire, et ne pouvant aider sa mémoire d'aucun calendrier, pouvait avoir confondu les dates ; il priait Torcy de faire rechercher chez l'abbé Renaudot les huit ou dix gazettes qui avaient précédé ou suivi la mort du prince électoral [3]. Puis il continua l'interrogatoire d'Holtzay, il en tira quelques nouveaux détails sur Gonzel et sur ceux qu'il considérait comme ses complices ; en envoyant à Torcy ces derniers renseignements, il lui écrivait :

« Ils vous feront connaître les relations criminelles qu'avait

---

[1] Arch. des affaires étrangères, V. 1588 Interrogatoires d'Holtzay.
[2] Id. D'Argenson à Torcy, 22 novembre 1702.
[3] Id. D'Argenson à Torcy, 2 décembre 1702.

» ce Franc-Comtois à la cour de Vienne, la suite de ses in-
» trigues et de ses voyages, son affectation à parcourir l'Alle-
» magne après la mort du prince électoral, à aller aux eaux,
» et à ne retourner en Autriche qu'après un temps considé-
» rable, toujours entretenu et payé par les ministres de l'em-
» pereur, à qui il s'adressait librement dans toutes les villes :
» enfin, ces interrogatoires établissent, ce me semble, la
» preuve de la récompense qu'il a reçue à la cour impériale
» immédiatement après qu'il y fut retourné : suivant l'usage
» ordinaire de cette cour, où l'on récompense plus volontiers
» et plus magnifiquement les grands crimes que les vertus
» distinguées [1]. »

Malgré l'insistance de d'Argenson, l'affaire en resta là ; on ne fit pas de procès à Gonzel, soit qu'on désespérât de connaitre la vérité, soit qu'on voulût éviter le scandale. On ne lui rendit pas cependant la liberté, il resta à la Bastille, où, d'après un témoignage peut-être suspect [2], il ne cessa de donner jusqu'à sa mort les signes de la plus complète extravagance [3].

L'affaire de Gonzel reste sans solution.

---

[1] Arch. des affaires étrangères, V. 1580. D'Argenson à Torcy, 27 février 1703. Il faut avouer que la conduite de Gonzel après son départ de Bruxelles est bien étrange et bien faite pour justifier les soupçons de d'Argenson. On le retrouve successivement à Maëstricht, à Aix-la-Chapelle, à Liège, à Anvers, à Cologne, à Mayence, à Francfort, à Ems, à Swalbach, au château de Lowitz en Bohême, à Vienne et à Prague. Partout le même mystère l'environne, ce sont les mêmes correspondances suspectes, les mêmes visites mystérieuses, les mêmes envois d'argent venant on ne sait d'où.

À Vienne, il reprend sa vie d'autrefois, allant tous les jours à la cour, conférant avec les principaux ministres, les grands seigneurs, les ambassadeurs. Enfin il reçoit une somme de 18,000 fr., et c'est ce dernier fait qui confirme d'Argenson que Gonzel a rendu à la cour de Vienne un service inavouable.

Il n'est pas sans intérêt pour nous de remarquer que dans ses voyages, Gonzel est souvent en rapport avec des Franc-Comtois émigrés comme lui. Sans parler de la baronne de Lanans, qui l'accompagne partout et qui passe pour sa maîtresse, il loge à Anvers chez une hôtesse franc-comtoise ; à Maëstricht, il retrouve des gentilshommes bourguignons, officiers au service du Brandebourg ; à Francfort, il est souvent en conférence secrète avec un nommé Rollée, également son compatriote.

[2] Constantin de Renneville, *Histoire de la Bastille*, I, p. 391 ; II, p. 82, édition de 1724.

[3] Gonzel mourut en juillet 1706, à l'âge de soixante-six ans, et fut enterré au cimetière Saint-Paul.

Les complices de Gonzel.

L'arrestation de Gonzel avait amené celle de plusieurs de ses parents ou compatriotes. Son frère, le comte Clément, fut arrêté à Torpes, dont il était curé, et conduit à Dole, puis à la Bastille. Un second, le frère Jérôme, carme déchaussé, fut mis en surveillance au couvent de Bletterans, puis au couvent des Carmes de Paris. Un autre prêtre, nommé Quinot, qui n'avait eu d'autre tort que de se trouver, par hasard, le compagnon de voyage du comte Clément, fut également arrêté, puis élargi, aussitôt son innocence reconnue. Enfin, le baron de Lanans, son fils et un troisième frère de Gonzel, qui vivait à Ornans, prévenus qu'ils allaient être arrêtés, eurent le temps de s'échapper.

Ainsi se termina, dans le mystère le plus profond, l'équipée de l'aventurier Gonzel ; il est impossible d'affirmer que, sous ces menées ténébreuses, se cachait un premier projet des ennemis sur la Franche-Comté.

Comment expliquer cependant qu'un intrigant de bas étage, sans mœurs, sans caractère, et n'ayant, à ce qu'il semble, d'autre qualité qu'une activité fiévreuse et un esprit d'intrigues sans scrupule, ait tenu à la cour impériale le rang de Gonzel, qu'il ait reçu le titre de comte et qu'on l'ait employé dans des missions diplomatiques, si l'on n'admet pas que sa qualité de Franc-Comtois ennemi de la France ait fait supposer qu'il pourrait être, à l'occasion, un auxiliaire utile dans la province où résidait encore une partie de sa famille? N'oublions pas que le baron de Lanans, qui se trouve souvent mêlé à ses aventures, et qui, comme lui, était un homme perdu de débauches, tenait un rang élevé dans la noblesse de la province. Il était seigneur du château de Roulans, à quelques lieues de Besançon, et, par son premier mariage avec une demoiselle de Grammont, il était allié aux premières familles du pays. C'était un homme prêt à tout, et sa fuite, au moment où il allait être arrêté, indique suffisamment qu'il était engagé dans quelque intrigue suspecte, dont il pouvait craindre les suites. Enfin, et ceci est un commencement de preuve, le premier Franc-Comtois qui, trois ans plus tard, allait payer de sa tête ses intelligences avec les ennemis, avait été arrêté une première fois chez Gonzel, chez qui il vivait et à qui il servait de secrétaire.

En rendant compte à Torcy de l'arrestation de Gonzel, d'Argenson ajoutait :

Première arrestation de l'abbé Proudhon.

« Gonzel avait avec lui un ecclésiastique en habit long,
» qui paraît étranger, et qui a eu beaucoup de peine à dire
» son nom; enfin, il a déclaré qu'il se nommait Pierre
» Prudhomme, qu'il est clerc du diocèse de Besançon, ori-
» ginaire de Molin, dans le comté de Bourgogne, et fort
» connu à l'hôtel de Listenau. On a trouvé sur lui quelques
» lettres et quelques mémoires qu'on a jugés suspects, et sa
» liaison intime avec Gonzel n'a pas permis de les arrêter
» l'un sans l'autre [1]. »

L'abbé Prudhomme, Prudhon ou Proudhon se trouva très compromis par les dépositions d'Holtzay. Celui-ci l'avait dénoncé comme un fort mauvais Français, témoignant en toute occasion son regret de voir la Franche-Comté à la France, se réjouissant du succès des alliés, s'affligeant, au contraire, lorsque les Français ou les Espagnols remportaient quelque avantage. Sa joie avait éclaté, en particulier, à la nouvelle de la perte de Landau [2]. « Il faut, disait-il, exter-
» miner ces chiens de Français, les tuer tous jusqu'au der-
» nier; les Impériaux en sauront bien venir à bout, la
» France est perdue. »

Malgré un témoignage si défavorable, Proudhon ne resta pas à la Bastille. Il fut autorisé à se retirer en Franche-Comté, où on l'interna d'abord à Besançon, puis, l'intendant de Bernage ordonna qu'on le laissât libre; enfin, Proudhon ayant demandé un secours pour vivre, on fit savoir à l'archevêque que le roi consentait à ce qu'on le fît prêtre et à ce

---

[1] Arch. de la Bastille, X. Lettre de d'Argenson à Torcy, 9 octobre 1702.
[2] Les Impériaux s'emparèrent de Landau le 9 septembre 1702.

qu'on lui donnât une cure, s'il en était digne. L'abbé n'en continuait pas moins ses intrigues avec les ennemis de la France.

L'année 1703 s'acheva cependant paisiblement ; mais, le 13 août 1704, l'armée française perdait, en Allemagne, la grande bataille d'Hochstædt, l'ennemi se rapprochait de nos frontières et, pour la première fois, songeait sérieusement à une invasion en Franche-Comté, aidée par un soulèvement de la population.

<small>Proudhon soupçonné de nouvelles intrigues, oct. 1704.</small>

Dans le courant d'octobre, Chamillard communiquait à l'intendant de Bernage une note anonyme, où l'on dénonçait au ministre des intelligences que les gens du comté avaient avec les Impériaux. On nommait, en particulier, l'abbé Proudhon et un certain Michel. L'auteur de la dénonciation indiquait avec précision les lieux où les conjurés avaient des entrevues avec les ennemis, et ceux où des armes avaient été déposées en vue d'un soulèvement prochain.

<small>Mesures de précaution de l'intendant Bernage.</small>

Dans sa réponse, de Bernage se montrait assez sceptique ; il s'étonnait qu'on donnât comme un bruit public une chose dont personne ne parlait en Franche-Comté, et surtout que l'auteur n'eût pas signé son avis. Il ajoutait : « Cependant
» la matière n'est pas de nature à être négligée : j'ai engagé
» M. de Rostaing, dont vous connaissez l'intelligence, d'aller
» avec le sieur Gillebert, mon subdélégué à Besançon, homme
» de grande confiance, sur les lieux par lesquels on prétend
» que ces officiers de l'empereur se sont introduits dans
» cette province, où, sous prétexte d'un côté d'aller acheter
» des chevaux, ou d'un autre de faire chercher les amas de
» bled qu'on pourrait faire pour les transporter en fraude
» dans les Etats de Berne et de Neufchâtel, ils puissent dé-
» couvrir les gens qui auraient passé depuis peu dans ces
» quartiers, aussi bien que ceux avec qui ils auraient eu
» commerce, et en même temps les endroits où on aurait
» destiné de faire des magasins d'armes, comme l'auteur de

» l'avis le prétend. J'ai aussi chargé les sieurs de Rostaing
» et Gillebert de conférer en passant avec M. de Béarnez sur
» cette affaire, personne ne pouvant lui donner mieux que
» lui les lumières nécessaires pour la découverte [1]. »

Les investigations de l'intendant n'amenèrent pas de grandes découvertes. Quelques jours plus tard, de Bernage signalait comme suspect un certain abbé Guignard; il annonçait en même temps l'arrestation de l'avocat Flusin. « Tous les papiers du sieur Flusin, disait-il, sont pleins de
» minutes de lettres et de projets écrits de sa main, qui
» marquent son inclination pour l'Allemagne et la manière
» insolente dont il parlait du gouvernement. » Il exprimait l'espoir que cette arrestation suffirait pour imposer aux mal-intentionnés, « qui se remuent beaucoup à propos de la ba-
» taille d'Hochstædt [2]. »

Proudhon, cependant, restait toujours en liberté. On reculait le plus longtemps possible son arrestation afin de le compromettre davantage, et surtout d'amener ses complices à se faire connaître. Il fut étroitement surveillé jusqu'aux derniers jours de l'année 1704. Sur l'ordre de Chamillard, Bernage le fit enfin arrêter au commencement de 1705. Ce n'était qu'un demi-résultat. Michel, le seul complice que le gouvernement eût réussi à découvrir, parvint à s'échapper et se sauva en Suisse. Quant à Proudhon, il fut condamné à mort le 22 janvier 1705 et pendu sur la place Neuve de la ville [3].

Nouvelle arrestation et exécution de Proudhon, 22 janv. 1705.

Cette fois, en effet, il ne s'agissait plus de soupçons vagues, comme dans l'affaire Gonzel. Le jugement de Proudhon nous indique en même temps la nature des accusations dont il était l'objet, et nous donne la preuve qu'elles étaient fondées. Ce condamné avait été trouvé porteur d'une patente

Proudhon était en relation avec les ennemis.

---

[1] Arch. de la guerre, V. 1789. Lettre de Bernage du 10 octobre 1704. M. de Béarnez était gouverneur de Pontarlier, et M. de Rostaing, gouverneur de Besançon.

[2] Id. Lettres de Bernage des 17, 24 octobre, 14 novembre 1704.

[3] Id., V. 1850. (Jugement de Proudhon, 22 janvier 1705.)

du roi des Romains, datée du camp devant Landau [1], le 3 novembre 1704, signée Joseph, scellée du sceau impérial et contresignée du prince Eugène. Elle était adressée à Proudhon et à Claude Michel et leur donnait mission de soulever le peuple du comté de Bourgogne suivant le mémoire que ces derniers avaient présenté eux-mêmes aux alliés. A cette pièce de conviction s'ajoutaient encore une lettre de M. de Trautmansdorff, ambassadeur de l'empereur en Suisse, en date du 29 novembre 1704, adressée aux mêmes personnages, et la minute de la réponse de Proudhon, écrite de sa main.

Ces preuves étaient accablantes et justifiaient une condamnation. Grâce à elles, nous savons que dès 1704, les alliés songeaient à profiter du mécontentement réel ou supposé des Franc-Comtois pour susciter un soulèvement dans la province, et que la première idée de ce mouvement était venue de quelques habitants de cette dernière. Mais bien des détails de cette affaire nous échappent encore. Il faudrait, pour la connaître à fond, posséder le texte des lettres qui amenèrent la condamnation de Proudhon, et surtout le mémoire où l'abbé et son complice avaient exposé leur plan de soulèvement. On peut, sans risquer de se tromper, assurer qu'ils présentaient la province tout entière comme prête à accueillir en libérateurs les ennemis de la France. L'issue du procès ne prouve-t-elle pas clairement leur erreur ou leur mensonge? Si une conspiration sérieuse avait existé, si un mouvement important avait été préparé, comment le gouvernement qui, dès le début, était au courant de l'affaire et qui, pendant deux mois, laissa le principal meneur de l'intrigue aller et venir en toute liberté, aurait-il été assez maladroit pour ne saisir que l'un des conjurés et laisser échapper tous les autres? Un abbé pendu, un autre soupçonné, un

---

[1] L'archiduc Joseph, roi des Romains et empereur l'année suivante, et le prince Louis de Bade assiégèrent Landau pendant le mois de novembre 1704 et s'en emparèrent le 23.

CHAPITRE V. 303

avocat emprisonné, tel aurait été le résultat des investigations de l'administration française. Il faudrait admettre que celle-ci était bien peu habile, il est plus simple de croire que la conspiration n'était le fait que de quelques esprits égarés par le fanatisme ou l'ambition [1].

Nous connaissons cependant le nom d'un autre complice de Proudhon, celui qui le dénonça. C'était l'avocat au parle-

L'avocat Courchetet a dénoncé Proudhon.

---

[1] L'exécution de Proudhon ne fut cependant pas la seule de l'année 1705. Au mois d'octobre, Bernage annonçait au ministre que Georges Bourquard, prévenu d'avoir voulu suborner des soldats en garnison dans la citadelle de Besançon, pour y introduire des ennemis du roy, a été condamné à être pendu. Mais rien dans le jugement de Bourquard n'indique que cette affaire se rattache à celle de Proudhon.

Ces supplices semblent avoir frappé d'autant plus les imaginations en Franche-Comté, que les causes qui les amenaient restaient toujours un peu mystérieuses. Un auteur anonyme se fit l'écho des bruits qui couraient alors.

« La même année 1706 (?), Louis XIV, roy de France et de Navarre, ordonna que
» le glorieux saint Suaire de Notre-Seigneur Jésus-Christ, qui repose en l'église
» cathédrale de Besançon, ne serait point monstré au public jusqu'à la fin de la
» guerre. La raison qui fut la cause de cet accident est qu'un certain munier, qui
» demeurait au moulin de Gouille, proche de Beure, à une heure de la ville de
» Besançon, lequel fesant raccommoder les écluses dudit moulin, avait pris pour y
» travailler des soldats de la garnison de la citadelle dudit Besançon ; en parlant
» ou devisant avec eux, il dit qu'il ... accommoder ses écluses pour passer les
» Allemands (disant cela en riant). Lesdits soldats s'en allèrent le déclarer à M. le
» lieutenant du roy à Besançon. Ledit munier fut pris et conduit à la citadelle du-
» dit Besançon, où il fut interrogé de son fait, il répondit qu'il disait cela en riant ;
» il fut condamné à estre pendu jusqu'à ce que mort s'ensuive sur la place dite
» Labourey.

» Il arriva encore la même chose, quelque temps après, d'un certain abbé
» nommé Prudhon, qui avait conspiré une trahison en voulant faire entrer des
» gens de guerre au jour de fête de l'Ascension, lorsque l'on monstrerait le
» saint Suaire, soubs ombre d'y venir en voyage, et que les troupes seraient en
» campagne, et par ce moyen surprendraient la ville. Si bien que ledit Prudhon,
» voulant aller en Suisse pour parler à l'ambassadeur de l'empereur qui estait à
» Soleüre, et ayant esté surpris en son voyage par le moyen des archers que M. de
» Bernage, intendant à Besançon, envoya après luy, et ayant esté arresté, fut con-
» duit à la citadelle dudit Besançon, où, après son interrogat fait et convaincu de
» son dessein pernicieux, fut condamné par arrêt du bailliage à estre pendu et
» estranglé sur la place neuve de cette ville. »

L'auteur se trompe sur la date des événements qu'il raconte ; le supplice de Proudhon précéda celui du meunier Bourquard, et tous les deux sont de 1705. C'est dès le 6 février de cette année que de Bernage avait remontré au roi les inconvénients de l'exposition publique du saint Suaire, aux fêtes de Pâques et de l'Ascension, qui attirait à Besançon un grand concours de peuple : le 10 du même mois, Chamillard lui donnait l'ordre de faire cesser l'exposition jusqu'à la fin de la guerre. (Arch. de la guerre, V. 1850.)

ment Courchetet. Celui-ci avait un frère au service de l'empereur, avec lequel il avait conservé des relations. Cette circonstance avait sans doute engagé Proudhon à le mettre dans la confidence de ses intrigues et à lui confier un rôle dans le complot. Courchetet donna-t-il d'abord sincèrement son adhésion aux conjurés et s'effraya-t-il ensuite des conséquences que pouvait avoir pour lui sa complicité, ou bien joua-t-il dès le début le rôle de délateur? C'est ce qu'il est impossible de savoir. Dans tous les cas, il était l'auteur du mémoire anonyme qui avait dévoilé au ministre les intrigues des ennemis en Franche-Comté, et plus tard il s'était fait connaître à l'intendant de Bernage, qui voulut se servir de lui pour découvrir les autres complices de Proudhon, et démasquer les menées des étrangers. Mais il fallait agir prudemment; Proudhon, en allant au supplice, avait prononcé quelques paroles d'après lesquelles on pouvait croire qu'il soupçonnait Courchetet de l'avoir trahi. Ce soupçon pouvait avoir été recueilli dans la foule et transmis à quelque conjuré. M. de Bernage pensa qu'il était prudent d'attendre quelque temps avant d'employer le dénonciateur comme espion.

Il reste en correspondance avec Trautmansdorff.

Courchetet, du reste, s'y prit habilement pour conserver la confiance des conjurés et provoquer leurs confidences. Il écrivit le 5 mars 1705, à M. de Trautmansdorff, que Proudhon ne l'avait pas dénoncé, qu'il n'était aucunement compromis et pouvait rendre encore des services. « J'ajoutais, écrivait-
» il à l'intendant en lui rendant compte de sa démarche, que
» Proudhon était le moindre de ceux qui maniaient l'affaire,
» et que je me flattais de n'avoir pas moins de zèle, plus
» de bonheur et peut-être de meilleurs moyens. »

Trautmansdorff donna dans le piège. Le 11 juin 1705, une femme vint trouver Courchetet et le pria de se rendre au hameau de Bregille, au logis du Soleil; sur les instances de cette femme, il s'y rendit : il y trouva un homme qui se dit envoyé de M. de Trautmansdorff, et lui en donna la preuve en lui montrant la lettre qu'il avait écrite à ce ministre, le 5 mars précédent. Un billet sans signature invitait Courchetet à choisir un lieu de rendez-vous. L'inconnu proposait Neufchâtel, que Courchetet refusa comme trop éloigné; il accepta d'aller au Haut de la Tourne, hameau perdu dans les montagnes à plus d'une lieue de tout village et à trois ou quatre de la frontière. On se donna rendez-vous pour le 1ᵉʳ juillet. Courchetet prit les ordres de l'intendant, partit le 29 juin et arriva le lendemain au lieu du rendez-vous. Le 1ᵉʳ juillet, un officier de M. de Grætz vint le prier de passer par delà Neufchâtel, dans le petit village de Saint-Blaise; Courchetet hésita, il craignait un piège, d'autant plus que Michel, le complice de Proudhon, était à Cressi, dans le voisinage; il se décida cependant, trouva M. de Grætz à Saint-Blaise, et lui fit « quelques ouvertures pour une surprise. »

Son entrevue avec l'ingénieur officier de Grætz, juillet 1705

« Cela l'engagea à me faire voir quelques projets qui ten-
» daient à entrer dans la ville de Besançon par la rivière du
» Doux sur des barques, à raison qu'il y a des ouvertures
» qui entrent dans la ville. »

Comme Courchetet lui exprimait sa répugnance à faire entrer des gens de langue étrangère à Besançon : « Alors
» me serrant dans ses bras, il me dit : « J'ai à la main cinq
» cents réfugiés français que je soudoie, ils sont tout près,
» me parle de Cavalier qui est à Zurich avec une compa-
» gnie [1].... Il me dit aussi qu'il avait l'ordre et le pouvoir de
» l'empereur, de prendre de l'armée de M. de Tinghen
» 6,000 hommes pour entrer, surprendre ou soulever le
» pays dont, ajoutait-il, l'empereur l'avait qualifié du gou-
» vernement, que s'il avait manqué une fois par la décou-
» verte de Proudhon, cela l'animait davantage, qu'il y met-
» trait plutôt tout son bien. »

De Grætz fit voir en même temps à Courchetet deux plans

---

[1] Cavalier avait quitté la France en septembre 1704. Il s'enfuit d'Ornans, où le gouvernement avait commis l'imprudence de l'interner à quelques lieues de la frontière, et séjourna quelque temps en Suisse.

de Besançon, et, mettant le doigt sur la maison du gouverneur, il lui demanda s'il ne croyait pas qu'un mulet ou deux chargés d'argent pourraient passer par cette porte.

« Je vous entends, lui répondis-je, Monsieur ; mais il y a
» un guichet où des mulets ne passeront pas, le cœur de
» M. de Grammont est français, sa maison est comblée de
» bienfaits du roy — et le monsir Rosting ly être français
» comme un diable. — Je lui repartis que je ne voyais pas
» de jour à se promettre un succès par ces moyens-là. »

On revint donc à l'idée d'une surprise. De Grætz voulait lui-même examiner la rivière du Doubs et les entrées qu'elle aurait dans la ville. Sur l'objection de Courchetet que « sa
» taille si avantageuse et que cet air de grandeur qu'il a
» pourrait causer quelques soupçons, » il se décida à envoyer à sa place un ingénieur que Courchetet se chargeait de conduire dans toutes les avenues qui donnent sur la rivière, et qui aviserait au moyen de « se glisser dans le dessous du
» moulin de l'archevêque, le long de l'ouvrage à corne
» d'Arène, et de là, pénétrer dans la rue d'Arène. »

Le lendemain, Courchetet refusait fièrement l'argent que lui offrait de Grætz, et celui-ci s'excusait en lui disant : « C'était pour votre voyage, car, par ma foy, vous ly estre
» président, faut chasser tous ces diables de Français. »

On parla ensuite des affaires militaires en général ; de Grætz annonça « qu'il éclaterait bientôt un coup de consé-
» quence ; » il demanda à Courchetet un petit mémoire sur l'inclination des Comtois et la facilité qu'il y aurait d'entrer dans ce pays. « J'ai, ajoutait-il, le moyen de persuader à
» l'empereur de tout tenter pour ravoir le comté de Bour-
» gogne ; il y aura des vivres pour subsister, et, si l'on y
» entre par la Champagne, il faudrait les y porter ; mais pour
» le plus sûr, il faut prendre Nancy. »

En transmettant à Chamillard l'étrange récit de Courchetet, de Bernage ne songe pas un instant à mettre en doute la sincérité de ce dernier ; il montre cependant tout ce qu'avait de chimérique le plan de l'officier allemand. Il lui semblait bien peu à craindre que les protestants réfugiés songeassent à faire invasion dans la province, où l'opinion ne leur était guère favorable ; enfin, la retraite de l'armée de Marlborough, qui avait quitté, en juin 1705, la ligne de la Moselle, rendait peu probable une tentative sur Nancy et la Lorraine. L'intendant promettait cependant de faire bonne garde et d'arrêter de Grætz ou son lieutenant, si l'un ou l'autre mettait à exécution son projet d'entrer dans la ville.

En résumé, il résulte des pièces qui furent trouvées en la possession de Proudhon et qui amenèrent sa condamnation, ainsi que des renseignements donnés par Courchetet, que dans les derniers mois de 1704 et pendant l'année 1705, les ennemis avaient songé à faire une invasion en Franche-Comté et comptaient y trouver un appui dans les mécontents de la province. L'histoire générale de la guerre de la succession d'Espagne vient, du reste, confirmer ce que nous apprennent les lettres confidentielles de l'intendant de Bernage. La défaite d'Hochstædt, au mois d'août 1704, avait exalté outre mesure les espérances des coalisés. Ils préparèrent, pour l'année suivante, l'invasion de la France ; le grand coup devait être porté sur la Moselle par Marlborough ; l'invasion de la Franche-Comté n'aurait été, dans tous les cas, qu'un épisode secondaire de la campagne ; on sait comment, grâce à Villars, toute la combinaison tomba. Marlborough, abandonné du prince Louis de Bade, sur lequel il comptait, mal obéi des Hollandais, qui craignaient pour leur pays et voulaient y retourner, n'osa pas attaquer le camp de Sierk, où son adversaire s'était retranché, et se retira sur la Belgique. Il commença sa retraite dans la nuit du 17 juin 1705. Ainsi, quand de Grætz confiait si naïvement les projets de l'empereur à Courchetet, le danger qui menaçait la Franche-Comté avait déjà disparu.

L'année 1706 se passa tranquillement, quoique plusieurs fois encore, le ministre ait signalé à l'intendant les relations

Echec de la première tentative des ennemis sur la Franche-Comté, 1704-1705.

coupables que quelques Franc-Comtois avaient avec les ennemis.

Affaire de Vercel, 1707.

En 1707, une querelle locale et sans importance agita pendant quelques mois le bourg de Vercel et quelques villages voisins. Elle n'est connue que par une supplique adressée au parlement et à l'intendant par l'un des deux partis en présence [1]. En voici l'analyse.

Au mois de juillet 1707, la mort du curé de Vercel et son remplacement divisent la région en deux factions. Deux familles revendiquent le droit de nommer le curé, et bientôt deux prêtres, Petitcuenot et Poimbœuf, se disputent la cure. Pendant que l'affaire se jugeait au parlement, les esprits s'aigrissaient, « il y avait d'ailleurs de vieilles querelles mal » assoupies, d'anciennes divisions qui se réveillaient. » On rappelait que les oncles de Petitcuenot, dont l'un était curé d'un village voisin, s'étaient mis à la tête de quelques paysans, en 1674, qu'ils avaient enlevé à Ornans des chevaux d'artillerie pour le paiement desquels Vercel avait été imposé d'une forte somme dont le village payait encore les intérêts.

Le parti allemand et le parti français.

Un parti composé de gens aussi compromis prit ou reçut naturellement le nom de parti allemand. Le parti opposé prit le nom de parti français. Petitcuenot, le candidat à la cure, devint le prince Eugène, le sieur Pautier, son cousin, lord Marlborough. Lorsque Petitcuenot alla prendre possession de la cure, il trouva les portes de l'église fermées, on lui refusa les clefs et on l'insulta. Les *Allemands* s'irritèrent, ils se vantèrent de battre les Français et de les chasser. Il y eut même des coups de fusil tirés par les fenêtres.

Le parlement se mêla de l'affaire, donna raison à Petitcuenot et fit poursuivre ses adversaires, qui furent arrêtés ou s'enfuirent. Les auteurs du mémoire que nous analysons ajoutent :

« L'on doit regarder cette affaire comme une espèce d'émo-
» tion populaire dans laquelle tous les particuliers sont

---

[1] Arch. du Doubs, série G. Acquisitions nouvelles.

» entrés suivant leur inclination et leurs intérêts. Mais tout
» est en division et en troubles ; la vraie source et l'origine
» de tout le mal vient de la différence des sentiments sur la
» domination, ce qui a paru en ce que le sieur officier, vi-
» caire du sieur Petitcuenot a eu l'insolence, il y a deux
» mois ou environ, après avoir lu le mandement de Mgr l'ar-
» chevêque, qui ordonnait des prières suivant les intentions
» de Sa Majesté, d'exhorter de prier Dieu pour la prospérité
» des armes de Sa Majesté impériale. »

Forts de l'arrêt du parlement, les *Allemands* triomphèrent bruyamment, on les vit boire insolemment dans leurs assemblées, « le sieur Petitcuenot présent, et qui y but comme » les autres, une hallebarde à la main, » à la santé de l'empereur et à la prospérité de ses armes. Les *Français* qui refusaient de boire avec eux ou qui buvaient à la santé du roi étaient maltraités.

Ceux-ci eurent recours à l'intendant et au parlement ; ils demandèrent qu'on mît fin à ces rixes et à ces querelles que le voisinage des Suisses protestants et de Neufchâtel pouvait rendre dangereuses. Ils demandaient protection pour eux, « dont tout le crime est d'avoir marqué beaucoup de zèle et » beaucoup d'attachement pour le roy et leur souverain » légitime ; » ils se justifiaient enfin d'avoir insulté un commissaire du parlement, prétendant l'avoir pris pour un officier de l'empereur déguisé, « ce que l'on crut avec d'au- » tant plus de facilité que l'avocat Petitcuenot a épousé la » nièce du sieur Courchetet, qui est aussi dans le service de » l'empereur et qui, depuis quelques mois, avait fait bruit » dans la province, dans le voisinage de Vercel, où il était » caché pour exécuter ses mauvaises intentions, et manqua » d'y estre surpris par les ordres de la cour et de Mgr de » Bernage [1]. »

---

[1] Aucun autre document n'indique que le gouvernement eut à se préoccuper de la présence en Franche-Comté, pendant les années 1706 et 1707, du frère de Courchetet, que nous retrouverons plus tard sous le nom de dom Louis.

On serait tenté d'exagérer l'importance politique de ces luttes villageoises, si l'on oubliait les causes toutes locales, les petites rivalités d'intérêts et d'ambitions qui les faisaient naître. Ce serait méconnaître, par exemple, l'esprit des paysans, que d'attacher un sens sérieux aux surnoms d'Allemands et de Français qui distinguaient les deux partis en présence. Notons, du reste, que nous n'avons que le plaidoyer du parti français; on peut supposer que les choses se présenteraient sous un aspect différent, si nous possédions la défense des partisans du curé Petitcuenot. La supposition est d'autant plus vraisemblable que le parlement avait jugé une première fois en faveur de ce dernier, et que rien n'indique qu'il se soit déjugé dans la suite. Il reste acquis cependant qu'un sentiment vague et confus d'hostilité à la France se manifestait chaque fois que les esprits étaient agités par une cause quelconque, et qu'en même temps les habitants de la province n'étaient pas sans avoir connaissance des intrigues qui se nouaient au delà de la frontière.

Prétentions du roi de Prusse sur la Franche-Comté.

Les ennemis de la France allaient, en effet, reprendre avec plus d'ardeur leurs projets sur la Franche-Comté. Au mois de novembre 1707, le nouveau roi de Prusse Frédéric Ier avait été proclamé souverain des deux comtés limitrophes de la Franche-Comté, dont ils avaient fait autrefois partie, ceux de Neufchâtel et de Valengin. L'ambition du nouveau monarque n'était pas satisfaite; ce premier succès l'encouragea au contraire à renouveler ses prétentions sur la Franche-Comté, qu'il avait mises en avant dès la mort de Guillaume d'Orange. L'habile ministre Metternich, qui avait su lui assurer les votes des bourgeois neufchâtelois, se chargea de compléter son œuvre, et son nom va se trouver mêlé à toutes les intrigues franc-comtoises.

Le ministre de Metternich et le maître de forges d'Andrey, 1708.

Dans le courant de 1708, un sieur d'Andrey, maître de forges à Loulans, étant allé pour ses affaires à Neufchâtel, se trouva en relations avec le ministre prussien, qui le mit au courant des projets de la Prusse et des alliés, et lui demanda son concours. Il s'agissait de faire pénétrer une armée ennemie dans la province et de s'emparer d'Auxonne. A peine de retour, d'Andrey s'empressa de prévenir l'administration française. Le nouvel intendant le Guerchois, qui avait remplacé Bernage le 16 mai 1708, se montra d'abord assez sceptique, ne pouvant croire que M. de Metternich eût confié des secrets de cette importance à un homme qu'il ne connaissait pas; il fit défendre à d'Andrey de retourner à Neufchâtel [1]. Mais bientôt il fallut se rendre à l'évidence. De nouveaux et sérieux témoignages vinrent confirmer ceux qu'on avait cru devoir négliger [2]. Non seulement le projet des ennemis était réel, mais la complicité de nombreux

---

[1] Sur d'Andrey, voir Arch. de la guerre, 2168, V. n°° 5 et 149. Lettres de le Guerchois, 2 octobre 1708, 25 janvier 1709.

[2] On écrivait de Neufchâtel au gouverneur de Pontarlier, le 10 septembre 1708 : « Depuis que j'ai eu l'honneur de vous marquer qu'il devait s'estre formé une » nouvelle conspiration dans notre comté de Bourgogne, j'ai tâché d'en descouvrir » davantage, suivant que vous me l'avés ordonné, en Allemagne où j'ai esté, et » pour vous faire le détail de ce que j'ai appris, je dois vous dire que l'on avait » fait partir de Xinfeld (sic) des armes emballées dans des tonaux que l'on faisait » voiturer par l'évêché de Porentrui pour arriver par le Doux dans un bois assés » espaix et proche de la ville de Beaume où estait le rendez-vous général, et où ces » armes devaient passer le Doux; il y avait pour armer mil ou douze cents hommes. » Ces armes estants à portée d'estre arrivées au rendez-vous, devaient être précé- » dées par sept à huit mil hommes de troupes que le général Merey conduisait et » qui devaient prendre leur passage sur les terres de Basle ; ces troupes estaient » même déjà parties de Philingen pour cette expédition, mais comme le prince de » Porentrui ne voulut pas donner passage aux armes qui estaient conduites par » un nommé Boiteux qui est de ce pays, du village de Travers, et qui a esté détenu » dans la citadelle de Besançon, d'où il trouva moyen de se sauver il y a quelques » années, et qui, depuis, sert d'espion à M. de Trautmansdorf, ambassadeur de » l'empereur, sous la couverture d'un brevet de capitaine dont il est saisy et qui » voulait faire passer ces armes sur les terres de ce prince sous le nom de mar- » chandises, il fut obligé de les faire retourner sur leurs pas, et les fit rentrer dans » Rinfeld le 28 du mois dernier, où elles sont déposées. Il avait esté (un jour avant » cet incident arrivé) au bord du Doux, où il devait prendre son passage pour se » rendre à Beaume, où il avait eu conférence avec un conseiller au parlement de » Besançon (dont il ne me voulut pas dire le nom), qui l'avait assuré qu'ils estaient » huit cents hommes dans cette ville là s'estant presté serment de fidélité, que » d'abord qu'il avait fait passer les armes et qu'il les avait rendues dans Beaume, » qu'ils se saisiraient de l'estat major qui commande dans Besançon et d'une porte » qu'ils leur livreraient : c'est de quoy il faut rendre compte aux officiers qui de- » vaient servir à cette expédition et qui accompagnaient en forme d'escorte ces

Franc-Comtois semblait prouvée. On parlait d'un conseiller au parlement [1] et de huit cents hommes tout prêts à se saisir de Besançon par un coup de main. L'intendant et le gouverneur de la ville s'accordèrent à déclarer que la situation était critique, et à demander que l'on renforçât la garnison [2]. M. de Rostaing, surtout, voyait les choses en noir. Il écrivait, le 2 octobre, à Chamillard :

« Ce n'est pas le dehors qui me donne de l'inquiétude ;
» mais c'est le dedans de cette ville, grande et peuplée, et où
» il y a un très grand nombre d'esprits très turbulents,
» mauvais et malintentionnés, lequel je sais par les in-

» tonneaux d'armes, ce conseiller et une partie de ceux qui étaient d'intelligence
» de la ville de Beaume ayant appris qu'il était obligé de faire retourner ses
» armes d'où elles venaient et que leur conspiration était découverte. » (Arch.
de la guerre, V. 2168, 150.)

[1] Les soupçons tombèrent d'abord sur le conseiller Franchet de Condray, « de qui
» les biens sont situés dans les environs de Beaume, et dont les manières extraor-
» dinaires et réservées me persuadent quoi qu'il pourrait bien être capable de se
» porter à des extrémités fâcheuses ; mais comme de simples soupçons sont fort
» éloignés de la preuve, je suis obligé de suspendre mon jugement : je ne laisserai
» pas de continuer à observer secrètement la conduite de ce conseiller. » (Arch. de
la guerre, V. 2168, 149. Lettre de la Guerchois du 2 octobre 1708.)

[2] Dans la lettre du 2 octobre, la Guerchois écrivait encore : « Comme on ne
» peut guère douter que quelques particuliers de cette province n'ayent encore
» du penchant pour la maison d'Autriche, on ne peut guère non plus douter de la
» conspiration dont il s'agit, surtout après les démarches que le général Mercy a
» faites sur le haut Rhin avec un corps de troupes.

» Tout cela me fait souvenir de ce que j'eus l'honneur, Monsieur, de vous mander
» le 14 juin, au sujet d'une prétendue confidence des projets des ennemis faite par
» M. de Metternich au sieur d'Andrey ; encore bien qu'il n'y ait point un rapport
» tout à fait juste, on ne laisserait peut-être pas de croire que toutes les circons-
» tances dont ce particulier a fait le détail (et qu'on a regardées comme la production
» d'un esprit visionnaire), pouvaient avoir quelque fondement.

» Quoi qu'il en soit, on n'en voit que trop pour croire que les ennemis ont tou-
» jours quelque dessein sur cette province ; ils pourraient bien en venir à l'idée si
» la ville de Besançon, la citadelle et le fort étaient plus garnis de troupes et de
» munitions qu'ils ne sont pendant l'été ; il n'y a à présent que cinq ou six com-
» pagnies dans la ville, huit dans la citadelle et deux dans le fort, cela ne paraît
» pas suffisant, particulièrement à l'égard de la ville ; il ne serait peut-être pas
» impossible de la surprendre, pour peu qu'on y eût d'intelligence ou du moins de
» faire mettre le feu aux magasins de poudre, qui sont considérables. Vous
» jugerez, Monsieur, mieux que personne de quelle importance il est de mettre
» cette place en sûreté, puisque d'elle seule dépend le salut de la province. »
(Arch. de la guerre, V. 2168, 149.)

» trigues de quelques personnes de confiance que je fais
» agir secrètement pour savoir ce qui se passe et ce qui se
» dit, estre ceux que l'on appelle *crocants* qui sont les es-
» prits de mauvaise intention et brouillons [1]. »

A ces personnes de confiance qui renseignaient l'administration sur l'état des esprits, vinrent bientôt se joindre volontairement deux habitants de Besançon qui, sans se connaître et sans s'être entendus, firent aux autorités d'importantes et étranges confidences.

Le même jour, 8 octobre 1708, l'avocat Courchetet, que nous connaissons déjà, demandait une audience à l'intendant le Guerchois, et un perruquier du nom de Merci faisait la même démarche auprès de M. de Rostaing; tous deux racontaient, en termes à peu près identiques, que deux étrangers étaient venus les trouver, leur avaient parlé, en insistant et en donnant des détails précis, d'une tentative que les ennemis préparaient sur Besançon, et les avaient engagés à se rendre en Suisse pour s'aboucher avec les chefs de la conspiration [2].

---

[1] Arch. de la guerre, V. 2168, 159.

[2] Un des deux inconnus engageait Merci à chercher « quelques jeunes gens de
» ses amis qui voulussent recevoir chez eux des garçons sous prétexte d'apprentis,
» ajoutant que luy en pouvait bien recevoir trois ou quatre et en faire loger dans
» le reste de la maison trois ou quatre autres. » Merci demandant à quoi cela servi-
rait, l'inconnu lui annonce « que l'empereur voulait se rendre maître de Besan-
» çon et rendre leur première liberté aux Comtois. » Merci s'étonne et dit qu'on
veut l'éprouver, on lui répond : « Je vous parle de bonne foy, ne craignez rien ;
» toutes les mesures sont prises, nous marcherons avec quinze cents chevaux qui
» sont tous prêts, et seront suivis d'autant, et d'un grand nombre de Comtois qui
» doibvent se joindre à nous en entrant dans le pays, et les gens que nous avons
» dans cette ville avec les bons bourgeois affectionnés à l'empereur se rendront
» maîtres des officiers supérieurs commandants et autres, et s'empareront des corps
» de garde, où il n'y a que cinq ou six misérables, et quand nous aurons les prin-
» cipaux officiers, nous serons maîtres des clefs et des postes en peu de temps et de
» la ville.... » (Archiv. de la guerre, 2168, 159.)

Courchetet avait reçu des confidences semblables, cinquante soldats déguisés devaient entrer dans Besançon. Sa Majesté Impériale avait résolu de tenter toutes sortes de moyens pour faire entrer ses troupes en ce pays-ci, où elle se flattait de trouver le peuple bien disposé pour son service. Aux objections de Courchetet, un des inconnus, qui se disait ingénieur, répondit « que quand il ne...

On fit fermer les portes de la ville et fouiller les cabarets et les hôtelleries pour y trouver les deux conspirateurs, qui échappèrent. Puis on décida que Merci se rendrait au rendez-vous. Courchetet était ou se disait malade, et ne se souciait pas de recommencer son voyage de juin 1705. Il n'inspirait, du reste, qu'une demi-confiance à l'intendant le Guerchois, à qui il avait caché que son frère était au service de l'empereur.

Voyage de Merci en Suisse.

Merci se rendit d'abord à Delémont, puis par étapes successives jusqu'à Waldshut. Il avait été rejoint en route par un des deux inconnus de Besançon, nommé Renaud ou Regnauld [1], qui se disait officier de cavalerie au service de l'empereur, et par Courchetet, surnommé dom Louis, frère de l'avocat de Besançon. A Waldshut, il devait retrouver deux autres Franc-Comtois, un sieur Jacquin, commissaire

---

» pas aussi aisé qu'il l'est d'introduire dans Besançon des soldats déguisés, rien ne » serait plus facile de leur faire escalader pendant la nuit une petite muraille qui » est entre la porte Notre-Dame et la citadelle, la rivière du Doubs étant guéable en » cet endroit.... » (Arch. de la guerre, V. 2168, 161.)

Le gouverneur fit examiner et garder par des sentinelles le point de l'enceinte qui était ainsi désigné et réclama, comme il l'avait déjà fait, une augmentation de la garnison.

Le Merci dont il est question ici est évidemment le perruquier dont parle Saint-Simon. Le rôle qu'il lui prête est en effet celui qui fut joué par cet espion. On sait que Saint-Simon tenait les détails qu'il nous donne sur la conspiration de le Guerchois lui-même, qui était « son ami très particulier. » On doit supposer cependant que Saint-Simon y ajouta de son fonds, surtout pour la part que les princes lorrains, et en particulier la princesse de Lillebonne, auraient eue à toutes ces intrigues. Il n'est pas une seule fois question de cela dans la correspondance administrative. La princesse de Lillebonne possédait, il est vrai, sur la frontière la terre de Déveir, et un petit magistrat de ce fief se trouve compromis, mais voilà tout. (Voir à l'Appendice, note III, le texte de Saint-Simon.)

[1] Une lettre écrite de Neufchâtel, le 7 novembre 1706, au gouverneur de Pontarlier, donnait des renseignements sur ce Renaud ou Regnauld. Il se faisait aussi nommer Boiteux, et c'est de lui qu'il est question dans la lettre du 10 septembre 1706; il se vantait d'aller et venir librement à Besançon et d'intriguer non plus cette fois avec un seul, mais avec cinq ou six conseillers de Besançon, que comme toujours il refusait de nommer, ajoutant que « dans peu on verrait bien » des révélations dans ce pays-là, les peuples étant très disposés à une révolte » générale; que M. de Metternich, avec qui il était aussi en commerce, seconderait » ce dessein par ce pays-cy. » (Archiv. de la guerre, V. 2168, 175.)

Nous retrouverons plus tard ce Regnauld.

de l'empereur, et un sieur de Bouclans. Ceux-ci manquèrent au rendez-vous. Une lettre apprit aux conjurés que cette fois encore la partie était remise ; la longueur du siège de Lille [1], à laquelle les ennemis ne s'étaient pas attendus, ne permettait pas de songer pour le moment à une invasion en Franche-Comté.

Il semble que le rapport de Merci aurait dû, pour quelque temps du moins, calmer les craintes de l'intendant. Cependant, en en rendant compte au ministre, il ne se montrait pas rassuré, il redoutait surtout les intrigues des émigrés franc-comtois. Il craignait que Courchetet et de Bouclans n'eussent pas renoncé à leur projet d'invasion, et ne doutait pas qu'ils ne fussent parvenus à attirer beaucoup de gens dans leur parti. Il soupçonnait à ce moment le conseiller au parlement Lampinet, beau-frère de Bouclans. Avant son départ, celui-ci avait visité avec Lampinet sa forêt de Bouclans, sous prétexte d'y établir une verrerie et d'y faire travailler trois cents paysans. Ceux-ci étaient sans doute les trois cents Allemands déguisés qu'on disait devoir venir s'établir à Bouclans, sous prétexte de déboisement, mais en réalité pour attendre un plus grand nombre de troupes et tenter un coup de main.

Le Guerchois avouait que le comte de Grammont était plus optimiste que lui. Celui-ci était persuadé de la fidélité des Comtois, parce qu'il jugeait peut-être des autres par lui-même et pensait que les desseins des ennemis étaient chimériques ; il avait raison, tant que les Suisses fermeraient exactement les passages ; mais, si un corps d'armée pénétrait dans la province, on verrait bien des gens prendre les armes. « La meilleure partie de la province est armée, et
» les archers, qui sont pour la plupart du pays, se soucient
» peu d'en faire des recherches ; ils saisissent quelquefois
» des fusils, et je juge contre ceux à qui ils appartiennent,

---

[1] Après la bataille d'Oudenarde, 11 juillet 1708, les alliés mirent le siège devant Lille. Boufflers défendit la ville jusqu'au 25 octobre et tint encore pendant six semaines dans la citadelle.

» mais cela ne détruit pas le mal. » L'intendant voudrait des condamnations plus sévères. Le comte de Grammont venait, du reste, de rendre une ordonnance pour révoquer toutes les permissions accordées jusqu'ici de posséder des armes.

Le Guerchois proposait encore, pour découvrir les conspirations, « de retenir à la poste toutes les lettres qui vien- » nent de Bâle et de les lire avant de les rendre à leur » adresse. » Il soupçonnait toujours l'avocat Courchetel, qui, d'après quelques mots échangés avec Merci, devait être en correspondance suivie avec son frère et les autres émigrés [1].

Les émigrés et les ennemis continuent leurs intrigues.

Tout n'était pas vain dans les craintes de le Guerchois. Les émigrés avaient vu avec dépit l'ajournement de leurs projets et continuaient leurs intrigues.

Dans les derniers jours d'octobre, Merci eut encore une entrevue avec Regnauld dans les bois de Bouclans, presque à la porte de Besançon; l'aventurier lui annonça que la mauvaise saison approchant, la partie était remise au mois de mai prochain; il l'engagea à entretenir la bonne volonté des conjurés et lui montra une lettre du prince Eugène, d'après laquelle ce général viendrait lui-même exécuter le dessein projeté [2].

Nouvelles craintes de l'intendant en 1709.

L'année 1709 semblait, en effet, particulièrement propice aux intrigues qui tendaient à détacher la Franche-Comté de la France. On sait quelles furent, cette année, les souffrances de la population; celle-ci pouvait se laisser égarer par la misère et espérer qu'un changement de domination adoucirait son sort.

Le Guerchois avait le sentiment de ce danger et transmettait ainsi ses doléances au ministre :

« La conjoncture de l'extrême misère où le peuple est ré- » duit, leur (aux ennemis) paraît sans doute très favorable,

---

[1] Archives de la guerre, V. 2168, 168. Lettre de le Guerchois, 24 octobre 1
[2] Id., V. 2168, 172. Analyse d'une lettre de le Guerchois, 31 octobre 1709.

» car, outre la disette et cherté des grains, tous ceux qui
» ont été ensemencés dans le pays de plaine, qui est la
» grande ressource de la province, ont été entièrement
» gâtés par le grand froid et la longueur de l'hiver.

» Les malintentionnés commencent à répandre dans le
» public qu'on voit bien que le roy est résolu de quitter cette
» province à ses ennemis, puisque Sa Majesté permet qu'on
» en fasse mourir de faim les habitants par l'enlèvement des
» blés. Un honnête homme de cette ville, qui a passé presque
» toute sa vie à Lyon, m'en a dit assez pour me faire com-
» prendre que le petit peuple de la ville de Besançon, qui est
» des plus mutins, pourrait bien la mettre au pillage quand
» les troupes en seraient parties. »

Le Guerchois ajoutait encore :

« Je n'ai pas beaucoup de peine à croire que si les enne-
» mis pouvaient une fois entrer dans ce pays, ils n'y trou-
» veraient bien des malintentionnés, et que plusieurs
» paysans qui manquent de pain ne se joigneraient à eux :
» c'est la raison secrète qui m'a principalement engagé à
» répondre à M. Desmarets la nécessité de laisser icy le bled
» destiné pour l'abondance de Lyon [1]. »

Dès le mois de février 1709, les allées et venues des conjurés avaient repris, et Regnauld était rentré en campagne. Le 28, il eut une entrevue avec Merci au petit village de Chazot, dans la montagne, chez un paysan nommé Maldiney. Là, il apprenait au perruquier que l'expédition, si longtemps remise, allait avoir lieu : dix mille chevaux et cinq cents hussards devaient passer sur le territoire de Bâle, sans en demander la permission aux Suisses; ils devaient être rejoints par dix mille fantassins des montagnes du comté qui se soulèveraient. Mais il n'était pas sûr que le prince Eugène en prît le commandement. Regnauld devait aller à Vienne avec Courchetet, de Bouclans, et Jacquin, pour

---

[1] Archives de la guerre, V. 2158, 22. Lettre de la Guerchois, 14 avril 1709.

y prendre de l'argent, des lettres et une commission de l'empereur. Il serait de retour vers la Quasimodo. Merci devait, dans l'intervalle, gagner quelques officiers en leur promettant de l'argent et d'autres récompenses. Merci refusa cette tâche, sous prétexte qu'il ne fréquentait pas les Français et qu'il craindrait de se découvrir.

En même temps qu'il apportait ces renseignements à l'intendant, le perruquier dénonçait la complicité du paysan Maldiney, chez lequel avait eu lieu le rendez-vous, et de son beau-père, des Etangs, qui demeurait dans le voisinage. De la conversation de ces derniers, il résultait encore que le conseiller au parlement Lampinet avait déjà reçu onze cents écus pour cette expédition. Les soupçons de le Guerchois étaient ainsi confirmés, d'autant plus que le nom de Lampinet n'avait jamais été prononcé devant Merci.

Le Guerchois, de Rostaing et de Grammont demandèrent des ordres pour approvisionner la ville de vivres et de munitions, afin qu'elle fût à même de faire une défense de quelques jours. Ils étaient d'accord aussi pour ne pas faire encore éclater la découverte en arrêtant les gens compromis, dans l'espoir que Merci découvrirait les noms de ceux que l'on ne connaissait pas encore [1].

Arrestation de Lorillard, mai 1709. — Un événement imprévu fit croire un instant à l'intendant qu'il allait obtenir sur ce point toute satisfaction. Dans les premiers jours de mai, un nommé Lorillard, maître de poste de Montbéliard, et l'un des conjurés, tomba entre les mains des Français. Il essaya vainement de se couper la gorge et fut conduit dans un fort triste état à M. des Robers, commandant de la place d'Huningue. M. de Rostaing manda aussitôt à ce dernier d'interroger Lorillard sur ce qu'il pourrait savoir du dessein des ennemis sur la province, et de tâcher surtout d'obtenir de lui le nom des complices de la conjuration; dans le cas où la blessure du malheureux le

---

[1] Archives de la guerre, V. 2168, 11. Lettre de le Guerchois, 3 mai 1709.

mettrait en danger de mort, il ne faudrait pas hésiter à le faire tourmenter pour hâter les aveux [1].

L'interrogatoire ne donna pas tout ce qu'on en attendait. Il apprit seulement ce qu'on savait, que Jacquin et de Bouclans étaient les principaux instigateurs de la conspiration. « Il est fâcheux, disait le Guerchois, que ce malheureux se » soit trouvé hors d'état d'être appliqué à la question, car je » suis persuadé qu'il en savait plus qu'il n'en a dit [2]. »

Cependant, la prise de Lorillard dérangeait les plans de Merci. Elle pouvait apprendre aux conjurés qu'ils étaient trahis et découverts. Aussi songea-t-on un instant à arrêter tous ceux que l'on connaissait. On décida cependant d'envoyer le perruquier chez eux pour voir s'ils n'avaient pas pris la fuite; dans le cas où il les rencontrerait, il devait leur dire que Lorillard avait été arrêté pour contrebande, et qu'il était mort dans sa prison. Merci joua très habilement son rôle, il rassura les paysans sur les conséquences de l'arrestation de Lorillard, et reçut d'eux la certitude que Regnauld allait venir prochainement; on différa l'arrestation dans l'espoir de le saisir avec les autres.

Dans le courant de juin seulement, on se décida à mettre la main sur les quelques misérables dénoncés par Merci; mais encore ici, toutes les prévisions de l'intendant furent trompées. Le conseiller Lampinet, sur lequel pesaient de si graves soupçons, ne fut aucunement compromis par les réponses des prisonniers. Il en fut de même d'un professeur de l'Université, nommé Neveu, dont on saisit les papiers sans y rien trouver de compromettant; c'était, du reste, un assez triste sire, et comme il était alors à Ratisbonne avec M. de Metternich, on confisqua ses biens. Un négociant de Besançon, du nom de Quenaud, chez qui on saisit une correspondance compromettante, n'était pas non plus un grand

---

[1] Archives de la guerre, V. 2168, 42. Le Guerchois au ministre, 14 mai 1760.
[2] Id., V. 2168, 45. Le Guerchois au ministre, 19 juin 1760.

criminel; le Guerchois le fit mettre à la citadelle et ne voulut pas le faire transférer à Pierre-Encize : « la liberté qu'il
» se donnait de parler des nouvelles et de témoigner de la
» joie des désavantages de l'armée du roy, se trouvera suffi-
» samment punie et servira d'exemple aux autres, qui ne
» sont qu'en trop grand nombre en ce pays-cy [1]. »

C'était un mince résultat après tant de précautions et tant d'efforts pour arrêter les fauteurs de désordre, qu'on croyait si nombreux et si puissants; mais l'intendant n'était pas au bout de ses mécomptes. Au mois d'août 1709, les ennemis faisaient, sérieusement cette fois, une tentative dans le voisinage de la frontière franc-comtoise. Le général impérial de Mercy pénétrait dans la haute Alsace, mais le comte du Bourg l'arrêtait et le battait, le 26, à Rumersheim.

Victoire de Rumersheim, 26 août 1709.

Cette victoire mettait entre nos mains deux des conjurés, Courchetet et de Bouclans. Mais le premier fut renvoyé, dès le premier jour, par du Bourg à Mercy, qui l'avait réclamé. Les lettres envoyées par le Guerchois et de Grammont, et recommandant de le retenir, arrivèrent trop tard. « Il est
» très fâcheux, disait le premier, que Courchetet ait échappé,
» car c'est un homme entreprenant et capable de tout, et
» qui paraît avoir beaucoup de part à la conspiration tramée
» contre cette province [2].

Quant à l'autre prisonnier, de Bouclans, on n'osa ni le faire transférer en Comté, ni lui faire son procès, de peur de donner aux ennemis occasion et prétexte de maltraiter nos officiers prisonniers; on le fit enfermer jusqu'à nouvel ordre à Pierre-Encize [3].

Enfin la cassette de M. de Mercy était également tombée

---

[1] Archiv. de la guerre, V. 2168. Lettres de le Guerchois, 14 juin, 16, 18, 28 août 1709.

[2] Archives de la guerre, V. 2168. Lettre de le Guerchois au ministre, 13 septembre 1709.

[3] Archives de la guerre, V. 2168. Le ministre à le Guerchois, 1er septembre 1709. Le Guerchois au ministre, 13 septembre. Le ministre à le Guerchois 18 septembre 1709.

entre les mains des Français; on pensa qu'elle allait révéler tous les secrets des intrigues que cherchait à démêler l'administration. On y vit, en effet, que l'ennemi avait l'intention d'entrer en Franche-Comté, mais il ne semble pas qu'aucun Franc-Comtois ait été compromis par la lecture des papiers de l'état-major ennemi [1].

L'aventure ne devait cependant pas se terminer sans faire des victimes. Le 10 septembre, le bailliage de Besançon avait prononcé son jugement contre les prisonniers.

Condamnation des conjurés, sept. 1709.

On avait cru devoir comprendre dans l'accusation le perruquier Merci, afin de cacher jusqu'au dernier jour aux conjurés la part qu'il avait prise à la découverte du complot. Il fut naturellement acquitté, et reçut une récompense pour les services qu'il avait rendus [2].

Les autres accusés étaient au nombre de huit. Quatre d'entre eux furent condamnés à mort et exécutés immédiatement : c'étaient Nicolas Maldiney, charron, Claude-Antoine des Étangs, son beau-frère, tous deux demeurant à Chazot; Louis-Bernard Hattat, menuisier à Besançon, et Louis-Joseph Navette, cordonnier dans la même ville. Denis Janoutot, armurier et serrurier, résidant au moulin d'Avouteau, paroisse de Censey, fut condamné par contumace; il fut arrêté plus tard, condamné de nouveau après un débat contradictoire, le 13 mai 1710, et exécuté. Les trois autres échappèrent au châtiment par la fuite : c'étaient Jeanne-Ursule des Étangs,

---

[1] « On a pris la cassette de M. le comte de Mercy, je m'en suis saisi, je les exa-
» minerai tous, après quoi je vous enverrai ceux qui regardent le service de
» Sa Majesté. J'en ai déjà lu un concernant la Franche-Comté... Par quelques
» lettres de M. le duc de Hanovre et autres écrites à M. le comte de Mercy, je vois
» que leur dessein était sur la Franche-Comté; quoique rompu par l'heureuse
» journée d'hier, je n'ai pas laissé de dépêcher ce matin un courrier à M. le
» comte de Grammont pour l'en avertir. » (Lettre de du Bourg à Voisin, 17 août 1709.)

[2] « Sa Majesté veut bien, pour reconnaître les services que le nommé Merci,
» perruquier, a rendus en cette occasion, lui accorder 3,000 livres de gratification
» et une pension de 300 livres. » (Archiv. de la guerre, V. 2163. Lettre du ministre
à le Guerchois, 16 septembre 1709.)

la femme du cordonnier Navette, et Claude-François Abriot [1].

Peut-être ne faudrait-il pas s'autoriser du petit nombre de ces condamnations et surtout du peu d'importance des condamnés, pour réduire outre mesure la portée de la conspiration. Ne peut-on pas affirmer cependant que le danger d'une insurrection avait été bien exagéré par les craintes du gouvernement et que les étrangers, de leur côté, s'étaient fait bien des illusions sur les sentiments de la population? Si, du reste, l'intendant avait encore des doutes à cet égard, ils durent s'évanouir bientôt.

Arrestation du capitaine Regnauld, mars 1710.

Les autorités françaises, malgré tous leurs efforts, n'avaient pu mettre la main, en 1709, sur le capitaine Regnauld, qui avait joué un rôle important dans toutes ces

---

[1] Claude-François Abriot était juge-châtelain de la terre de Dévoir, fief de la princesse de Lillebonne. D'un autre côté, le Guerchois appelle quelque part Janouteau « le meunier de la princesse de Lillebonne. » Ce sont les seuls faits qui puissent faire croire que les princes lorrains prirent part à cette intrigue. On jugera sans doute, comme nous, que c'est insuffisant pour justifier l'assertion de Saint-Simon.

Un chroniqueur anonyme raconte ainsi le supplice des conjurés :

« L'an 1709, à Besançon, furent pendus les nommés Degelan, proche Bauvoy ou » Belvoy; le nommé Maldiné, gendre Judit Degelan, charpentier de profession; le » fils d'un nommé Navette, cordonnier, demeurant à Besançon, Lorrain de nation, » et Jean Lamant, menuisier de profession, Flamand de nation; lesquels furent » tous exécutés d'un jour sur la place Labourée, pour avoir esté accusés et con- » vaincus de vouloir faire entrer les Allemands dans la ville de Besançon, par le » moyen de faire sauter les magasins à poudre en y mettant le feu. Et avaient » résolu d'empoisonner les puits et citernes d'eau, tant de la ville qu'à la cita- » delle Judit Besançon, afin que les garnisons en mourussent, après leur mort, ils » fussent les maîtres de ladite cité. Et estant exécutés, leurs corps furent exposés » sur les grands chemins, sçavoir, Degelan sur le chemin de Baume, Maldiné sur » celuy de Pontarlier, Lamant sur celuy de Pontarlier, et enfin Navette sur celui de » Dole, afin de donner exemple aux traîtres. » (Acad. de Besançon. *Documents inédits*, X, p. 344.)

Le continuateur du Père Prost (*Histoire de Besançon*), par prudence ou par ignorance, ne parle pas de la conspiration. Mais il mentionne une panique dans la province, dont il n'est pas question dans les documents officiels : « Au mois d'août » 1709, les Allemands, au nombre de cinq à six mille, ayant passé le Rhin sous le » commandement de M. de Mercy au-dessous d'Huningue, firent des courses dans » l'Alsace, ce qui épouvanta quantité de gens du pays et les obligea de se retirer » avec leurs meilleurs effets à Besançon; mais ayant été défaits par M. le comte Du- » bourg, le 16 du même mois, chacun se retira chez soy et toutes choses demeu- » rèrent tranquilles dans la province. »

intrigues. Elles furent plus heureuse en 1710. L'aventurier fut arrêté à Soleure dans le courant du mois de mars, et conduit à la citadelle de Besançon. La lecture des papiers saisis sur lui et les interrogatoires qu'on allait lui faire subir devaient sans doute éclaircir définitivement toute l'affaire. Laissons l'intendant exposer lui-même sa déconvenue : « J'ay
» trouvé, écrivait l'intendant, le 30 mai 1710, dans les
» papiers de Regnauld, deux mémoires qui m'avaient
» d'abord donné quelque espérance de découvrir quelques
» autres complices, parce que dans l'un, intitulé relation du
» capitaine Regnauld [1], dont vous m'avés aussy envoyé une
» copie qui est cy jointe, il est marqué qu'il y avait jusqu'à
» quatre-vingt-cinq chefs de la conspiration qu'on disait
» s'estre engagés par écrit et par serment, estant, la plus
» grande partie, des chevaliers de l'arquebuse, sans en
» nommer aucun, et dans l'autre qui est sans titre, il y a
» dix-neuf personnes nommées, mais Regnauld, par ses
» réponses, a déclaré que le premier mémoire avait été écrit
» par Jacquin, commissaire de l'empereur, sous la nomina-
» tion du nommé Merci, perruquier, qui s'estait rendu en
» Allemagne, suivant l'ordre que je lui en avais donné,
» lequel leur en a voulu imposer, ou que Jacquin l'a peut-
» être inventé lui-même pour faire valloir auprès du duc de
» Hanovre les sommes de deniers qu'il avait dépensés par
» ses ordres dans ceste occasion, et que l'autre mémoire avait
» aussy été écrit par un nommé Proudhon dit Montroyal, sous
» la nomination de la femme du nommé Pierre, qui a été
» condamnée par contumace avec son mary à estre pendue
» au sujet de la même conspiration, laquelle pour faire sa
» cour à quelques officiers de l'empereur, qui luy avaient
» donné de l'argent, a nommé quelques ecclésiastiques et
» autres, qu'elle a dit être affectionnés au service de Sa

---

[1] Cette relation est aux archives des affaires étrangères, n° 1531. Le second mémoire n'a pas été retrouvé.

» Majesté Impériale, parmy lesquels il y en a de très hon-
» nêtes gens, et je les crois même tous incapables de rien
» entreprendre au préjudice de la fidélité qu'ils doivent au
» roy [1]. »

La vérité sur la conspiration de 1709. L'histoire des mémoires du capitaine n'est-elle pas un peu celle de la conspiration elle-même ? Que resterait-il de celle-ci, s'il était possible d'en retrancher tout ce qu'y ajoutèrent les mensonges des espions et plus encore ceux des aventuriers ambitieux ou faméliques qui sollicitaient le concours des ministres et des généraux étrangers ? Que faut-il penser de la sincérité des conjurés quand ils promettaient aux ennemis un soulèvement de la province ? Regnauld se charge de nous répondre. L'intendant lui ayant demandé sur qui Bouclans et Courchetet comptaient dans la ville de Besançon et la province de Comté, il répondit qu'*ils comptaient sur le général et non sur les particuliers.*

Singulière conspiration, dont tout le monde était complice et dont on ne peut citer un adhérent ! Enfin, les conjurés avaient-ils eux-mêmes une grande confiance dans le succès de leur entreprise ? Regnauld se souvenait « d'avoir entendu
» le sieur Courchetet proposer au baron d'Arnan de propo-
» ser à ses parents d'y entrer, mais qu'il avait répondu qu'il
» n'était pas assez fol d'engager sa famille dans une affaire
» incertaine, qui pouvait avoir des suites fâcheuses [2]. »

---

[1] Archiv. de la guerre, V. 2241, 55. Lettre de le Guerchois au ministre, du 30 mai 1710.
[2] Regnauld était né en Suisse et n'était pas sujet du roi. Il possédait en outre un brevet de capitaine dans l'armée de l'empereur; on ne lui fit pas son procès.
Depuis le mois de janvier 1709, l'intendant suivait, en même temps que l'affaire de Merci, celle d'un aventurier nommé Braconnier. Il serait trop long de la raconter en détail ; elle ferait double emploi avec la première et conduit du reste à la même conclusion. En voici les faits principaux. Braconnier, vers la fin de décembre 1708, se mit en relations avec M. de Sainte-Colombe, chargé d'affaires de France en Suisse, l'informa de l'intention des ennemis sur la Franche-Comté et s'engagea à livrer leurs complices. Le 16 avril, il précisait, entrait dans le détail des préparatifs et signalait surtout les intrigues du roi de Prusse, qui travaillait à un traité avec le duc de Wurtemberg pour acheter Montbéliard, « lequel, joint à ce que vous savez
» et la principauté de Neufchâtel, fera un assez beau pays. »
Le Guerchois ne savait que penser de ces révélations : « Si Braconnier ne

Il est temps de terminer ce long récit [1] et d'en tirer la conclusion : celle-ci ne ressort-elle pas, du reste, du simple exposé des faits qui précède? Depuis 1704, mais surtout dans les années 1708 et 1709, le gouvernement français s'était cru menacé par une vaste conspiration embrassant le pays tout entier et comptant des affidés et des chefs jusque dans le parlement. Mais à mesure que, par une série de révélations inattendues, la lumière se faisait sur les événements, le nombre et l'importance des conjurés allait s'affaiblissant, et il vint un jour où, de l'aveu d'un des complices, la conspiration ne fut plus guère que le fait de quelques agents provocateurs, à la solde de l'administration française, ou de quelques intrigants aux abois. A quoi se réduisait, en somme, le danger qu'avait couru la France de perdre la

---

» trompe pas ou n'est pas trompé lui-même, nous pouvons éviter le coup que les
» malintentionnés, de concert avec les ennemis, voudraient donner à cette pro-
» vince. » Le comte de Luc, qui remplaçait dans l'intervalle M. de Sainte-Colombe, trouvait aussi bien étranges les projets de Braconnier. Celui-ci annonçait une attaque des ennemis sur la citadelle de Besançon : il proposait à son tour de feindre une attaque sur le château d'Auxonne, à la tête de quelques partisans, d'entraîner par l'espoir du succès tous les mécontents de Franche-Comté, et de les faire saisir aussitôt qu'ils se seraient déclarés. De Luc, en transmettant ces renseignements à le Guerchois, ajoutait : « La défiance est nécessaire, Braconnier peut nous tromper ou
» l'estre lui-même. »

C'était bien l'avis de l'intendant, qui écrivait un peu plus tard à d'Audrey, dont il avait consenti à se servir de nouveau pour surveiller les intrigues de Metternich et de Trautmansdorf, « de tâcher de découvrir si Braconnier ne nous trompe pas,
» car par tout ce qu'il a dit, il me paraît qu'il y a lieu de croire que c'est un homme
» qui veut s'attirer une récompense sans que le roy en puisse tirer aucun avantage. »

Ce fut encore l'interrogatoire du capitaine Regnauld qui porta le jour dans ces intrigues. Le Guerchois fut édifié sur le personnage et écrivait au ministre, le 30 mars 1710 : « Le colonel Braconnier est un fripon. »

[1] Ce n'est pas que les intrigues aient complètement cessé avec l'année 1710, mais elles ont de moins en moins d'importance et ne sauraient nous arrêter. Notons seulement que l'administration restera longtemps sur le qui vive. En janvier 1711, on signale les mauvais discours que tiennent quelques particuliers de la ville de Gray. En juin, il est question de quelques particuliers qui sont allés à Vienne sans permission. En octobre, on soupçonne quelques personnes de relations avec les ennemis. En mai 1712, on se croit sur la piste d'une nouvelle conspiration que les ennemis voulaient tramer en Franche-Comté, puis il n'en est plus question. Le 22 seulement, on parle encore de gens que l'on a vus monter pendant la nuit au château de Joux. Les événements militaires et diplomatiques que l'on sait allaient calmer les craintes de l'administration.

Franche-Comté? Sans doute, les puissances étrangères, dans leurs rêves de démembrement, avaient songé à cette province. Mais, sauf pour la Prusse, directement intéressée au succès de l'entreprise, la question franc-comtoise n'avait été pour elles que secondaire et n'avait jamais attiré longtemps ni leur attention ni leurs efforts. Sans doute, les émigrés franc-comtois, au service de l'empire, avaient conçu l'espoir de bâtir leur fortune sur une nouvelle révolution qui donnerait un maître de leur choix à leur patrie. Mais le capitaine Regnauld nous apprend sur quel fondement ruineux reposaient leurs espérances, et combien peu ils avaient confiance eux-mêmes dans le succès. Ajoutons à cela un sourd mécontentement d'une population éprouvée par tous les fléaux, quelques relations imprudentes, quelques correspondances suspectes avec les parents ou les amis émigrés, quelques espérances vaguement exprimées d'un changement de domination, et comme moralité, le supplice d'une demi-douzaine de pauves diables, victimes d'une intrigue où, seuls peut-être, ils avaient apporté quelque sincérité et quelque bonne foi. Voilà, en somme, à quoi se réduit la conspiration de 1709.

Bossuet avait enseigné au Dauphin que « pour rendre le » droit de conquête incontestable, la possession paisible y » doit être jointe [1]. » Louis XIV, avant de mourir, pouvait invoquer cet argument en faveur de l'annexion du comté de Bourgogne à ses Etats. Ses nouveaux sujets avaient, en somme, vécu longtemps sous sa domination, sans protester et sans chercher à s'y soustraire, et ce qui doublait la valeur de l'épreuve, c'est que ces quarante années, où la Franche-Comté avait partagé la fortune de la France, n'étaient pas celles où l'éclat de la gloire et le développement de la prospérité pouvaient éblouir les imaginations et charmer les cœurs : c'était l'époque, au contraire, où les vic-

---

[1] *Politique*, liv. II, art. 2, 2ᵉ proposition.

toires ne compensaient plus les désastres, où les pompes de Versailles et de la cour ne suffisaient plus à faire oublier les misères de la nation. La nouvelle province avait à peine entrevu Colbert et connaissait surtout du grand règne les années malheureuses de Pontchartrain et de Chamillard. Elle avait accepté, je ne dirai pas sans regrets, mais, du moins, sans protestations bruyantes et sans soulèvement, cette communauté de misère. A défaut d'un consentement formel et solennellement exprimé de la nation, chose à laquelle personne ne songeait alors, Louis XIV pouvait-il trouver une meilleure sanction de la légitimité de sa conquête?

Il en eut une autre encore. Au congrès d'Utrecht, l'Europe ratifia, au moins par son silence, les conséquences de la conquête de 1674 qu'elle avait acceptées déjà une fois, en 1678, à Nimègue. La Prusse tenta encore un effort de ce côté, et essaya d'intéresser les puissances alliées à ses revendications. Nous n'aurions pas à la suivre sur ce terrain, s'il n'était évident pour nous que quelques Franc-Comtois aidèrent de leur plume les revendications allemandes, comme d'autres (ou peut-être les mêmes) les avaient aidées, les armes à la main.

On sait qu'une première tentative de pacification eut lieu en 1709, et dans quelles circonstances dramatiques le président Rouillé, puis le ministre Torcy, se rencontrèrent à la Haye avec le grand pensionnaire Heinsius, bientôt soutenu dans ses ambitieuses prétentions par le prince Eugène et le duc de Marlborough. La Prusse fut également représentée dans ces fameuses conférences. Le 11 mai 1709, un membre du conseil de Neufchâtel écrivait, à ce sujet, à un de ses amis de Besançon, une lettre trop curieuse pour ne pas être citée ici.

« M. le comte de Metternich déclara hier, au conseil d'Etat,
» que par un courrier qu'il venait de recevoir, le roy faisait
» savoir qu'il l'avait nommé pour estre son ambassadeur
» plénipotentiaire au traité de paix, et qu'ainsy il devait

» partir incessamment pour se rendre à la cour, afin de
» recevoir les ordres et les instructions sur cette importante
» affaire. Voilà un événement qui a surpris icy bien des gens
» qui s'attendaient à voir résider ce ministre plus longtemps
» en ce pays; pour moi je sçavais la chose il y a plus de trois
» semaines, par un ami qui en sçait plus long que moi, et
» avec qui je parle quelquefois politique. Ce bon œconome
» qui aime à joindre champ à champ et vigne à vigne, est
» Frédéric Ier, roy de Prusse; comme la royauté n'a pas été
» suivie d'un royaume, il voudrait le former en joignant aux
» héritages de ses pères un peu du bien d'autruy; la succes-
» sion d'Orange vient de luy donner de fort belles terres en
» Hollande et dans son voisinage, avec un titre sur ce païs
» qui, quoique vieux et suranné, n'a pas laissé d'être trouvé
» le meilleur et de nous avoir donné ce maître; il s'agira
» présentement de se procurer le reste de cette belle succession
» de Chalon qui lui tient fort à cœur, et qui sçait si son voi-
» sinage, qui commence à faire quelque peine à la Hollande,
» n'engagera point cette république à luy procurer largement
» son compte de ces costez pour le porter à se resserrer un
» peu du sien; je sçais que le ministre est instruit à fond
» de tout, et qu'il emporte des cartes et des mémoires ca-
» pables de le mettre pleinement au fait sur la matière. Voilà,
» monsieur, ma confession sur l'article qui avait si fort
» excité notre curiosité, je ne puis vous en dire davantage,
» parce que le ministre que nous avons ici est un vrai am-
» bassadeur, c'est-à-dire menteur dans l'occasion par mer-
» veille, et donnant toujours le change sur toutes les affaires,
» autant qu'il le peut; ainsi comme il s'est fourni de toutes
» les pièces cy dessus, et qu'il ne s'explique sur rien à cet
» égard, je conjecture qu'il va en Hollande avec un malin
» vouloir pour le voisinage [1]. »

---

[1] Archives de la guerre, V. 2168, 43. Copie d'une lettre écrite par un des principaux du conseil de Neufchâtel à un de ses amis de Besançon.

Ce ne fut cependant pas Metternich, mais le ministre baron de Schmettau, qui soutint aux conférences de la Haye les intérêts du « bon œconome » Frédéric Iᵉʳ. Il présenta, à l'appui de ses prétentions, un long mémoire anonyme dont l'auteur invitait Sa Majesté Impériale, le corps de l'empire et les hauts alliés à délivrer la Franche-Comté de la domination française [1]. Mémoire de 1709.

Il ne me semble pas douteux que ce factum soit l'œuvre d'un Franc-Comtois. C'est au nom des Franc-Comtois qu'il parle; il invoque, à l'appui de sa thèse, successivement : l'histoire du pays si longtemps liée à celle de l'empire et de l'Espagne; sa situation géographique, qui permet à la France de menacer à la fois la Suisse et l'Allemagne; sa richesse, qui en fait une conquête désirable pour les alliés; mais il insiste surtout sur les sentiments des habitants, qu'il représente comme animés d'une haine violente contre la France et brûlant du désir de retourner sous la domination de la maison d'Autriche; il en donne pour preuve la précaution que Louis XIV a été obligé de prendre, de désarmer les habitants, et le supplice à Besançon d' « un assez bon nombre
» sur des simples soupçons de relations avec le ministre du
» roi de Prusse en Suisse. »

Entre l'Alsace et la Franche-Comté, les alliés ne doivent pas hésiter à préférer la dernière. « Car, outre qu'il est notoire
» que les habitants de l'Alsace sont plus Français que les Pa-
» risiens, et que le roi de France est si sûr de leur affection
» à son service et à sa gloire, qu'il leur ordonne de se four-
» nir de fusils, de pistolets, de hallebardes, d'épées, de poudre
» et de plomb, toutes les fois que le bruit court que les Alle-

---

[1] *Mémoire* pour la Franche-Comté, à ce qu'il plaise à Sa Majesté Impériale, au corps de l'empire et à leurs hauts alliés, de délivrer cette province de la domination française, *aut nunc, aut nunquam*. Ce *Mémoire* est aux archives des affaires étrangères, Franche-Comté, V. 1581. Il se trouve également dans Lamberti (*Mémoire pour servir à l'histoire du* XVIIIᵉ *siècle*, t. V, p. 277). M. Bourgeois l'a reproduit dans son travail sur la politique prussienne en Franche-Comté, pièces justificatives, p. 245.

» mands ont dessein de passer le Rhin, et qu'ils courent en
» foule sur les bords du Rhin pour en empêcher ou du moins
» disputer le passage à la nation germanique, au péril évident
» de leurs propres vies, comme s'ils allaient au triomphe....
» au lieu que les Franc-Comtois voudraient faire des ponts
» de leurs corps aux armées de l'empire, pour leur faciliter
» le passage de ce fleuve et de tous les autres endroits les
» plus difficiles et les plus dangereux.... etc. »

Enfin, dans la violence de langage de l'auteur, on semble reconnaître l'exaspération de l'exilé lorsqu'il demande que « la province soit vuide de mille vipereaux qui la déchirent
» pour servir aveuglément la France, à laquelle il ne faut
» point laisser d'élèves, de nourrissons, ni de créatures en
» ce païs, *ubi perire debet eorum memoria ad primum*
» *strepitum armorum Austriacorum* [1]. »

<small>Nouveau mémoire de février 1712.</small>

Si, du reste, il subsiste quelque doute sur le mémoire de 1709, il y a certitude pour un travail analogue qui fut présenté à la Haye, au mois de février 1712, alors que les négociations qui devaient aboutir au traité d'Utrecht avaient déjà commencé. D'après son titre même, il était l'œuvre d'un Franc-Comtois [2].

Le ton de ce nouveau mémoire est peut-être un peu moins

---

[1] Schmettau ne réussit pas à convaincre les plénipotentiaires de la Haye, quoiqu'on ait employé auprès de Marlborough un genre d'argument auquel il passait pour être sensible. « Ni le conseiller pensionnaire, ni le prince Eugène ne
» savaient pas un secret. Celui-ci consistait en ce que certaine puissance neutre
» qui avait dépêché un de ses sujets auprès des Etats généraux, et qui avait part
» au *Mémoire*, l'avait chargé d'offrir au duc de Marlborough un présent de cinquante
» mille écus, s'il pouvait porter la France à la restitution de la Franche-Comté. Ni
» les Etats, ni le prince Eugène, ni le duc même ne trouvèrent à propos de faire
» cette demande. Ils ne se bornèrent qu'à exiger la sûreté de Neufchâtel au roi de
» Prusse. » (LAMBERTI, *loc. cit.*)

De Torcy était au courant des intrigues de la Prusse; il écrivait à Louis XIV, le 12 mai 1709 : « L'envoyé de Lorraine assure que l'électeur de Brandebourg et les
» cantons protestants passent aussi pour demander la cession de l'Alsace et de la
» Franche-Comté comme d'une barrière pour eux. » (*Mémoires* de TORCY, I, p. 240. Collect. Petitot et Monmerqué.)

[2] *Mémoire* présenté à la Haye par un Franc-Comtois au sujet du comté de Bourgogne. (Arch. des affaires étrangères. Franche-Comté, V. 1581.)

vif et un peu moins haineux que celui du précédent. Mais les prétentions sont les mêmes. Il s'agit d'enlever la Franche-Comté à la France et de la restituer à l'Espagne et à la fois à la maison d'Autriche, car il ne vient pas à l'idée de l'auteur que Philippe V puisse conserver son trône. D'un même coup, « l'empire, en rassurant les membres les plus voisins du
» Rhin, rentrera dans la possession du cercle de Bour-
» gogne, le roi de Prusse sera paisible possesseur du comté
» de Neufchâtel et des terres du roy Guillaume III dans cette
» province. Les duchés de Lorraine et de Savoye seront
» beaucoup mieux soutenus, et le prince de Montbéliard re-
» deviendra véritablement souverain. »

Enfin, les Franc-Comtois appellent de tous leurs vœux un retour à l'ancien état de choses. « Ils sont tellement affec-
» tionnés à leur auguste souverain, qu'il serait facile, dans
» tous les temps, d'en compter un grand nombre qui ont
» fait éclater leur valeur, leur zèle et leur capacité dans les
» guerres et dans les négociations. L'esclavage où ils ont
» été réduits depuis près de quarante ans, au lieu de dimi-
» nuer leur attachement, n'a fait que l'augmenter. »

L'auteur ne s'en tient pas là ; il raconte avec une exagération singulière les conspirations que nous avons réduites, croyons-nous, à leur juste valeur.

« Un grand nombre, ne pouvant s'y assujettir, a tout
» quitté pour servir dans les troupes de l'auguste maison, le
» reste a gémy continuellement sur ses misères. Et plu-
» sieurs, ne se contentant pas de pousser des vœux ardents
» au ciel pour la prospérité du monarque qui doit remplir
» le throne d'Espagne, le malheureux succès de l'entreprise
» du comte de Mercy en l'année 1709 n'a que trop fait con-
» naître quelle part ils avaient à ses desseins. Ses papiers
» ayant été pris dans cette funeste action, on y trouva le nom
» d'un grand nombre de Comtois, qui étaient d'intelligence
» avec luy. Plus de deux cent trente de tous âges et de toutes
» conditions ont péry par la main du bourreau, un plus

» grand nombre fut obligé d'éviter le supplice par la fuite.
» L'hiver suivant, onze gentilshommes furent trouvés égor-
» gés en une seule nuit sur les rues de la ville de Besançon,
» et le reste est tellement accablé d'impôts et de gens de
» guerre, que l'esclavage le plus rude n'est pas plus insup-
» portable que le leur ; ils lèvent sans cesse les mains au ciel
» pour exciter sa miséricorde ; ils ne demandent, pour toute
» faveur, que la domination de S. M. C., bien assurés que
» l'auguste héritier de Charles-Quint, qui marche si digne-
» ment sur ses traces, doit les combler de consolations. »

Nous surprenons ici, encore une fois, les procédés par lesquels les exilés franc-comtois essayaient d'intéresser à leur cause les sympathies des ennemis de la France. C'étaient les mêmes espérances téméraires, ou, pour parler plus exactement, les mêmes mensonges ; le résultat devait être le même.

La Prusse renonce à ses prétentions.

Du reste, la Prusse comprit bientôt qu'elle faisait fausse route en insistant sur des prétentions que ses alliés n'étaient pas disposés à soutenir. Dès le mois de mars 1712, elle réclamait déjà plus modestement, et à titre de compensation, « la
» petite partie ou lizière de la Franche-Comté qui est en
» deçà de la rivière du Doux, y compris le château de Joux
» et ses dépendances [1]. » Elle n'obtint pas même cette compensation. Les traités d'Utrecht n'accordèrent à Frédéric-Guillaume Ier, successeur de Frédéric Ier, que la haute Gueldre ou Gueldre espagnole, petit pays situé sur la Meuse et voisin des pays déjà prussiens de Clèves et de Meurs. Ils validaient en même temps, en sa faveur, l'acquisition de Neufchâtel et de Valengin et reconnaissaient son titre royal. La Franche-Comté restait intacte.

Émeute militaire à Besançon, 16 août 1715.

Nous sommes arrivés aux dernières années du règne de Louis XIV ; mais, avant que le grand roi mourût, la capitale de la Franche-Comté allait être le théâtre d'une émeute militaire à laquelle la population resta complètement étran-

---

[1] LAMBERTI, VII, p. 44.

gère. Il est à noter que, dans cette ville qu'on disait frémissante sous le joug de la France, l'ordre ne fut jamais troublé sérieusement qu'une seule fois, non pas du fait des habitants qu'on soupçonnait de conspirer, mais de ceux mêmes qui étaient chargés de les tenir en bride et d'assurer la tranquillité publique.

Le 26 août 1715, les trois régiments d'infanterie qui tenaient garnison dans Besançon, de Tallard, d'Artois et de Rouergue se mutinèrent, firent battre la générale et prirent les armes. Vers quatre heures du soir, deux cents d'entre eux, ayant la baïonnette au canon, se formèrent en bataillon carré, placèrent les tambours au milieu d'eux et se rendirent, du quartier des casernes, à Charmont, devant la maison du lieutenant du roi du Vivier, à qui ils réclamèrent les cinq prêts qui leur étaient dus. Ils descendirent ensuite la Grande-Rue jusqu'à la place Saint-Quentin, et gagnèrent Chamars, où ils se divisèrent en plusieurs bandes, dont l'une alla enfoncer les portes de la prison de la mairie et en fit sortir, sans distinction, tous les prisonniers qu'elle renfermait.

Les marchands avaient immédiatement fermé leurs boutiques, de crainte de pillage. Les officiers s'étaient retirés chez eux. Une vingtaine seulement s'étaient réunis autour de M. de Grammont et le secondaient dans ses efforts pour rétablir l'ordre. Mais, aux sommations comme aux prières, les soldats répondaient en disant qu'ils voulaient être payés de ce qui leur était dû. Le désordre augmenta avec la nuit, la troupe des mutins se grossissant, à chaque instant, des soldats qui logeaient chez les habitants. Le commandant fit alors prendre les armes aux deux régiments de cavalerie, la Cornette blanche et Noailles, qui étaient en ville, et leur fit occuper la place Saint-Pierre et la place Labourée. Le mouvement avait gagné la citadelle, dont la garnison avait refusé obéissance à ses officiers. Cependant, vers les dix heures du soir, le calme se rétablit peu à peu; on fit battre la retraite, et, sur la promesse formelle qu'ils seraient payés, les soldats consentirent à rentrer dans leurs quartiers. Ils avaient si peu compté sur la complicité de la population, qu'ils croyaient, au contraire, avoir à lutter avec elle et qu'ils avaient soigneusement gardé la porte de Bregille, afin de pouvoir se retirer dans la campagne en cas d'échec. Ce fut, du reste, la ville qui paya, au moins momentanément, les frais de cette échauffourée. Le magistrat dut fournir 2,500 livres pour payer aux soldats ce qui leur était dû.

Le 20 septembre suivant, eut lieu la contre-partie de cette scène ; on battit la générale, les troupes se mirent sous les armes, se rendirent à Chamars et entendirent, un genou en terre, un arrêt qui les condamnait à être décimées, puis immédiatement un second qui leur accordait leur pardon [1].

Dans l'intervalle, Louis XIV était mort, et, sans bruit, sans manifestation d'aucune sorte et surtout sans protestation, Louis XV avait été reconnu, et le gouvernement de la régence organisé dans la Franche-Comté désormais française.

---

[1] Extraits de plusieurs chroniques. Académie de Besançon. *Documents inédits*, t. X, p. 249.

CONCLUSION

~~~~~

Il serait inutile sans doute d'ajouter de longues réflexions au tableau que nous avons essayé de tracer. Les faits généraux qui résument l'histoire de la Franche-Comté de 1674 à 1715 sont simples et peu nombreux. Nous les avons, du reste, fait entrevoir dans le cours de notre récit.

En premier lieu, nous avons considéré la conquête française comme longuement préparée et s'imposant presque nécessairement au pays. Qu'on nous pardonne ce que peut avoir de trop fataliste l'expression de notre pensée.

Il semble bien que l'histoire des nations soit soumise à des lois auxquelles il est bien rare qu'elles puissent se soustraire; mais il est certain d'autre part que, pris isolément, chaque individu garde la responsabilité de ses actes, parce qu'il conserve devant les faits la liberté de son attitude. Au XVIIe siècle, tout Franc-Comtois pouvait, comme Lisola ou Lacuzon, lutter jusqu'au bout, refuser son adhésion à la conquête et emporter dans la tombe la haine du vainqueur, ou bien, comme Watteville, Laubespin ou Claude Boisot, prévoir les événements, en faciliter le succès et courir au-devant du maître nouveau, ou bien encore, comme la masse de la nation, attendre simplement et laisser faire. Il aurait mérité ainsi l'admiration qui s'attache au dévouement, le mépris qui flétrit les ambitions sans dignité, ou simplement l'indifférence, qui est le lot des impuissants et des résignés. Seulement, ce qu'il ne pouvait pas faire, c'est que la conquête n'eût pas lieu et que la Franche-Comté ne devînt pas française.

Nous pensons, en second lieu, que l'édifice de la constitution franc-comtoise était vermoulu, et que, dans le cas même où la main de Louis XIV ne l'eût pas ébranlé, il se serait écroulé de lui-même. Le comté de Bourgogne, resté par impossible espagnol, aurait vu périr ses vieilles institutions. Elles étaient déjà condamnées et frappées à mort à l'époque de la conquête. Le parlement avait disparu dans l'intervalle des deux occupations françaises; on a vu ce qu'étaient devenus les Etats et ce qui pouvait leur rester de prestige et de popularité; déjà il avait été question d'établir dans la province un fonctionnaire qui, comme un intendant français, aurait réuni dans ses mains tous les pouvoirs [1].

Ainsi, l'autorité absolue du souverain, telle que l'imposa la France à la Franche-Comté, était une nouveauté; mais cette nouveauté, désirée des uns, redoutée des autres, était vaguement entrevue par tous comme une nécessité prochaine. Seulement, si Louis XIV n'eût pas brusqué les choses en s'emparant du pays, l'Espagne, on peut le croire, eût été de longtemps impuissante à substituer à l'ancien état de choses un régime assez stable pour laisser respirer les populations. C'eût été, pour de longues années, la continuation de ces compétitions de pouvoirs, de ces jalousies égoïstes, de ces rivalités puériles qui firent du pays une proie si facile à la France. La perte de la liberté n'eût pas été compensée par le bienfait de l'ordre et de la stabilité. Or, ce que les populations franc-comtoises réclamaient avant tout dans la seconde moitié du XVIIe siècle, c'était la paix et la sécurité qui leur permissent de se remettre des crises de la période précédente. La domination française leur donna, sinon complètement, du moins dans une mesure très large, surtout par comparaison, le repos qui leur était indispensable;

---

[1] *Mémoires* de Chifflet, vol. I, p 200.

c'est pourquoi elle fut si facilement acceptée. Je n'ai pas le courage de blâmer nos ancêtres d'il y a deux cents ans, de n'avoir pas gardé contre leurs nouveaux maîtres une rancune plus tenace et plus agissante. Sans doute, la liberté est désirable pour elle-même, mais elle l'est aussi comme la meilleure garantie de biens qui touchent peut-être davantage les peuples parce qu'ils en sentent chaque jour le besoin et le prix. Le malheur était que les institutions libres se fussent trouvées un jour impuissantes à rendre les services en vue desquels elles avaient été fondées. Pourquoi s'étonner que leur perte n'ait soulevé que de bien rares et de bien platoniques regrets? Si l'indifférence de la Franche-Comté pour la liberté fut coupable, la faute lui était du reste commune avec toute la France; et d'ailleurs, pas plus que celle-ci, elle ne devait laisser prescrire ses droits. Lorsqu'à la fin du siècle, le moment des revendications arriva, elle ne fut la dernière ni à élever la voix d'abord, ni à agir ensuite ; et depuis, sa part dans le travail commun de la patrie française n'a pas été celle de gens qui s'abandonnent, et à qui répugnent les efforts, les responsabilités et les sacrifices.

APPENDICE

NOTE I

Tableau des variations de la population de la Franche-Comté de 1700 à 1886.

ANNÉES	POPULATION	ANNÉES	POPULATION
1700	340,720	1846	955,593
1762	664,581	1851	957,447
1784	678,800	1856	896,986
1801	795,956	1861	957,458
1806	825,144	1866	914,255
1821	852,602	1871	881,973
1826	892,237	1876	898,969
1831	916,949	1881	891,995
1836	934,927	1886	883,209
1841	940,508		

Ces chiffres sont empruntés aux documents officiels de statistique et de dénombrement publiés depuis 1837 par les ministres des travaux publics, de l'agriculture, du commerce ou de l'intérieur.

Le chiffre donné pour l'année 1700 est celui du mémoire de 1698 (336,720, plus 4,000 prêtres). Celui de 1762 est établi d'après les dénombrements individuels et ceux des feux; celui de 1784, d'après le nombre moyen des naissances annuelles.

A partir de 1801, les chiffres donnés sont les totaux des populations des trois départements du Doubs, du Jura et de la Haute-Saône, dont les territoires, à part quelques exceptions tout à fait insignifiantes, comprennent la totalité de la province de Franche-Comté. Il faut noter cependant l'annexion d'une partie de l'ancienne principauté de Montbéliard au département du Doubs. Cette annexion fut confirmée en 1815 (loi du 19 décembre 1814, ordonnance du 28 janvier 1815). D'après l'*Annuaire du Doubs*, publié en 1818, sur des documents officiels, c'était pour ce département un accroissement de population d'environ 16,000 âmes.

Il résulte du tableau ci-dessus que la population de la province a à peu près doublé au XVIIIe siècle, de 1700 à 1784. Elle n'a cessé de s'accroître pendant la première moitié du XIXe, et a atteint son maximum en 1861. Elle a décru depuis, et la population de 1886 est inférieure d'environ 10,000 âmes à celle de 1826. Le fait le plus intéressant pour nous est celui de l'accroissement si rapide de 1700 à 1784. Sans doute le XVIIIe siècle, malgré des guerres nombreuses, malgré des expériences financières comme celle de Law, malgré les fautes et l'incurie de l'administration, a été, pour la France, une époque de prospérité et de progrès matériel; cependant, le doublement de la population franc-comtoise et le développement de richesses qu'elle suppose ne s'expliqueraient pas suffisamment, si l'on n'admettait pas que le chiffre de 1700 n'était pas normal, c'est-à-dire en rapport exact avec la superficie et les ressources du territoire; en d'autres termes, le travail de reconstitution que nous avons plusieurs fois signalé n'était pas terminé au commencement du XVIIIe siècle et devait se continuer de longues années encore.

NOTE II

Note sur la population de la montagne en 1804.

La page suivante, empruntée à l'*Annuaire* du département du Doubs de 1804, nous a paru curieuse à rapprocher du mémoire de 1698 et des lettres des intendants, relatives aux populations de la montagne, que nous avons citées notamment pages 225, 244 et suiv. Elle montre qu'en dépit d'un siècle écoulé et de bien des révolutions accomplies, l'état matériel et la situation morale du pays n'avaient pas sensiblement changé.

« Les habitants du Doubs peuvent être divisés, quant à leurs
» mœurs, en deux parties; dans la première, celle des mon-
» tagnes, ils sont d'une constitution saine et robuste, et, en gé-
» néral, plus spirituels que dans la plaine. Leur nourriture habi-
» tuelle est le pain d'avoine, mêlé d'orge ou de blé; quelques
» légumes, du lait et du fromage maigre; deux fois par semaine,
» ils mangent aussi du lard; ils ne boivent presque jamais de
» vin; ils sont sobres et économes, d'un caractère doux, officieux
» et hospitaliers, religieux observateurs de leur parole, assez
» généralement peu instruits et crédules, quoique doués d'une
» grande mobilité d'imagination. On distingue particulièrement
» les habitants du val du Sauget pour la vivacité de leur esprit.
» Leur peu d'instruction n'est due qu'à leur isolement au milieu
» des bois et des montagnes, où ils restent ensevelis pendant six
» mois sous les neiges.

» Leurs vêtements ordinaires sont de droguet, qu'ils fabri-
» quent de laine, chanvre et lin, qu'ils récoltent; ces vêtements
» sont gris ou bruns pour les hommes, et variés de toutes espèces
» de couleurs, et par rayures fort larges pour les femmes.

» Leurs habitations, presque entièrement construites en bois
» de sapin, sont peu élevées; l'hébergeage et le grangeage en
» forment la presque totalité, et il ne reste que deux ou trois
» chambres au plus, y compris la cuisine, pour le logement des
» familles les plus nombreuses. La distribution de ce logement
» est, en général, mauvaise, et influe plus ou moins sur la santé
» de ceux qui l'habitent.

» Pendant l'hiver, toute la famille habite dans le poêle; cette
» chambre, qui touche à la cuisine, n'est que peu ou point
» aérée; là est placé un grand fourneau à marmite, chauffé à
» outrance, et où se cuisent tous les aliments, même les petites
» pommes de terre, ou autres légumes de mauvaise qualité, des-
» tinés à l'engrais des bestiaux.

» La vapeur qui s'exhale, jointe au défaut de renouvellement
» d'air et à la chaleur excessive qu'on y entretient, donne sou-
» vent lieu à des fièvres putrides ou à des fluxions de poitrine.... »

NOTE III

La conspiration de 1709 en Franche-Comté d'après Saint-Simon.

(*Mémoires*, t. VII, ch. xxxii, p. 333 et suiv. Édit. in-8° de 1829, publiée
par le marquis de Saint-Simon.)

« Il se mûrissait cependant un dessein vaste, conçu ou pour le
» moins nourri en Lorraine, comme la suite de la découverte ne
» permet pas d'en douter, qui n'allait à rien moins qu'à porter
» l'État par terre par le côté le moins soupçonné.

» Mme de Lislebonne avait une belle et grande terre à l'extré-
» mité de la Franche-Comté. Dans cette terre se tramait par le
» bailli, par des curés et par les officiers de Mme de Lislebonne,
» une conspiration qui, sous ces chefs, se répandit dans la pro-
» vince, y entraîna beaucoup de gens principaux des trois
» ordres, et gagna des membres du parlement de Besançon. Les
» mesures étaient prises pour égorger la garnison de cette
» place, s'en rendre maître, en faire autant de quelques autres,
» et faire révolter la province en faveur de l'empereur, comme
» étant un fief et un ancien domaine de l'empire. Le voisinage
» si proche de la Suisse et du Rhin, qui se traversait aisément
» en de petits bateaux, qu'on appelle des *videlins*, facilitait le
» commerce entre les impériaux et les conspirateurs; et les
» gens de Mme de Lislebonne faisaient toutes les allées et venues.

» Un perruquier, dont le grand-père avait servi utilement à la
» seconde conquête de la Franche-Comté, fut sondé, puis admis
» dans le complot. Il en avertit le Guerchois, qui, de l'inten-
» dance d'Alençon, avait passé à celle de Besançon, mon ami
» particulier, comme on l'a vu ailleurs, et de qui j'ai su ce que
» je rapporte. Le Guerchois l'écouta, et lui ordonna de con-
» tinuer avec les conspirateurs pour être en état de savoir et de
» l'avertir, ce qu'il exécuta avec beaucoup d'esprit, de sens et
» d'adresse.

» Par cette voie, le Guerchois sut qu'il y avait dans la conspi-
» ration de trois sortes de gens : les uns, en petit nombre,
» voyaient les officiers principaux que l'empereur y employait,
» venus exprès et cachés aux bords du Rhin, de l'autre côté, et
» ceux qui les voyaient par les videlins savaient tout et
» menaient véritablement l'affaire; les autres, instruits par les
» premiers, mais avec réserve et précaution, s'employaient à
» engager tout ce qu'ils pouvaient de gens dans cette affaire,
» distribuaient les libelles et les commissions de l'empire; ils
» étaient l'âme de l'intrigue et les conducteurs dans l'intérieur
» de la province; les derniers, enfin, étaient des gens qui, par
» désespoir des impôts et de la domination française, s'étaient
» laissé gagner, et qui étaient en très grand nombre.

» Le Guerchois voulut encore davantage, et y fut également
» bien servi par le perruquier. Il s'insinua si avant auprès du
» bailli de Mme de Lislebonne et du curé de la paroisse où demeu-
» rait ce bailli, qu'ils l'abouchèrent delà le Rhin avec un général
» de l'empereur, et chez eux avec les principaux chefs de leur
» intelligence et de toute l'affaire dans la province. Il apprit
» d'eux qu'un gros corps de troupes de l'empereur devait tenter,
» à force de diligence, d'entrer en Franche-Comté, et tout ris-
» quer pour y pénétrer s'il rencontrait des troupes françaises
» qui s'y opposassent. »

(Suit le récit des événements militaires qui aboutirent à la victoire du comte du Bourg à Rheinfeld.)

« Deux heures après que Mercy fut entré dans Bâle, il envoya
» un trompette savoir ce qu'était devenu un officier lorrain, et
» prier, s'il était prisonnier, de le lui vouloir renvoyer sur sa
» parole. Il était prisonnier, et du Bourg galamment le lui ren-

» voya sans réflexion sur cet empressement. Le lendemain, il
» reçut un courrier de le Guerchois, qui lui mandait de prendre
» garde sur toutes choses à ce Lorrain, s'il était pris, et le féli-
» citait de sa victoire, qui sauvait la Franche-Comté, et, par
» conséquent, la France, d'un embarras auquel il serait resté
» peu de remèdes. Il n'était plus temps. Le Lorrain était en
» sûreté; et la cassette de Mercy envoyée à Harcourt et par lui
» au roi, ne causa que plus de regrets à l'indiscrète générosité
» de du Bourg....

» La cassette de Mercy découvrit bien moins de choses qu'elle
» n'apprit qu'il y avait bien des mystères cachés. Elle manifesta
» la conspiration dans la Franche-Comté, mais avec une grande
» réserve de noms, tout le dessein d'y pénétrer par ses troupes
» et de s'y établir; et, sans fournir de preuves positives contre
» M. de Lorraine, elle ne laissa pas douter qu'il n'y fût entré
» bien avant, et qu'il n'eût fomenté ce projet de toutes ses
» forces.

» Dès les premiers jours de mai, M. de Vaudemont, sous pré-
» texte des eaux de Plombières, était parti de Paris avec sa
» chère nièce, Mme de Lislebonne, pour se rendre en Lorraine;
» et ils avaient été toujours depuis beaucoup plus assidus à
» Lunéville qu'à Plombières, ni même à Commercy. Ils y étaient
» encore lors de ce combat, et il fallait plus que de la grossièreté
» pour ne s'apercevoir pas, au moins après cela, de la cause
» d'un voyage d'une si singulière longueur, fait si à propos et
» si fort en cadence. Ils séjournèrent encore un mois après en
» Lorraine; et, pour que la chose fût complète, ils en partirent
» pour arriver à Marly dans le milieu d'un voyage. Ils en furent
» quittes pour l'étonnement de tout le monde, mais qui demeura
» muet, tant ils s'étaient rendus redoutables. Il est vrai, pour-
» tant, que le roi les reçut avec beaucoup de froid et de sérieux.

» Cependant, le Guerchois commença les procédures juri-
» diques. Le bailli, les officiers, quantité de fermiers de Mme de
» Lislebonne, et le curé de sa principale paroisse, s'enfuirent, et
» n'ont pas reparu depuis; beaucoup de ses vassaux disparurent
» aussi. Les preuves contre tous ces gens-là se trouvèrent com-
» plètes; ils furent contumacés et sentenciés. Un de ses meu-
» niers, plus hardi, envoyé dans le pays par les autres aux

» nouvelles, y fut pris et pendu avec plusieurs autres. Quantité
» d'autres, un peu distingués, prirent le large à temps.

» Tel fut le succès d'un complot si dangereux, parvenu jus-
» qu'au point de l'exécution, sans qu'on osât parler des plus
» grands et des plus véritables coupables; ce qui, faute de
» preuves parfaites, s'étendit jusqu'à des membres du parlement
» de Besançon, lequel on ne voulut pas effaroucher. »

Le récit de Saint-Simon est exact sur bien des points. Nous y retrouvons des faits et des personnages que les documents officiels nous ont déjà fait connaître. Saint-Simon, du reste, puisait à la meilleure source de renseignements, en les demandant à l'intendant le Guerchois. Etait-il le fidèle interprète des confidences de ce dernier, lorsqu'il qualifiait l'intrigue de 1709 de « vaste dessein, qui n'allait à rien moins qu'à porter l'Etat par terre? » La chose est possible encore. L'intendant n'avait aucun intérêt à diminuer le danger d'un complot qu'il avait déjoué; peut-être même, dans l'émotion du premier moment, attribuait-il de bonne foi à ce dernier une importance que nous lui refusons. Mais ce qu'il est impossible d'admettre, c'est que Saint-Simon ait appris du même personnage que le dessein avait été « conçu ou, pour le moins, nourri en Lorraine. » Le Guerchois ne fait pas la moindre allusion aux princes lorrains dans sa correspondance officielle avec le ministre; comment admettre une aussi singulière discrétion, s'il les croyait coupables? La haine et la rancune de l'orgueilleux duc et pair contre la maison de Lorraine sont bien connues, d'ailleurs, et suffisent à expliquer — sans les justifier — ses accusations.

Vu et lu en Sorbonne, le 24 Janvier 1890,
Par le doyen de la Faculté des lettres de Paris,
A. HIMLY,

Vu et permis d'imprimer :
Le vice-recteur de l'Académie de Paris,
GRÉARD.

ERRATUM

Partout où l'on trouvera *Boistile*, lire *Boistisle*.

TABLE DES MATIÈRES

Notice sur les sources de l'histoire de la Franche-Comté sous Louis XIV.

Première partie. — Manuscrits 1
Deuxième partie. — Imprimés 8

Introduction 17

Chapitre premier. — Les États, leur décadence, leur suppression. — Les États disparaissent en 1674. — Nécessité de revenir sur leur histoire. — Origine des États. — Les États sous la maison de Valois (1384-1477). — Les États pendant la guerre de la succession de Bourgogne (1477-1493) — Les États pendant la domination de la maison d'Autriche (1493-1674). — Organisation des États. — La séance solennelle. — Les serments. — La chambre du clergé. — La chambre de la noblesse, ses modifications, les anoblis. — La chambre du tiers état. — Élimination des officiers du prince. — Compétence et autorité des États. — L'affaire des ordonnances de Pierre de Broissia (1573). — Hostilité de Granvelle contre les États. — Droit de voter l'impôt. — Le surjet et les récompenses. — Prépondérance financière du tiers état. — Commissions des États. — Première idée de la commission des Neuf. — La compétence des Neuf, d'abord financière, s'étend dans la suite à toute l'administration. — La commission des Neuf et la guerre de Dix ans (1633-1644). — Convocation des maires des villes (avril 1636). — La commission des Dix-huit. — Les États de 1654 à 1663. — Faiblesse de l'Espagne, ses exigences. — Faiblesse et impopularité des États. — Leur dernière réunion (9 juin 1666). — Les commis de l'État pendant l'occupation française. — Le serment prêté au roi de France. — Les députés des États à Saint-Germain. — Les États de 1668 à 1674; la subvention de 3,000 fr. par jour. — L'édit du 1ᵉʳ avril 1670. — Résistance des villes. — Convocation des maires (mai 1672). — Les villes s'engagent à résister solidairement. — Édit du 16 août 1672. — Résistance des maires et des Dix-huit. — Les maires prétendent se substituer aux Dix-huit. — Nouvelle protestation des villes soutenue par un libelle anonyme. — Énergie du nouveau gouverneur d'Alvéida. — Édit du 1ᵉʳ juillet 1673. — Comment les États disparurent. — Contradictions des historiens. — Première démarche en vue du rétablissement des États (janvier 1679). — Deuxième tentative (juin 1679). — Les commis de l'État et les maires des villes. — Résistance de l'intendant Chauvelin. — Protestation de la noblesse (5 août 1679). — Conclusion 35

CHAPITRE II. — LE PARLEMENT. — Le Parlement est rétabli par Louis XIV. — Différence entre l'ancien et le nouveau Parlement. — Le Parlement et Philippe le Beau. — Les lettres patentes de 1506. — Organisation du Parlement. — Recrutement des magistrats. — L'autorité du Parlement s'accroît. — Causes de sa puissance. — Le Parlement sous Marguerite d'Autriche. — Sous Charles-Quint. — Les bons personnages. — Le Parlement sous Philippe II. — Le Parlement pendant la guerre de Dix ans. — Décadence du Parlement. — Ingratitude de l'Espagne. — Vénalité des charges. — Le Parlement et la France en 1667. — La capitulation du 13 février 1668. — Le Parlement sous la domination française. — Soulèvement du peuple contre le Parlement. — Le Parlement suspendu (15 août 1668). — Établissement d'une chambre de justice (14 nov. 1668). — La faveur populaire revient au Parlement. — Députation à Madrid pour demander son rétablissement (oct. 1669). — Mémoire de Chifflet en faveur du Parlement (1674). — Lettres patentes rétablissant le Parlement (17 juin 1674). — Difficultés soulevées par les magistrats. — Choix des nouveaux magistrats. — Rôle de Claude Boisot. — Les refus. — La question de la présidence. — La séance d'installation (6 juillet 1674). — L'intendant et le gouverneur au Parlement. — Transfert du Parlement à Besançon (22 août 1676). — Changements apportés dans la composition du Parlement. — Première création de charges (1679). — Deuxième création de charges (1684). — Premier appel à la bourse des magistrats (17 oct. 1689). — Difficultés financières. — Affaire de la vénalité (1692). — Troisième création de charges (août 1692). — Embarras des magistrats. — Députés du Parlement à Paris (déc. 1691-janvier 1693). — Conséquences de la vénalité. — Quatrième création de charges (avril 1693). — La capitation du Parlement, plaintes des magistrats (févr. 1695). — Ces plaintes sont repoussées (6 mars 1695). — Répartition de la capitation (14 avril 1701). — Création de rentes et augmentation de gages (févr. 1708). — Renouvellement du droit annuel (1701-1710). — Confirmation de la noblesse (1705). — Nouveaux projets du gouvernement (1702). — L'intendant atteste la pauvreté des magistrats. — Il s'oppose au transfert de la Chambre des comptes à Besançon. — Projet de création d'une nouvelle chambre. — Pour l'éviter, le Parlement consent à une augmentation de gages (18 avril 1703). — Création d'une chambre des eaux et forêts (févr. 1704). — Projet de création d'une chambre des requêtes. — Difficultés opposées par le Parlement. — Suppression de la chambre des eaux et forêts et création d'une chambre des requêtes (juillet 1704). — Lenteurs des magistrats à organiser la nouvelle chambre. — Épreuves et examens imposés aux nouveaux magistrats. — Le Parlement en refuse plusieurs : d'Orival, Augustin Nicaise, Guyenard, Quegain. — Intervention du gouvernement. — Le Parlement menacé d'une nouvelle création (1714). — L'intendant s'oppose à toute innovation. — Résumé. — Rôle du Parlement, son importance, ses limites. — Introduction de la législation française (1679-1684). — *Le privilège des Comtois*. — Suppression du droit de remontrances. — Le Parlement conserve et étend sa suprématie judiciaire sur la province. — Son droit de contrôle sur les tribunaux et les magistrats. — Le Parlement administrateur, police, administration des abbayes. — Les magistrats s'accommodent à leur rôle modeste. — Les premiers présidents : Jobelot, Gabriel Boisot et sa famille. — Le président Philippe. — Le maître des requêtes Augustin Nicolas; son livre sur la torture (1681). — Le conseiller-clerc Marlet. — L'avocat général Caillet (1708). — Le conseiller de Mesmay (1712). — Les questions de préséance. — Les querelles intestines. — Jugement sévère de Pontchartrain (1er févr. 1707) 89

TABLE DES MATIÈRES.

CHAPITRE III. — LES FINANCES. — L'imposition ordinaire. — Mécanisme de l'administration de l'impôt. — Les mandements de l'intendant. — Difficultés entre le Parlement et l'intendant (1675). — Colbert et l'intendant Chauvelin (1679). — De la Fonds hostile aux privilèges (1683). — La portion colonique. — La noblesse cherche à y échapper. — Modifications dans l'administration financière. — Mémoire présenté au roi pour l'établissement de dix élections (1705). — Opposition de l'intendant le Guerchois. — Augmentations successives de l'imposition ordinaire. — La capitation (1695-1701). — Le dixième (1710). — Les petits billets, abonnements et rachats d'édits. — Les charges militaires. — L'excédent des fourrages. — L'ustensile ou quartier d'hiver. — L'affaire des pionniers (1703). — Les impôts en 1705. — Total des troupes à la charge de la province. — Embarras de l'intendant. — Conclusion 179

CHAPITRE IV. — LA SITUATION MATÉRIELLE ET LES RESSOURCES DE LA PROVINCE. — Une erreur de Pélisson. — Pauvreté de la Franche-Comté. — Ses causes. — Dépopulation de la province. — Les recensements de 1614, 1644, 1652. — Efforts du parlement et des États en faveur du repeuplement. — Mouvement d'immigration. — Mémoire présenté au roi en 1679. — Programme d'administration du Parlement. — Les recensements de 1688 et 1690. — Situation générale de la province en 1685 et 1695. — L'agriculture. — Le « pays uni » et la montagne. — Les mauvaises années, 1692, 1693, 1694. — Les dangers de l'abondance, 1695. — Boisot et de la Fonds libre-échangistes. — De Vaubourg protectionniste. — L'hiver de 1709. — Premiers symptômes du mal. — La famine à Gray. — On s'aperçoit que les semences sont perdues (avril). — Premières mesures du magistrat. — Intervention de l'intendant. — La question des pauvres. — Le soulèvement des campagnes. — On barricade la ville. — L'affaire de l'Abondance de Lyon (1709-1710). — La famine à Vesoul, à Salins, à Arbois, à Besançon ; la montagne échappe au fléau. — Une statistique du bailliage de Dole en 1683. — Les vignes. — La confrérie de Saint-Vernier à Arbois. — Les vignerons de Besançon. — La montagne. — Sa physionomie spéciale. — Les pâturages et les fruitières. — Le commerce des chevaux. — Les forêts. — L'industrie, son peu d'importance. — Les mines et les forges. — Colbert et les mines de cuivre de Château-Lambert. — L'industrie du fer. — Les permis d'exportation. — Classification des forges. — Les travaux publics. — Les routes. — Efforts du parlement pour les rétablir. — Projets et promesses de Colbert. — Les ponts sur la Saône, l'Ognon, le Doubs, la Loue. — Les rivières. — Projets de canalisation du Doubs. — Colbert et l'ingénieur Bruand (1682). — Objections de l'intendant de la Fonds (1683). — Proposition du marquis de Broissia (1699). — Projets de Vauban (1699). — Conclusion. — L'optimisme du comte de Laubespin (1681). — Les progrès accomplis. — Ce qu'il restait à faire 213

CHAPITRE V. — L'ESPRIT PUBLIC, LES CONSPIRATIONS. — Sentiments des Franc-Comtois pour la France après la conquête. — Regrets de la domination espagnole. — L'opposition contre la France ne sera jamais très vive. — État des esprits avant la conquête. — Précautions prises par le gouvernement français. — Démolition des châteaux. — Le régiment de Listenois. — Les sentiments du clergé. — L'archevêque de Grammont. — Le prieur de Chamilly. — Les jésuites à Gray. — Les curés et les moines ont pris part à la guerre. — Le frère Hilarion à Arbois. — Précautions contre les moines. — Opposition du peuple des villes, à Arbois, à Besançon. — Les émigrés franc-comtois : l'abbé Boisot, la confrérie de Saint-Claude des Bourguignons à Rome ; le terme de l'exil ; le capitaine Lacuzon. — Les officiers émigrés recrutent des soldats dans la province. — Premier bruit de complot en 1691. — Guerre de la succession d'Espagne (1700). — Tentatives pour rattacher la Franche-Comté à l'empire. — Rôle de Frédéric Ier, roi de Prusse. — Histoire de l'abbé Gonzel. — Son arrestation (7 oct. 1702). — On l'enferme à la Bastille (27 oct.). — Son séjour à Vienne, en Pologne, à Bruxelles — Mort du prince électoral de Bavière (février 1699). — Gonzel accusé de l'avoir empoisonné. — L'affaire de Gonzel reste sans solution. — Les complices de Gonzel. — Première arrestation de l'abbé Proudhon. — Proudhon soupçonné de nouvelles intrigues (oct. 1704). — Mesures de précaution de l'intendant Bernage. — Nouvelle arrestation et exécution de Proudhon (22 janv. 1705). — Proudhon était en relations avec les ennemis — L'avocat Courchetet a dénoncé Proudhon. — Il reste en correspondance avec Trautmansdorf. — Son entrevue avec l'ingénieur-officier de Graetz (juillet 1705). — Echec de la première tentative des ennemis sur la Franche-Comté (1704-1705). — Affaire de Vercel (1707). — Le parti allemand et le parti français). — Prétentions du roi de Prusse sur la Franche-Comté. — Le ministre Metternich et le maître de forges d'Andrey (1708). — Craintes des fonctionnaires français. — Confidences de Courchetet et du perruquier Merci. — Voyage de Merci en Suisse. — Les émigrés et les ennemis continuent leurs intrigues. — Nouvelles craintes de l'intendant en 1709. — Plan d'invasion des coalisés (février 1709). — Arrestation de Lorillard (mai 1709). — Arrestation des conjurés (juin 1709). — Victoire de Rumersheim (26 août 1709). — Condamnation des conjurés (sept. 1709). — Arrestation du capitaine Regnauld (mars 1710). — La vérité sur la conspiration de 1709. — La question franc-comtoise à la Haye et à Utrecht. — Lettre d'un bourgeois de Neufchâtel (11 mai 1709). — Mémoire de 1709. — Nouveau mémoire de février 1712. — La Prusse renonce à ses prétentions. — Emeute militaire à Besançon (26 août 1715). — Mort de Louis XIV 269

Conclusion 335

 Appendice.

Note I. Tableau des variations de la population de 1770 à 1886  . . . 339
Note II. Note sur la population de la montagne en 1854 341
Note III. La conspiration de 1709 en Franche-Comté d'après Saint Simon . 342

www.ingramcontent.com/pod-product-compliance
Lightning Source LLC
Chambersburg PA
CBHW070859170426
43202CB00012B/2121